四川省志

Sichuan Shengzhi

侨务志

1986—2005

【第十七卷】

四川省地方志编纂委员会 编

方志出版社
Publishing House of Local Records

图书在版编目(CIP)数据

四川省志. 侨务志:1986—2005 / 四川省地方志编纂委员会编. — 北京 : 方志出版社,2020. 3
ISBN 978 - 7 - 5144 - 4142 - 0

Ⅰ. ①四… Ⅱ. ①四… Ⅲ. ①四川 - 地方志②侨民工作 - 概况 - 四川 - 1986 - 2005 Ⅳ. ①K297. 1

中国版本图书馆 CIP 数据核字(2020)第 044327 号

四川省志·侨务志(1986—2005)

编　　者:四川省地方志编纂委员会
责任编辑:陈　菁

出 版 者:方志出版社
地址　北京市朝阳区潘家园东里 9 号(国家方志馆 4 层)
邮编　100021
网址　http://www.zgfzcb.cn
发　　行:方志出版社图书经销中心
电话(010)67110500
经　　销:各地新华书店
印　　刷:成都蜀通印务有限责任公司

开　　本:889 × 1194　1/16
彩插印张:0.75
正文印张:23
字　　数:626 千字
版　　次:2020 年 3 月第 1 版　2020 年 3 月第 1 次印刷
印　　数:0001 ~ 2000 册

ISBN 978 - 7 - 5144 - 4142 - 0　定价:304.00 元

会见或接见 HUIJIANHUOJIEJIAN

1996年8月，中共四川省委副书记、四川省人民政府省长宋宝瑞（左四）会见到四川捐资助学的香港慈云阁主席林世铿（左三）、香港金源（国际）有限公司董事长林兴识（左二）等一行

（省侨办　供图）

1998年9月，中共四川省委书记、四川省人大常委会主任谢世杰（右）会见香港华侨华人总会会长古宣辉（左），并为香港华侨华人总会出版的《华人企业家——中国四川专辑》一书题词“宣传四川推进合作”

（省侨办　供图）

2004年10月13日晚，中共四川省委书记、四川省人大常委会主任张学忠（中），中共四川省委副书记、四川省人民政府省长张中伟（右）在成都市会见美籍华人、著名物理学家、诺贝尔物理学奖获得者杨振宁（左）　　（省侨办　供图）

2005年10月12日，中共四川省委书记、四川省人大常委会主任张学忠（前排左二），中共四川省委副书记、四川省人民政府省长张中伟（前排右一），中共四川省委副书记陶武先（后排）在成都市会见中国国民党副主席、世界客属总会会长吴伯雄（前排左一）　　（省侨办　供图）

重要会议 ZHONGYAOHUIYI

2000年11月13—14日，全国侨政工作会议在成都市召开。国务院侨务办公室主任郭东坡（前排左九），副主任李海峰（前排左八），中共四川省委副书记、四川省人民政府常务副省长杨崇汇（前排左十）等与会议代表合影　　（省侨办　供图）

2005年8月10—11日，四川省侨务工作会议在成都市召开。图为出席会议的领导与代表合影　　（省侨办　供图）

视察与出访 SHICHAYUCHUFANG

1997年1月，四川省政协主席聂荣贵（中）率“四川省政协友好访问团”赴泰国访问。图为聂荣贵（右四）一行拜访泰国中华总商会会馆（省侨办 供图）

1997年6月，全国人大常委会委员、全国人大华侨委员会副主任委员万绍芬（右五）在成都市进行侨法执法检查时与有关领导合影（省侨办 供图）

纪念活动 JINIANHUODONG

2004年8月，在邓小平诞辰一百周年之际，全球105名华侨、华人代表捐资300万元，在邓小平故里兴建纪念邓小平的华侨林。图为“华侨林”流芳碑　　　　（省侨办　供图）

2004年8月20日，百余名海外华侨、华人代表在邓小平故居合影留念　　　　（省侨办　供图）

引资引智 YINZIYINZHI

2004年12月25日，中共四川省委副书记、四川省人民政府省长张中伟在2004年海外专家、学者高新科技洽谈会开幕式上致辞　　　　（省侨办　供图）

2005年10月12日，世界华商峰会暨四川（成都）投资项目洽谈会在成都国际会展中心举行。来自五大洲的200余位知名华商和客属企业家出席大会　　　　（省侨办　供图）

恳亲联谊 KENQINLIANYI

2004年11月，在世界客属第19届恳亲大会闭幕式上，四川省人民政府副秘书长杨刚才（右二）、四川客家海外联谊会会长邱林（中）从江西省赣州市人民政府市长王昭悠（右一）手上接过“世客会”会旗　（省侨办　供图）

2005年10月12—14日，世界客属第20届恳亲大会在成都市举行。来自世界各地的4000多名客家乡亲出席大会　（省侨办　供图）

捐资建校与义诊治病

JUANZIJIANXIAOYUYIZHENZHIBING

1993年4月，泰籍华人陈世贤捐资200万元修建的广安友谊中学　　（广安市侨办　供图）

1996年6月20日，全国人大常委会委员、澳门立法会副主席何厚铧，澳门立法会委员、实业家冯志强，共同捐资150万元修建的乐山市仁寿县（现眉山市仁寿县）铧强中学

（省侨办　供图）

2003年5月，香港应善良福利基金会捐资14.6万元修建的自贡市自流井区舒平镇嘉陵小学教学楼“庆恩楼” （张哲 摄）

2004年，美籍华人吴仲良捐资419.5万元改造的资阳市乐至县吴仲良中学 （唐剑 摄）

2004年，新加坡金鹰国际集团捐资450万元修建的广安中学陈金荣图书馆
（广安市侨办　供图）

2004年6月27日“澳洲中国和平统一促进会眼科培训中心”在成都爱尔眼科医院成立。四川省政协副主席陈杰（前排左五）、四川省人民政府侨务办公室主任周敏谦（前排左二）、四川省归国华侨联合会主席王宋达（前排右一）等出席成立仪式
（省侨办　供图）

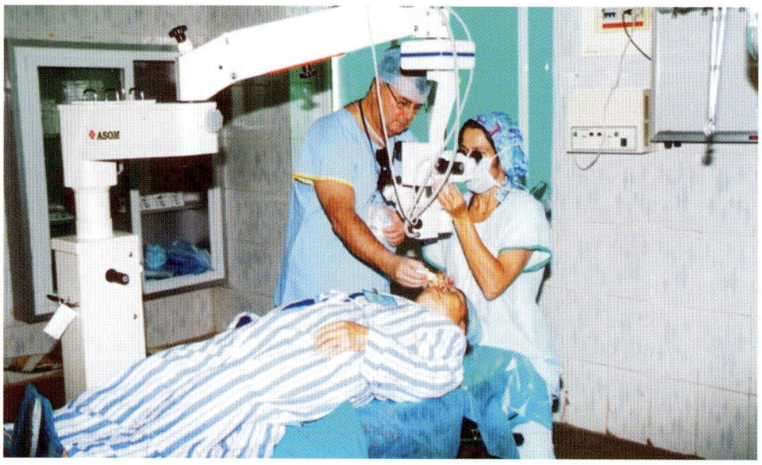

2004年6月，澳洲中国和平统一促进会组织澳大利亚“侨心光明万里情——四川行”医疗队在广安市人民医院开展义诊活动，用他们带来的人工晶体等，为近300名白内障患者免费实施手术
（广安市侨办　供图）

四川省地方志编纂委员会成员

《四川省志(1986—2005)》
审核委员会成员

主　　任	王　宁			
副 主 任	蔡　竞			
委　　员	马小彬	冯宝运	何晓平	胡品生
	王孝平	谭继和	陈世松	陈廷湘

《四川省志(1986—2005)》
总编、副总编

总　　编	陈建春			
副总编	赵　行	邓　瑜	陶利辉	熊　倩
	张兆法	高伟明	朱艳林	牛　淼

《四川省志·侨务志(1986—2005)》
责任总编、责任编辑

责任总编	陶利辉
责任编辑	黄文记

《四川省志·侨务志(1986—2005)》
编纂委员会

(2006年3月至2012年2月)

主　任	周敏谦			
副主任	曾廷忠	杨绍明		
委　员	冯文广	张继勇	薛　斌	刘以勤
	陈　宪	孙　胜	吴振西	李杨阳
	任晓玲	王文选	杨兴贤	

《四川省志·侨务志（1986—2005）》编纂委员会

（2012 年 2 月至 2014 年）

主　任	周敏谦			
副主任	张继勇	杨绍明		
委　员	刘以勤	薛　斌	孙　胜	张凤羽
	陈　宪	李杨阳	任晓玲	陈志孔
	王文选	杨兴贤		

《四川省志·侨务志（1986—2005）》
初评审核小组成员

组　　长	周敏谦			
副组长	刘以勤	张继勇		
成　　员	薛　斌	孙　胜	张凤羽	陈　宪
	李杨阳	任晓玲	陈志孔	杨　东
	邓晓云	曹　晖	洪　革	文　甦

《四川省志·侨务志（1986—2005）》
总　编　室

主　　编	杨绍明	
副主编	王文选	杨兴贤
编辑人员	罗晓萍	

《四川省志（1986—2005）》

凡　　例

一、本书编纂工作以马克思列宁主义、毛泽东思想、邓小平理论、“三个代表”重要思想、科学发展观、习近平新时代中国特色社会主义思想为指导，坚持辩证唯物主义和历史唯物主义的立场、观点和方法，全面客观地记述四川省行政区域内自然、政治、经济、文化和社会的历史与现状。

二、本书系中华人民共和国成立后首部《四川省志》续编，总名《四川省志（1986—2005）》，由总类、大事纪述、专志、人物、市（州）概况、附录共92卷构成。各分卷名称为《四川省志·××志（1986—2005）》或《四川省志·××志》（后者为特色志志名），设中英文目录。

三、本书上限一般起自1986年，下限一般截至2005年。对前志未设之分卷或篇章从事物发端写起；对前志漏载、误载的某些事项进行补载、更正；对前志记载后变化不大的某些事项进行简要复载；升格详载具有地方特色的某些事项。

四、本书记述的地域范围以1986—2005年四川省行政区划为准。

五、本书采用述、记、志、传、图、表、录等体裁，以志为主。

六、本书总类卷设序言、凡例、总述、卷目等，为各卷之首，全书之纲。关于自然环境、建置沿革、经济与社会历史发展状况等基本省情在总述中作简要复载或反映。各专志（分卷）根据社会分工和学科分类的实际，按“以类相从”或“突出地方特色”的原则设立，以篇、章、节横分类别，节、目以下纵述史实，立足反映四川省行政区域某一事物（事业、行业）断限期内历史与现状的全貌。人物志卷采用传、录、表诸种表述形式，坚持“生不立传”原则，在世人物的突出事迹以事系人载入相关分卷。人物传统一收入人物志。本书大事记以编年体为主，辅以纪事本末体。为完整记述一些重要事物，保存有价值史料，有些分卷设置了专记。

七、本书使用规范的现代语体文记述，行文严谨、朴实、简洁、流畅。使用规范汉字，用词概念准确，符合现代汉语语法规范。使用的标点符号、数字、计量单位等均按国家规定的统一标准书写。

八、本书使用公元纪年，各卷正文（除引文外）采用第三人称表述；行文涉及机构、会议、文件、职衔、地名等，均按当时称谓；除涉及人名、地名、纪年和简称等项采用括注外，其余采用页下脚注。

九、本书资料来源于文献、档案、报刊、书摘、口碑及实地调查等，所用资料均经各修志部门考证、核实。各分卷数据一般采用省统计局公布的数据，省统计局缺乏的，采用有关部门正式提供的数据。

十、各分卷图片分为前置图片和随文插图，随文插图和表格均以篇为单位依次排序编号；所用地图均以省测绘局审定的为准。

十一、各分卷需要特别说明的事项，均在各分卷的《编辑说明》中注明。

《四川省志·侨务志（1986——2005）》
编 辑 说 明

一、本志系中华人民共和国成立后首轮《四川省志·侨务志》续编，共列侨务机构，华侨华人 归侨侨眷，归侨侨眷权益保护，侨务经济科技工作，捐赠，联谊交往，宣传、交流与教育，归国华侨联合会8篇。志首设概述，志尾设附录。

二、为全面反应侨务部门的工作，本志内容除侨务情况外，还包括中国香港、澳门、台湾地区的有关情况。

三、由于首轮《四川省志·侨务志》对四川省侨务的历史与现状已记载至1993年，本志年代上限一般起自1994年，个别内容上溯至1986年或历史最早记载，下限一般截至2005年，个别内容适当后延。

四、本志记事区域，以1986—2005年四川省行政区划为准。

五、本志所记外国行政区域及国内组织机构名称，第一次使用时用全称，并括注简称，其后一般用简称。旧地名与今地名有异者，括注今地名。

六、本志中货币，未注明币种的均为人民币。

七、本志编纂中，注意与《四川省志》其他分志尽量减少交叉、重复。涉及其他部门的涉侨工作，本志必须述及时，一般只从政策和归口的角度简要叙述，突出本志的特点。

八、本志资料来源于档案、图书、报刊、业务主管部门和当事人等，经考证入志，均不注明出处。

目　　录

第三篇　归侨侨眷权益保护

第四篇　侨务经济科技工作

第八篇　归国华侨联合会

附　　录

Contents

Part 8　Federation of Returned Overseas Chinese

Appendixes

概 述

素有“天府之国”美誉之称的四川，虽地处内陆，但巴蜀儿女出国定居的历史久远。随着历史的推移，四川省在海外的华侨[①]、华人[②]人数不断增加。1997 年川渝分治后，按照海外华侨、华人的原籍地区统计，四川省在海外的华侨、华人人数有所减少，但是，随着改革开放的深入，四川省出国留学人员毕业后转为华侨、华人的人数迅速增长，投资移民等人数也逐年增加。据测算，截至 2005 年底，四川省的海外华侨华人、港澳同胞超过 60 万人，归侨[③]、侨眷[④]近 70 万人。川籍海外华侨、华人有三个重要特点：一是多数分布在发达国家。川籍海外华侨、华人分布于 80 多个国家和地区，但 70% 以上分布在美国、加拿大、新加坡、澳大利亚、英国、法国、德国、日本、新西兰这些发达国家，其中 21.63% 分布在美国。二是文化程度较高。大学专科毕业以上的占 70%。三是科技人才较多。27.09% 的川籍海外华侨、华人在科技、教育、医卫、管理领域工作。这些特点有利于四川引进侨资侨智和开展其他对外交往合作工作。

侨务工作历来是党和国家的一项长期战略性工作，中共四川省委、四川省人民政府以及基层党组织、政府高度重视侨务机构建设。1964 年 1 月，经四川省人民委员会报请国务院批复同意，设立四川省人民委员会华侨事务处。这是四川省历史上第一个专门设置的侨务管理机构。1978 年 7 月，组建四川省革命委员会侨务处（以下简称省侨务处）。1979 年 6 月 21 日，省侨务处改为四川省革命委员会侨务办公室。1980 年 4 月，设立四川省人民政府侨务办公室（以下简称省侨办）。1993 年 7 月，省侨办从省外办划出单独分设，增加编制。1979 年 11 月，四川省归国华侨联合会（以下简称省侨联）成立。1979 年后，全省市（地、州）及县（市、区）的侨办、侨联机构陆续设立和加强，为侨务工作的有效开展提供了组织保证。

全省侨务部门坚持以人为本，为侨服务。1986—1990 年，为侨服务（即为海外侨胞和归侨、侨眷服务）主要工作是落实党和国家的侨务政策，处理落实政策中所遇到的各类问题。1991—2005 年，为侨服务工作重点是依法维护归侨、侨眷的权益和海外侨胞在国内的权益。在省侨办、侨联积极配合下，省人大常委会以党和国家的侨务工作方针政策为指导，依据《中华人民共和国宪法》和《中华人民共和国归侨侨眷权益保护法》及《中华人民共和国归侨侨眷权益保护法实施办法》，在调研基础上，结合四川实际，制定了 4 部地方侨务法规：《四川省〈中华人民共和国归侨侨眷权益保护法〉

---

① 华侨，是指定居在国外的中国公民。

② 华人，在本志中是指外籍华人，即已加入外国国籍的中国血统的人，包括已加入外国国籍的原中国公民及其外国籍后裔，中国公民的外国籍后裔。

③ 归侨，是指回国定居的华侨。

④ 侨眷，是指华侨、归侨在国内的眷属。侨眷包括：华侨、归侨的配偶，父母，子女及其配偶，兄弟姐妹，祖父母、外祖父母，孙子女、外孙子女，以及同华侨、归侨有长期扶养关系的其他亲属。

实施办法》《四川省归侨侨眷企业事业权益保护条例》《四川省华侨投资权益保护条例》《四川省华侨捐赠条例》。在制定地方性侨务法规的同时，省侨办会同有关部门制定了一系列地方性侨务政策。侨务法规的制定，标志着四川省侨务工作走上了依法治侨、依法护侨的法治化轨道。在侨务法律法规颁布后，各级侨办、侨联利用各种媒体，采取多种形式，进行了侨务法律法规的广泛深入的宣传，加强了对侨务法律法规执行情况的监督、检查，促使侨务法律法规得到切实贯彻执行。同时，按照侨务政策法规开展了侨务扶贫工作。一方面，按照党和国家的侨务政策，利用国家拨款，对贫困归侨、侨眷在生活上进行救济，在就业上进行帮助，在生产上进行扶持；另一方面，通过争取海外侨胞和港澳台同胞的捐赠，对贫困地区、贫困人员进行扶持。其中，1994—2005年实施的“侨心工程”就争取海外侨胞和港澳台同胞捐资1亿多元，建成侨心学校（含卫生院）275所，设立奖（助）学基金会21个，资助大中小学特困学生1万余人，建立“侨心书库”5个。此外，全省各级侨办、侨联认真处理了侨务来信来访。1986—2005年，仅省侨办和市（地、州）侨办就受理侨务来信16750件，侨务来访42128人次，处理率为100%，办结率为99%。侨办、侨联为华侨华人、港澳同胞和归侨、侨眷排忧解难，维护其合法权益。

全省侨务部门坚持为经济建设服务，积极引资引智。省侨办、省侨联针对四川海外侨务资源相对较少的情况，从20世纪90年代初开始，提出“大侨务”观念，在对外交往和引资引智中，不仅要面向川籍的海外华侨、华人，而且要面向外省籍的所有海外华侨、华人。在工作中，坚持“四靠”原则，即：“上靠北京”，积极争取国务院侨务办公室（以下简称国务院侨办）、中国侨联等中央有关部门的支持，促进四川省对外交往合作；“下靠乡亲”，调动省内归侨、侨眷外联的积极性，依托亲情乡情，拓展海内外联络联谊；“前靠沿海”，加强与沿海侨乡侨务机构的联系与交流合作；“外靠友情”，加强与海外侨团、侨领和新老朋友的联系，以侨引侨，以侨引外，拓宽外联工作面和引资引智渠道。利用多种方式引资引智。1994—2005年，省侨办、省侨联接待到四川进行经贸考察合作的华侨华人、港澳台同胞1205批、11542人次，进行学术交流和技术交流的华侨、华人197批、3986人次。同期，全省侨办、侨联系统直接引进项目2162个，合同、协议金额22.74亿美元；间接引进项目619个，合同、协议金额17.75亿美元和143.1亿元。1995年、1998年、2000年、2002年、2004年，省侨办、省侨联主办或承办了四川海外专家、学者高新科技洽谈会。这5次会议的与会海外专家、学者共计887人次，国内与会人员1400余人次；共达成合作项目299个，签约金额63亿余元；在会上为四川发展建言献策的海外专家、学者54人次；海外专家、学者向大会推介专利项目356个；海外专家、学者到有关大专院校、科研机构和企业开展科技交流和学术交流活动达360余人次，国内参加交流和听课的达8300余人次。四川海外专家、学者高新科技洽谈会成为四川省对外开放、引资引智和交往联谊的一个重要平台。2001年，省侨办、省侨联邀请美国ICI公司玉米育种专家黄藻芬到四川建乐种苗研究所帮助研发玉米新品种“乐玉1号”。该产品从研发到大范围推广，取得了显著的经济效益和社会效益。2002年全省示范种植面积达210103亩，平均亩产524.9公斤，同比增长19.17%，总产玉米1.103亿公斤；2003年示范种植面积达387927亩，平均亩产544.78公斤，同比增产14.78%，总产玉米2.11亿公斤，增产2722万公斤，实现产值2.75亿元，增加产值3538万元。短短两年多时间，参加示范种植的农户收入增加5584.07万元，每亩可增加160多元。新品种的开发，缩小了中国玉米良种与发达国家玉米良种的差距，增强了中国农业的竞争力。

全省侨务部门坚持全方位联谊，广交深交朋友。以川籍海外侨胞、港澳台同胞为联谊基础，面向全球侨胞和港澳台同胞，广泛开展联谊活动。1994—2005年，省侨办、省侨联接待来访的海外华侨华人、港澳台同胞1441批、17016人次。1986—2005年，组织255个团组2415人次出访37个国家和地区。积极支持海外成立川籍社团，涵养和培育对我友好的海外中坚力量。举办重大涉侨活动，先后举办“川籍海外专家、学者回乡恳亲洽谈会”“海外百名侨领纪念邓小平诞辰一百周年纪念活动”和“世界客属第二十届恳亲大会”等活动。通过请进来、走出去，与全球466个主要华侨、华人社团，1059名华侨、华人重点人士保持经常性联系与交往。省侨务部门还加强了侨务对台工作，做好国外华侨、华人亲台社团和人士的工作，支持海外侨胞和平统一活动。

全省侨务部门坚持侨务宣传，进行文化交流与华文教育。四川侨务宣传工作，开始主要依靠各地侨办、侨联所创办的报纸杂志，如《成都侨务》、重庆《新华侨报》，内江、绵阳、泸州、南充、乐山、万县等市（地）的《侨讯》。之后，省侨办、省侨联创办了《四川侨报》、四川侨务网，对内对外进行侨务宣传。《四川侨报》于1993年11月创办，到2005年底，共发行290期。同时，还借助海内外媒体进行多层次、多渠道宣传活动。据不完全统计，1994—2005年，省侨办、省侨联邀请海内外媒体记者到四川采访979人次，先后发表报道四川的文章734篇；向海内外媒体投稿756篇，海内外媒体采用509篇，全面展示了四川改革开放后的新形象。大力开展文化交流，坚持进行华文教育，特别是对华裔青少年进行中国历史文化传统教育。1986—2005年，有24个团，2040人次到四川省参加华裔青少年教育活动。

纵观1986—2005年四川省侨务工作的发展历程，要做好侨务工作，必须正确处理以下三个关系。

一是正确处理改革创新与加快侨务工作发展的关系。1993年省侨办机构单设，侨务工作的活力明显增强。创建“四川海外专家、学者高新科技洽谈会”平台，在参会对象、会议规模、会议规格等方面不断创新，“引资”“引智”效果一次比一次好。创建“侨心工程”品牌，调动捐赠者、受赠者、受益者、服务管理者的积极性，捐赠工作取得显著成绩。改革创新是加快侨务工作发展的必由之路。侨务工作发展不断给改革创新提出新的课题和要求。只有坚持不懈地进行改革创新，才能使侨务工作不断迅速健康发展。

二是正确处理四川侨务资源与其他省（区、市）侨务资源的关系。川籍海外华侨、华人与其他省（区、市）籍海外华侨、华人既有共性，又有个性。其共性是他们的民族属性都是中华民族，祖国（祖籍国）是中国。其个性，是个人素质不同，特别是具有不同的故乡，各有各的故乡情结。侨务部门在对外交往和交流合作中，要充分重视乡情，发挥川籍海外华侨、华人的作用，同时又要克服川籍海外华侨、华人数量相对不多的局限性，打破地域界限，树立“大侨务”观念，努力发挥所有海外华侨、华人的作用。

三是正确处理国内侨务工作与国外侨务工作的关系。国内侨务工作与国外侨务工作密不可分，相辅相成。以国内侨务工作为基础，国外侨务工作为主导，是侨务工作的基本原则。广大海外侨胞与祖国（祖籍国）和人民有千丝万缕的联系，他们对中国文化和故乡有难以割舍的情怀和情结，有对故乡亲朋好友的情谊，有中华文化的纽带，有经济利益的联系。做好他们在国内眷属的各项工作对他们有很大影响。海外侨胞对国内捐赠、投资等的积极性，与国内贯彻落实侨务政策法规，维护归侨、侨眷合法权益有着密切联系。所以必须重视和做好国内侨务工作，切实为归侨、侨眷排忧解难，维护好他们的合法权益，为做好国外侨务工作打下坚实的基础。同时，要发挥国外侨务工作的主导作用，把国外侨务工作做活、做深、做实，切实保护好他们的合法正当权益，增进他们同中国和故乡的亲情乡谊与合作交流，为做好国内侨务工作创造良好条件。

总之，1986—2005 年四川省的侨务工作，在为四川的海外侨胞和归侨、侨眷服务，促进四川对外开放和经济社会发展等方面作出了应有的贡献。四川省侨务工作 20 年来取得的显著成绩、积累的宝贵经验，将有力推进 21 世纪侨务工作科学发展，再创辉煌。

第一篇　侨务机构

1964年，四川省设置专职的侨务机构，开始由省人委办公厅、省外事办公室等单位代管，1983年机构改革时合并到省外事办公室。这段时间，由于编制较少，级别较低，在一定程度上影响了四川侨务工作的发展。随着改革开放的深入和各项侨务政策的落实，四川侨务工作在促进经济建设、加强对外友好交往和交流合作等方面的潜力开始展现，单设侨务机构势在必行。1993年7月，省侨办机构单独分设，编制增加。自1979年以后，全省市（地、州）及县（市、区）的侨务机构陆续设立和加强。到2005年底，省侨办设有秘书处、国内侨务处、国外侨务处（港澳处）、经济科技处、文教宣传处、人事处、省侨办侨联纪检组、省侨办侨联机关党委、省侨办侨联机关工会、四川省华侨服务中心（后勤服务中心）等，行政编制27人，事业编制15人；全省18个地级市、3个自治州，均设置侨务办公室机构（除成都市侨务办公室机构单列办公外，其余侨务办公室机构均为合署办公），市（州）侨办（含合署办公的）编制226人，其中侨务干部84人；全省181个县（市、区），设置“专职侨办机构”的有80个县（市、区），设置“兼职侨办机构”的有92个县（市、区），未设置任何侨办机构的有8个县（区），设置专职和兼职侨办机构的县（市、区），占全省县（市、区）总数的95%。侨务机构的设立和加强，为侨务工作的有效开展提供了组织保证。

第一章 政府侨务机构

第一节 省侨务机构

1964年1月27日，经省人民委员会报请国务院批复同意，设立四川省人民委员会华侨事务处。这是四川省历史上第一个专门设置的侨务管理机构。华侨事务处编制3人，与四川省人民委员会宗教事务处合署办公。1969年1月，华侨事务处的3人先后下放省“五七”干校，机构不复存在。

1978年7月25日，组建四川省革命委员会侨务处，配专职干部7人，由四川省革命委员会外事办公室代管。

1979年6月21日，在省革命委员会侨务处的基础上建立四川省革命委员会侨务办公室，设兼职主任、副主任各1人；下设一处、二处，一处主管国内侨务工作，二处主管国外侨务工作；专职干部7人。李康任主任（1979年6月至1980年4月），潘廷生任副主任（1979年6月至1980年4月）。二人兼任四川省革命委员会外事办公室副主任。四川省革命委员会侨务办公室由四川省革命委员会外事办公室党组代管。

1980年4月，四川省革命委员会侨务办公室改为四川省人民政府侨务办公室（以下简称省侨办）。设主任、副主任各1人；下设一处、二处，一处主管国内侨务工作，二处主管国外侨务工作；编制7人。李康任主任，潘廷生任副主任。省侨办主任、副主任仍然兼任四川省人民政府外事办公室（以下简称省外办）副主任，占省外办编制。省侨办由省外办党组代管。1982年7月，省侨办内设机构为：秘书处、侨政处、对外宣传处。编制13人。同年底，省侨办内设机构为：秘书处、侨政处、联络处、港澳处。编制24人，实际到位19人（其中港澳处占5个编制，人员全未到位）。

1983年2月，按照省委机构改革的部署和要求，省侨办并入省外办，对外仍保留四川省人民政府侨务办公室牌子，合并后的机构名称为四川省人民政府外事办公室。未任命省侨办主任或副主任。省外办副主任潘廷生分管侨务工作（任期为1983年2月至1991年8月）。省外办内设有侨务处。1984年9月，侨务处改为侨政处，增设国外侨务处。1986年1月，增设对外宣传处。同年9月，又调整为国内侨务处和国外侨务处两个处，前者主管侨政、秘书、宣传、港澳事务等工作，后者主管对外联络、经济（含捐赠）、企业管理等工作。1991年8月，省委同意潘廷生任巡视员，经省政府决定，免去其省外办副主任职务，任命王宋达为省外办副主任，分管侨务工作。

1992年10月，省委加快理顺侨务管理体制步伐，建立省侨办侨联党组，王宋达任党组书记，孙长庆、杨绍明为党组成员。

1993 年 7 月 27 日，省政府决定，省侨办从省外办分出单独设置。下设秘书处、侨政处、国外侨务处等机构。同年 11 月 23 日，经省委批准，任命王宋达为省侨办主任，李基槐、杨绍明为省侨办副主任。同年 12 月，省侨办内设机构增加为：秘书处、侨政处、国外侨务处、文教宣传处、人事处、四川省华侨服务中心（后勤服务中心）。

单设后的四川省人民政府侨务办公室，直接受省政府领导，是省政府的办事机构，其主要职责和任务是：（一）贯彻执行党中央、国务院和省委、省政府有关侨务工作的方针、政策，保护华侨正当的权利和利益，保护归侨、侨眷合法的权利和利益。（二）研究制定四川省侨务工作的有关政策、规定，并负责检查落实。配合有关部门开展侨务政策的宣传及侨务干部培训等工作。（三）研究国内外侨务工作情况，提供侨务信息，制定侨务工作长远发展规划和年度工作计划。（四）归口管理、统筹协调全省侨务工作和港澳工作，指导各地、各部门侨务工作和港澳工作。（五）管理华侨、港澳同胞回四川定居的安置工作，负责侨务经济、侨务扶贫工作，按国家规定办理华侨、港澳同胞捐赠进口物资的审核、审批手续，配合公安部门办理华侨、港澳同胞的出入境事宜。（六）开展国外华侨、外籍华人、港澳同胞及其社团的团结友好工作，配合有关部门开展引进华侨、外籍华人、港澳同胞资金、技术和人才的工作。（七）领导直属企事业单位，对直属企业和侨属企业依法进行协调、监督、管理和提供服务，负责对华侨、外籍华人、港澳同胞的接待服务工作。

1994 年 4 月，省侨办内设机构有所增加，经省委批准，设立省侨办侨联机关党委；经省纪委决定，设立派出机构省侨办侨联纪检组（纪检监察处）；经省政府有关部门批准，设立招商引资处（1999 年 4 月改为侨务经济科技处，简称经科处）和省侨办侨联机关工会。

2000 年以后，省侨办主要职责是：（一）贯彻执行党和国家侨务工作的方针、政策、法律、法规，拟订全省侨务工作发展规划和政策，起草相关法规草案并督促检查贯彻执行情况。（二）调查研究全省及国内外侨情和侨务工作情况，向省委、省政府提供侨务信息，提出相关建议。（三）负责全省侨务工作，统筹、协调省直有关部门、社会团体涉侨工作，指导市（州）侨务工作。（四）开展归侨、侨眷工作，依法保护归侨、侨眷和华侨、华人在省内的合法权益。配合有关部门研究处置涉侨突发事件，组织开展涉侨捐赠并参与监督工作，协助有关部门做好归侨、侨眷代表人士的人事安排工作，联系指导省内涉侨社团工作。（五）开展对华侨、华人及其社团和香港、澳门特别行政区侨界的联谊服务工作，会同有关部门开展侨务对台工作和涉藏侨务工作。（六）按照省委、省政府要求，组织开展重大涉侨经济、科技、文化合作与交流及涉侨宣传、华文教育工作。（七）调查研究四川省引进侨资、侨智的情况并提出政策建议，开展引进华侨、华人资金、技术、人才工作，为省内侨资企业服务，协调涉侨经济投诉工作。（八）承办省政府交办的其他事项。

到 2005 年 12 月 31 日，省侨办内设机构为：秘书处、国内侨务处、国外侨务处、经济科技处、文教宣传处、人事处、省侨办侨联纪检组、省侨办侨联机关党委、省侨办侨联机关工会、四川省华侨服务中心（后勤服务中心）。省侨办行政编制 27 人，事业编制 15 人。

四川省人民政府侨务办公室副厅级以上领导干部表

表 1 - 1

职务	姓名	任职时间	备注
省侨办主任	李康	1980 年 4 月至 1983 年 2 月	
	王宋达	1993 年 11 月至 2004 年 2 月	1992 年 10 月至 2004 年 2 月省侨办侨联党组书记
	周敏谦	2004 年 2 月至	省侨办侨联党组书记
省侨办副主任	潘廷生	1980 年 4 月至 1983 年 2 月	
	曾廷忠	2000 年 8 月至	
	李基槐	1993 年 11 月至 1996 年 8 月	
	杨绍明	1993 年 11 月至 2002 年 9 月	
	张继勇	2002 年 10 月至	
	席柏松	2003 年 1 月至	
省侨办侨联机关党委书记	李基槐	1994 年 5 月至 1996 年 9 月	
	陈立福	1996 年 9 月至 1998 年 8 月	
	吴振西	2001 年 6 月至	
省侨办侨联纪检组组长	陈立福	1996 年 9 月至 1998 年 8 月	
	吴振西	2001 年 8 月至	
省侨办巡视员	杨绍明	2002 年 10 月至 2005 年 12 月	
省侨办助理巡视员	王文选	1998 年 2 月至 2000 年 1 月	
	陈大顺	2001 年 6 月至	

说明：1983 年 2 月至 1993 年 7 月，省侨办并入省外办，组织上未任命省侨办主任或副主任，侨务工作由省外办一名副主任分管

第二节　市（地、州）侨务机构

1964 年，成都和重庆两市分别成立人民委员会华侨事务处。1978 年，渡口市（1987 年更名为攀枝花市）成立市革命委员会侨务科。1979 年，自贡市成立市革命委员会侨务科。以后，其余市（地、州）陆续设置侨务办公室机构，原来为科级的侨务机构也陆续升格为市（地、州）的县级侨务机构。

1993 年底，全省有 13 个省辖市（成都、重庆、自贡、攀枝花、泸州、德阳、绵阳、广元、遂宁、内江、乐山、万县、南充市）；7 个地区（涪陵、黔江、宜宾、广安、达川、巴中、雅安地区）；3 个自治州〔阿坝藏族羌族自治州（以下简称阿坝州）、甘孜藏族自治州（以下简称甘孜州）、凉山彝族自治州（以下简称凉山州）〕。除广安、巴中地区和阿坝州外，其余的市（地、州）都设置了侨务办公室机构。

1997 年，重庆升格为直辖市后，万县、涪陵、黔江等侨务办公室为重庆市委和政府的机构。

至 1998 年底，四川省辖 13 个省辖市、5 个地区、3 个自治州，都设置了侨务办公室。除成都市侨务办公室单列办公外，其余市（地、州）侨务办公室大多数同外事办公室等合署办公，个别市（地、州）侨务办公室同统战部合署办公，内设侨务科，配 1 ~2 名专职侨务干部。

2005 年底，四川省辖 18 个地级市、3 个自治州，均设置侨务办公室机构，除成都市侨务办公室机构单列办公外，其余侨务办公室机构均为合署办公。这 21 个市（州）侨务办公室机构（含合署办公的侨务办公室机构），总编制为 226 人，其中侨务干部 84 人。

市(地、州)侨务办公室机构设置、干部配置情况统计表

（2005 年 12 月 31 日）

表 1 -2

地　区	侨办机构设置沿革	侨办机构建立或变更时间	总编制（人）	侨务干部（人）
成都市	成都市人民委员会华侨事务处	1964 年		
	成都市人民政府侨务办公室	2005 年 12 月	17	21
自贡市	自贡市革命委员会侨务科	1979 年 3 月		
	自贡市人民政府侨务办公室(在统战部内,一级局)	2005 年 12 月	3	3
攀枝花市	渡口市革命委员会侨务处	1978 年 5 月		
	攀枝花市人民政府侨务办公室(与侨联合署办公)	2005 年 12 月	4	4
泸州市	泸州市外事侨务办公室	1984 年 4 月		
	泸州市外事侨务旅游局	2005 年 12 月	16	2
德阳市	德阳市侨办	1983 年 9 月		
	德阳市外事侨务办公室	2005 年 12 月	21	4
绵阳市	绵阳地区行政公署侨务办公室	1982 年 12 月		
	绵阳市人民政府外事侨务办公室	2005 年 12 月	18	5
广元市	广元市人民政府外事侨务办公室	1985 年 8 月		
	广元市人民政府外事侨务办公室	2005 年 12 月	15	3
遂宁市	遂宁市外事侨务旅游办公室	1987 年 11 月		
	遂宁市人民政府外事侨务旅游局	2005 年 12 月	10	3
内江市	内江地区行署侨务办公室	1983 年 5 月		
	内江市人民政府外事侨务旅游局	2005 年 12 月	6	3
乐山市	乐山市人民政府侨务办公室	1985 年 5 月		
	乐山市人民政府外事侨务办公室	2005 年 12 月	16	4
南充市	南充地区行政公署外事侨务办公室	1983 年 12 月		
	南充市人民政府外事台侨旅游工作局	2005 年 12 月	27	3

续表1-2

地　区	侨办机构设置沿革	侨办机构建立或变更时间	总编制（人）	侨务干部（人）
宜宾市	宜宾地区外事侨务办公室	1983年8月		
	宜宾市人民政府外事侨务办公室	2005年12月	8	3
广安市	广安地区行署外事侨务台湾事务办公室	1994年2月		
	广安市人民政府外事侨务台湾事务办公室	2005年12月	7	2
达州市	达县地区行署侨务办公室	1982年7月		
	达州市人民政府外事侨务办公室	2005年12月	9	4
巴中市	巴中市人民政府侨务办公室（在政府办内）	1994年3月		
	巴中市人民政府侨务办公室（在政府办内）	2005年12月	2	2
雅安市	雅安地委统战部侨务科	1982年3月		
	雅安市人民政府外事侨务台湾工作办公室	2005年12月	10	2
眉山市	四川省眉山地区行政公署侨务办公室	1997年		
	眉山市人民政府外事侨务台湾工作办公室	2005年12月	9	5
资阳市	资阳地区台侨外事旅游局	1998年5月		
	资阳市人民政府外事台侨事务办公室	2005年12月	9	3
阿坝州	阿坝藏族羌族自治州人民政府侨务办公室	1997年2月		
	阿坝藏族羌族自治州人民政府外事侨务办公室	2005年12月	7	2
甘孜州	甘孜州归国藏胞外事侨务对台工作办	1990年7月		
	甘孜州归国藏胞外事侨务对台工作办	2005年12月	3	3
凉山州	凉山州人民政府外事侨务办公室	1982年6月		
	凉山州人民政府外事侨务办公室	2005年12月	9	3
合　计			226	84

第三节　县（市、区）侨务机构

据统计，1993年底，在全省（含重庆市）219个县（市、区）中，有177个（其中125个县、16个市和36个区）设置了侨办机构，占全省建制的80.8%，一般都配备有专、兼职侨务干部和工作人员。42个未设专门侨办机构的区（县），侨务工作一般由政府办公室、统战部或外事办公室兼管。

1993年以后，中国改革开放深入发展，取得了卓越成就。华侨华人、港澳台同胞等客商到川投资兴办企业越来越多，侨务工作量增大，各级政府对侨务工作越来越重视，组织机构得到加强。

县（市、区）设置侨办机构有三种情况：第一种是设置"专职侨办机构"，机构和人员有编制，一般与外事等机构合署办公；第二种是设置“兼职侨办机构”，机构和人员没有编制，但挂侨务办公室牌子，有侨务办公室印章，有专职或兼职侨务干部；第三种是不设置任何侨办机构，当有侨务工作时临时指派人员去做。据市（州）侨办统计，至2005年底，全省共有181个县（市、区），设置“专职侨办机构”的有80个县（市、区），配备专职侨务干部188人；设置“兼职侨办机构”的有92个县（市、区），配备专职侨务干部7人，兼职侨务干部103人；未设置侨办机构的有9个县（区）。设置专职和兼职侨办机构的县（市、区），占全省县（市、区）总数的95%。

县（市、区）侨办机构设置、干部配置情况统计表

（2005年12月31日）

表1－3

地　区	设立专职侨办机构的		设立兼职侨办机构的			未设立任何侨办机构的县（市、区）
	县（市、区）	专职侨务干部（人）	县（市、区）	专职侨务干部（人）	兼职侨务干部（人）	
成都市	锦江区、青羊区、金牛区、武侯区、成华区、新都区、温江区、都江堰市、邛崃市、崇州市、金堂县、双流县、郫县、大邑县、蒲江县、新津县	40	龙泉驿区、青白江区、彭州市	1	14	
自贡市	自流井区、贡井区、大安区、沿滩区、荣县、富顺县	10				
攀枝花市			东区、西区、仁和区、盐边县、米易县		5	
泸州市	泸县	1	龙马潭区、纳西区、江阳县、合江县、叙永县、古蔺县	1	5	
德阳市			旌阳区、中江县、绵竹市、广汉市、什邡市、罗江县		8	
绵阳市	游仙区、江油市、三台县、盐亭县、平武县	10	涪城区、梓潼县、北川县、安县		8	
广元市			市中区、朝天区、苍溪县		3	元坝区、剑阁县、青川县、旺苍县
遂宁市	安居区、船山区、射洪县、蓬溪县	7	大英县			
内江市	市中区、东兴区、资中县、威远县、隆昌县	10				

续表 1－3

地　区	设立专职侨办机构的		设立兼职侨办机构的			未设立任何侨办机构的县（市、区）
	县（市、区）	专职侨务干部（人）	县（市、区）	专职侨务干部（人）	兼职侨务干部（人）	
乐山市	市中区、峨眉山市、夹江县、犍为县	12	沙湾区、金口河区、五通桥区、井研县、沐川县、马边县、峨边县	1	10	
南充市	顺庆区、高坪区、嘉陵区、阆中市、南部县、西充县、仪陇县、营山县、蓬安县	27				
宜宾市	翠屏区	1	宜宾县、南溪县、江安县、长宁县、高县、筠连县、珙县、兴文县、屏山县		9	
广安市	华蓥市、邻水县	4	广安区、岳池县、武胜县	3	3	
达州市	通川区、达县、渠县、宣汉县、开江县、大竹县、万源市	28				
巴中市	巴州区、通江县、平昌县	5	南江县		2	
雅安市	雨城区、宝兴县		名山县、汉源县、石棉县、天全县、芦山县		5	荥经县
眉山市	东坡区、仁寿县、彭山县、洪雅县、丹棱县、青神县	15				
资阳市	雁江区、简阳市、乐至县	6	安岳县		2	
阿坝州	马尔康县、松潘县、九寨沟县	3	金川县、小金县、阿坝县、若尔盖县、红原县、壤塘县、汶川县、理县、茂县、黑水县		10	
甘孜州			康定县、泸定县、丹巴县、九龙县、雅江县、道孚县、炉霍县、得荣县、乡城县、稻城县、理塘县、新龙县、白玉县、甘孜县、德格县、石渠县、色达县、巴塘县	1	19	
凉山州	西昌市、冕宁县、金阳县	9	会东县、盐源县、昭觉县、会理县、雷波县、木里县、德昌县、越西县、喜德县、普格县		14	宁南县、美姑县、甘洛县、布拖县
合　计	80（个）	188	92（个）	7	103	9（个）

第二章　人大政协侨务机构

第一节　省人大侨务机构

四川省人民代表大会常务委员会侨务外事工作委员会　1994年1月23日，省人大第八届第二次常委会通过，设立四川省人民代表大会常务委员会侨务外事工作委员会（以下简称省人大侨外工委）。省人大侨外工委由省人大常委会副主任饶用虞（女）任主任，朱藻文、戴明君（女）任副主任，王润霖、林添麟、陈忠慧、吴明瑛（女）等任委员。下设办公室，承办日常具体工作和行政事务。

四川省人民代表大会外事侨务委员会　1995年2月，省八届人大第三次会议决定增设外事侨务委员会（简称省人大外侨委），饶用虞（女）任主任委员。1996年2月，在省八届人大常委会第四次会议上饶用虞辞去省人大外侨委主任委员职务，由王叔云任省人大外侨委主任委员。1998年1月，省九届人大一次会议选举81人组成省九届人大常委会，设置省九届人大外事侨务委员会。省人大外侨委主任委员：张国辉；副主任委员：朱藻文、梁世鹏、黄惟泽；委员：刘同心、汪定熵、林家湘、胡渝（女）。2003年1月，省十届人大一次会议选举82人组成省十届人大常委会，设置省十届人大外事侨务委员会。省人大外侨委主任委员：罗松柏；副主任委员：郭晓黎、彭言智（女）、袁祥生；委员：成甦、汪定熵、姚汉民、高庆（女）。

第二节　省政协涉侨组织

1977年12月，政协四川省第四届委员会产生。从这届起增加了归国华侨界别。在政协四川省第四届委员会常务委员会第一次会议上，通过成立了“对台工作组”，对台工作组由童少生任组长，罗承烈、董澜华、李振、寇琼波任副组长，另有17名组员，下设办公室。对台工作组主要任务是围绕祖国统一，开展对台、外事、侨务、对外经济、文化以及其他相关方面的联络、交流和联谊工作。

1978年7月14日，政协四川省第四届委员会常务委员会第二次会议对“对台工作组”的领导成员作了调整和补充，由罗承烈任组长，董澜华、李振、寇琼波、赖西夔任副组长，组员增至18名。

1983年4月，政协四川省第五届委员会常务委员会第一次会议决定，将“对台工作组”改为“联络委员会”，由李培根任主任，赖西夔、陈志平、彭宗萍、邱林任副主任，下设办公室（又名联络处）。1984年9月18日，政协四川省第五届委员会常务委员会第七次扩大会议决定增设“四川省政协对外经济技术联络委员会”，由李培根任主任，罗承烈任顾问，王彦立、赖西夔、陈志平、王庭钧、邱林、田兴华、彭宗萍任副主任，办事机构仍是联络处。形成了“两块牌子、一套人马”的组织机构。

1985 年 9 月 17 日，政协四川省第五届委员会第三十八次主席会议通过了将“四川省政协联络委员会”改为“四川省政协祖国统一工作组”的决定。同时还调整、补充了领导成员。“祖国统一工作组”由李培根任组长，赖西夔、陈志平、王庭钧、杜基业任副组长。“对外经济技术联络委员会”由李培根任主任，罗承烈任顾问，王彦立、邱林、田兴华、彭宗萍、郭景璞、陈大昌、孙济世任副主任。

1988 年 5 月 9 日，政协四川省第六届委员会常务委员会第二次会议根据“广交朋友，联络友谊”的方针，并参照全国政协的作法，将“祖国统一工作组”“对外经济技术联络委员会”两块牌子合并为“联谊工作委员会”，由李培根任主任，王于、陈祖湘、王庭钧、李致、但汉然、赖西夔、陈志平、冷怀旭、彭宗萍、邱林、田兴华任副主任，另有 28 名委员，下设办公室。

1988 年 5 月，“联谊工作委员会”制定《四川省政协联谊工作委员会简则》，确定其主要职责是：积极主动地开展人民外交和海外联谊工作；对党和国家的有关方针和政策开展经常性的调查研究；为和平统一祖国，为进一步发展四川经济，献计献策，做好党和政府的参谋；切实履行好政治协商，民主监督的职能。在其工作范围中规定，配合省侨务部门，做好与政协有关的侨务工作并经常组织政协系统的归侨、侨眷座谈了解情况，协助解决他们工作、生活中的实际问题。

1993 年 1 月，政协四川省第七届委员会产生，其“联谊工作委员会”由卢子贵任主任，田兴华、陈锡文等任副主任，下设办公室。

1998 年 1 月，政协四川省第八届委员会产生，其“联谊工作委员会”更名为“联谊联络委员会”，由何一心任主任，沈德华、卢道猜，王宪、欧阳明远任副主任。

1999 年 1 月 24—28 日，政协四川省第八届委员会第二次会议决定：“四川省政协联谊联络委员会”更名为“四川省政协港澳台侨和外事委员会”。

2003 年 1 月，政协四川省第九届委员会产生，其四川省政协港澳台侨和外事委员会，由刘发生任主任，王宋达、王宪、刘运生、张修忠、陈桂生、陈麟章、裘希、魏文浩、刘妙娟、屈刚任副主任。

第二篇　华侨华人 归侨侨眷

四川省的海外华侨、华人，随着社会发展，人数陆续增加，分布逐渐扩大，文化程度不断提高，职业逐步走向多样化并且向高科技行业发展，对祖国、祖籍国的贡献越来越大。四川省的归侨、侨眷，随着华侨人数的增加和自身的繁衍，人口不断增长，分布于全省各市（州），在各行各业发挥作用。

第一章 华侨华人

第一节 人口和分布

四川人到海外定居的历史久远。古代政权的更迭,迫使一批批蜀民南迁到东南亚的一些国家。近代,大批川籍"华工"和留学生,远渡重洋到达美洲和欧洲,一部分则在那里定居下来。20世纪50年代以后台湾成批的"台转侨"和改革开放以后内地(大陆)兴起的留学热、投资移民等造就了大批川籍华侨、华人。据测算,截至2005年,四川的海外华侨华人、港澳同胞超过60万人。

由于华侨、华人形成的历史久远,成因复杂,科学统计的难度大,向来无法掌握全面、详细、精确的数据。据各市(州)侨务部门对掌握的川籍华侨华人、港澳同胞210306人统计,其中定居国外的华侨、华人121740人,定居港澳的同胞88566人。

2005年川籍华侨华人和港澳同胞人口不完全统计表

表2-1 单位:人

原籍	华侨	华人	香港同胞	澳门同胞	合计
成都市	15000	41000	39000	12000	107000
自贡市	2927	5460	3750	49	12186
攀枝花市	277	1379	532	16	2204
泸州市	2249	3821	1342	273	7685
德阳市	3310	3511	1900	305	9026
绵阳市	1681	2418	597	334	5030
广元市	703	525	–	–	1228
遂宁市	358	739	592	153	1842
内江市	1232	1538	1653	129	4552
乐山市	2234	1415	1449	271	5369
南充市	1870	5320	4980	750	12920
宜宾市	1482	3407	460	4	5353
广安市	518	401	986	21	1926

续表 2-1

原　籍	华　侨	华　人	香港同胞	澳门同胞	合　计
达州市	3419	1017	8401	4949	17786
巴中市	428	1304	473	181	2386
雅安市	758	614	107	60	1539
眉山市	2405	1353	344	167	4269
资阳市	956	1119	1949	53	4077
阿坝州	141	71	-	-	212
甘孜州	1338	66	1		1405
凉山州	836	1140	306	29	2311
总　计	44122	77618	68822	19744	210306

说明:1. 统计资料来源于各市(州)政府侨务机构;
2. 统计截至 2005 年 12 月 31 日;
3. 部分在原籍已无亲属或者长期失去联系的川籍华侨华人、港澳同胞以及他们的后裔未能列入统计;
4. 部分在改革开放后陆续出国的川籍人员,由于不了解这些人是否已获得华侨(或华人)身份未列入统计;
5. 有的统计对象,因在省内的眷属分散于不同的市(州),统计有重复

四川省定居国外的华侨、华人分布在世界各地，主要分布在美国、加拿大、印度尼西亚、新加坡、泰国、澳大利亚、马来西亚、菲律宾、英国、法国、德国、日本等 70 多个国家。

2005 年川籍华侨华人分布不完全统计表

表 2-2　　　　单位:人

分布国家	华　侨	华　人	合　计	占川籍华侨华人总数的比例(%)
美国	10377	15955	26332	21.63%
加拿大	4301	7303	11604	9.53%
印度尼西亚	2751	4410	7161	5.88%
新加坡	3452	3684	7136	5.86%
泰国	980	5338	6318	5.19%
澳大利亚	2739	3391	6130	5.04%
马来西亚	1712	4212	5924	4.87%
菲律宾	1734	3823	5557	4.56%
英国	1202	1847	3049	2.50%
法国	1036	1381	2417	1.99%
德国	765	1590	2355	1.93%
日本	1316	995	2311	1.90%

续表 2-2

分布国家	华 侨	华 人	合 计	占川籍华侨华人总数的比例(%)
新西兰	534	1065	1599	1.31%
俄罗斯	421	873	1294	1.06%
索马里	96	856	952	0.78%
韩国	229	722	951	0.78%
巴西	157	776	933	0.77%
印度	689	211	900	0.74%
墨西哥	147	698	845	0.69%
南非	242	369	611	0.50%
意大利	234	355	589	0.48%
挪威	16	470	486	0.40%
缅甸	201	278	479	0.39%
西班牙	107	339	446	0.37%
巴基斯坦	45	385	430	0.35%
越南	102	302	404	0.33%
罗马尼亚	136	247	383	0.31%
瑞典	34	322	356	0.29%
瑞士	77	222	299	0.25%
荷兰	148	139	287	0.24%
乌克兰	22	210	232	0.19%
白俄罗斯	16	176	192	0.16%
尼泊尔	166	22	188	0.15%
肯尼亚	65	122	187	0.15%
印尼	41	139	180	0.15%
丹麦	33	136	169	0.14%
希腊	26	125	151	0.12%
中非	57	86	143	0.12%
毛里求斯	47	95	142	0.12%
奥地利	37	104	141	0.12%
芬兰	54	85	139	0.11%
伊朗	57	66	123	0.10%
古巴	40	82	122	0.10%

续表 2-2

分布国家	华　侨	华　人	合　计	占川籍华侨华人总数的比例(%)
阿根廷	31	81	112	0.09%
斯洛文尼亚	17	85	102	0.08%
保加利亚	41	59	100	0.08%
波兰	37	62	99	0.08%
哈萨克斯坦	66	28	94	0.08%
尼日尔	14	47	61	0.05%
比利时	46	15	61	0.05%
安哥拉	60		60	0.05%
尼日利亚	10	37	47	0.04%
沙特阿拉伯	31	12	43	0.04%
孟加拉国	33	8	41	0.03%
匈牙利	15	25	40	0.03%
朝鲜	4	29	33	0.03%
柬埔寨	5	21	26	0.02%
智利	20	5	25	0.02%
捷克	10	13	23	0.02%
土耳其	7	14	21	0.02%
文莱	10	9	19	0.02%
约旦	7	9	16	0.01%
吉尔吉斯坦	9	4	13	0.01%
爱尔兰	6	4	10	0.01%
葡萄牙	2	8	10	0.01%
津巴布韦	3	6	9	0.01%
斯里兰卡	3	4	7	0.01%
科威特	2	5	7	0.01%
委内瑞拉	3	3	6	0.00%
圭亚那	4	1	5	0.00%
哥伦比亚	3	2	5	0.00%
锡金	1	4	5	0.00%

续表 2－2

分布国家	华　侨	华　人	合　计	占川籍华侨华人总数的比例(％)
马达加斯加	3		3	0.00%
乌兹别克	2	1	3	0.00%
蒙古	0	2	2	0.00%
苏里南		2	2	0.00%
危地马拉		1	1	0.00%
老挝		1	1	0.00%
其他	6976	13005	19981	16.41%
总计	44122	77618	121740	100.00%

说明:1. 统计资料来源于各市(州)政府侨务机构;

2. 统计截至 2005 年 12 月 31 日;

3. 广元、宜宾、巴中市和阿坝州定居国外的华侨、华人没有分国家统计,将其列入“其他”栏,其他有些市(州)有部分定居国外的华侨、华人没有分国家统计,也将其列入“其他”栏

第二节　文化程度和职业

四川省定居国外的华侨、华人文化层次比较高。据各市（州）侨务部门掌握的数据统计，大学专科毕业以上的 85233 人，占川籍华侨、华人总数的 70%。其中，获博士学位的 8320 人，占川籍华侨、华人总数的 6．83%；获硕士学位的 24347 人，占川籍华侨、华人总数的 20%；大学本科毕业的 42342 人，占川籍华侨、华人总数的 34．78%；大学专科毕业的 10224 人，占川籍华侨、华人总数的 8．40%。

2005 年川籍华侨华人文化程度统计表

表 2－3　　　　单位:人

原　籍	文化程度	华　侨	华　人	合　计	占原籍地区华侨、华人总数的比例(％)
成都市	获博士学位	860	1227	2087	3.73
	获硕士学位	2742	13300	16042	28.65
	大学本科毕业	8817	22170	30987	55.33
	大学专科毕业	1700	3103	4803	8.58
	中等专业学校毕业	564	730	1294	2.31
	其他	317	470	787	1.41
	小计	15000	41000	56000	100.00

续表 2－3

原　籍	文化程度	华　侨	华　人	合　计	占原籍地区华侨华人总数的比例(%)
自贡市	获博士学位	－	163	163	0.29
	获硕士学位	－	－	－	－
	大学本科毕业	－	－	－	－
	大学专科毕业	－	－	－	－
	中等专业学校毕业	－	－	－	－
	其他	2927	5297	8224	98.06
	小计	2927	5460	8387	100.00
攀枝花市	获博士学位	23	73	96	5.80
	获硕士学位	13	51	64	3.86
	大学本科毕业	61	396	457	27.60
	大学专科毕业	11	65	76	4.59
	中等专业学校毕业	2	22	24	1.45
	其他	167	772	939	56.70
	小计	277	1379	1656	100.00
泸州市	获博士学位	195	184	379	6.24
	获硕士学位	331	489	820	13.51
	大学本科毕业	659	997	1656	27.28
	大学专科毕业	560	786	1346	22.17
	中等专业学校毕业	193	354	547	9.01
	其他	311	1011	1322	21.78
	小计	2249	3821	6070	100.00
德阳市	获博士学位	467	608	1075	15.76
	获硕士学位	622	713	1335	19.57
	大学本科毕业	778	640	1418	20.79
	大学专科毕业	116	171	287	4.21
	中等专业学校毕业	727	603	1330	19.50
	其他	600	776	1376	20.17
	小计	3310	3511	6821	100.00

续表 2-3

原　籍	文化程度	华　侨	华　人	合　计	占原籍地区华侨华人总数的比例(%)
绵阳市	获博士学位	208	138	346	8.44
	获硕士学位	159	97	256	6.25
	大学本科毕业	635	597	1232	30.06
	大学专科毕业	469	678	1147	27.98
	中等专业学校毕业	110	668	778	18.98
	其他	100	240	340	8.29
	小计	1681	2418	4099	100.00
广元市	获博士学位	–	–	–	–
	获硕士学位	–	–	–	–
	大学本科毕业	–	–	–	–
	大学专科毕业	–	–	–	–
	中等专业学校毕业	–	–	–	–
	其他	703	525	1228	100.00
	小计	703	525	1228	100.00
遂宁市	获博士学位	117	237	354	32.27
	获硕士学位	130	230	360	32.82
	大学本科毕业	58	135	193	17.59
	大学专科毕业	20	66	86	7.84
	中等专业学校毕业	15	59	74	6.75
	其他	18	12	30	2.73
	小计	358	739	1097	100.00
内江市	获博士学位	117	386	503	18.16
	获硕士学位	176	235	411	14.84
	大学本科毕业	440	292	732	26.43
	大学专科毕业	256	146	402	14.51
	中等专业学校毕业	132	320	452	0.00
	其他	111	159	270	9.75
	小计	1232	1538	2770	100.00

续表 2－3

原籍	文化程度	华侨	华人	合计	占原籍地区华侨华人总数的比例(%)
乐山市	获得博士学位	257	150	407	11.15
	获得硕士学位	286	126	412	11.29
	大学本科毕业	464	420	884	24.23
	大学专科毕业	690	120	810	22.20
	中等专业学校毕业	128	12	140	3.84
	其他	409	587	996	27.30
	小计	2234	1415	3649	100.00
南充市	获博士学位	220	680	900	12.52
	获硕士学位	380	1720	2100	29.21
	大学本科毕业	500	1000	1500	20.86
	大学专科毕业	–	–	–	–
	中等专业学校毕业	–	–	–	–
	其他	770	1920	2690	37.41
	小计	1870	5320	7190	100.00
宜宾市	获博士学位	–	–	–	–
	获硕士学位	–	–	–	–
	大学本科毕业	–	–	–	–
	大学专科毕业	–	–	–	–
	中等专业学校毕业	–	–	–	–
	其他	1482	3407	4889	100.00
	小计	1482	3407	4889	100.00
广安市	获博士学位	94	80	174	18.93
	获硕士学位	134	126	260	28.29
	大学本科毕业	189	87	276	30.03
	大学专科毕业	46	65	111	12.08
	中等专业学校毕业	25	18	43	4.68
	其他	30	25	55	5.98
	小计	518	401	919	100.00

续表 2-3

原 籍	文化程度	华 侨	华 人	合 计	占原籍地区华侨华人总数的比例(%)
达州市	获博士学位	507	283	790	17.81
	获硕士学位	423	208	631	14.22
	大学本科毕业	1218	202	1420	32.01
	大学专科毕业	572	161	733	16.52
	中等专业学校毕业	289	89	378	8.52
	其他	410	74	484	10.91
	小计	3419	1017	4436	100.00
巴中市	获博士学位	-	-	-	-
	获硕士学位	-	-	-	-
	大学本科毕业	-	-	-	-
	大学专科毕业	-	-	-	-
	中等专业学校毕业	-	-	-	-
	其他	428	1304	1732	100.00
	小计	428	1304	1732	100.00
雅安市	获博士学位	164	113	277	20.19
	获硕士学位	284	162	446	32.51
	大学本科毕业	246	238	484	35.28
	大学专科毕业	32	15	47	3.43
	中等专业学校毕业	8	3	11	0.80
	其他	24	83	107	7.80
	小计	758	614	1372	100.00
眉山市	获博士学位	386	262	648	17.24
	获硕士学位	594	498	1092	29.06
	大学本科毕业	538	350	888	23.63
	大学专科毕业	209	131	340	9.05
	中等专业学校毕业	143	37	180	4.79
	其他	535	75	610	16.23
	小计	2405	1353	3758	100.00

续表 2－3

原　籍	文化程度	华　侨	华　人	合　计	占原籍地区华侨华人总数的比例（%）
资阳市	获博士学位	35	68	103	4.96
	获硕士学位	17	25	42	2.02
	大学本科毕业	20	32	52	2.51
	大学专科毕业	–	–	–	–
	中等专业学校毕业	–	–	–	–
	其他	884	994	1878	90.51
	小计	956	1119	2075	100.00
阿坝州	获博士学位	–	–	–	–
	获硕士学位	–	–	–	–
	大学本科毕业	–	–	–	–
	大学专科毕业	–	–	–	–
	中等专业学校毕业	–	–	–	–
	其他	141	71	212	100.00
	小计	141	71	212	100.00
甘孜州	获博士学位	–	1	1	0.07
	获硕士学位	–	3	3	0.21
	大学本科毕业	13	3	16	1.14
	大学专科毕业	25	11	36	2.56
	中等专业学校毕业	185	3	188	13.39
	其他	1115	45	1160	82.62
	小计	1338	66	1404	100.00
凉山州	获博士学位	2	15	17	0.86
	获硕士学位	27	46	73	3.69
	大学本科毕业	63	84	147	7.44
	大学专科毕业	–	–	–	–
	中等专业学校毕业	–	–	–	–
	其他	744	995	1739	88.01
	小计	836	1140	1976	100.00

续表 2－3

原 籍	文化程度	华 侨	华 人	合 计	占原籍地区华侨华人总数的比例(%)
全 省	获博士学位	3652	4668	8320	6.83
	获硕士学位	6318	18029	24347	20.00
	大学本科毕业	14699	27643	42342	34.78
	大学专科毕业	4706	5518	10224	8.40
	中等专业学校毕业	2521	2918	5439	4.47
	其他	12226	18842	31068	25.52
	总计	44122	77618	121740	100.00

说明:1. 统计资料来源于各市(州)政府侨务机构;
2. 统计截至 2005 年 12 月 31 日;
3. 广元、宜宾、巴中市和阿坝州定居国外的华侨、华人没有作文化程度统计,将其列入"其他"栏,其他有些市(州)有部分定居国外的华侨、华人没有作文化程度统计,也将其列入"其他"栏

四川省定居国外的华侨、华人，分布于众多行业，主要在商业、科技、工业、教育、医卫、管理、服务、农牧、政务、金融、司法、体育、文化等行业经营或就职。其中，在商界的 37263 人，占川籍华侨、华人总数的 30.61%；在科技行业的 20341 人，占川籍华侨、华人总数的 16.71%；在工业行业的 16304 人，占川籍华侨、华人总数的 13.39%；在教育行业的 6013 人，占川籍华侨、华人总数的 4.94%；在医疗卫生行业的 3377 人，占川籍华侨、华人总数的 2.67%；其余的，详见表2－4。

2005 年川籍华侨华人职业统计表

表 2－4 单位:人

职 业	华 侨	华 人	合 计	占川籍华侨华人总数的比例(%)
商业	14982	22281	37263	30.61%
科技	7042	13299	20341	16.71%
工业	3575	12729	16304	13.39%
教育	1616	4397	6013	4.94%
医卫	1514	1863	3377	2.77%
管理	1581	1670	3251	2.67%
服务	718	1260	1978	1.62%
农牧	880	800	1680	1.38%
政务	683	694	1377	1.13%
金融	369	141	510	0.42%

续表 2－4

职　业	华　侨	华　人	合　计	占川籍华侨华人总数的比例(％)
司法	284	166	450	0.37%
体育	50	326	376	0.31%
宗教	251	16	267	0.22%
文化	7	9	16	0.01%
其他	10570	17967	28537	23.44%
合计	44122	77618	121740	100.00%

说明：1. 统计资料来源于各市（州）政府侨务机构；

2. 统计截至 2005 年 12 月 31 日；

3. 广元、宜宾、巴中市和阿坝州定居国外的华侨、华人没有作职业统计，将其列入“其他”栏，其他有些市（州）有部分定居国外的华侨、华人没有作职业统计，也将其列入“其他”栏

第三节　对祖国（祖籍国）的贡献

包括川籍华侨、华人在内的广大海外侨胞，具有爱国爱乡的光荣传统。他们身居海外，心怀祖国（祖籍国），思念故乡，真诚希望祖国（祖籍国）繁荣富强，人民幸福安康。中华人民共和国成立前，他们支持辛亥革命，支援抗日战争，为中国的革命事业做出了不可磨灭的贡献。中华人民共和国成立后，他们积极以人力、财力、智力等多种方式报效祖国（祖籍国），支援家乡建设。

一、经济建设

为了祖国（祖籍国）的繁荣富强和自身的壮大发展，华侨、华人以多种形式特别是以科技投入、资金投入的形式参加经济建设。“截至 2005 年 12 月，四川省共审批外商投资企业 7317 家，外商直接投资合同外资金额 144．05 亿美元，外商直接投资实际到位金额 64．65 亿美元。”据省侨办调查，引进的外商“三资”企业中，侨资企业约占 70%。其中有不少企业由川籍海外侨胞创办。

余剑鸣，美籍华人，原籍成都市。1993 年获美国西弗吉尼亚大学系统模拟与仿真专业博士学位。1994—1997 年，担任美国联邦航空总署（FAA）的高级研究员，从事广域卫星导航系统的研究和对休斯公司 WAAS 项目的督导工作。1997 年成为美国 ISI 首席科学家，领导公司卫星导航方面的工作。此间，还参与主持美国斯坦福大学 WAAS 覆盖模型、日本 MSAS 广域卫星导航系统的功能验证方案设计及其实施、中国台湾高雄机场空运能力提升以及 GPS 算法分析等多项课题研究。后在美国创办自己的公司——ISI 卫星导航系统公司。当时，任美国大华府地区四川暨重庆同乡会副会长。1998 年 6 月，与其美国朋友共同投资 100 万元，作为第一期投资，在成都市成立高新技术企业——艾森卫星导航系统（中国成都）有限公司，从事卫星导航及系统软件开发，并担任该公司总裁兼总经理。艾森卫星导航系统有限公司已经为四川省计划委员会、四川省西部开发办公室建立攀西地区管理决策地理信息系统等发挥作用。

何跃，法籍华人，原籍南充市仪陇县。获荷兰海牙社会学院博士学位。1998年，创建法国巴黎扬子集团，任该集团董事长。该集团是一家集传媒、投资、贸易、旅游和餐饮于一体的多元化集团公司。后来，他在四川省创办“成都新纪元投资有限公司”“成都扬子投资有限公司”“绵阳扬子投资有限公司”。2002年在绵阳市游仙区创办“旅欧学子中国西部科创园”，以吸引更多的海外学子到川创业发展。2000年，为实现西部大开发战略，助推四川经济的快速增长，倡导创立欧洲中国西部大开发促进会，任会长，以此联系欧洲各界关心中国西部建设。他曾创建法国川渝同乡会，担任首任会长，后来又担任旅法中国同学会会长。多年来，他活跃在“四川海外专家、学者高新科技洽谈会”和“中国西部国际博览会”。他在家乡南充有旅游项目投资，并对四川贫困山区的教育给予捐资支持。

何敏，加籍华人，原籍四川省重庆市（1997年以后重庆市为直辖市）。1997年获英国曼彻斯特大学环境学博士学位，在多伦多一家公司从事计算机工作。之后，与北美中文网络合作，创办加拿大最大的中文网站——华亨网。2002年1月，他与朋友雪合来提在四川省绵阳市高新区兴建绵阳新浪潮科技有限公司，雪合来提任总裁，他任副总裁。该公司主要从事超声波热水器、楼宇可视对讲、安防监控系统、可视电话、通讯器材等高科技产品的开发。2003年，他以技术入股，与泸州正力房地产开发公司共同兴办四川正力三新环境保护科技有限公司，该公司注册资金200万元。

二、科技学术交流

川籍海外华侨、华人，特别是中国改革开放后出国定居的川籍海外华侨、华人，文化程度较高，不少人在科学研究、技术开发、高等教育、医疗卫生等领域工作，越来越多的人积极参加科技学术交流活动，以智力参与祖国（祖籍国）建设的作用日益显著。

1995年、1998年、2000年、2002年、2004年，省侨办、省侨联主办或承办了四川海外专家、学者高新科技洽谈会。出席这五次会议的海外专家、学者（其中不少川籍海外专家、学者）共计887人次；在会上为四川发展建言献策的海外专家、学者54人次；向大会推介专利项目356个；到有关大专院校、科研机构和企业开展科技交流和学术交流活动的海外专家、学者达400余人次，参加交流和听课的达7300余人次；有23位海外专家、学者和企业家被各级政府、大专院校、科研机构和企业聘为经济顾问、科技顾问、客座教授等。

宋永华，英籍华人，原籍巴中市。1964年1月出生。1984年在成都科技大学获学士学位；1987年在中国电力科学研究院获硕士学位；1989年在中国电力科学研究院获博士学位；1989—1991年为清华大学博士后；2001年入选英国皇家艺术工商业制造业院（RSA）院士；2002年3月因对电气学科研究的突出贡献被英国布鲁内尔大学授予科学博士（Dsc）；2002年入选英国电气工程师学会（IEE）院士；2004年当选英国皇家工程院院士，成为获得此称号的第一位留英华人。1991年以英皇家学会访问学者身份到英国布里斯托大学后，先后在英国巴斯大学（University of Bath）、英国利物浦约翰摩尔斯大学（Liverpool John Moores）任职。1997年1月，作为当时英国最年轻的工程教授，在英国布鲁内尔（Brunel）大学电子与电脑工程系任职，同时为英国皇家工程院/英国核电公司/德国西门子电力系统讲座教授，布鲁内尔大学网路系统研究所所长。2004年荣任布鲁内尔大学副校长，负责博士生和研究生的管理工作，这也是留英华人第一次就任英国大学高级管理职务。1994—2003年，出版英文专著5部，在国际主要杂志和会议上发表论文300多篇。宋永华在能源、电力和网路系统等高科技领域享有国际声誉，曾多次为国际上多个电力公司咨询，是世界银行罗马尼亚电力工业发展专案、欧共体捷克电力教育专案和联合国开发署（UNDP）中国电力市场专案等的特邀咨询专家。宋永华致力于加强与中国的科技交流，担任中国电机工程学会理事、全英清华校友会会长、澳门特别行政区政府科技顾问，是清华大学等高校的客座教授，是中国教育部长江学者特聘教授（西安交大），是中国科学院特聘海外评审专家，是中国科学院杰出学者基金获得者。多次回国进行学术交流。

图 2－1 2004 年 12 月 25 日，原籍巴中市的英籍华人、英国皇家工程院院士宋永华在国务院侨办和四川省人民政府举办的 2004 年海外专家、学者高新科技洽谈会大会上作题为《能源战略与经济可持续发展》的专题报告

（省侨办 供图）

曾宪章，美籍华人，科学家、企业家、教授。1948 年出生于乐山。1970 年毕业于台湾大学电机系，1976 年毕业于美国加州大学洛杉矶分校（UCLA），先后获得计算机硕士（1973）、博士（1976）学位，是美国百人会理事（Committe of 100）的成员。他创立全友电脑公司及扫描仪技术。全球 80% 以上的扫描仪均出自全友及其嫡系。他向国内外企业分享自己的扫描仪技术。在中国大陆，他“手把手”地培养起办公设备一线厂商清华紫光。他先后获得美洲中国工程师协会“杰出成就奖”等多项荣誉奖励，在国内外 IT 界享有很高的声誉。1989—1997 年，是台湾新竹科学园区东怡科技创办人、总经理及副董事长。于 1998 年成立晓龙基金会并任董事长，负责培训中国大型企业经营管理人才，在大陆有众多大型企业客户。2000 年 11 月起担任天津市政府经济顾问、天津泰达经济技术开发区高级顾问，并兼任加拿大阿尔伯塔（ALBERTA）大学、香港城市大学、南开大学、四川大学、电子科技大学等客座教授，清华大学总裁培训班教授，上海大学顾问教授，成都市科技顾问。

阮勇斌，美国华侨，原籍绵阳市梓潼县。1963 年出生。1982 年在四川大学获学士学位，1991 年在美国加州大学伯克利分校获博士学位，1991—1993 年任密执安州立大学 Research Instructor,

1993—1995 年任犹他大学助理教授，1995 年起任威斯康星大学副教授，1999 年起任该校教授。阮勇斌在辛拓扑与量子上同调等方面的开创性研究在国际数学界有重要影响。他是美国 Sloan 研究基金获得者、1998 年国际数学家大会 45 分钟报告人、中国国家杰出青年科学基金（B 类）获得者、中国教育部长江学者讲座教授。常回国内讲学。1999 年，成为四川大学兼职教授。

邓初夏，美籍华人。原籍泸州市。1956 年出生。1981 年在四川省南充师范学院生物系毕业后考入中国科学院水生物研究所攻读硕士学位，1986 年赴美国犹他大学生物系攻读博士，1992 年获博士学位后为哈佛大学博士后，1995 年起在美国国立卫生研究院从事研究工作。1996 年起为中国培养两名基因打靶技术科研人才。被聘为中国军事医学科学院客座研究员。他主要在人类遗传疾病、发育生物学和癌症机理研究方面取得重大成果。其学术论文多次在世界上多种权威杂志上发表，特别是在乳腺癌研究上取得突破性进展，首次破译乳腺癌秘密，对于进一步认识乳腺癌，研究新的诊断和治疗方法以及研制新的药物都具有重要意义。1999 年 8 月 12 日上午，在泸州医学院为近 200 名医务工作者作《基因打靶在医学遗传和肿瘤学中的运用》的义务讲学。8 月 14—23 日，他先后在香港召开的美国华人生物科学家学会第八届会议上、在中科院上海分院主办的“生命科学开拓者”会议上、在中国军事医学科学院与清华大学联办的“生命科学开拓者”会议上，作题为《抑癌基因（BRCA）在细胞周期调控和乳癌发生中的作用》的学术报告。

裔锦声（女），美籍华人，原籍成都市。1978 年参加高考，被吉林大学英语系录取。1984 年获南开大学英美文学硕士学位。毕业后任教于北京大学英语系。1985—1992 年就读于美国华盛顿大学，获比较文学博士学位。以后，进人华尔街著名的舒利文企业与人力资源咨询公司，负责拓展在南亚大洋行的人力资源咨询业务。1995 年因业绩突出，被提升为公司副总裁，成为全美排名前三位的金融人力资源与企业管理咨询公司首位亚裔及女性副总裁。2002 年春，在华尔街创立重心人力资源与企业管理咨询公司，为美国跨国洋行的中国跨国企业提供全球人力资源与企业管理咨询。裔锦声任中华全国工商联金融教育顾问，华尔街重心集团（美国）总裁，全美中国作家联谊会副会长，美国网络电视副总裁，美国《东方》杂志特邀专栏作家，美国《侨报》教育版和《新象周刊》、“锦声视窗”专栏作家。2003 年 1 月，她的财经纪实小说《华尔街职场》在中国出版，被有关专家认为填补了国内经济小说的空白。她的主要作品有：《中国，我心脏跳动的地方》《海尔之路》《王志东融资创业》《红睡衣》《华尔街职场》《华尔街英语》《华尔街对话录》《华尔街人才战争》《华尔街人才启示录》。多次回国进行学术和经验交流。

三、引资工作

华侨、华人，相互之间比较了解，通过业务交流、社团活动等方式，增加了彼此的联系，在为祖国（祖籍国）引进资金方面拥有特殊优势。一方面，他们自己积极投资兴业；另一方面，他们利用自己在海外的各种关系，牵线搭桥，以侨引侨，以侨引外，极力促进引资工作。

2002 年 5 月 25—27 日，第三届中国西部国际博览会在成都国际会展中心举行。有 30 个国家和地区的 1400 多名政府官员和商界巨富出席会议。其中，有 203 名海外华侨华人、港澳同胞代表出席会议。此次西博会，共签署项目投资合作协议（合同）267 项，项目总投资 197.97 亿元，协议（合同）引进境内外资金 160.04 亿元。其中，华侨华人、港澳同胞代表（含川籍华侨华人、港澳同胞代表）共签署项目投资合作协议（合同）59 项，项目投资总金额 37.3 亿元。

2003 年 9 月 25—27 日，第四届中国西部国际博览会在成都国际会展中心举行。有 37 个国家和地区的 1300 多名政府官员和商界巨富出席会议。其中，有 286 名海外华侨华人、港澳同胞代表出席会议。此次西博会，共签署项目投资合作协议（合同）220 项，合同总金额 251.65 亿元，签订商品贸易合同 98.7 亿元。其中，华侨华人、港澳同胞代表（含川籍华侨华人、港澳同胞代表）共签署项目合作协议（合同）12 项，项目投资总金额 34.5 亿元。

2004 年 5 月 25—27 日，第五届中国西部国际博览会在成都国际会展中心举行。有 48 个国家和地区的 2000 多名政府官员和商界巨富出席会议。其中，有 359 名海外华侨华人、港澳同胞代表出席会议。此次西博会，共签署投资项目合同 270 个，合同总金额 254.58 亿元，引进资金总金额 189.82 亿元。其中，华侨华人、港澳同胞代表（含川籍华侨华人、港澳同胞代表）共签署项目投资合作协议（合同）12 项，项目投资总金额 8.5 亿元。

2005 年 10 月 12—14 日，世界客属第二十届恳亲大会在成都市隆重举行。有 4000 多人出席会议。其中，有来自 24 个国家和地区的 3000 多名华侨华人、港澳同胞（含川籍华侨华人、港澳同胞）出席会议。会议期间举办世界华商峰会暨四川（成都）投资项目洽谈会，共签订正式合同项目 20 项，投资总金额 45 亿元。

杜志强，新加坡籍华人，原籍辽宁省。在四川省绵阳市梓潼县石台乡当知青 4 年。大学毕业后在四川省农业机械研究所、省政府经协办共工作 9 年。他对四川很有感情，曾对记者说："我是绵阳人。" 1991 年，他被聘在新加坡合兴家禽工业有限公司任厂长。1994 年创立唯一国际集团。2004 年 6 月，他入选"全球百名侨领"，任新加坡天府会（原新加坡天府同乡会）会长。他积极为四川引进牵线搭桥，每年回川 3—5 次，参与筛选、引进海外资金、项目。在他的努力下，投资 3 亿元的新都新加坡商业一条街、投资近 10 亿元的郫县新加坡娱乐城、龙泉驿狮城大厦、温江新加坡工业园等项目纷纷进入四川。

四、捐款捐物

据不完全统计，1986—2005 年，海外华侨华人、港澳台同胞向四川省捐赠 4 亿多元，其中不少是川籍海外华侨、华人的捐赠。详情参见第五篇。

吴仲良，美籍华人。原籍资阳市乐至县。在美国主要从事餐饮业。为了捐资助学，他自 1979 年第一次回过家乡后至 2005 年，在这 26 年中曾 45 次从美国返回中国。1986—2005 年，向四川省共计捐赠 1728.77 万元，在当地政府的合作下，修建幼儿园、小学、初级中学、高级中学、敬老院共计 31 所，奖励优秀师生 5600 余人，救济贫困学生、孤儿、残疾人等共计 1675 人。吴仲良是截至 2005 年底在四川省捐资时间最长、捐建学校最多、捐资金额最大的川籍海外华人。

游丽佳，美籍华人。原籍内江市资中县。1995 年 5 月，捐赠 10 万元，修建资中县双龙镇中心校"盛痒楼"教学大楼；1996 年，捐赠 22 万元，设立资中县"游朗星及其亲属清寒奖学金"；1998 年，捐赠 10 万元，支援资中县双河镇水口庙引水工程建设。

周永福，美籍华人，原籍泸州市江阳区。在美国主要从事餐饮业。1999 年 12 月，捐赠 40 万元，修建江阳区黄舣乡泸州市周永福第一实验学校；捐赠 30 万元，修建古蔺县古蔺镇泸州市周永福第二实验学校；捐赠 30 万元，修建叙永县枧槽苗族乡泸州市周永福小学。

邱正爵，美籍华人。原籍乐山市井研县。原美国纽约国际运通银行总裁。1986—1988 年，捐赠

11 万元，在井研县修建“邱金图书楼”；1997 年 1 月，捐赠 20 万元，修建井研县邹殿邦学校；2001 年 6 月 18 日，捐赠 30 万元，修建井研县邱正伦职业技术学校。

谈万宁，美籍华人。原籍成都市郫县。2000 年 6 月 29 日，捐赠 50 万元，为故乡郫县安德镇修建 1 座图书馆；捐赠 5000 元，资助郫县 10 名贫困学生。

五、对外开放

四川地处内地，对外开放度较沿海低。包括川籍华侨、华人在内的海外侨胞积极帮助四川对外联谊和对外开放，发挥了积极的作用。

（一）推动对外交往

1993 年 4 月，省政府在中国香港地区和泰国举办四川招商会，省侨办组成“四川侨务招商小组”参加由省政府省长肖秧率领的“四川省政府招商团”赴中国香港地区和泰国招商。其间，当地华侨、华人商协会，组织当地有影响、有实力的企业家参加活动，共协助邀请客商 300 多人与会，介绍了 10 多批朋友与省有关部门和市（州）洽谈，促成了机械、建材、桑绸丝等一批产品外销业务，签订了旅游、房地产开发等一批合资合作项目。肖秧会见了郑继烈等重要侨领。1990 年和 2005 年，经海外侨胞推荐，自贡市与美国密歇根州米德兰市、资阳市与美国纽波纽斯市分别结为友好城市，开展多次互访。2001—2003 年，经泰国侨界牵线，促成泰国检察院和公安部门与四川省检察院、公安厅多次互访、交流，就边境缉毒、反走私、司法检查业务等达成合作。

（二）促进四川文化走向世界

1999 年 7 月，文莱华人社团邀请“四川民间艺术访问小组”赴文莱参加庆祝文莱苏丹 53 岁华诞活动。其间，艺术小组代表华人社团表演了“变脸”“糖画”等艺术节目，深受皇室和社会各界的欢迎和赞赏。访问小组访问了 4 所华文学校，向近 5000 名师生表演了精彩的文艺节目，四川民间艺人陈昌吉还以糖画艺术作了展示。2003 年 9 月，美国华人社团邀请省侨办组织具有四川特色、民族风格的侨务慰问演出团赴美国亚特兰大、华盛顿、纽约、旧金山等地参加当地侨团举办的“中国文化节”及国庆庆祝活动。该团带去的精彩的具有四川特色的少数民族风情舞蹈，受到华侨、华人热烈欢迎，美国《侨报》《星岛日报》《美中报道》《多维时报》《亚美新闻》《美华报》等多家华文报纸均作了大幅报道，在侨界产生了良好反响，弘扬了中华和四川文化，提升了四川影响力，促进了中美交流。

（三）帮助省内企业走出去发展

2001 年，在华侨、华人的帮助下，省华西集团公司组团到欧洲学习考察、洽谈合作，寻找到了实力雄厚的合作伙伴和洽谈项目。2002 年，在南非中华工商联合会会长川籍华侨陈裔桥帮助下，华侨凤凰集团在南非购买了农场，成立了南非格兰西亚房地产开发有限责任公司。南非总统祖玛肯定了凤凰集团在为南非解决就业、利用能源和实施立体化农业等方面做出的贡献，赞赏集团是“中南经济、政治、文化交流的桥梁和使者”。

六、和平统一

四川侨台交叉，眷属互相涵养。川籍华侨、华人中有相当一部分是“台转侨”，同台湾交往较多，其中有些人和台湾中上层人士有较多联系，这有利于促进祖国和平统一大业。

2000年，一批海外同台湾上层有密切来往的川籍或同四川有各种联系的重点人士和社团负责人（如四川同乡会会长周杨茜、华人实业界人士钱维国等）应邀到川考察、观光、洽谈。他们与四川的接触，对四川的了解和认识，对台湾上层人士能起潜移默化的作用。

同年，美籍华人石丰荣在美国建设锦绣中华网站，根据省侨办提供的各种图片资料，很快制作四川网页，通过网络加强对四川情况的介绍，增进旅美台籍人士对四川、对祖国（祖籍国）的了解和情意。

2001年，与台湾有密切联系的新民党加拿大西部支部、文莱中华商会、香港崇正总会等6个团组和一些台湾研究客家学的专家应邀参加“中国·成都国际桃花节暨客家学术研讨会”，受到分管侨务工作的省政府领导会见，了解到四川发展变化和商机。亲民党加西支部主委葛学达表示，要认真考虑到川投资，还特别推荐在台进行交通改革的杨中坚到川投资。香港崇正总会理事长黄石华在参观洛带会馆和保持完好的隆昌牌坊后，更加激起中华民族自豪感，表示要加强交流，反对分裂，把两岸统一作为己任。

同年3月31日，大批海外侨胞和台湾同胞参加在成都宝光塔陵举办的“四川海内外炎黄子孙新世纪首届清明祭祖大典”。他们通过恭祭祖先，缅怀恩泽，激发了热爱祖国的情怀，表示要为祖国和平统一尽力。

第二章 归侨侨眷

第一节 人口和分布

据各市（州）侨务部门不完全统计，截至2005年底，四川省的归侨、侨眷和华侨归侨的其他眷属共计659839人。其中，归侨596人，侨眷263270人，华侨归侨的其他眷属395973人。分布于全省各市（州）。

2005年四川省归侨、侨眷和华侨归侨的其他眷属人口及分布不完全统计表

表2-5　　单位:人

市(州)	县(市、区)	归 侨	侨 眷	其他眷属	合 计
成都市	锦江区	67	8272	25904	34243
	武侯区	58	8170	14262	22490
	成华区	39	5731	20917	26687
	青羊区	21	5264	23948	29233
	金牛区	23	6122	21286	27431
	高新区	6	1042	7210	8258
	龙泉驿区	2	203	924	1129
	青白江区	6	123	861	990
	新都区	2	877	3327	4206
	温江区	12	1532	6500	8044
	都江堰市	12	650	6700	7362
	彭州市	2	275	525	802
	邛崃市	6	380	1660	2046
	崇州市	4	482	1050	1536
	金堂县	2	608	1952	2562

续表 2－5

市(州)	县(市、区)	归　侨	侨　眷	其他眷属	合　计
成都市	双流县	7	435	945	1387
	郫县	10	430	1510	1950
	大邑县	4	793	2786	3583
	浦江县	2	65	1505	1572
	新津县	4	99	263	366
	小计	289	41553	144035	185877
自贡市	市直属	6	2400	3700	6106
	自流井区	3	1210	3300	4513
	贡井区	–	350	2100	2450
	大安区	1	1050	2600	3651
	沿滩区	1	970	1950	2921
	荣县	2	2100	3100	5202
	富顺县	3	2700	4100	6803
	小计	16	10780	20850	31646
攀枝花市	东区	48	873	1944	2865
	西区	12	121	234	367
	仁和区	2	65	167	234
	盐边县	–	22	63	85
	米易县	1	27	134	162
	小计	63	1108	2542	3713
泸州市	江阳区	9	2515	3785	26709
	纳溪区	4	1594	2391	3989
	龙马潭区	2	1069	2010	3081
	泸县	–	1197	1756	2953
	合江县	–	1520	2280	3800
	叙永县	–	1316	1974	3290
	古蔺县	2	1314	1971	3287
	小计	17	10525	16167	26709
德阳市	旌阳区	14	3488	14592	18094
	绵竹市	5	484	3030	3519
	广汉市	3	186	1965	2154

续表 2－5

市(州)	县(市、区)	归　侨	侨　眷	其他眷属	合　计
德阳市	什邡市	－	302	1482	1784
	中江县	－	230	3273	3503
	罗江县	－	58	90	148
	小计	22	4748	24432	29202
绵阳市	涪城区	21	4248	5149	9418
	游仙区	6	895	1030	1931
	江油市	－	3113	4651	7764
	三台县	－	5070	7420	12490
	盐亭县	－	2841	3301	6142
	梓潼县	－	1640	1953	3593
	平武县	－	158	321	479
	北川县	－	137	432	569
	安县	－	276	374	650
	小计	27	18378	24631	43036
广元市	全市	15	861	2585	3461
	小计	15	861	2585	3461
遂宁市	安居区	1	23	42	66
	蓬溪县	－	721	940	1661
	射洪县	2	250	500	752
	大英县	－	1	28	29
	船山区	－	57	32	89
	小计	3	1052	1542	2597
内江市	市直属	7	559	885	1451
	市中区	－	1827	2924	4751
	东兴区	4	940	1645	2589
	隆昌县	－	1460	1874	3334
	资中县	1	1967	2088	4056
	威远县	2	2620	4550	7172
	小计	14	9373	13966	23353
乐山市	市中区	7	1705	2274	3986
	沙湾区	0	402	536	938

续表2-5

市(州)	县(市、区)	归　侨	侨　眷	其他眷属	合　计
乐山市	五通桥区	0	679	906	1585
	金口河区	0	27	36	63
	峨眉山市	0	871	1162	2033
	犍为县	1	1057	1410	2468
	井研县	0	544	661	1205
	夹江县	1	790	1054	1845
	沐川县	0	278	390	668
	马边县	0	21	28	49
	峨边县	0	30	40	70
	小计	9	6404	8497	14910
南充市	全市	26	23003	9100	32129
	小计	26	23003	9100	32129
宜宾市	翠屏区	11	-	-	11
	南溪县	4	-	-	4
	江安县	1	-	-	1
	长宁县	-	-	-	-
	兴文县	-	-	-	-
	珙县	2	-	-	2
	高县	1	-	-	1
	筠连县	-	-	-	-
	宜宾县	-	-	-	-
	屏山县	-	-	-	-
	全市	-	2065	17562	20167
	小计	19	2605	17562	20186
广安市	广安区	1	2340	2928	5269
	华蓥市	-	141	30	171
	岳池县	-	1159	1924	3083
	武胜县	-	290	5220	5510
	邻水县	1	1527	2600	4128
	小计	2	5457	12702	18161
达州市	通川区	4	6228	7976	14208

续表 2－5

市(州)	县(市、区)	归　侨	侨　眷	其他眷属	合　计
达州市	万源市	2	5492	6391	11885
	达县	1	5020	6844	11865
	开江县	–	4551	5577	10128
	宣汉县	–	3450	4238	7688
	大竹县	2	3641	5105	8748
	渠县	–	10536	11589	22125
	小计	9	38918	47720	86647
巴中市	巴州区	–	1958	3379	5337
	通江县	–	1122	1260	2382
	南江县	1	1556	1446	3003
	平昌县	–	427	1161	1588
	小计	1	5063	7246	12310
雅安市	雨城区	12	923	1330	2265
	名山县	–	181	779	960
	荥经县	–	136	1679	1815
	汉源县	–	354	2201	2555
	石棉县	–	61	107	168
	天全县	–	116	824	940
	芦山县	–	143	507	650
	宝兴县	–	24	89	113
	小计	12	1938	7516	9466
眉山市	东坡区	2	15498	6042	21542
	仁寿县	1	25174	7398	32573
	彭山县	1	10726	5476	16203
	洪雅县	–	9843	4455	14298
	青神县	–	7907	4019	11926
	丹棱县	–	6012	3062	9074
	小计	4	75160	30452	105616
资阳市	雁江区	2	685	215	902
	简阳市	5	428	148	581
	安岳县	3	2620	1170	3793
资阳市	乐至县	1	714	361	1076
	小计	11	4447	1894	6352

续表 2－5

市(州)	县(市、区)	归　侨	侨　眷	其他眷属	合　计
阿坝州	全州	30	374	－	404
	小计	30	374	－	404
甘孜州	稻城县	－	－	75	75
	泸定县	－	6	－	6
	巴塘县	－	471	289	760
	小计	－	477	364	841
凉山州	西昌市	5	879	1321	2205
	木里县	－	3	13	16
	雷波县	－	12	56	68
	普格县	－	10	54	64
	宁南县	－	7	41	48
	会东县	－	9	47	56
	冕宁县	－	24	86	110
	金阳县	－	5	19	24
	美姑县	－	4	23	27
	喜德县	－	5	23	28
	布拖县	－	5	21	26
	德昌县	1	11	76	88
	会理县	－	35	219	254
	甘洛县	－	5	38	43
	昭觉县	－	6	27	33
	盐源县	1	21	75	97
	越西县	－	5	31	36
	小计	7	1046	2170	3223
全　省	总　计	596	263270	395973	659839

说明:1. 统计资料来源于各市(州)政府侨务机构;

2. 统计截至 2005 年 12 月 31 日;

3. 本表所列其他眷属,是指除侨眷外的华侨、归侨在省内的其他眷属;也就是省侨办主编的《四川省侨务工作大事记》(1995 年)、《四川省侨务工作大事记》(1996 年)等书中侨情统计表里的"一般亲属";

4. 在川定居的外籍华人眷属和港澳同胞眷属,相当于侨眷的统计在侨眷中;相当于其他眷属的统计在其他眷属中;

5. 广元市、南充市、阿坝州未列出归侨、侨眷和其他眷属的分布情况,宜宾市未列出侨眷和其他眷属的分布情况;

6. 甘孜州未统计到归侨、侨眷和其他眷属的县未列入本表

第二节　对祖国的贡献

四川的归侨、侨眷分布于四川各地和各行各业。中华人民共和国成立后，特别是中共十一届三中全会后实行改革开放以来，他们像其他公民一样以空前的热情参加社会主义建设，同时发挥“海外关系”优势，努力为祖国做贡献。

一、在科技领域发挥作用

归侨、侨眷中有不少人在科技领域工作。他们辛勤耕耘，严谨踏实，为祖国做出了贡献。

伊松菊，女，归侨，四川化工集团公司高级工程师。1963 年毕业于云南省昆明工学院，分配到四川化工厂中心试验室工作。1981 年，写出《年产 100 吨密胺塑脂项目建议书》。1983 年，主持进行后加工密胺塑脂研究试验工作，当年获得成功。1989 年，进行高效吸水保水剂的研制工作，并获得成功，达到国际先进水平。这项试验被应用于农业生产，对农作物的抗旱起到很好作用。攀西地区将这一成果应用于果树栽培，使一座荒山变成石榴园；将这一成果应用于西昌的烟叶生产，也收到良好的经济效益。

林为干，归侨，成都电子科技大学教授。1920 年出生。原籍广东省台山。1945 年，由清华大学赴美国加利福尼亚大学留学，获博士学位，并在该校任教。1951 年回国。1957 年到成都电讯工程学院任教。是杰出的电磁场微波技术专家，在海内外享有盛名。在国内外著名刊物上发表近百篇论文，得到极高的评价。1980 年，被选为中国科学院院士。1989 年，获国家教学成果金奖，并被评为全国劳动模范。经他培养的几十名博士研究生已成为科研教学的骨干。

刘淑珍，女，侨眷，中国科学院水利部成都山地灾害与环境研究所研究员。1942 年出生。1966 年毕业于北京大学。30 多年以来，先后主持和参加科研项目 31 项。其中，1 项获国家重大科研成果二等奖；1 项获国家科技进步三等奖；2 项获中科院科技进步一等奖；2 项获四川省科技进步二等奖；1 项获国家“七五”攻关重大成果奖；其余获国家三、四等奖。实地考察四川省 174 个县市（含重庆市）。主编或参与主编出版的专著 1 本、论文集 2 本、图集 2 册，在国内外公开发表论文 50 余篇。1983 年被中华全国妇女联合会授予“全国三八红旗手”称号，1990 年被全国农业区划委员会、农业部授予“全国农业区划先进工作者”称号，1992 年受到四川省科协的通报表扬，1993 年被评为享受政府特殊津贴人员，1996 年被四川省总工会授予先进女职工工作者称号，1997 年被中科院评为野外工作先进工作者；1999 年被评为四川省归侨侨眷先进个人。

赵尔宓，侨眷，中国科学院成都生物研究所研究员。1930 年出生，大学毕业。50 多年来，辛勤耕耘，在本学科领域做出显著成绩。发表论文 114 篇，主编或参加编辑书籍 35 种。1969—1970 年，根据中科院下达的国防任务，参加昆明动物研究所主持的云南毒蛇危害调查，收集民间单方和验方，进行动物实验中毒药物保护作用的筛选研究，制成的“云南蛇药”获 1978 年全国科学大会奖。1973 年，他作为中国首批两栖爬行动物学者赴西藏高原考察，与他人合作发表有关西藏两栖爬行动物论文 12 篇，参加编写专著 1 部。1976—1977 年，按新疆治蝗灭鼠指挥部防治蛇害的要求，赴新疆进行广泛调查，定点研究，在摸清草原毒蛇、蝗虫与鼠害三者间生态辩证关系的基础上，提出消灭老鼠与蝗虫以截断毒蛇食源和减少隐蔽洞穴（鼠洞）的综合治理方案，同时总结出在毒蛇集中入蛰或出蛰时加以消灭的经验。1983年，与美国康乃尔大学Adler（鹰岩）教授合作，历时10年，于1993年出版《Herpetology of China》一书，此书被专家认为是全面系统论述中国661种两栖爬行动物的传世专著。1989年，他被邀请参加首届世界两栖爬行动物学大会，被大会推荐为10位报告人之一，作题为《东亚岛屿两栖爬行动物的生物地理学》报告。1999年，被评为四川省归侨侨眷先进个人，被国务院侨办、中华全国归国华侨联合会授予全国归侨侨眷先进个人称号。

二、创办企业

据不完全统计，截至2005年底，四川有归侨、侨眷企事业1200多家，主要集中于经济较发达地区的成都、重庆（直辖前）、绵阳、南充、乐山、德阳、达州、遂宁、内江、宜宾、资阳、泸州、自贡等市。从业人员近25万人，其中归侨、侨眷4万—6万人。归侨、侨眷企业、事业成为归侨、侨眷就业或再就业的主渠道。企业从小到大，由弱到强，由分散经营到集中经营，出现了一批专业化、集团化、多元化、外向型，在国内外影响较大的企业。

成甦，侨眷，四川华侨凤凰集团股份有限公司董事长。1955年出生，大专毕业。1989年，用国外亲属的50万元资助，兴办成都华侨新苑彩印包装制品有限公司。1993年，公司扩展为四川华侨凤凰集团股份有限公司。到1999年，公司拥有总资产2.3亿元，净资产1.6亿元，累计创产值10亿元，创利税4000多万元；拥有全资、控股企业近10家，并投资参股两家银行；成为涉足高科技农业、造纸、塑胶包装、饲料、房地产、进出口贸易、金融等行业的大型归侨、侨眷企业，是成都市政府的农业产业化重点龙头企业，是四川省政府重点扶持的31家民营企业之一。

郝士权，侨眷，四川三友股份有限公司董事长。1962年出生，研究生。1990年底，自筹资金兴办成都市抚青百货商场。1993年，以抚青商场为最大股东发起成立四川三友股份有限公司，为四川省首批规范化股份制试点企业。到1998年，三友股份有限公司，已拥有总资产2.6亿元，涉足百货、房地产、出租汽车、医院等行业，成为多元化经营的大型现代化企业集团，向国家累计缴税3200万元。1998年，三友股份有限公司投入6000多万元，与成都市第三人民医院合建股份制成都市第三人民医院西区医院。三友股份有限公司，先后接收安置成都市交通局困难企业员工100多名、干道建设农转非员工100名、成都市蔬菜副食公司下岗职工300多名，被成都市委、市政府命名为实施再就业工程“十佳单位”之一。

李星炜，侨眷，成都三勒浆药业集团董事长、总经理。1947年出生，大学本科。1992年，利用海外关系，引入外资，创办四川华美制药有限公司，生产自己研制开发的三勒浆保健药品，并不断融汇新的现代高科技技术，创立三勒浆国际品牌。三勒浆产品，1995年获得国家科委“新产品、新技术博览会金奖”；1996年获得四川省科学技术进步三等奖、成都市科学技术进步二等奖，列入四川省人民政府“大轻工”重点发展名牌产品；1998年在《人民日报》市场信息中心对全国十个知名抗疲劳保健品品牌的民意调查中，获五项评比中三个第一，即信誉度第一、服用效果第一、购买意向第一；2001年10月，被中国保健科技学会评为全国“十佳保健品”；2002年7月，被科技部确定为国家火炬计划项目；2002年11月，三勒浆口服液转为国家标准药品。1998年，四川华美制药有限公司在四川省医药工业50强中排名第15位。1997年，该公司创利税2400万元，被成都市武侯区评为“上千万纳税大户”；1998年创产值1.503亿元，创利税5009万元。该公司先后向成都市武侯区教委捐赠100万元；向成都市部分中小学捐赠10辆学生专用大客车。后来，四川华美制药有限公司发展为三勒浆药业集团。该集团以中美合资的四川华美制药有限公司为核心企业，以四川省天然药物研究所、成都中亚制药有限公司、四川华美德阳制药有限公司等为成员企业，是一个药品及保健品科研、生产、销售的综合性大型药业集团。

三、为引进和捐赠牵线搭桥

归侨、侨眷同他们的海外亲属有着密切联系，对四川特别是对本地区经济、社会的发展充满热情，在引进海外资金、争取海外捐赠等方面积极牵线搭桥，发挥了特殊的作用。

张仲朝，归侨，原四川省成都铁路分局职工、成都市盼归园歌舞餐厅经理，后任成都市金牛区归国华侨联合会主席。出生于泰国，1944 年随母亲回国定居，1956 年在广东省普宁师专毕业后到四川省成都铁路分局工作。他经常与海外亲友联络，动员他们回国参观考察，为祖国建设添砖加瓦。经过他的努力，居住在泰国等国家和中国香港、中国台湾等地区的几个兄弟纷纷到四川投资。经他亲手引进的资金就达 4000 多万元。他在成都市金牛区引进外资人员中名列第一。他还亲自参与这些项目的落实工作，成为外方总代理。

赵敏，女，侨眷，西南石油学院教授（开发系原副主任）。1942 年出生，大学毕业。1985 年自美国留学归来，在西南石油学院工作。她利用海外关系，于 1992 年秋引进美籍华人陈金浩的“燃灯计划”，并积极参与该计划的实施，到 1998 年，已促成“燃灯计划”在南充市捐赠 220 万元，救助贫困学生 2.3 万人次，修建燃灯村小 55 所。

邱令甫，侨眷，乐山市井研县教育局局长。1954 年出生，大学毕业。他利用海外关系，穿针引线，牵线搭桥，为县文化教育事业和经济建设做贡献。他的叔父邱正爵曾任美国纽约国际运通银行总裁，堂兄邱令智任美国投资银行高级副总裁。自 1978 年以来，他一直与在美国的叔父、堂兄保持密切联系，动员他们为祖国、家乡建设做贡献。他的叔父邱正爵，于 1986—1988 年捐赠 11 万元，在井研县修建“邱金图书楼”；于 1997 年捐赠 20 万元，在井研县研经镇修建“邹殿邦学校”；于 1998 年投资 150 万元，在井研县县城开发区修建 1300 平方米的“邱正爵经贸文化中心”；于 2001 年捐赠 30 万元，修建井研县邱正伦职业技术学校。邱令甫还发挥侨眷优势，积极主动配合县侨办、侨联和外事、外经部门同省侨办、省外经贸委、省中旅社等部门联系，协助引进澳大利亚无偿援助 10 万澳元，修建“井研县中小学教师培训中心”；协助引进澳门同胞资金 53 万元，在井研县分全乡新建“大丰学校” 1 所，在井研县三江镇新建“黄志成学校” 1 所。

第三章　党派侨团

第一节　川籍海外华侨华人社团

1992年邓小平视察南方谈话之后，中国的改革开放进入一个新时期。1993年底，四川省侨办单设独立开展工作，进一步推动了四川省海外华侨、华人的工作。随后十多年，川籍海外华侨、华人社团如雨后春笋，纷纷成立。1995—2005年，先后成立川籍海外华侨、华人社团37个，主要分布在北美、欧洲和亚太等发达国家和地区。37个川籍海外华侨、华人社团分布：北美占62%，欧洲占16%，亚太占14%，非洲、南美占8%。

川籍海外华侨、华人社团多属于地域性社团，对象是原籍为四川省籍或者在四川省生活、学习、工作过或者在川投资的海外华侨、华人，是非政治性、非营利性的群众团体。其宗旨是：联谊乡情、交流信息、互助互利、促进四川家乡与住在国和地区的联系与合作。尽管1997年重庆单设为直辖市，但由于地缘的联系，四川籍和重庆籍的侨胞仍愿意在一起，取名为川渝同乡会。个别地区的社团认为，川渝是一家，仍保留四川同乡会的称呼。

这些社团基本上都是新的华侨、华人社团，其中有不少社团还是在四川省侨办的鼓励和支持下成立的。川籍海外华侨、华人社团在当地都很活跃，与四川关系密切，是四川省扩大对外开放、实施发展新跨越的可依靠的一支海外中坚力量。

一、北美洲地区

北美四川同学同乡会　1996年成立；所在地：旧金山；会长：荀正元；荣誉会长：王天循；理事长：李涛。

北加州北美四川同乡同学会（后改名为北加州巴蜀同乡同学会）　1996年成立；所在地：旧金山；会长：彭泽忠；有会员400余人。

南加州北美四川同学同乡会　1996—1998年期间成立；所在地：洛杉矶；会长：傅庆裕；有会员约200人。

波士顿地区四川同乡会　1994年成立；所在地：波士顿；会长：朱正亚；有会员和家属400余人。

大华府地区四川暨重庆同乡会　1996年成立；所在地：马里兰州；会长：佘剑鸣；前会长：郝妮、吕小林；有会员300人。

旅美大西南联谊会（由原大底特律四川同乡会改名）　1996—1997年期间成立；所在地：底特

律；会长：刘列孚；前会长：朱正贤、张忆康；有会员 200 多人。

美国四川总商会 1995 年 2 月成立；所在地：纽约；会长：梁川。

纽约四川同乡联谊会 会长：徐莉莉；有会员 300 多人。

亚特兰大四川同乡会 2001 年成立；所在地：亚特兰大；会长：相建南；有会员 200－300 人。

休斯敦海外四川发展促进会 2000 年成立（2011 年改名为休斯敦川渝同乡会）；会长：毛青南、陈电雄；有会员 200 人。

美中地区四川经贸友好协会 1996 年成立；所在地：芝加哥；会长：熊天渝。

全美中国大西南同乡联合会 1995 年成立；所在地：洛杉矶；会长：李滨扬；前几任会长：钟猛、邓澍宏、王明丕、周顺祥；有会员 3000 人，其中四川 1000 人，重庆 500 人。

加州—四川友好交流协会 1995 年成立；是全美中国大西南同乡联合会下属协会；所在地：洛杉矶；会长：邓澍宏；有会员约 400 人。

洛市—成都友好交流协会 1995 年成立；是全美中国大西南同乡联合会下属协会；所在地：洛杉矶；会长：李滨扬；有会员约 400 人。

洛市—重庆友好交流协会 1995 年成立；是全美中国大西南同乡联合会下属协会；所在地：洛杉矶；会长：钟猛；有会员约 400 人。

美国邓小平基金会 1997 年成立；所在地：洛杉矶；会长：王明丕。

全美中国中西部经济发展促进会 2000—2002 年期间成立；副会长：杨焕玉、胡晓。

美国中国西部大开发促进会 2000 年成立；所在地：洛杉矶；会长：邓澍宏。

菁华美中交流协会 1998 年成立；所在地：旧金山；会长：苟正元；理事长：李涛。

成都电子科大北美校友会 1994 年成立；会长：黄劲；副会长：刘朝宇、郭爱平、彭泽忠。

加拿大四川同乡会 1995 年成立；所在地：多伦多；会长：丁道歉；永久会长：周杨茜；有会员和家属 2000 人。

加拿大四川同乡联谊会 2000 年成立；所在地：温哥华；会长：刘镀；有会员 1000 余人。

华盛顿州—四川省友好协会 2000 年在华盛顿州和四川省政府倡导下在成都成立，由华盛顿州各界友好人士组成的民间机构。

二、欧洲地区

旅法川渝同乡会 1996 年成立；所在地：巴黎；会长：王晓渝；前会长：何跃；有会员：200 余人。

欧洲中国西部大开发促进会 2000 年成立；所在地：巴黎；会长：何跃。

德国法兰克福川渝同乡会（后改名为德国川渝同乡会） 2001 年成立；所在地：法兰克福；会长：严澍；前会长：吴勤勇（任期 2001—2003 年）。

英国四川同乡会 2003 年 11 月成立；会长：周克明。

匈牙利四川同乡会 1997—1998 年期间成立；所在地：布达佩斯；会长：康健。

比利时四川同乡会 2002 年成立。

三、亚太地区

在日四川同乡会 1999 年成立；所在地：东京；会长：何乃和；有会员 520 余人。

新加坡天府同乡会　1999年成立；所在地：新加坡；会长：杜志强；有正式会员200多人，外围人数2000多人。

澳大利亚川渝同乡会　1997年成立；所在地：悉尼；会长：曾毅；前会长：蒋行迈（任期1997—2002年）；有会员200余人。

澳大利亚（墨尔本）四川同乡会　1996年4月成立；所在地：墨尔本；会长：洪立剑；有会员近200人。

新西兰川渝同乡会　会长：万东。

四、非洲、南美洲地区

南非中国大西南联谊会　2000年成立；所在地：约翰内斯堡；会长：徐有强。

巴西大西南同乡总会　2002年底成立；所在地：圣保罗；会长：罗大诚；总秘书长：雷滨；下设四川、云南、广西、贵州、重庆等分会；有会员2000人。

巴西圣保罗四川会　2002年底成立，是巴西大西南同乡总会下属社团；所在地：圣保罗；会长：王大勇；有会员近200人。

第二节　中国致公党四川省委员会

一、组织沿革

中国致公党是以归侨、侨眷中的中上层人士为主组成的，具有政治联盟特点的，致力于建设中国特色社会主义的政党。中国致公党由华侨社团发起，于1925年10月在美国旧金山成立。长期以来，中国致公党为争取国家独立、民族解放和维护华侨的正当权益而奋斗，在世界反法西斯战争中，积极支援祖国的抗日斗争。1947年5月，中国致公党举行第三次代表大会，进行改组，从此走上同中国共产党真诚合作、共同奋斗的道路，为新民主主义革命的胜利和建立新中国，为社会主义革命和建设事业，为推进改革开放和祖国统一大业做出积极贡献。1950年初，中国致公党总部由香港迁至广州，停止在国外发展党员及其组织活动，将组织发展和工作活动重点转向国内归侨和侨眷中的中上层人士。1952年中国致公党第五次全国代表大会召开后，中国致公党中央机关由广州迁至北京。

中国致公党在四川发展组织始于1983年。当年1月，致公党中央派副秘书长赵平、组织部副部长司徒擎等人到川，分别在成都和重庆发展了一批党员。同年3月，致公党中央主席黄鼎臣到川分别建立了成都和重庆小组。1984年4月，致公党中央副主席陆榕树来成都组建了中国致公党四川省工作委员会，王庭钧任主委，凌萝达（女）、李世雄为副主委。1987年5月增补卢道猜为副主委。1988年11月，致公党四川省第一次代表大会召开，选举王庭钧为主委，凌萝达（女）、卢道猜、朱藻文为副主委。1992年6月，致公党四川省第二次代表大会召开，选举朱藻文为主委，卢道猜等为副主委。1997年7月，致公党四川省第三次代表大会召开，选举朱藻文为主委，卢道猜、傅立、李家骥等为副主委。2002年4月，致公党四川省第四次代表大会召开，选举陈杰为主委，刘妙娟（女）、傅立、梁伟华等为副主委，2005年增补周静、陈恩美（女）为副主委。

二、历次代表大会

（一）中国致公党四川省第一次代表大会

1988 年 11 月 18—21 日，中国致公党四川省第一次代表大会在成都召开。出席会议的代表共计 70 名。大会议程是：学习贯彻中共十三大和十三届三中全会精神；听取和审议省工作委员会工作报告；选举产生中国致公党四川省第一届委员会。

中国致公党中央常务副主席杨纪珂代表中央到会祝贺。中共四川省委常委宋宝瑞代表省委到会讲话。中共四川省委、省人大、省政府、省政协及有关部门的有关领导出席会议。卢道猜代表省工委向大会作《团结奋斗，开拓前进》的工作报告。

大会选举产生由 17 名委员组成的中国致公党四川省第一届委员会；选举王庭钧为主委，凌萝达（女）、卢道猜、朱藻文为副主委；任命卢道猜兼任秘书长。

大会决定聘请陆敦生为中国致公党四川省第一届委员会顾问。

（二）中国致公党四川省第二次代表大会

1992 年 6 月 26—28 日，中国致公党四川省第二次代表大会在成都召开。出席会议的代表共计 80 名。大会议程是：审议中国致公党四川省第一届委员会工作报告；选举产生第二届委员会；通过致公党四川省第二次代表大会决议。

中国致公党中央副主席陆榕树到会祝贺。中共四川省委副书记冯元蔚代表中共四川省委向大会致贺词。中共四川省委、省人大、省政府、省政协及有关部门的有关领导出席会议。

卢道猜代表中国致公党四川省第一届委员会作题为《致力为公、团结奋斗、为建设有中国特色的社会主义贡献力量》的工作报告。

会议选举产生 22 名委员组成的中国致公党四川省第二届委员会。在二届一次全委会议上选举朱藻文为主委，卢道猜等为副主委。

大会推举王庭钧为名誉主委。

（三）中国致公党四川省第三次代表大会

1997 年 7 月 22—24 日，中国致公党四川省第三次代表大会在成都召开。出席会议的代表共计 80 名。大会议程是：审议并通过中国致公党四川省第二届委员会工作报告；选举产生中国致公党四川省第三届委员会；选举出席中国致公党第十一次全国代表大会代表；通过中国致公党四川省第三次代表大会决议。

中国致公党中央常务副主席杨纪珂代表中央到会祝贺。中共四川省委副书记杨崇汇代表省委到会讲话。中共四川省委、省人大、省政府、省政协及有关部门的有关领导出席会议。卢道猜代表中国致公党四川省第二届委员会向大会作《致力为公，团结奋斗，为我省两个文明建设做贡献》的工作报告。

大会选举产生由 24 名委员组成的中国致公党第三届委员会。在三届一次全委会上选举朱藻文为主委，卢道猜、傅立、李家骥等为副主委，周静为秘书长。

大会一致推举王庭钧为名誉主委，许南甡为顾问。

（四）中国致公党四川省第四次代表大会

2002 年 4 月 25—26 日，中国致公党四川省第四次代表大会在成都举行。出席会议的代表共计

100 名。大会议程是：学习江泽民“七一”讲话和全国统战工作会议精神；审议致公党四川省第三届委员会工作报告；选举致公党四川省第四届委员会；推举出席中国致公党第十二次代表大会代表；通过中国致公党四川省第四次代表大会决议。

中国致公党中央副主席王宋大代表致公党中央到会致贺词。中共四川省委副书记陶武先代表中共四川省委向大会致贺词。中共四川省委、省人大、省政府、省政协及有关部门的有关领导出席会议。陈杰代表中国致公党四川省第三届委员会作《团结奉公、创新务实，为社会主义两个文明建设做贡献》的工作报告。

大会选举产生由 25 名委员组成的中国致公党四川省第四届委员会。在四届一次全委会上选举陈杰为主委，刘妙娟（女）、傅立、梁伟华等为副主委，周静为秘书长。

大会推举王庭钧、朱藻文为名誉主委。

三、组织机构和党员

（一）组织机构

中国致公党四川省委员会的前身是 1984 年成立的中国致公党四川省工作委员会。1988 年召开的中国致公党四川省第一次代表大会，选出由 17 名委员组成的中国致公党四川省第一届委员会，常务委员 9 名，王庭钧任主委，副主委 3 名，致公党四川省委员会机关编制 10 人；1992 年召开的中国致公党四川省第二次代表大会，选出由 22 名委员组成的中国致公党四川省第二届委员会，常务委员 11 名，朱藻文任主委，副主委 2 名；1997 年召开的中国致公党四川省第三次代表大会，选出由 24 名委员组成的第三届省委员会，常务委员 12 人，朱藻文任主委，副主委 4 名，机关编制 12 人；2002 年召开的中国致公党四川省第四次代表大会，选出由 25 名委员组成的第四届委员会，常务委员 14 名，陈杰任主委，副主委 4 名，机关编制 14 人。中国致公党四川省委员会成立以后，机关机构设置一直保持两处一室，即组织处、宣传处和办公室。致公党四川省委员会机关日常工作由秘书长主持，各处室按照各自的职能开展工作。致公党四川省委员会还先后建立了五个专门委员会，即省直属支部工作委员会、参政议政工作委员会、联谊工作委员会、妇女及老年人工作委员会和党务工作研究会。专委会不是致公党四川省委员会常设机构，但在致公党四川省委员会领导下协助致公党四川省委员会职能部门开展工作。

截至 2005 年，先后建立 6 个地方组织：致公党成都市委员会（1984 年）、乐山市委员会（1989 年）、泸州市委员会（1988 年）、攀枝花市委员会（1990 年）、南充市总支委员会（2003 年）、绵阳市支部委员会（2003 年）。

（二）党员

截至 2005 年底，全省致公党有 6 个市级组织，54 个基层组织，党员 1007 人。

1986—2005 年中国致公党在川党员基本情况统计表

表 2-6　　　　单位:人

年度	党员总数	女性	平均年龄(岁)	大专以上文化程度	职称		界别				
					高级	中级	科技	教育	医卫	文艺	其他
1986	326	145	52.1	292	76	250	117	116	46	9	38
1987	477	211	53	381	102	372	164	178	75	16	44
1988	539	235	52.8	411	112	420	184	206	83	19	47
1989	613	273	52.5	468	131	474	200	245	96	21	51
1990	642	288	54.5	498	213	385	190	275	95	21	61
1991	659	296	54.6	509	226	327	185	286	92	22	74
1992	670	303	55.3	522	229	366	187	292	94	23	74
1993	716	318	56.3	561	269	394	173	311	96	24	112
1994	770	345	54.8	608	287	376	166	338	100	21	145
1995	818	359	55.8	655	304	363	188	363	107	26	134
1996	860	389	55.47	687	334	399	119	374	110	22	235
1997	640	281	55.41	487	221	309	77	264	70	21	208
1998	678	300	54.1	523	234	349	96	285	82	25	190
1999	708	317	54.5	552	270	382	101	291	81	23	212
2000	740	330	54.4	587	286	408	107	307	80	23	223
2001	791	353	53.3	641	297	438	110	321	80	22	258
2002	867	393	52.8	705	325	440	113	343	91	24	296
2003	914	421	52.5	762	339	457	112	364	103	23	312
2004	961	445	52.4	797	364	472	113	386	107	23	332
2005	1007	468	52.7	848	378	492	114	396	108	23	366

说明:1997 年中国致公党在川党员总数减少,是因为重庆市成立直辖市,200 多名致公党党员划归中国致公党重庆市委员会

四、主要工作

(一) 参政议政和民主监督

中国致公党四川省委员会成立后，随着组织的发展，中国致公党党员任各级人大代表、政协委员和政府职务的也随之增多。

1986—2005年中国致公党在川党员任各级人大代表、政协委员人数统计表

表2－7　　单位：人

年度	各级人大代表				各级政协委员				合计
	全国	省	市	区(县)	全国	省	市	区(县)	
1986	1	2	6	9	—	4	13	10	45
1987	1	2	7	12	—	7	17	22	68
1988	2	5	14	15	1	9	34	26	106
1989	2	5	14	13	1	10	34	28	107
1990	2	5	14	9	1	10	36	33	110
1991	2	5	14	12	1	10	38	34	116
1992	2	5	14	12	1	10	39	34	117
1993	3	7	11	14	1	13	41	38	128
1994	3	7	11	14	1	13	41	40	130
1995	3	7	11	14	1	13	45	44	138
1996	3	7	13	14	2	13	46	44	142
1997	3	7	9	4	2	13	35	26	109
1998	2	7	10	8	2	13	39	30	111
1999	2	7	11	8	2	13	39	34	116
2000	2	7	12	11	2	13	42	35	124
2001	2	7	10	11	3	14	44	36	127
2002	2	8	10	10	3	14	49	39	135
2003	1	7	14	7	2	18	52	55	156
2004	1	7	15	8	2	17	57	61	168
2005	1	7	18	7	2	17	56	59	167

说明：四川省从1987年开始有致公党党员担任政府部门领导职务，1991年以后逐年有所增加，所任职务也有提升，到2005年先后共有17名致公党党员分别担任各级政府及部门领导职务

在“两会”上发言，建言献策　中国致公党四川省委员会成立以后，认真履行参政党职责，积极开展参政议政、政治协商和民主监督活动。一方面鼓励成员以主人翁姿态对贯彻国家的大政方针和本地区、本单位的一些重大问题积极发表意见，提出合理化建议；一方面鼓励成员中的各级人大代表、政协委员平时进行调查研究，收集群众的意见和建议。1986年，王庭钧在省政协五届四次会议上作了《加强对外开放工作》的发言，对加强四川省的对外开放提出建议。1989年，许南甡委员在省政协六届二次会议上作了《做好海外联谊工作，为社会稳定，统一祖国、振兴中华服务》的发言。1993年，在省政协七届一次会议上，致公党四川省委员会1名副主委作了《改善投资环境，吸引外来资金，加速经济发展》的发言，有针对性地提出了8条建议措施。1994年，在省政协七届二

次会议上，由卢道猜代表致公党四川省委员会作了《认真贯彻归侨侨眷权益保护法，团结广大归侨、侨眷和海外华侨、华人为统一祖国、振兴中华作贡献》的发言。1995年，由1名副主委代表致公党四川省委员会在省政协七届三次会议上作了《以科技促经济、把提高经济效益真正转化到依靠科技进步上来》的发言。1998年和1999年，在省政协八届一次、二次会议上，刘妙娟、李家骥分别代表致公党四川省委员会作了《抓好攀西地区经济，促进四川经济腾飞》和《滚动开发赤水河水能资源是促进全流域发展、造血扶贫的治本之策》的发言。在省政协八届三次和四次会议上，卢道猜、刘妙娟分别代表致公党四川省委员会作了《入世对我省农业的冲击及对策》和《建立我省的鲁尔区－攀西工业区》的发言。在2002年、2003年举行的省政协八届五次会议和九届一次会议上，刘妙娟先后代表致公党四川省委员会作了《"政、企、校、研、资"多维互动模式，促进科技成果转化和企业技术创新》及《可持续发展是四川贫困山区的根本出路》的发言。2004年，在省政协九届二次会议上，杨兴平代表致公党四川省委员会作了《以科学的发展观构建川渝经济圈》的发言，引起了广大委员和新闻媒体的广泛关注。2005年，在省政协九届三次会议上，曾勇代表致公党四川省委员会以《将循环经济及其支撑体系建设纳入我省"十一五"规划的建议》为题作了发言。在省政协九届三次会议联组大会上，陈懿代表致公党四川省委员会以《在"十一五"规划中应把发展钒钛产业列为我省的重点项目》为题作了发言。

向"两会"提交提案、议案和建议　四川的中国致公党党员中的各级人大代表、政协委员在"两会"期间，就国家的大政方针、经济建设和社会热点问题积极提出提案、议案和建议，发挥参政议政和民主监督作用。提案、建议数量逐年增多，1987年只有十几件，到2003年达382件，有不少建议被省政府或有关部门采纳。1987年，在四川省政协五届五次会议期间，王庭钧委员提出《尽快从组织上和规划上加速水电站建设》，卢道猜委员提出《对大学生开展四项基本原则教育必须切切实实进行，并形成制度》、麦淑焕提出《对市场上的伪造商品采取有力措施》等提案。1988年，在省政协六届一次会议期间，王庭钧提出的《为加速开发大中小型水力发电工程》、舒浩武提出的《利用外资办电、解决四川电力不足》、唐勇提出的《建设和完善投资环境》、郭兴民提出的《省级产品质量监督检验机构的编制和事业费及产品质量市场监督抽查专项费用问题应予解决》等提案，被政府采纳或受到重视。1989年，省人大代表朱藻文在省人大七届二次会议上提出的《提高我省人民的思想道德素质刻不容缓》和《当前仍应把节能作为我省解决能源的重要途径来抓》的建议，受到中共四川省委宣传部和省计经委的重视。1990年，省人大代表沈人楠等人所提的《治理岷江成都段水质以保障下游人民的健康》议案，被成都市政府采纳。攀枝花市政协委员杨实提出的关于《开发利用攀枝花苏铁资源》的提案，被攀枝花市政府采纳，并决定从1991年起每年举行一次苏铁节，以促进攀枝花市经济贸易的发展。1990年，担任各级人大代表、政协委员的致公党党员，共提出议案、提案和建议161件，发挥了政治协商、民主监督作用。1992年，在四川省"两会"上，致公党党员中的人大代表、政协委员提出提案和建议41件，其中朱藻文在省人大提出的《对搞活大中型企业、深化改革的意见》，被省政府纳入决策。1994年，在"两会"期间，致公党党员中的人大代表、政协委员提出议案、提案和建议114件，其中《关于修改农民负担管理条例的议案》《二滩电站库区环湖公路应综合考虑资源开发利用功能》《成都三资企业现状及如何健康发展》和《关于开发利用米易县胜利乡镁橄榄石资源》等，受到政府和有关部门的重视。1995年，在省"两会"前，致公党四川省委员会组织人员到攀枝花市对攀枝花苏铁进行调研后，第一次以致公党四川省委员会名义提出的

《救救国宝！关于保护攀枝花苏铁的紧急提案》，受到省政府和攀枝花市政府的高度重视，及时给予答复并采取了有效的保护措施，省政协还组织了以副主席杨岭多吉为团长的视察团，于11月13—22日到攀枝花市对原始苏铁林的保护情况进行实地视察。该提案1997年被省政协评为优秀提案。1996年，在“两会”上，以致公党四川省委员会名义提出的《建议“九五”期间省政府应大力支持发展压缩天然气、汽油两用燃料汽车事业》的集体提案，受到省政府的重视。在当年的“两会”中，致公党各地组织，提出的议案、提案、建议共179件。在全国“两会”期间，致公党四川省委员会根据对口联系单位省外经贸委提供的有关资料，通过全国人大代表卢道猜和全国政协委员朱藻文等，在“两会”上提出了《加强四川对外开放的政策扶持》《中西部地区的投资软环境亟待改进》和《吁请中央对四川外经贸事业发展给予支持和帮助》的议案、提案，希望对四川的外资事业在政策上给予倾斜。国家计委和外经贸委及时给予答复，省外经贸专门致函感谢。1997年，在全国“两会”上，卢道猜代表和朱藻文委员等分别提交了《建立科普基金扶持中西部科普事业发展》《关于现行“三检”管理体制实施改革的一点建议》《关于扫盲和农村成人教育的几点建议》及《计划生育“三结合”工作是实现人口、社会、经济协调发展的必由之路》的提案、建议，均受到国家有关部委的重视。以致公党省委名义向省政协大会提交《关于加速四川省旅游事业发展的建议》的提案，受到省政府的重视。全年各级组织向省、市“两会”提交的提案建议共101件。在省政协八届一次会议上，李家骥委员《建议省政府工作中应有为民办实事的几条措施》的提案当即被省政府采纳。1999年，致公党党员中的各级人大代表、政协委员，在“两会”上提出的议案、提案、建议共160多件。其中致公党四川省委员会提出《关于滚动开发赤水河干流水能资源的提案》《建议省政府制定有关条例、强化治理机动车烟气排放、改善环境空气质量》等5个集体提案。2000年，致公党四川省委员会围绕中共四川省委、省政府的中心工作和西部大开发，组织专家开展调研，撰写了《建立我省的鲁尔区——攀西工业区》《结合生态环境建设，建立金沙江下游南亚热带－北热带经济作物开发区》《关于开发利用海外人才及智力资源的调查研究和决策建议》等6个调研报告，并以提案形式提交省政协八届三次会议。2001年，向省政协八届四次会议提交《建立我省创新基金，推动科技型中小企业蓬勃发展》《关于建立国有商业银行市场营销体系的几点思考》《整治“两江一河”流域迎接西部大开发》《关于对商业街开明蜀国大型船棺、独木棺墓葬实施保护》和《关于尽快建立成都电子信息产业基地的建议》等8件集体提案。全年各级组织向“两会”提出的议案、提案、建议共306件。2002年，以致公党四川省委员会名义提出《适应WTO新形势，大力推进再就业工程》《适应WTO发展无公害农产品产业，促进四川农业经济跨越式发展》和《促进瀑布沟水电站尽快开工建设刻不容缓》等7件提案。2002年9月，省政协对八届一至五次会议期间的提案进行评选，共评出100个优秀提案，致公党占了9个。致公党四川省委员会在省政协八届五次会上关于《建立“政、企、校、研、资”多维互动模式，促进科技成果转化和企业技术创新》的提案，科技部及中共四川省委领导作了重要批示，中共四川省委副书记席义方批示：“促使科技成果尽可能地转化为现实生产力，是加快经济发展必须解决的一个重大问题。致公党四川省委员会课题组的这份调研报告，对当前影响我省科技成果转化，特别是制约高科技产业化的种种因素作了比较全面的分析，发人深思；文中提出的建立‘政、企、校、研、资’多维互动模式，颇有新意；四条政策措施建议也很有针对性。请省委统战部、研究室、省科技厅、教育厅、人事厅、体改办等有关部门阅研并结合各方面的工作予以吸纳，共同努力推动我省科技成果转化和企业技术创新的不断提高和进步”。省科技厅在答复中认为

“该提案以翔实的数据和事实，深入分析了四川省技术成果转化中长期存在的问题，提出的四条政策措施建议有很强的针对性，对推动政府职能转变，推动制度创新，加速科技成果转化，具有很好的指导作用。”李家骥等4位省政协委员《关于搞好办理提案工作的建议》被采纳后，省政府办公厅发出关于转发提案的通知，要求有关部门“认真对照4位委员提案中指出的问题，总结和改进自身的办理工作，努力把办理工作提高到一个新的水平”。2003年，致公党四川省各级组织共提出的议案、提案、建议382件，创历年之最，致公党四川省委员会向九届省政协一次会议提交了《关于制定“科技工作者优秀奖励条例”的建议》《尽快采取有效措施，促进我省研究生的健康发展》《关于切实加强四川省艾滋病防治工作的建议》《充分发挥比较优势，加速推进四川皮革工业跨越式发展》《关于整治岷江流域污染的思考、对策和建议》《可持续发展是四川省贫困山区的根本出路》《迎接留学人员归国高潮，积累我省人才资本》《加大农村卫生投入，稳定卫生队伍，提高服务水平》《关于尽快启动攀枝花新材料产业基地建设的建议》《加快发展我省公路交通的建议》和《关于高校减缓扩招加大对基础教育的投入的建议》等11件集体提案，也是历年来提交集体提案最多的一次。2004年，致公党四川省委员会《关于四川省农村剩余劳动力转化为市场所需蓝领熟练工的对策与建议》的调研被列为四川省政协重点课题。在省政协九届二次全会上，提交大会发言2篇、集体提案14件。其中《利用政府采购促进四川经济发展》《加强农民增收教育，推进农村小康建设》的提案分别被《人民日报》和《人民政协报》报道。省人大代表陈恩美牵头提出《关于制定〈四川省征收征用集体所有土地房屋拆迁补偿安置条例〉的议案》，被省十届人大二次会议列为一号议案，经省人大法制委员会决定列入《四川省农村房屋拆迁管理条例》立法调研。冯小明委员《关于在我省实行省长与代表、委员约见制度的建议》被省政府采纳。张中伟省长作了重要批示，省政府办公厅认真办理，提请省政府第34次常务会讨论通过了《四川省人民政府办公厅关于省政府领导与省人大代表、省政协委员约见制度的实施意见》。对约见内容和时间、约见方式作了具体规定。2005年，在全国和省“两会”召开前，致公党四川省委员会组织人员开展调研，写出一批具有一定质量的调研文章、提案。关于《加快发展民族医药改革事业》的调研文章，被致公党中央用作全国政协九届三次会议的大会发言，《关于全国车辆超限超载运输治理的建议》《关于公务用车制度改革的建议》被致公党中央选用作为全国政协九届三次会议的集体提案。在省政协九届三次会议上，致公党四川省委员会提交的《将循环经济及其支撑体系纳入我省“十一五”规划的建议》，被省政协列为本次会议的十个重要提案之一，四川省发展和改革委员会十分重视，复函说：“此建议提得非常及时和中肯”。

参与中共省委、省政府的政治协商　中国致公党四川省委员会除在“两会”上直接提出提案议案，在历次政协大会上以致公党四川省委员会或委员名义进行专题发言，或在中共四川省委举行的党外人士建言献策会上发言外，致公党四川省委员会主要负责人每年都多次参加中共四川省委和省政府召开的座谈会、情况通报会、协商会、汇报会等各种会议，直接就省里有关重大问题，发表意见和提出建议。在历届人大、政协换届前中共四川省委召开的协商会，就人大、政府、政协和法院、检察院的人事安排，同民主党派、人民团体进行协商时，中国致公党四川省委员会主要领导都积极参加，思想上同中共四川省委保持一致。每年“两会”召开前，省政府征求民主党派对《政府工作报告（征求意见稿）》的意见，致公党四川省委员会都认真组织专家、学者进行学习讨论，提出书面意见和建议，有些建议被采纳。致公党四川省委员会还积极组织专家、学者参与地方法律法规的制定与修改工作。1993年，在四川省人大常委会审定《四川省〈中华人民共和国归侨侨眷权益保护法〉实施办法》时，致公党四川省委员会先后五次组织专家和党员骨干进行学习讨论，提出了40多条修改建议，有17条被采纳。

（二）社会服务

智力支边扶贫 致公党四川省委员会一直把智力支边作为一项重要工作，利用自身优势，为边远贫困地区服务。经考察，致公党四川省委员会先后选择边远的酉阳土家族苗族自治县和泸州市古蔺县、叙永县作为固定点，分别于1991年和1998年与两地政府签定了《致酉合作》和《致泸合作》协议，致公党的智力支边扶贫工作，重点就在两地展开。1991年，为发挥致公党的自身优势，支援老少边穷地区的经济发展，受致公党中央的委托，致公党四川省委员会和重庆市委员会，组织专家、学者两次到酉阳民族自治县进行近70天的实地考察，根据当地中药材资源丰富的特点，帮助该县制订了《酉阳土家族苗族自治县中药材发展规划》，并于同年10月15—16日在成都通过专家评审。1994年6月30日，由致公党四川省委员会和重庆市委员会帮助酉阳县规划的支边合作项目《酉阳土家苗族自治县畜牧业发展规划》，在重庆举行鉴定会，并通过了专家评审。1995年6月1—4日，中国致公党中央在酉阳土家族苗族自治县召开全国支边扶贫工作会议，致公党中央副主席王宋大、联络部副部长蔡祝生、省委主委朱藻文等100多人出席了会议。同时，中央统战部、农业部、国家民委、四川省及黔江地区领导以及沿海、内陆集团公司总裁（法人代表）也应邀参加了会议。正在酉阳考察的四川省副省长李蒙出席了致公党中央向酉阳县改建学校捐资的签字仪式。会议期间，致公党党员、四川托普集团总裁宋如华向酉阳县捐赠价值60万元的税收硬、软件设备，在县地税局下属9个乡镇建设计算机磁卡税收征管系统。在酉阳建立教学奖励基金，用于资助失学儿童和奖励中小学优秀教师。酉阳县政府聘任宋如华为县长助理，并授予长期参与“致酉合作”工作的刘惠君等7位致公党党员为“酉阳县荣誉市民”。此外，宋如华还向巴中地区和旺苍、金堂、青白江等县区赠送价值300多万元的计算机自动计税系统设备。为确定省委新的智力支边扶贫点，致公党四川省委员会组织由副主委卢道猜、秘书长周静及党内有关专家、科技人员组成智力扶贫考察组，于1998年9月到泸州市古蔺、叙永两个贫困县，开展智力扶贫调研活动。考察后在同泸州市政府分管领导座谈时，就开展“致泸合作”的有关问题交换了意见。10月6日，“致泸合作”协议书签字仪式在泸州举行。此后双方就合作项目和合作方式等进行了多次交流。1999年12月，致公党四川省委员会主委陈杰率领致公党四川省委员会、泸州市委机关干部和专家到古蔺县马嘶苗族乡考察，并为该乡通自来水仪式剪彩。该乡是泸州市的特困乡，也是四川省的老少边穷地区，为帮助解决苗乡人民的人畜饮水问题，致公党四川省委员会在致公党党员葛巨龙联系下，从有关方面争取到20万元民族发展扶贫基金，在高山上修筑蓄水池，使该乡场镇和附近3000多人用上了自来水。2000年，经致公党四川省委员会主委陈杰联系慈善机构，中国爱德基金会特教防盲部干部佘红玉到泸州对古蔺、叙永两个国家级贫困县的教育现状进行调查后，爱德基金会决定按每年每个学生120元标准资助801名（古蔺县500名、叙永县301名）贫困失学儿童重返校园完成小学学业。2002年夏，南充市遭受特大洪灾，经致公党四川省委员会与中国爱德基金会救灾部联系，基金会派人考察，确认了灾情，并捐资11万元救灾款，购买大米6.5万多公斤，由致公党四川省委员会代为分发给嘉陵区安平等四镇灾民，受到当地政府和灾民的赞誉。7月至8月，经致公党四川省委员会联系，中国爱德基金会在暑期选派6名外籍教师到泸州和攀枝花市为中学英语教师进行一个月的培训。为两地的中学英语教师传授经验，帮助他们提高英语水平。2002年，在致公党江苏省委员会的协助下，致公党四川省委员会争取到中国爱德基金会在四川省少数民族聚居县——布拖县实施额度为868万元的农村综合发展项目，由爱德基金会无偿提供资金510万元，当地州县政府出资358万元，以推动该县逐步脱贫。致公党四川省委员会还出面争取到中国爱德基金会捐资20万元，资助南充市高坪区和顺庆区重建遭受洪灾的两所小学。爱德基金会选派的两名外籍教师，于2003年8月到成都教育学院，在该院进行为期一年的英语口语义务教学工作。2002年9月20日，由省政协副主席、致公党四川省委员会主委陈杰牵头，省政协文体医卫委、中国民主促进会四川省委员会、致公党四川省委员会、省卫生协会、医院管理协会发起并实施的“促进民族地区卫生技术发展工程”（以下简称“促卫工程”）在都江堰市召开工作会议。“促卫工程”实施一年，促进了民族地区农村卫生院的发展、经济和社会效益的增长，为藏区稳定安康做出了积极贡献。一年中，都江堰市、邛崃市、广汉市与青白江区的人民医院领导亲自带领管理人员和业务骨干多次赴康定，实地指导管理、开展业务、讲学授课，并赠送医疗设备。共派出医疗队10批、42人次，诊治病人2000余人次，做手术30多台，举办专题学术讲座35次、免费接收进修生12人，赠送1辆车和几台医疗设备。受援的几所卫生院经济收入由此而增长100% -300%。2003年12月，致公党四川省委员会承办了致公党中央在四川泸州市召开的“致公党中央社会服务工作委员会议暨西南片区协作会议”。致公党中央副主席吴明熹、致公党四川省委员会主委陈杰、副主委刘妙娟、梁伟华、秘书长周静参加了会议。会议期间，致公党成员、北京海润集团董事局主席岳必成捐赠价值万余元象征和平友谊的天竺桂，在泸州市中心广场栽种了“致泸合作”纪念林。为帮助叙永县赤水镇黄坪村七社21户苗族同胞摆脱贫困，改善生存条件，致公党四川省委员会多次派人深入该社进行调研，建议他们从高山迁移到山下。在当地政府的帮助下，21户苗族同胞已迁移到山下，住上了新居。致公党四川省委员会通过牵线争取到四川省侨办向每户移民捐赠21吋彩电一台，还协助叙永县特殊教育学校引进资金20万元，建成教学辅助大楼。

为两个文明建设服务 中国致公党四川省委员会在开展智力支边扶贫的同时，也开展为社会服务工作，主要是通过组织致公党党员中的医务工作者到社会上义诊，动员致公党党员或其他人士捐款捐物，资助一些贫困学生或学校建设，资助遭受自然灾害地区的部分灾民，为民献爱心，为政府分忧。1986年六一儿童节，致公党省工委及成都市工委组织7名医生在成都劳动人民文化宫为儿童义诊、咨询服务，受到群众好评。“六一”前夕，省工委还到成都市儿童福利院慰问残疾儿童。1999年5月1日，四川省、市两级各民主党派在成都劳动人民文化宫联合举行大型义诊活动，有140多名专家教授及医务工作者参加，致公党党员、省人民医院主任医师彭德先、成铁中心医院副主任医师康芸香、华西医大教授李效基、成都中医药大学教授苏树蓉、市卫生防疫站副主任医师但庆等参加了义诊。义诊活动受到广大群众的热烈欢迎和赞扬。致公党四川省委员会主委朱藻文等到现场看望和慰问了医务人员。省、市两级致公党党员还捐资17500多元，衣物1000多件及价值1000多元的文化用品，资助70多名贫困生完成学业，到福利院慰问孤寡老人和孤残儿童。1986年，经致公党成都市工委副主委朱藻文联系，争取到香港新社会福利基金会在成都投资创办蓉州塑料一厂，每年提取不低于投资额的10%作为奖学金，为期15年，奖励国内外优秀学生，发展祖国教育事业，并委托朱藻文为该基金会义务委员和总干事钱涵州的驻蓉塑一厂的全权代表代办发放等事宜。从1987年起向成都科技大学、成都大学、西南财经大学、重庆大学、成都盲哑学校、合肥中国科技大学和上海交通大学的优秀学生，每校每年发放3000—6000元奖学金，到1992年已累计发放18余万元。1994年，致公党四川省委员会发动各地组织开展献爱心活动，组织成员向四川省灾区和贫困地区失学儿童捐赠现金、衣物、书籍等，组织医务工作者为儿童义诊。1995 年 4 月，省级各民主党派联合发起“捐资塔公小学，成就希望工程”的倡议书，以实际行动贯彻中共四川省委藏区工作会议精神，捐资建立希望工程基金，资助康定县塔公乡的失学儿童和奖励该校的优秀学生和优秀教师，为四川省的民族团结进步，民族地区的教育文化和经济发展做贡献。1997 年，由致公党党员陈世英夫妇出资 5 万元，帮助乐山市市中区水口镇新乐村和童家乡种植水果的扶贫项目，被四川省人民政府侨务办公室命名为“四川省华侨果林场”，并被列为 1997 年四川侨务工作的重点，省侨办在引进资金、品种、技术方面给予大力支持。

海外联谊　中国致公党的党员绝大多数与海外有广泛联系，开展海外联谊活动是致公党一大优势。中国致公党四川省委员会刚成立，就陆续有海外致公洪门组织和华侨、华人前来访问，希望建立联系。致公党四川省委员会围绕国家实行改革开放大局，热情接待来访者，不失时机地宣传中国的改革开放政策和建设成就，介绍四川的省情，加深客人对中国和四川的了解，欢迎他们常来看看，鼓励他们投资兴办企业。致公党四川省委员会在开展海外联谊工作的同时，也积极牵线搭桥开展引进资金工作，并取得一定成绩。据不完全统计，1986—2005 年，各级组织和党员共接待国外来客近 1000 人次，牵线搭桥引进资金（包括协议资金）美元 6. 2522 亿、港元 1. 08 亿、人民币 1. 692 亿元。1990 年，致公党省、市组织牵线搭桥，协助邀请一批海外客商到四川参加国际经贸洽谈会。英国雷卡集团成员“集空消防公司”代表张来贵，与省消防机械总厂草签了 1000 万美元合资筹建消防器材生产经营协议。1992 年，致公党省、市级组织共接到四川探亲、考察、洽谈业务的华侨、华人 50 多人次。1993 年 3 月，致公党四川省委员会主委、省人大常委会委员朱藻文参加四川省人大代表团出访日本，参加了人民外交活动，同日本有关议会组织进行了交流。1993 年，全省共有 43 个致公党党员出境探亲或访问，牵线搭桥，开展“三引进”，促成合资项目 6 个，意向性投资项目 5 个，引进资金 440 万美元、100 万港元、100 万元；协议引资 12 万美元和 1600 万元；引进医用眼科设备 1 套，折合人民币 50 万元。致公党泸州市工委会先后促成合资项目 4 个，实际引进资金 220 万美元，为地方经济建设做出一定的贡献。1994 年，全省各级组织引进资金 50 万美元、700 万元港币，意向性协议资金 1. 02 亿美元。10 月 8—10 日，以蒂华纳华侨协会理事长梁权暖为团长，蒂华纳华侨协会副主席、洪门民治党永远名誉主席曾健华为副团长的墨西哥蒂华纳侨社观光团一行 15 人到成都观光游览。该团由墨西哥蒂华纳华侨协会和洪门民治党部分成员组成。两个团体在蒂华纳市华人社会中具有广泛的代表性，在团结广大侨胞爱国爱乡等方面起了重要作用，支持中国驻蒂华纳总领馆工作，多次接待中国赴蒂华纳访问的团组，为国内灾民募捐做了许多工作。1996 年，由致公党四川省委员会 1 名副主委通过其在美国的亲属牵线搭桥，促成美国高达集团在能源领域内同四川广泛合作，美方投资 5 亿美元，扩建宜宾黄桷庄电厂，8 月双方签订了意向性协议书。致公党党员杨宗迦牵线搭桥，促成其美国亲友投资 100 万元，在乐山开设影像馆。1999 年，各地组织及党员出境考察、探亲、访友和学术交流 30 多人次。协助引进资金 500 万美元和 1. 5 亿元。2002 年 5 月，四川省政协副主席、致公党四川省委员会主委陈杰随致公党中央代表团到美国、墨西哥访问。9 月 26 日，经致公党四川省委员会副主委刘妙娟牵线搭桥，引进香港远东集团公司在眉山市科技工业园投资兴业项目，在眉山市举行签字仪式，远东集团公司投入 1 亿元港币，建设对高档铝材深加工项目 。2003 年，由党员王麒牵线，台湾航欣科技公司总裁徐德馨一行到成都电子科技大学、西南交通大学考察，决定在这两所大学以每学年每人 6000 元的标准资助 20 名优秀贫困学生完成学业。2004 年，致公党四川省委员会接待香港轩辕教育基金会主席罗文春、台湾航欣公司吴声炎、荷兰 ORET 项目荷方考察代表团、台湾知名作家康芸薇、菲律宾中国洪门致公党访华团、美籍华人葛苏等 6 批、56 人次来访。2005 年，致公党四川省委员会共接待华侨华人、港澳台同胞 39 人次。

第三节　四川海外联谊会

一、组织机构

为了适应新时期统一战线的新形势和四川对外开放的需要，经中共四川省委批准，四川海外联谊会于 1988 年 10 月 28 日在成都市成立。该会是开展海外统战工作的新载体。其宗旨是：立足四川，面向海外，积极开展与海外华侨华人和港澳台同胞之间的民间交往，广交朋友、联络感情，交流信息、加强合作，促进四川经济文化及社会发展和祖国和平统一大业。该会由四川省委、省人大、省政府、省政协有关负责人任领导，由省级统战、对台、侨务、外事、经贸、科技、文教、医卫、体育、民政等部门负责人，各民主党派、工商联、有关人民团体和部分高校、大型国营企业、科研院所负责人为成员，在省委统战部领导下开展工作。至 2005 年底有理事 156 人（其中港澳及海外 37 人），常务理事 50 人（其中港澳 27 人）。有名誉会长 6 人、顾问 14 人、会长 1 人、副会长 14 人。全省 21 个市（州）有 50% 的成立了海外联谊会。1997 年在美国洛杉矶组建四川海外联谊会美国分会，2000 年在香港设立四川海外联谊会在港理事联络组。各地组织机构的建立，使全省海外联谊工作形成网络。

二、主要工作

联谊交友，扩大交往　1988—1995 年，该会共接待到川访问交流的友好人士和团体 100 多批近 2000 人次，同港澳台和海外一批著名人士（如美国国际亲善大使余丽云，巴西侨领康秉惜，澳大利亚侨领余俊惠，泰国侨领郑明如、谢大民，香港著名人士霍英东、邵逸夫和台湾上层人士胡秋原、任觉伍，以及海外著名专家、学者韩素音、丁肇中、牛满江等）建立友好关系。香港回归祖国以后，该会进一步扩大交往，从 20 世纪末至 2005 年，与许多港澳台和海外朋友，如香港庄仕集团董事局主席庄绍绥、澳门名嘉集团董事长谢硕文、荷兰侨领胡志光等，建立密切联系，聘请其担任顾问或理事，邀请他们到川参观考察和参加各类活动，向省委、省政府及有关单位反映他们对四川改革开放和经济建设的意见建议。先后与台湾工商联会、香港工商联合会、香港友好协进会、马来西亚大马文化促进会、美国世界华人妇女联合会等几十个社团建立联系，与香港中华总商会、世界贸易中心、香港培华教育基金会、旅港四川同乡会等建立友好合作关系。进入 21 世纪，又先后与荷兰中华总商会、香港行业商会、澳门中华总商会等建立友好交往。

促进四川对外经贸往来和科技文化交流　该会把海外联谊同发展四川经贸、科技、文化等事业结合起来，配合有关部门开展多种形式的活动，在海外产生积极影响。1990 年在四川省举办的对外经贸洽谈会、丝绸交易会、国际友好电视周三项活动中，四川海外联谊会邀请 100 多名海外客商到会，占与会客商的十分之一，成交金额 2000 多万美元，占当年全省成交总额的十分之一。1991 年，在四川省举办首届服装节期间，由四川海外联谊会邀请到蓉参加活动的客商占全部客商的 20% 以上。

2000 年，四川海外联谊会邀请全国政协副主席、中央统战部部长、中华海外联谊会会长王兆国率澳大利亚等国家和中国香港、中国澳门地区的知名工商企业、文化教育、医疗卫生界人士 150 余人，赴川考察位于温江县的成都海峡两岸科技园区。2001 年，经牵线搭桥，促成香港中华总商会副司库、香港永兴企业公司总裁张永珍捐赠 50 万元港币认养大熊猫，这是当时成都大熊猫繁育基地接受的最大一笔个人捐款。2004 年，该会邀请省商务厅、省招商局等有关部门负责人向来访的港澳台及海外朋友介绍四川招商引资情况，引起他们对四川的关注。该会成立后还试办“四川海联服务中心”，向到川经商的海外朋友提供政策信息咨询，介绍投资项目和合作伙伴，为其疏通渠道，协调解决在川投资的港澳人士的困难和问题，维护其合法权益。如为解决香港星海文化有限公司执行董事董孝坤与中国银行德阳分行的经济纠纷，多次同中国银行四川省分行及德阳市分行联系，协商处理意见。

第四节　四川客家海外联谊会

经四川省人民政府民政厅批准，四川客家海外联谊会于 1997 年 5 月 20 日成立。该会是具有社团法人资格的群众团体。其主管单位是四川省人民政府侨务办公室。

该会会长：邱林；副会长：李天久、温鑫京、林亭先、彭晋潜（兼秘书长）、曾广福、邓定寰、曾本兴、曾清华、温仲豪、陈世松。至 2005 年，该会有会员 278 人。

该会的宗旨是：在中国共产党的领导下，遵循中华人民共和国宪法、法规和国家政策，团结在川的客家人士，加强与海内外客家人士、客家团体和企业的联系，参加世界各地的客家联谊恳亲活动，开展客家学术研究和交流，以四川客家科技人才荟萃和联系广泛的优势，积极支持四川的经济文化建设，为弘扬客家精神、振兴中华、促进祖国和平统一和为实现现代化建设服务。

该会在省政府有关领导和省侨办侨联的关心支持下，立足四川，面向国内外，利用各种形式宣传四川客家文化，与国内外客家社团和客家文化研究机构建立广泛联系；还积极向国内外宣传四川的资源优势和投资环境，为四川的招商引资和经贸洽谈等做了许多牵线搭桥的工作。2003 年 11 月，成功申办世界客属第二十届恳亲大会。2005 年 10 月，与成都市人民政府共同成功地承办世界客属第二十届恳亲大会，来自世界各国各地区的客属乡亲等 4000 余人在蓉参加盛会。

第五节　四川潮人海外联谊会

四川潮人海外联谊会，是于 1995 年 5 月 8 日经省侨办和省民政厅审查批准成立的全省性社会团体。1996 年 4 月 8 日，该会在成都举行成立大会。出席大会的嘉宾和会员代表共有 400 余人。嘉宾有来自泰国、加拿大等国家和中国香港等地区的知名人士，汕头、潮州、揭阳、普宁、揭西等潮汕地区的代表以及广州、深圳、上海等地的潮团代表。四川省、成都市有关部门的领导出席大会。大会通过了《四川潮人海外联谊会章程》，选举产生了由会长许义忠、常务副会长张仲朝和 6 位副会长组成的领导班子以及 44 位理事组成的理事会。

2004 年 9 月 17 日，该会召开换届大会。新的一届理事会，由许义忠任会长；张仲朝、陈湖南任常务副会长；王志伟、李乐顺、李汉平、陈君华、陈俊杰、陈惠贞、沈茂純、杨希都、罗缨、林少奋、郑源纯、郭良宏、郭俊波、黄逸光、蔡信大任副会长；李在妙任秘书长。

该会自成立以来，已应邀派团出席第八届、第九届、第十届、第十一届、第十二届和第十三届国际潮团联谊年会，与世界及国内各地的潮人社团和知名人士进行广泛接触和联系，加深友谊，扩大影响。

第六节　四川省华侨华人学会

1988 年 11 月四川省华侨历史学会成立，1990 年 9 月更名为“四川省华侨华人学会”，会员 100 余人。学会是四川省归国华侨联合会领导的，由研究华侨、华人历史和现状的工作者和有志于从事这项工作的归侨、侨眷及其他人士组成的学术团体。学会的宗旨是：高举爱国主义旗帜，坚持实事求是和“百花齐放、百家争鸣”的方针，为振兴中华，开展以四川省华侨、华人问题为主要研究对象的学术活动，遵守宪法和法律，不从事以营利为目的的活动，并依法维护本会权益。学会的主要任务是：组织收集有关四川华侨、华人问题的资料；研究归侨、侨眷和海外华侨、华人的历史、现状和发展趋势；举办学术讨论会和报告会，开展海内外学术交流活动；编写论著，出版会刊和编辑有关资料。1988—1993 年，先后召开两次会员代表会议和三次侨史学术讨论会，共收到论文 140 余篇。学会已形成一支由侨史专家、学者与侨务干部组成的、有一定理论和实际经验的侨史研究队伍。

1988 年 11 月 29—30 日，四川省华侨历史学会成立大会暨第一次学术讨论会在成都四川省政协招待所召开。出席会议的有专家、学者、各地从事侨史研究的归侨、侨眷及侨务工作者 80 多人。省委、省顾委、省政协、省委统战部、致公党四川省委员会、省侨办、省台联、省社科联、省历史学会的领导到会祝贺。中国华侨历史学会和《华声报》社派员参加会议。省委常委、省委秘书长徐世群讲话。四川省侨联副主席、四川省华侨历史学会筹备组组长郭戈奇作《关于侨史学会筹备组工作情况及今后工作打算的报告》。会议收到学术论文资料 24 篇，反映了全省侨史研究的初步成果。会议审议并通过《四川省华侨历史学会章程》，选举产生由 20 人组成的学会理事会。常务理事由会长、副会长、秘书长、副秘书长组成。郭戈奇任会长，林圃、赵清、张学群、王济国任副会长（以后又补选孙长庆为副会长）。童晓礼任秘书长，陈宪任副秘书长。学会推选四川大学历史系知名教授隗瀛涛为名誉会长，聘请著名归侨作家艾芜、胡兰畦和知名教授郭祝崧为顾问。

1990 年 9 月 19—20 日，四川省华侨历史学会第二次华侨历史学术讨论会在成都四川大学学术交流中心召开。省侨联主席余洁、副主席潘廷生、邱林、卢道猜与会并讲话。出席会议的有侨史研究专家、学者、研究侨史的归侨、侨眷和侨务工作者 50 余人。省外办主任李长春、省侨联副主席邱林讲话。郭戈奇会长作题为《关于学会会务工作及今后工作设想的报告》。会议一致同意将“四川省华侨历史学会”更名为“四川省华侨华人学会”，原则通过《四川省华侨华人学会章程》。会议收到学术论文 60 篇。经常务理事提议，理事会决定，将这次会议提交的、连同第一次学术讨论会提交的论文，一并出版《华侨华人研究文集》。会议增补傅佑勋为常务理事、副会长，邓海东为常务理事、副秘书长。

1993 年 10 月 8—9 日，四川省华侨华人学会第二次代表会议暨第三次侨史学术讨论会在成都四川教育学院交流中心召开。参加会议的有侨史研究专家、学者和侨务工作者 40 余人。会长郭戈奇作工作报告。省侨办侨联党组书记王宋达、省侨联主席余洁、副主席潘廷生、邱林、卢道猜与会并讲话。会议选举产生由21人组成的新一届理事会。郭戈奇当选为会长；赵清、孙长庆、王济国、傅佑勋、张学群当选为副会长（以后又增选林纯怀为副会长）。童晓礼当选为秘书长，陈宪、邓海东当选为副秘书长。

第三篇　归侨侨眷权益保护

归侨、侨眷是居住在中国的中国公民，但他们与海外华侨、华人有着割不断的亲情。对归侨和侨眷权益的保护，既能保护归侨、侨眷的本身权益，又能影响归侨、侨眷的海外亲人，赢得海外侨心。党和国家历来重视对归侨、侨眷权益的保护，制定了“一视同仁，不得歧视，根据特点，适当照顾”的原则，及时制定出一系列侨务政策和法规。1986—2005 年，四川省在贯彻侨务政策法规、实施侨务扶贫①、处理侨务来信来访等方面做了大量工作，较好地保护了归侨、侨眷的权益和海外华侨、华人在国内的利益，调动了他们为祖国（祖籍国）做贡献的积极性。

① 四川省的侨务扶贫主要包括两个方面：一方面，主要用国家拨款，并按照有关政策，对贫困归侨、侨眷进行扶持；另一方面，主要通过争取海外侨胞和港澳台同胞的捐赠，对贫困地区、贫困人员进行扶持。本篇记述的是用国家拨款，并按照有关政策，对贫困归侨、侨眷进行扶持的情况。通过争取海外侨胞和港澳台同胞的捐赠，对贫困地区、贫困人员进行扶持的记述，见第五篇。

第一章　侨务政策法规贯彻

第一节　地方性侨务法规政策制定

四川省在全面贯彻落实党和国家的侨务政策与法规中，制定一系列地方性侨务法规与政策。

一、制定地方性侨务法规

（一）制定《四川省〈中华人民共和国归侨侨眷权益保护法〉实施办法》

1990年9月7日，第七届全国人民代表大会常务委员会第十五次会议通过《中华人民共和国归侨侨眷权益保护法》。1993年7月19日，国务院发布《〈中华人民共和国归侨侨眷权益保护法〉实施办法》。1992年，省侨办经过调研，根据《中华人民共和国归侨侨眷权益保护法》，结合四川省实际，起草《四川省〈中华人民共和国归侨侨眷权益保护法〉实施办法》稿，经省政府批准同意后，将其送交省人大常委会。1993年8月21日，四川省第八届人民代表大会常务委员会第四次会议通过《四川省〈中华人民共和国归侨侨眷权益保护法〉实施办法》，四川省第八届人民代表大会常务委员会于当日公布施行。这是四川省第一个关于保护归侨、侨眷权益的法规。

1997年，省侨办根据《中华人民共和国归侨侨眷权益保护法》和《〈中华人民共和国归侨侨眷权益保护法〉实施办法》及有关政策，结合四川省实际情况的变化，起草《四川省〈中华人民共和国归侨侨眷权益保护法〉实施办法》修改稿，将其送交省人大外侨委审核。1998年10月17日，四川省第九届人民代表大会常务委员会第五次会议通过关于修改《四川省〈中华人民共和国归侨侨眷权益保护法〉实施办法》的决定，四川省第九届人民代表大会常务委员会于当日公布。

2000年10月31日，第九届全国人民代表大会常务委员会第十八次会议对《中华人民共和国归侨侨眷权益保护法》进行修正。2004年6月23日，国务院重新发布《中华人民共和国归侨侨眷权益保护法实施办法》。2004年，省侨办根据修正后的《中华人民共和国归侨侨眷权益保护法》和修订后的《〈中华人民共和国归侨侨眷权益保护法〉实施办法》以及有关政策，经过调研，结合四川新的实际情况，起草《四川省〈中华人民共和国归侨侨眷权益保护法〉实施办法》修改稿，将其送交省人大外侨委审核。2005年11月25日，《四川省〈中华人民共和国归侨侨眷权益保护法〉实施办法》由四川省第十届人民代表大会常务委员会第十八次会议修订通过，四川省第十届人民代表大会常务委员会于当日公布。修订后的《四川省〈中华人民共和国归侨侨眷权益保护法〉实施办法》自2006年1月1日起施行。

（二）制定《四川省归侨侨眷企业事业权益保护条例》

1995 年，省侨办根据《中华人民共和国归侨侨眷权益保护法》和有关法律法规，在调研的基础上，结合四川省实际，起草《四川省归侨侨眷企业事业权益保护条例》稿，将其送交省人大外侨委审核。1996 年 4 月 16 日，四川省第八届人民代表大会常务委员会第二十次会议通过《四川省归侨侨眷企业事业权益保护条例》。四川省第八届人民代表大会常务委员会于当日公布，自 1996 年 8 月 1 日起施行。1997 年 12 月 27 日，四川省第八届人民代表大会常务委员会第三十次会议对《四川省归侨侨眷企业事业权益保护条例》进行修正。四川省第八届人民代表大会常务委员会于当日公布。

（三）制定《四川省华侨投资权益保护条例》

1999 年，省侨办经过调研，根据宪法和有关法律、法规，结合四川省实际，起草《四川省华侨投资权益保护条例》稿，将其送交省人大外侨委审核。2000 年 11 月 30 日，四川省第九届人民代表大会常务委员会第二十次会议通过《四川省华侨投资权益保护条例》。四川省第九届人民代表大会常务委员会于当日公布施行。

（四）制定《四川省华侨捐赠条例》

2001 年，四川省人大外侨委和省侨办组成联合调研组到省内外进行调研。随后由省侨办根据《中华人民共和国公益事业捐赠法》等法律、法规，结合四川省实际，起草《四川省华侨捐赠条例》稿，将其送交省人大外侨委审核。2002 年 9 月 26 日，四川省第九届人民代表大会常务委员会第三十一次会议通过《四川省华侨捐赠条例》。四川省第九届人民代表大会常务委员会于当日公布，自 2002 年 11 月 1 日起施行。

二、制定地方性侨务政策

为贯彻落实侨务法律、法规和侨务政策，省侨办和省直相关部门结合实际，及时制定了一系列具体政策。

1994 年 8 月 26 日，省劳动厅下发《关于建国后工龄满三十年以上的归侨职工退休待遇的复函》。

1995 年 12 月 8 日，省人事厅和省财政厅联合制定下发《关于国家机关事业单位中工作满三十年的归侨职工退休待遇问题的处理意见的通知》。

1998 年 4 月 14 日，省侨办会同省劳动和社会保障厅、四川省人事厅制定下发《关于企事业单位在改革转制中妥善解决归侨侨眷下岗职工工作安排问题的通知》。

2000 年 7 月 19 日，省侨办会同省劳动和社会保障厅联合制定下发《关于计发归侨侨眷职工退休生活补贴问题的通知》。

2001 年 3 月 26 日，省侨办制定下发《关于加强侨务信访工作的意见》。

2002 年，省侨办制定下发《关于做好城市居民中归侨侨眷最低生活保障工作的通知》。

2002 年 9 月 2 日，省侨办会同省民政厅制定下发《关于开展城市社区侨务工作的意见》。

2002 年 12 月 2 日，省侨办制定下发《关于认真做好〈四川省华侨捐赠条例〉等涉侨法律法规的行政执法工作的意见》。

2004 年 6 月 8 日，省侨办制定下发《四川省侨务行政执法责任制实施办法（试行）》。

2004 年 6 月 23 日，省侨办会同省劳动和社会保障厅制定下发《关于进一步做好归侨、侨眷下岗失业人员再就业工作的意见》。

2005年11月30日，省侨办制定下发《四川省侨务信访工作规则（试行）》。

第二节　侨务政策法规宣传

一、培训宣传教育骨干

1994—2005年，四川省各级侨务部门通过以会代训、开设侨法讲座、举办短期侨务政策法规培训班、选送侨务干部参加国务院侨办的有关培训班等培训方式，培训各级侨务干部达2000余人次，培养一大批侨务政策法规宣传教育骨干。

二、利用编印资料和各种媒体进行宣传教育

1994—2005年，省侨办与省人大外侨委、省侨联联合编印《常用侨务法律法规汇编》等10余万册，发送全省各级侨务部门，各级党委、人大、政府、政协领导及相关部门、单位等，以供学习、宣传和贯彻。自1993年12月至2005年12月，省侨办、省侨联出版《四川侨报》290期，共计840余万字，累计向国内外赠送458万份，对贯彻侨务政策法规进行大量的宣传和报道。省侨办多次邀请美国《侨报》《洛杉矶商报》及中国国际广播电台、《人民日报》记者到川采访，同时主动向《人民日报》（海外版）、中国侨网、《欧洲时报》、《南美侨报》等海内外传媒供稿，累计供稿并采用509篇，对四川省省情、贯彻侨务政策法规等进行广泛的宣传和报道。省侨办自2000年开始创办四川侨务信息网，网站访问量日益增大，拓宽了侨务政策法规宣传渠道，实现信息互动，提高侨务政策法规宣传效果。

三、开展多种形式的宣传教育活动

2000年10月，在《中华人民共和国归侨侨眷权益保护法》颁布实施10周年之际，由分管副省长在《四川日报》发表纪念文章，四川省专门召开侨界人士和有关部门、单位领导参加的纪念座谈会，省人大常委会副主任发表纪念讲话，各新闻媒体对座谈会进行宣传报道，进一步扩大侨法的影响。全省各地也分别开展庆祝《中华人民共和国归侨侨眷权益保护法》颁布10周年宣传教育活动。省侨办还组织侨法知识竞赛活动，拟定100道侨法知识竞赛题，通过《四川侨报》向全省侨务部门和社会各界公布，争取公众的广泛参与。2004年7月1日，国家新修订的《〈中华人民共和国归侨侨眷权益保护法〉实施办法》开始实施，省侨办及时举行座谈会，并请省人大常委会副主任徐世群、省政府分管侨务工作副省长在《四川日报》上发表相关文章，加大宣传力度，推动新实施办法的贯彻执行。全省各地侨务部门采取召开座谈会、印发资料、在街道设立宣传点等形式进行宣传。

四、将侨务政策法规宣传教育纳入四川省“五五”普法规划

2005年初，由省侨办提议并牵头，以省级“五侨”（省人大外侨委、省侨办、省政协港澳台侨和外事委、致公党四川省委员会、省侨联）机构的名义联合向省法制建设领导小组建议，将侨务政策法规宣传教育纳入四川省“五五”普法规划。省法制建设领导小组复函同意“五侨”建议，并对以后的工作安排提出意见和建议。次年，省侨办制定印发《四川省人民政府侨务办公室关于开展法制

图 3－1　2004 年秋，自贡市侨办组织人员上街宣传侨务法律法规
（张哲　摄）

宣传教育的第五个五年规划》。其中规定："重点组织学习、宣传侨法和其他有关归侨侨眷和海外侨胞合法权益保障的法规政策，增强侨务法制观念，提高侨务部门和有关部门依法行政的意识，引导归侨侨眷和海外侨胞自觉运用法律武器维护自身合法权益，努力营造依法护侨的社会氛围。"

第三节　侨务依法行政

一、侨法执法队伍建设

从 1998 年开始，省侨办建立侨务行政执法和侨务行政执法监督队伍。按照四川省人民政府法制局（简称省法制局）的要求，侨务行政执法人员和侨务行政执法监督人员，必须是行政机关的在编工作人员，具备一定的文化素质和业务素质，填报行政执法人员登记表或行政执法监督人员登记表，经过省法制局统一的行政执法和行政执法监督培训，获得省法制局颁发的行政执法证或行政执法监督证。省侨办先后选送 12 批次侨务行政执法人员参加行政执法培训。省侨办主管和分管领导、执法处室的处长办理"四川省行政执法监督证"，执法处室的其他有关干部办理"四川省行政执法证"。由于有了行政执法证和行政执法监督证，侨务行政执法人员和侨务行政执法监督人员贯彻执行侨务法律法规的责任心增强，效果更好。

二、侨务行政审批

省侨办负责华侨到四川省定居审批工作（也负责港澳同胞回内地定居审批工作）。

符合到四川省定居条件的华侨，在本人入境前向中国驻外国外交代表机关、领事机关或者外交部授权的其他驻外机关提出申请，或者向拟定居地的市、县公安局提出申请，也可向四川省人民政府政务服务中心综合窗口提出申请，并提交本人申请书、华侨身份证明、在拟定居地的住房、亲属等证明、回国定居的工作安排或生活来源的证明等申报材料，在省侨办商有关部门批准后，由省公安厅出入境管理部门核发“华侨回国定居证”。1986—2005年，经省侨办批准到四川省定居的华侨30人，香港同胞7人。

1986—2005年华侨及港澳同胞到川定居统计表

表3－1

姓　名	原定居地	到川定居人数	到川定居时间	在川定居地
杨玉清	中国香港	1	1986年	成都市
刘太隆(一家)	越南	5	1989年	德阳市绵竹县
龚高奇	美国	1	1993年	万县市云阳县
杜明生	美国	1	1993年	重庆市
卢国辉	奥地利	1	1993年	自贡市富顺县
陈唐民	美国	1	1993年	南充市
云昌滨	马来西亚	1	1993年	成都市
曾德钊	美国	1	1994年	成都市
曾褚庆萍	美国	1	1994年	成都市
刘光柱	美国	1	1994年	
康才洪	加拿大	1	1994年	
叶辉德	加拿大	1	1994年	
肖启龙	加拿大	1	1994年	
王开琼	加拿大	1	1994年	
李念益	中国香港	1	1995年	
李宝民	中国香港	1	1995年	
刘长庚	中国香港	1	1996年	重庆市
贺正媛	中国香港	1	1996年	重庆市
羊利权	加拿大	1	1996年	绵阳市盐亭县
刘子秀	加拿大	1	1996年	绵阳市盐亭县
杨思亮	美国	1	1997年	内江市安岳县
蔡云平	美国	1	1997年	内江市安岳县
柯乃仁	巴拉圭	1	1998年	成都市
徐奎光	中国香港	1	1998年	成都市
黄家玲	美国	1	1999年	成都市
周德怀(一家)	哥伦比亚	4	1999年	攀枝花市
张静珍	美国	1	2000年	德阳市广汉市
周宗碧	中国香港	1	2002年	成都市
赵清龙	美国	1	2002年	阿坝州马尔康县
肖明翰	美国	1	2005年	成都市
合　计	－	37	－	－

三、侨务行政确认

（一）归侨侨眷身份认定

四川省县级以上地方人民政府侨务机构负责归侨、侨眷身份认定工作。

凡曾在国外定居过，并且有资料作证明的，或者有亲属在国外定居，并且有资料作证明的，都可以向本人常住户口所在地县级以上地方人民政府侨务机构或者政务服务中心综合窗口提交本人申请书等申报材料，由本人常住户口所在地县级以上地方人民政府侨务机构进行归侨、侨眷身份认定。归侨、侨眷身份认定形式都是书面的，具体有两种：一是开具的身份证明（如归侨身份证明、侨眷身份证明、“三侨生”身份证明）；二是办理的“华侨港澳同胞眷属证”（以下简称“眷属证”）。

1994年5月26日，省侨办制定下发《关于制发〈华侨、港澳同胞眷属证〉有关问题的通知》，对办理“眷属证”作出详细规定。办理“眷属证”，是为了在认定侨务工作对象身份时，简便手续、减少环节，按照政策、法规，更好地维护归侨、侨眷的合法权益。“眷属证”的规格和外形设计仿公务护照，封面选择棕色、烫金压字，内芯除有被认定身份人基本情况和证件用途等内容外，还印有《中华人民共和国归侨侨眷权益保护法》《四川省〈中华人民共和国归侨侨眷权益保护法〉实施办法》以及党和国家领导人关于侨务工作的重要指示。它既是侨务工作对象的身份证件，又是他们学习中央领导同志的指示和侨务法律、法规，掌握和运用政策、法律武器，维护自身合法权益的手册。“眷属证”贴有被认定身份人的照片，限一人一本。“眷属证”分为“A”“B”两种类型。“A”证的发放对象为：法律规定的侨眷（即在四川省定居的华侨、归侨的配偶，父母，子女及其配偶，兄弟姐妹，祖父母、外祖父母，孙子女、外孙子女，以及同华侨、归侨有长期扶养关系的其他亲属）以及在四川省定居的港、澳同胞和外籍华人的相当眷属（其范围与侨眷范围相等同）；“B”证的发放对象为：除侨眷外的华侨、归侨在四川省定居的其他一切眷属以及在四川省定居的港、澳同胞和外籍华人的其他一切眷属。持“A”证的人，属于侨眷，是侨务工作对象，受有关侨务法律法规保护；持“B”证的人，不属于侨眷，但也视为侨务工作对象。“眷属证”发放对象没有考虑归侨以及在四川定居的港澳同胞。归侨以及在四川定居的港澳同胞的身份认定只限于开具身份证明。全省办理的所有“眷属证”，须加盖省侨办钢印才有效。

1994—2005年，全省共计办理“眷属证”16014本，其中“A”证8525本，“B”证7489本。

1994—2005年四川省办理“华侨港澳同胞眷属证”统计表

表3－2　　单位:本

承办单位	A证	B证	合计	承办单位	A证	B证	合计
省侨办	551	171	722	南充市侨办	810	834	1644
成都市侨办	3010	1810	4820	宜宾市侨办	64	78	142
自贡市侨办	245	360	605	广安市侨办	139	93	232
攀枝花市侨办	636	454	1090	达州市侨办	309	203	512
泸州市侨办	350	299	649	巴中市侨办	–	–	–
德阳市侨办	339	454	793	雅安市侨办	114	57	171

续表 3－2

承办单位	A 证	B 证	合 计	承办单位	A 证	B 证	合 计
绵阳市侨办	425	782	1207	眉山市侨办	－	－	－
广元市侨办	－	－	－	资阳市侨办	25	76	101
遂宁市侨办	118	113	231	阿坝州侨办	－	－	－
内江市侨办	807	1101	1908	甘孜州侨办	－	－	－
乐山市侨办	203	186	389	凉山州侨办	380	418	798
				全省合计	8525	7489	16014

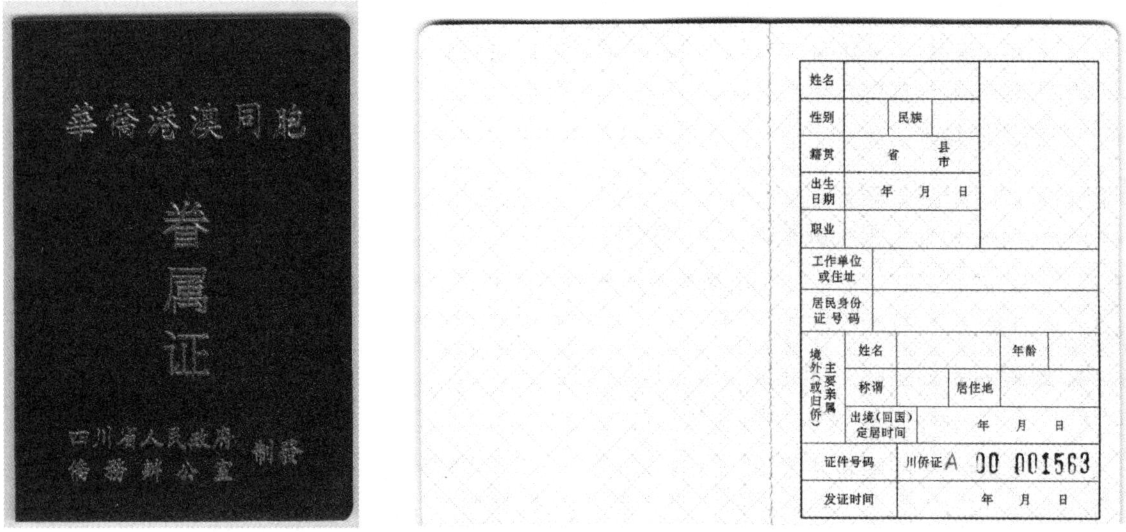

图 3－2 1994 年 5 月，省侨办开始制发“华侨港澳同胞眷属证” （省侨办国内处 供图）

由于持“眷属证”A 证的人属于法律上规定的侨眷，其权益的保护，有党和国家相关侨务政策和侨务法规可遵循，相对较容易；由于持“眷属证”B 证的人不属于法律上规定的侨眷，其权益的保护，缺乏相关侨务政策和侨务法规可遵循，相对较困难。

2003 年 6 月 5 日，省侨办制定下发《关于做好归侨侨眷身份认定工作的意见》。意见提出：“我省在办理‘华侨港澳同胞眷属证’时的 A、B 两证均证明‘侨眷’的身份。”由于缺乏党和国家有关政策、法律、法规作依据，虽有此文件，但在实际生活工作中，持“眷属证”B 证的人仍然很难享受到侨眷的待遇。（2008 年 11 月 17 日，省侨办根据《中华人民共和国归侨侨眷权益保护法》《四川省〈中华人民共和国归侨侨眷权益保护法〉实施办法》的规定，以及《四川省人民政府关于印发取消和调整省直部门行政审批项目目录的通知》精神，制定下发《关于进一步做好归侨侨眷身份认定工作的通知》。此通知的主要精神是：1. “由省侨办制发的“华侨港澳同胞眷属证”从 2008 年 11 月停止办理。之前已办理的“华侨港澳同胞眷属证”可继续使用，执行中的具体问题由省侨办负责解释。”2. 省侨办不再对省级部门和中央在蓉单位的归侨、侨眷进行身份确认。3. 归侨、侨眷的身份，由其常住户口所在地的县级以上地方人民政府负责侨务工作的机构根据本人申请审核认定。认定的证件不再送省侨办审核盖章。4. 归侨、侨眷的身份，应严格按照《中华人民共和国归侨侨眷权益保护法》中关于“归侨是指回国定居的华侨。华侨是指定居在国外的中国公民。侨眷是指华侨、归侨在国内的眷属。包括：华侨、归侨的配偶，父母，子女及其配偶，兄弟姐妹，祖父母、外祖父母，孙子女、外孙子女，以及同华侨、归侨有长期扶养关系的其他亲属”的界定进行认定。5. 各市（州）、县侨办要认真做好归侨、侨眷登记建卡工作，每年年终由市（州）侨办汇总向省侨办书面上报办证情况。6. 省侨办对全省归侨、侨眷身份的确认进行检查指导。）

（二）归侨侨眷企业事业单位资格确认

四川省县级以上地方人民政府侨务机构负责归侨、侨眷企业事业单位资格确认工作。

归侨、侨眷企业、事业，是指归侨、侨眷利用境外资金或自筹资金，以独资、合资或联营等形式兴办的经济实体和实行自收自支的事业单位。符合下列条件之一者，属于归侨、侨眷企业、事业单位：1. 境外资金（指境外华侨、华人等资助的资金）占企业、事业单位注册资金总额的百分之二十（含百分之二十）以上的；2. 归侨、侨眷自筹资金占企业、事业单位注册资金总额的百分之五十（含百分之五十）以上的；3. 企业、事业单位中归侨、侨眷人数占该单位从业人员总数的百分之二十（含百分之二十）以上的。以上规定，适用于四川省的香港、澳门同胞眷属和各级归国华侨联合会兴办的企业、事业单位。符合以上规定的，可以向归侨、侨眷企业、事业单位所在地县级以上人民政府侨务部门或者政务服务中心综合窗口提出归侨、侨眷企业、事业单位资格确认申请，并提交四川省归侨、侨眷企业事业单位资格确认申请表等申报材料，由归侨、侨眷企业、事业单位所在地县级以上人民政府侨务部门进行归侨、侨眷企业、事业单位资格审核确认，对符合条件的发给“四川省归侨侨眷企业事业单位资格确认证书”。自 1996 年 8 月开始进行归侨、侨眷企业、事业单位资格确认，到 2005 年底，全省已确认为归侨、侨眷企业、事业单位的有 280 家。

四、侨务行政备案

四川省县级以上地方人民政府侨务行政主管部门负责华侨捐赠登记备案工作。

捐赠人捐赠的进口物资，由受赠人向所在地县级以上地方人民政府侨务行政主管部门申报登记，由县级以上地方人民政府侨务行政主管部门审核后送省侨办登记备案。捐赠人捐赠的汇款或者现款以及非进口物资，受赠人应当于接收之前报告所在地县级以上地方人民政府侨务行政主管部门，事后 60 日内须办理备案登记手续。金额在人民币 1 万元—5 万元（不含 5 万元）的，在县级人民政府侨务行政主管部门登记；5 万元—10 万元（不含 10 万元）的，在市（州）人民政府侨务行政主管部门登记；10 万元以上（含 10 万元）的，在省侨办登记。捐赠人捐赠的汇款或者现款以及非进口物资，金额在人民币 1 万元以下（不含 1 万元）的，受赠人可以直接受理，但是应当在每年度将其统计后报所在地县级以上地方人民政府侨务行政主管部门备案。捐赠人临时捐赠的汇款或者现款以及非进口物资，受赠人可以先行接受，并应当在 30 日内补办登记手续。华侨捐赠登记备案须提交捐赠人捐赠意愿资料、四川省接受华侨、华人（港澳同胞）捐赠备案登记申请表等申报材料。依法进行的华侨捐赠登记备案工作自 2002 年 11 月开始。从 2003 年 1 月到 2005 年 12 月，已报送备案的，全省接受华侨华人、港澳台同胞捐赠的金额为 6001. 24 万元。

四川省华侨到川定居审批程序一览表

表3－3

项 目	内　　容
法定依据	1.《中华人民共和国公民出入境管理法》（主席令第32号，1985年11月22日） 2.《中华人民共和国公民出入境管理法实施细则》（国务院批准，公安部、外交部、交通部发布，1994年7月15日） 3.《国务院侨办转发公安部给辽宁省公安厅〈关于华侨回国定居有关手续问题〉的批复》［（88）侨政字第188号，1988年7月30日］ 4.《国务院侨办关于华侨回国定居的审批意见》［（87）侨政安字第167号］
申请条件	符合下列条件之一的，可以申请到川定居： 1. 夫妻一方在境外生活确有困难，国内一方能自行解决回国定居后的工作或住房等问题的 2. 在国外无依无靠的孤寡老人，国内有亲人能解决住房、赡养等生活问题，不增加国家负担的 3. 在国外的老人用外汇已在国内购买住房，又有外汇积蓄或退休金、养老金可转回国内领取，国内有亲属（该亲属的户口不得由农转非或由小城镇迁入大城市）协助料理生活等问题的 4. 在国外受到迫害，失去谋生条件，中国使馆认为其必须回国，并服从分配接受安置的 5. 国内公民出国定居后，生活确有困难，而回国定居又能解决工作、住房等问题的，并且在出国定居后短时间内坚决要求回国定居的 6. 国家其他政策规定可以回国到川定居的
申报材料	1. 本人申请书 2. 华侨身份证明材料，如在国外（境外）定居的证明材料等 3. 中国驻外国外交代表机关、领事机关意见 4. 在拟定居地的住房、亲属等证明材料 5. 回国定居的工作安排或生活来源的证明材料
办理程序	1. 在本人入境前向中国驻外国外交代表机关、领事机关或者外交部授权的其他驻外机关提出申请，或者向拟定居地的市、县公安局提出申请，也可向省政府政务服务中心综合窗口提出申请，并提交申报资料 2. 由以上受理单位将申报资料转交省侨办 3. 在省侨办商有关部门批准后，由省公安厅出入境管理部门核发“华侨回国定居证”
办理时限	1. 法定时限：20个工作日 2. 省侨办承诺时限：20个工作日
收费标准及依据	不收费

四川省归侨侨眷身份认定程序一览表

表3－4

项 目	内　　容
法定依据	1.《中华人民共和国归侨侨眷权益保护法》（1990年9月7日第七届全国人民代表大会常务委员会第十五次会议通过　根据2000年10月31日第九届全国人民代表大会常务委员会第十八次会议《关于修改〈中华人民共和国归侨侨眷权益保护法〉的决定》修正）第二条：“归侨是指回国定居的华侨。华侨是指定居在国外的中国公民。侨眷是指华侨、归侨在国内的眷属。本法所称侨眷包括：华侨、归侨的配偶，父母，子女及其配偶，兄弟姐妹，祖父母、外祖父母，孙子女、外孙子女，以及同华侨、归侨有长期扶养关系的其他亲属。” 2.《中华人民共和国归侨侨眷权益保护法实施办法》（2004年6月4日国务院第53次常务会议通过，2004年6月23日国务院第410号令公布，自2004年7月1日起施行）第二条：“归侨、侨眷的身份，由其常住户口所在地的县级以上地方人民政府负责侨务工作的机构根据本人申请审核认定。与华侨、归侨有长期扶养关系的亲属申请认定侨眷身份的，应当提供由公证机构出具的扶养证明。” 3.《四川省〈中华人民共和国归侨侨眷权益保护法〉实施办法》
申请条件	具有下列条件之一者，可以申请归侨或者侨眷身份认定： 1. 本人曾在国外定居过，并且有资料作证明的 2. 有亲属在国外定居，并且有资料作证明的
申报材料	1. 本人申请书 2.《华侨港澳同胞眷属证申请表》（可以在政府侨务机构或者政务服务中心综合窗口领取） 3. 证明自己或亲属在国外定居的材料 4. 属于城镇的，提供本人所在单位和街道办事处证明，属于农村的，提供本人所在乡、镇人民政府证明
办理程序	1. 向本人常住户口所在地县级以上地方人民政府侨务机构或者政务服务中心综合窗口提交申报材料 2. 由本人常住户口所在地县级以上地方人民政府侨务机构进行归侨、侨眷身份认定
办理时限	1. 法定时限：20个工作日 2. 政府侨务机构承诺时限：20个工作日
收费标准及依据	不收费

四川省归侨侨眷企业事业单位资格确认程序一览表

表3－5

项 目	内　　容
法定依据	《四川省归侨侨眷企业事业权益保护条例》（1996年4月16日四川省第八届人民代表大会常务委员会第二十次会议通过，1997年12月27日四川省第八届人民代表大会常务委员会第三十次会议修改）
申请条件	归侨、侨眷企业、事业，是指归侨、侨眷利用境外资金或自筹资金，以独资、合资或联营等形式兴办的经济实体和实行自收自支的事业单位。符合下列条件之一者，属于归侨、侨眷企业、事业单位： 1. 境外资金（指境外华侨、华人等资助的资金）占企业、事业单位注册资金总额的百分之二十（含百分之二十）以上的 2. 归侨、侨眷自筹资金占企业、事业单位注册资金总额的百分之五十（含百分之五十）以上的 3. 企业、事业单位中归侨、侨眷人数占该单位从业人员总数的百分之二十（含百分之二十）以上的。以上规定，适用于四川省的香港、澳门同胞眷属和各级归国华侨联合会兴办的企业、事业单位 符合以上规定的，可以提出归侨、侨眷企业、事业单位资格确认申请
申报材料	1.《四川省归侨侨眷企业事业单位资格确认申请表》（可以在政府政务服务中心综合窗口或者侨务机构领取） 2. 企业职工名册和归侨侨、眷职工名册及其“华侨港澳同胞眷属证”和归侨身份证明 3. 企业、事业单位工商营业执照或者批准书副本 4. 验资证明书 5. 组织机构代码
办理程序	1. 向归侨、侨眷企业、事业单位所在地县级以上人民政府侨务部门或者政务服务中心综合窗口提交申报材料 2. 由归侨、侨眷企业、事业单位所在地县级以上人民政府侨务部门进行归侨、侨眷企业、事业单位资格审核确认，对符合条件的发给“四川省归侨侨眷企业事业单位资格确认证书”
办理时限	1. 法定时限：15个工作日 2. 政府侨务部门承诺时限一般为：5个工作日
收费标准及依据	不收费

四川省华侨捐赠登记备案程序一览表

表3－6

项 目	内　　　容
法定依据	《四川省华侨捐赠条例》（2002年9月26日四川省第九届人民代表大会常务委员会第三十一次会议通过，2002年9月26日四川省人民代表大会常务委员会公布，自2002年11月1日施行）
申请条件	捐赠人捐赠的进口物资，由受赠人向所在地县级以上地方人民政府侨务行政主管部门申报登记，由县级以上地方人民政府侨务行政主管部门审核后送省侨办登记备案 捐赠人捐赠的汇款或者现款以及非进口物资，受赠人应当于接收之前报告所在地县级以上地方人民政府侨务行政主管部门，事后60日内须办理备案登记手续。金额在人民币1万元至5万元（不含5万元）的，在县级人民政府侨务行政主管部门登记；5万元至10万元（不合10万元）的，在市（州）人民政府侨务行政主管部门登记；10万元以上（含10万元）的，在省侨办登记 捐赠人捐赠的汇款或者现款以及非进口物资，金额在人民币1万元以下（不含1万元）的，受赠人可以直接受理，但是应当在每年度将其统计后报所在地县级以上地方人民政府侨务行政主管部门备案 捐赠人临时捐赠的汇款或者现款以及非进口物资，受赠人可以先行接受，并应当在30日内补办登记手续
申报材料	1. 捐赠人捐赠意愿资料 2.《四川省接受华侨华人（港澳同胞）捐赠备案登记申请表》（可以在政府政务服务中心综合窗口或者侨务机构领取） 3. 受赠人上级主管部门的意见
办理程序	1. 受赠人按照申报条件，向自己所在地县级以上地方人民政府政务服务中心综合窗口提交申报材料 2. 由所在地县级以上地方人民政府侨务行政主管部门进行华侨捐赠登记备案
办理时限	1. 法定时限：15个工作日 2. 政府侨务主管部门承诺时限一般为：5个工作日
收费标准及依据	不收费

第四节　侨法执法检查

一、全国人大组织的在川的侨法执法检查

1997年6月5—16日，全国人大华侨委员会执法检查组，赴四川省检查《中华人民共和国归侨侨眷权益保护法》（以下简称《保护法》）的贯彻执行情况。全国人大华侨委员会执法检查组，组长：全国人大常委会委员、全国人大华侨委员会副主任委员万绍芬；成员：全国人大华侨委员会委

员王殊、刘宜贵、罗益锋、郭南麟等。

6月6日，检查组一行10人听取了省人大、省政府关于贯彻执行《保护法》的情况汇报。省人大常委会副主任兼省人大外侨委主任委员王叔云、省人大外侨委副主任委员朱藻文、戴明君等参加汇报会。朱藻文汇报省人大外侨委执行监督和有关涉侨工作的情况。省侨办主任王宋达汇报四川省贯彻执行《保护法》的情况。检查组还听取省级有关部门关于贯彻执行《保护法》的情况汇报，并和大家进行座谈。

6月7日，检查组冒雨专程看望曾为中国抗日战争、解放战争和社会主义经济建设做出过历史贡献的南侨机工李亚林、周树根和老红军、归侨邱林。得知周树根等人与泰国亲人失去联系时，万绍芬当即指示省侨办侨联同志帮助寻找亲人，并安排检查组人员记下周树根提供的地址，通过中国驻泰国大使馆帮助寻访。

6月9日，检查组听取成都市人大、市政府贯彻执行《保护法》的情况汇报。检查组还参观侨属企业成都华侨新苑彩印包装制品有限公司。副主任委员万绍芬对该公司利用海外亲人赞助50万元，经过6年发展，现拥有1亿元资产的显著成绩大加赞赏，并欣然为该公司题词，鼓励他们进一步发挥优势，积极开拓市场，争取更大的发展。

6月10日，检查组召开三侨（侨委、侨办、侨联）和归侨、侨眷代表座谈会，听取归侨、侨眷代表的发言。

6月10—15日，检查组到绵阳、德阳和乐山市进行侨法执法检查。

6月16日，检查组召开检查组与省人大、省政府领导交换意见会。检查组组长、全国人大华侨委员会副主任委员万绍芬在与省人大、省政府领导交换意见时表示，四川省各级党政机关和侨务部门对贯彻执行《保护法》是重视的，做了大量工作，取得了显著成绩，广大归侨、侨眷是满意的，并在海外侨胞中产生了积极影响。四川宣传《保护法》总体上比较广泛深入，广大群众和归侨、侨眷涉侨法律意识进一步增强，制定了与《保护法》配套的地方性法规和行政规章；归侨、侨眷合法权益得到较好保护，各司法部门注意为归侨、侨眷和海外侨胞做好法律咨询、服务工作。省侨办努力做好侨务扶贫工作，取得了显著成效，他们利用海外华侨华人、港澳同胞捐赠资金在贫困地区实施“侨心工程”，兴学建校做出了很大成绩，同时开展科技扶贫，定点开发扶贫，定户专业扶贫等，促进了农村归侨、侨眷经济的发展，提高了他们的生活水平。万绍芬在肯定成绩的同时，也指出了四川省有的地方对《保护法》的宣传还不够深入，有的部门还存在有法不依、执法不严等问题，要求四川省在落实侨务政策上要注意解决一些难点、重点问题，进一步做好对归侨、侨眷知识分子子女的培养教育工作，重视做好海外华裔的工作，对老归侨、南侨机工团成员给予更多的关照，进一步贯彻执行《保护法》。省政府副省长敬正书、省人大常委会副主任、省人大外侨委主任委员王叔云在交换意见会上作了讲话。省人大外侨委副主任委员朱藻文、戴明君，省侨办主任王宋达、省侨联主席卢道猜等参加了交换意见会。

除以上侨法执法检查外，率团到四川检查侨法贯彻实施情况的，在1993年有全国人大华侨委员会主任委员杨泰芳；在2000年有全国人大华侨委员会副主任委员徐惠滋；在2003年有全国人大华侨委员会副主任委员王宋大。

二、省人大和省政府侨务部门组织的侨法执法检查

1994年3月14—22日，省人大侨外工委组织侨法执法检查组，由省人大常委会副主任、省人大

侨外工委主任饶用虞带领，赴乐山、成都市检查《保护法》、《中华人民共和国归侨侨眷权益保护法实施办法》（以下简称《实施办法》）和《四川省〈中华人民共和国归侨侨眷权益保护法〉实施办法》（以下简称《四川省实施办法》）的贯彻执行情况。同年4月7—10日，省人大侨外工委组织侨法执法检查组，由省人大侨外工委副主任朱藻文带领，赴绵阳市检查《保护法》《实施办法》《四川省实施办法》的贯彻执行情况。同年4月26—29日，省人大侨外工委组织侨法执法检查组，由省人大侨外工委副主任戴明君带领，赴内江市检查《保护法》《实施办法》《四川省实施办法》的贯彻执行情况。同年8月11—14日，省人大侨外工委组织侨法执法检查组，由省人大常委会副主任、省人大侨外工委主任饶用虞带领，赴重庆市检查《保护法》《实施办法》《四川省实施办法》的贯彻执行情况。以上侨法执法检查组，省侨办均派出干部参加。侨法执法检查组认为，成都、重庆、绵阳、乐山、内江五市贯彻执行《保护法》《实施办法》《四川省实施办法》已取得初步成效。成都市政府专门下发文件，要求各级政府认真贯彻侨法，并明确一名副市长、各县（区）一名副县（区）长负责此项工作。绵阳市委、市人大、市政府和市政协领导分别在《绵阳日报》上发表专题文章。盐亭县还举办侨法宣传周活动。乐山市领导在电视上发表专题讲话，宣传侨法，并多次听取市侨办侨联贯彻落实侨法的汇报。重庆市利用电视、广播、报刊、印发材料，组织侨务干部、侨眷学习讨论等形式，进行广泛的学习宣传，并把侨法纳入“二五”普法规划。五市在贯彻侨法中注意结合本地本部门的实际，坚决执行侨法各项条文规定。侨法颁布之前，乐山市有的具有30年工龄的归侨职工退休时，其退休工资有的按95%、有的按75%领取。侨法颁布后，市侨办积极向有关部门宣传侨法相关条文，得到大力支持。这些单位都按照《四川省实施办法》的规定，让符合规定条件的归侨职工按原工资100%领取了退休金。绵阳市407厂按照侨法规定，注意在住房分配、职级调整等方面对归侨、侨眷给予适当照顾，调动广大归侨、侨眷的工作积极性。重庆市侨办、公安、工商、税务、经贸等政府部门和有关社团，积极配合、协调，使归侨、侨眷在财产、就业、居住、学习、探亲等方面的合法权益得到有效保护。侨法的贯彻落实虽然取得初步成效，但对侨法宣传的广度和深度还不够，有的地方和部门对贯彻落实侨法在认识上还有差距。检查组责成五市进一步采取措施，以形成全社会自觉贯彻执行侨法的风气。

1995年9月4—15日，省人大外侨委组织侨法执法检查组，赴万县、南充两市，检查《保护法》《实施办法》《四川省实施办法》的贯彻执行情况。这次侨法执法检查组由省人大常委会委员、省人大外侨委副主任委员朱藻文任组长，成员有省人大常委会委员、省人大外侨委委员王润霖、林添麟、陈忠慧、戴大奎等。省侨办派出干部参加侨法执法检查组。检查组认为，两市人大、政府领导对贯彻落实侨法重视，共印发侨法小册子6000余本，采用会议、广播、电视、标语等多种形式进行广泛的侨法宣传。依法行政，积极保护归侨、侨眷的合法权益，侨法中关于适当照顾归侨学生、归侨子女、华侨在国内的子女升学的规定，关于“中华人民共和国成立后，在国家机关、国有企业、事业单位工作，工龄满三十年以上的归侨职工，退休时的退休金按原工资的百分之百发给”的规定等，都落实得比较好。积极为侨服务，办实事，鼓励归侨、侨眷为当地招商引资，兴办侨属企业、侨资企业。两市共兴办侨属企业42家，资金达2224万元，就业人员710人，其中侨眷255人。检查组在肯定成绩的基础上，指出两市都还存在着一些有法不依、执法不严的问题，提出了进一步贯彻执行侨务法律法规的意见。检查组还在两市的有关代表人员中征求对将要制定的《四川省归侨侨眷企业事业权益保护条例》的修改意见。

1997年9月10—19日，省人大外侨委组织侨法执法检查组，由省人大常委会副主任、省人大外侨委主任委员王叔云带领，赴自贡、宜宾、泸州三市，检查《保护法》《实施办法》《四川省实施办法》的贯彻执行情况。省侨办派出干部参加侨法执法检查组。检查组听取三市人大、政府的汇报，召开涉侨部门负责人和归侨、侨眷、侨资侨属企业厂长、经理代表座谈会，并到荣县、长宁和泸州视察6家侨属企业。检查组认为，三市贯彻实施“两法”总的情况较好。市人大、市政府都能给予重视，采取多种形式进行侨法宣传和教育；依法行政，把贯彻实施侨法纳入法制建设轨道，涉侨部门认真执行，行政部门执法责任制得以建立健全；各有关部门注意切实保护归侨、侨眷和归侨、侨眷企事业的合法权益，并搞好侨务扶贫工作，认真为他们服务。这一系列工作的开展，极大调动了归侨、侨眷及其海外亲友为祖国建设贡献力量的积极性，为三市的“三引进”工作打下了基础。检查组同时指出，三市在贯彻实施侨法上也有不足之处，如宣传深度、广度不够，侨务工作组织机构尚不健全，个别执法不力甚至侵权违法行为依然存在等。检查组就此提出建议，三市人大、政府表示将就上述问题进行研究解决。

2003年9月27—29日，省人大外侨委组织两个侨法执法检查组，由省人大外侨委主任委员罗松柏、副主任委员彭言智分别带领，分别赴南充、达州两市，检查《保护法》《实施办法》《四川省实施办法》《四川省归侨侨眷企业事业权益保护条例》《四川省华侨投资权益保护条例》《四川省华侨捐赠条例》等侨务法律法规的贯彻执行情况。省侨办巡视员杨绍明等参加侨法执法检查组。检查组听取南充、达州市政府和政府相关职能部门贯彻实施涉侨法规的情况汇报，到阆中市、达县、宣汉县召开归侨、侨眷、侨务干部、侨资企业代表座谈会。检查组认为，两市贯彻侨务法律法规的总体情况是好的，把侨法宣传纳入当地“12·4”全国法制宣传日活动，取得了较好效果。检查组还提出了进一步贯彻执行侨务法律法规的意见。

三、市（地、州）人大和侨务部门组织的侨法执法检查

1994年10月11日，四川省人大常委会达川地区工作委员会副主任杨汝兰带领地区侨办、侨联领导一行5人，赴开江、宣汉、达县、大竹和达川五县（市），检查《保护法》《实施办法》《四川省实施办法》的贯彻执行情况。1998年9月10—11日，成都市人大民宗侨外委员会组织侨法执法检查组，由成都市人大常委会副主任、民宗侨外委员会主任委员张志武带领，先后到成都正大有限责任公司、四川水电集团等侨资侨属企业，检查侨务法律法规贯彻执行情况。听取成都市侨办主任张宛生关于贯彻实施侨务法律法规的情况汇报，听取企业经理关于在企业贯彻落实侨务法律法规的情况。2005年5月24—27日，自贡市人大常委会副主任郑录才带领由内司委委员组成的侨法执法检查组，赴富顺县和大安区、沿滩区，检查贯彻执行侨务法律法规的情况。

第五节　侨情补查与社区侨务工作

一、侨情补查

四川省侨务部门在1982年进行侨情普查后，于1994年又进行一次侨情补查。这次侨情补查，是按照《中华人民共和国归侨侨眷权益保护法》和《四川省〈中华人民共和国归侨侨眷权益保护法〉

实施办法》关于华侨、归侨、侨眷的界定来调查统计。调查统计的内容：一是川籍华侨华人、港澳同胞的基本情况，包括他们的性别、年龄、现在定居的国家或地区、民族、从事的职业等情况；二是定居在四川省的归侨（含定居在四川省的港澳同胞，下同）、侨眷以及外籍华人、港澳同胞眷属的基本情况，包括他们的性别、年龄、民族、政治面貌、文化程度、职业、职务、职称、社会职务、荣誉称号、工作单位、归侨回国前定居的国家或地区等情况；三是定居在四川省的华侨、归侨的其他一般亲属以及外籍华人、港澳同胞的其他一般亲属的基本情况，包括他们的性别、年龄、民族、政治面貌、文化程度、职业、职务、职称、社会职务、荣誉称号、工作单位等情况。调查统计截至1994年6月30日。

省侨办于1994年2月26日向各市（地、州）侨办和省级各有关单位发送《关于进行侨情补查的通知》，对这次侨情补查作了统一的部署安排。1994年4月在内江市市中区进行侨情补查试点工作，于1994年5月12日在成都市举办各市（地、州）和省级部门专兼职侨务干部共计100多人参加的侨情补查培训班，随后制作印发3万套侨情补查登记、统计表。全省侨情补查工作于1994年6月正式开始。各市（地、州）侨办特别是县级基层侨务部门的干部深入街道、乡村走访摸底，登记统计。经过逐级调查、登记、统计、上报和汇总，侨情补查工作到1994年12月底结束。

二、社区侨务工作

1998年6月，国务院侨办在上海召开全国侨政工作会议，推广上海市开展社区侨务工作的经验。会后，省侨办根据会议精神，结合四川省实际，推广上海市侨办的经验，逐步正式开展社区侨务工作。

2002年9月2日，省侨办会同省民政厅制定下发《关于开展城市社区侨务工作的意见》，提出在四川省城市开展社区侨务工作的基本思路和总体规划，并选定成都、德阳、绵阳、乐山等中心城市作为试点，启动和推动四川省城市社区侨务工作。

2002年9月，泸州市侨办与市民政局联合行文，将省侨办、省民政厅联合下发的《关于开展城市社区侨务工作的意见》转发到泸州市各县区侨办、民政局及有关单位。2003年12月，泸州市龙马潭区红星街道龙桥子社区开始开展社区侨务工作。

2002年10月，成都市侨办与成都市民政局联合下发《关于开展社区侨务工作的实施意见》，并在成都市水井坊街的交子社区、书院街办事处的天涯石社区、春熙路办事处的总府路社区进行开展社区侨务工作的试点，以后陆续铺开，武侯、新都、温江、郫县、邛崃等区（县市）先后开展社区侨务工作。

2002年10月，德阳市外侨办同德阳市民政局联合下发《关于开展城市社区侨务工作的意见》。2003年，进行开展社区侨务工作的试点。到2005年底，有两个社区开展社区侨务工作。

2002年，电子科技大学统战部、乐山市犍为县外事侨务办公室被国务院侨办授予“全国社区侨务工作先进单位”荣誉称号；四川省德阳市东方汽轮机厂党委统战部部长、侨联主席刘志前，四川省成都市郫县政协副主席、侨联名誉主席刘晋清被国务院侨办授予“全国社区侨务工作先进个人”荣誉称号。

到2005年底，全省已有成都、泸州、德阳、绵阳、乐山、南充、宜宾、达州等城市和犍为等县开展社区侨务工作。2006年3月10日，省侨办下发《四川省人民政府侨务办公室关于表彰全省社区侨务工作先进社区的决定》，表彰全省十个社区侨务工作先进社区，颁发“四川省社区侨务工作先进社区”奖牌。四川省十个社区侨务工作先进社区是：成都市武侯区红牌楼街道丽都花园社区；成都市锦江区交子社区；泸州市龙马潭区红星街道办事处龙桥子社区；德阳市旌阳街道办事处西小区社区；绵阳市三台县潼川镇大十字社区；乐山市犍为县玉津镇玉津社区；乐山市五通桥区竹根镇黄桷井社区；南充市顺庆区滨江社区；宜宾市翠屏区南城街道集义社区；达州市达县南外镇梧桐梁社区。2006 年 8 月 29 日，在国务院侨办于北京召开的全国侨务系统五五普法暨表彰工作会议上，四川省成都市武侯区红牌楼街道丽都花园社区被国务院侨办授予“全国社区侨务工作示范单位”荣誉称号；德阳市旌阳街道办事处西小区社区、乐山市犍为县玉津镇玉津社区被国务院侨办授予“全国社区侨务工作先进单位”荣誉称号；成都市锦江区水井坊街交子社区党委书记邓立强、乐山市犍为县玉津镇玉津社区党总支书记彭阳被国务院侨办授予“全国社区侨务工作先进个人”荣誉称号。

据统计，1990—2005 年，四川省已开展社区侨务工作的社区共有 48 个。有代表性的社区有：

成都丽都花园社区 成都市武侯区红牌楼街道丽都花园社区位于成都市武侯区二环路南四段外侧，规划总户数 1600 户，约 7000 人，已建成并入住 1284 户，约 5000 人。2005 年底，该社区居民中，有归侨 7 户，21 人；侨眷 45 户，225 人；归侨、侨眷的海外亲属分别居住在美国、法国、英国、澳大利亚、新西兰、新加坡等 11 个国家，其中有博士、硕士 53 名。该社区自 2003 年初开始开展社区侨务工作，认真宣传贯彻《中华人民共和国归侨侨眷权益保护法》《四川省〈中华人民共和国归侨侨眷权益保护法〉实施办法》，将侨务工作与社区工作有机结合起来，从多方面为归侨、侨眷服务，充分发挥归侨、侨眷在社区“两个文明”建设中的作用。建立有侨务工作领导小组、社区侨务工作网络、“三胞三属”（三胞：侨胞、台胞、港澳同胞）电脑资料库。在总数 1284 户居民中，走访达 1200 多户，入户率达 93%。办有侨务工作墙报，每季度召集“三胞三属”进行一次学习。社区侨务工作领导小组自成立以来一共接待“三胞三属”来电来访 180 余人（次），帮助解决子女入学、民事纠纷，为老弱病残做好事 364 件（次）。积极调动归侨、侨眷参政议政的工作积极性。2004 年，社区机构进行换届选举，在第二届社区代表大会的 46 名代表中，归侨、侨眷有 18 名；在社区协商议事委员会 16 名委员中，归侨、侨眷有 7 人。2006 年 3 月省侨办在该社区召开全省社区侨务工作现场会，推广他们的经验。2006 年 3 月，社区被四川省人民政府侨务办公室评为“四川省社区侨务工作先进社区”；同年 8 月，社区被国务院侨办授予“全国社区侨务工作示范单位”荣誉称号。

德阳西小区社区 德阳市旌阳街道办事处西小区社区，地处德阳市长江西路中段北侧，总面积 0.6 平方公里，居民总人数 11678 人，其中侨眷 33 人。该社区自 2002 年底开始开展社区侨务工作。成立社区侨务工作领导小组、社区侨务工作站，社区党支部书记、主任担任社区侨务工作领导小组组长，两位副主任担任副组长，有专人兼职负责此项工作，并组织有为侨服务志愿者小组，对居住区的侨眷进行核查、登记、造册、建档。建立定期走访制度，在重大节日进行慰问，为侨眷排忧解难。开办有侨眷知识墙报和读书休闲活动室。建立有常年活动的秧歌队、合唱队，做到平时有活动，节假日有演出。设立有社区侨眷服务热线，其中一是侨眷求助热线，二是侨眷维权热线。并联系司法部门给予法律求助协作，为侨眷提供法律援助，维护他们的合法权益。定期了解侨眷的工作及生活情况，及时看望回家探亲的华侨。侨眷罗季诚老人的老伴病故，其儿女远在日本。为侨服务志愿者得知后，主动带上慰问品，上门为其老伴办理后事，并继续关心老人的晚年生活，使罗季诚老人又组成一个新的家庭，使远在日本的儿子、儿媳对老人的晚年生活更为放心。社区为侨服务工作激发了侨眷及其海外亲属为社区、为家乡做贡献的热情。先后有6名侨眷的海外亲属为德阳市招商引资奔走宣传，介绍项目10余个。2006年3月，社区被省侨办评为“四川省社区侨务工作先进社区”；同年8月，社区被国务院侨办授予“全国社区侨务工作先进单位”荣誉称号。

乐山玉津社区 乐山市犍为县玉津镇玉津社区，居民4915户，14745人，其中归侨1户6人，侨眷28户132人。海外华侨、华人19人，主要分布在美国、日本、法国、澳大利亚，其中新移民16人。该社区自2003年开始开展社区侨务工作。建立了社区为侨服务领导小组，由社区党总支书记任组长、社区主任任副组长，两名侨眷为联络员。建立了社区归侨、侨眷普查资料登记档案。建立了重点人士联系制度、贫困侨眷帮扶制度、信访接待制度、侨眷学习活动制度、上门走访制度等。各项规章制度上墙公示，开通服务热线。印度尼西亚归侨沈玉娥，有两个儿子是残疾人，四人无工作，家庭特别贫困。社区主动把她全家列为重点联系帮扶对象，主动为她全家三人解决低保，春节时还为她送去200元慰问金，使她们全家6人生活有了保障。2003—2005年，社区共接待海外华侨、华人回乡探亲22批56人，接待来信来访39件次，上门走访慰问120余次，发放慰问金和慰问品共计2600元，使12户贫困侨眷享受低保，资助8名侨眷子女上学，帮助21名侨眷再就业，发贺年卡、宣传品230份，打问候电话60次。社区侨联活动小组坚持每月一次活动，做到活动形式多样，内容丰富。社区归侨、侨眷积极参与社区文明建设，主动出谋划策，捐款捐物。侨属企业吉达出租车有限公司老板文金沙，捐资2万元，资助贫困大学生4人，高中生1人，初中生2人，解决了他们的书学费和生活费；并解决了50多名下岗职工再就业的问题，其中特困侨眷子女就有6人。侨眷李丽雯是社区委员，积极参与社区治安管理、纠纷调解、低保落实等各项工作，大力宣传侨务政策和法律法规。2006年3月，社区被省侨办评为“四川省社区侨务工作先进社区”；同年8月，社区党总支书记彭阳被国务院侨办授予“全国社区侨务工作先进个人”荣誉称号。

1990—2005年四川省已开展社区侨务工作社区一览表

表3-7

序号	地区	社区名称	社区侨务工作开始时间	备注
1	成都市	武侯区红牌楼街道丽都花园社区	2003年	★◎
2	成都市	锦江区交子社区	2003年	◎
3	成都市	新都区新军社区	2005年	
4	成都市	郫县郫筒社区	2005年	
5	泸州市	龙马潭区红星街道办事处龙桥子社区	2003年12月	◎
6	德阳市	旌阳街道办事处西小区社区	2002年底	※◎
7	德阳市	德阳市东方汽轮机厂社区	2002年底	
8	绵阳市	三台县潼川镇大十字社区	2002年底	◎
9	乐山市	沙湾区轸溪乡轸溪社区	1990年	
10	乐山市	沙湾区太平镇太平社区	1990年	
11	乐山市	沙湾区沙湾镇沫水社区	1996年	

续表 3－7

序号	地 区	社区名称	社区侨务工作开始时间	备 注
12	乐山市	五通桥区竹根镇黄桷井社区	2002 年 4 月	◎
13	乐山市	夹江县二条街社区	2002 年 8 月	
14	乐山市	夹江县紫云社区	2002 年 8 月	
15	乐山市	夹江县金牛社区	2002 年 12 月	
16	乐山市	五通桥区竹根镇涌江社区	2003 年 1 月	
17	乐山市	犍为县玉津社区	2003 年 4 月	※◎
18	乐山市	犍为县西街社区	2003 年 4 月	
19	乐山市	犍为县学府社区	2003 年 4 月	
20	乐山市	犍为县凤岭社区	2003 年 4 月	
21	乐山市	犍为县漱玉社区	2003 年 4 月	
22	乐山市	犍为县南盐社区	2003 年 4 月	
23	乐山市	犍为县河口社区	2003 年 4 月	
24	乐山市	市中区县街社区	2003 年 4 月	
25	乐山市	市中区黄家山社区	2003 年 4 月	
26	乐山市	市中区白塔街社区	2003 年 4 月	
27	乐山市	市中区演武街社区	2003 年 4 月	
28	乐山市	市中区王浩儿社区	2003 年 4 月	
29	乐山市	市中区青果山社区	2003 年 4 月	
30	乐山市	市中区圣水社区	2003 年 4 月	
31	乐山市	市中区高敦子社区	2003 年 4 月	
32	乐山市	市中区篦子街社区	2003 年 4 月	
33	乐山市	市中区碧山路社区	2003 年 4 月	
34	乐山市	井研县研城镇顺河街社区	2003 年 5 月	
35	乐山市	井研县研城镇建设路社区	2003 年 5 月	
36	乐山市	井研县研城镇白塔街社区	2003 年 5 月	
37	乐山市	井研县研城镇和平街社区	2003 年 5 月	
38	乐山市	井研县研城镇民主街社区	2003 年 5 月	
39	乐山市	五通桥区竹根镇佑君社区	2003 年 5 月	
40	乐山市	五通桥区竹根镇茶花社区	2003 年 7 月	

续表 3－7

序号	地 区	社区名称	社区侨务工作开始时间	备 注
41	乐山市	峨眉山市白龙社区	2004 年	
42	乐山市	沐川县三观楼社区	2005 年 3 月	
43	乐山市	沐川县梨园社区	2005 年 3 月	
44	乐山市	沐川县农场坝社区	2005 年 3 月	
45	南充市	顺庆区中城滨江社区	2003 年 9 月	◎
46	宜宾市	翠屏区南城街道集义社区	2003 年	◎
47	达州市	达县南外镇梧桐梁社区	2003 年 5 月	◎
48	达州市	达县河市镇后街社区	2005 年 9 月	

说明：1. 备注栏中标有★的表示该社区于 2006 年 8 月 29 日被国务院侨办授予“全国社区侨务工作示范单位”荣誉称号；

2. 备注栏中标有※的表示该社区于 2006 年 8 月 29 日被国务院侨办授予“全国社区侨务工作先进单位”荣誉称号；

3. 备注栏中标有◎的表示该社区于 2006 年 3 月 10 日被省侨办评为“四川省社区侨务工作先进社区”

第二章 侨务扶贫

第一节 生活救济

一、给予生活补贴

陈嘉庚在抗日战争时期组织的“南洋华侨机工回国服务团”曾经为中华民族的解放事业做出过不可磨灭的贡献，但留居下来已退休的原南洋华侨机工回国服务团成员，生活比较困难。为更好落实党中央“对归侨物质待遇，原则上都可略为从优一点”的指示，1987 年初，省侨务办公室、省劳动人事厅、省财政厅联合发出《关于转发国务院侨办、劳动人事部、财政部〈关于给予已退休的原南洋华侨机工回国服务团成员生活补贴费的通知〉的通知》，对原南洋华侨机工回国服务团成员中留居四川省的退休人员，由支付退休金的单位，每月发给定额生活补贴费。发放额原则上掌握在不低于本人退休前标准工资的 25%—40%，但补贴费与本人所领退休金之和，不得超过退休前的标准工资总额。所需资金来源：企业单位列入营业外开支；行政、事业单位从行政事业费中开支。

1993 年 8 月 21 日，四川省第八届人民代表大会常务委员会第四次会议通过和公布《四川省〈中华人民共和国归侨侨眷权益保护法〉实施办法》，其中规定：“中华人民

共和国成立后，在国家机关、国有企业、事业单位工作，工龄满三十年以上的归侨职工，退休时的退休金按原工资的百分之百发给。”随后，省侨务办公室、省人事厅、省财政厅、省劳动和社会保障厅制定下发具体执行这一规定的文件，使这一规定逐步得到落实。1998 年 10 月 17 日，四川省第九届人民代表大会常务委员会第五次会议通过关于修改《四川省〈中华人民共和国归侨侨眷权益保护法〉实施办法》的决定，其中将这一规定修改为：“中华人民共和国成立后，在国家机关、国有企业、事业单位工作，工龄满三十年以上的归侨职工，退休时应给予生活补贴，退休金和退休生活补贴之和达到原工资的百分之百。”修改后，其基本精神未变。这一规定执行了 12 年。2005 年 11 月 25 日，四川省第十届人民代表大会常务委员会第十八次会议又对《四川省〈中华人民共和国归侨侨眷权益保护法〉实施办法》进行修订，其中取消了对工龄满三十年以上的归侨职工退休时应给予生活补贴的规定。

二、解决实际困难

1986—2005 年，全省侨务工作立足扶贫济困，有针对性地解决了贫困归侨、侨眷的实际困难。

侨眷任友柏，居住在达川市（今达州市通川区），无工作，无养老金，到 1994 年时已 70 多岁，

儿子患有精神病，母子二人靠拾卖废品度日。1994 年春，达川地区达川市侨办、侨联与民政局进行调查后，由达川市民政局按照《四川省〈中华人民共和国归侨侨眷权益保护法〉实施办法》的有关规定，将其作为市里的特困户，给每人每月定期补助 53 元，解决母子俩的基本生活问题。

1919 年 9 月出生的原南洋华侨机工回国服务团成员李亚林，中华人民共和国成立后在攀枝花市木材综合厂工作。1979 年退休，居住在成都市独生女儿处。由于退休金较低，年老病多，住院医疗费只能报销 85%，门诊医药费除每月补助 35 元外，超出部分也不能报销，生活艰难。1997 年 6 月 7 日，全国人大常委会委员、全国人大华侨委员会副主任委员万绍芬在赴川进行侨法执法检查时，专程前往看望。在再三询问他生活有什么困难时，他才反映以上情况。万绍芬听后，当即表示说："这个应该报。跟攀枝花市联系一下。"万绍芬对当时在场的人说："为了抗日救国，当年南侨机工回来了 3000 多人，路上就牺牲了 1000 多，不容易啊。大家都还记得这批老同志，记得他们的事迹。"之后，攀枝花市侨办积极向市领导反映，向市政府报送《关于解决李亚林医疗费用的报告》，并多次与市财政局、市木材综合厂联系，最终由市长特批加以解决。在保持原医疗费报销标准的基础上，从 1997 年 1 月起，每月由市政府给李亚林定期补助 100 元。

从 2005 年开始，资阳市安岳县侨办积极争取政策，帮助农村贫困侨眷解决住房困难。次年 3 月，利用县里实施的"百姓安身工程"，为 15 户侨眷解决住房困难，由政府给每户补助 6000 元，提供无息或低息贷款，共计修建住房 1150 平方米。同月，资阳市安岳县侨办又利用县里实施的"新农村建设"项目，为 6 户侨眷解决住房困难，由政府给每户补助 1000—5000 元不等（共计补助 17500 元），提供无息或低息贷款，挂联单位提供部分资金，共计修建住房 1200 平方米。

2005 年，侨眷刘蜀阳反映，他居住在成都市，虽已纳入低保，但一家三口人一月仅有低保金 420 元，生活较困难。他的妻子张远容在南充市仪陇县农村，想把户口迁移到成都市来，有关部门也同意了，但因张远容欠生产队 1000 元钱，村上不给其办理户口迁移手续。次年 3 月 13 日，省侨办给予刘蜀阳困难补助 1000 元，并责成当地侨办协助解决好户口迁移问题。

2005 年，泸州市侨办反映，1910 年 8 月出生的原南洋华侨机工回国服务团成员陈昌雄，从 2005 年 11 月起，因患老年性精神分裂症反复住院治疗，后又肺部感染，神志不清，不能进食，病情恶化。在治疗中需自付的医疗费就有 9613. 31 元。其妻金先凤，已 80 多岁，家庭妇女，无退休养老金，瘫痪在床。他们的子女在经济上也无能力帮助。次年，省侨办给陈昌雄困难补助 1 万元。

1994—2005 年，在每年元旦至春节期间，省侨办都向市（地、州）侨办发出慰问全省南侨机工及其遗孀和其他困难归侨、侨眷的通知，并下拨慰问经费；省侨办、省侨联直接慰问成都市市区的南侨机工及其遗孀和其他困难归侨、侨眷，向他们发送慰问金，了解他们的生活情况，及时排忧解难。

三、纳入低保

各地侨办一直关注城镇贫困归侨、侨眷最低生活保障的问题，省侨办于 2002 年制定下发《关于做好城市居民中归侨侨眷最低生活保障工作的通知》，使这一工作得到进一步加强。1997—2005 年，在全省城镇居民中有 1 名贫困归侨、68 名贫困侨眷、10 名贫困的华侨归侨其他眷属纳入最低生活保障行列。

1997—2005 年四川省城镇贫困归侨侨眷纳入最低生活保障情况统计表

表 3－8　　单位：人

开始纳入低保时间	地 区	归 侨	侨 眷	其他眷属	合 计
1997 年	成都市	－	9	－	9
1998 年	成都市	－	7	－	7
2001 年	德阳市	1	－	－	1
2002 年	资阳市	－	－	2	2
2003 年	德阳市	－	6	4	10
2003 年	资阳市	－	2	－	2
2004 年	德阳市	－	－	2	2
2005 年	乐山市	－	29	－	29
2005 年	广安市	－	10	－	10
2005 年	资阳市	－	3	2	5
2005 年	凉山州	－	2	－	2
总 计	－	1	68	10	79

四、帮助实现农转非

1992 年 6 月 6 日，省侨办会同省公安厅向省政府呈报《关于办理在我省投资、购房、捐赠的华侨、港澳同胞、外籍华人亲属“农转非”问题的报告》，由省政府以（1992）2207 号文正式批复同意执行。1992 年 7 月 14 日，省侨办向各市（地、州）侨办下发《关于办理在我省投资、购房、捐赠的华侨、港澳同胞、外籍华人亲属“农转非”问题的实施意见》。南充、攀枝花、内江、泸州等市，一共帮助 587 名农村贫困归侨、侨眷实现农转非（即农业户口转城镇户口）。这项措施为解决部分农村贫困归侨、侨眷进城经商、务工、子女入学等困难起到了一定的作用。

1992—2002 年四川省农村贫困归侨侨眷农转非情况统计表

表 3－9

地 区	时 间(年)	人 数
南充市	1992—2002	500
攀枝花市	1992	49
内江市	1992	37
泸州市	1995	1
合计	1992—2002	587

第二节　就业帮助

一、给予政策性照顾

1993年8月21日制定的《四川省〈中华人民共和国归侨侨眷权益保护法〉实施办法》中规定，归侨学生、归侨子女、华侨在国内的子女、侨眷及其子女“参加社会招工、招聘以及其他劳动就业的，在同等条件下优先录（聘）用”。在1998年10月17日修正的《四川省〈中华人民共和国归侨侨眷权益保护法〉实施办法》中，将上述规定修改为：归侨学生、归侨子女、华侨在国内的子女、侨眷及其子女“参加国家机关公务员招考、社会招工、招聘以及其他劳动就业的，在同等条件下优先录（聘）用”。并新增加规定：“国有企业、事业单位在改革转制中，除归侨职工自愿提前下岗者外，不得安排其下岗。对侨眷职工夫妻在同一单位的，不得安排双方同时下岗；不在同一单位的，如果一方已下岗，另一方所在单位不得安排其下岗。”“对已下岗的侨眷职工，当地人民政府及其有关部门、企业、事业单位应当在同等条件下，优先培训、优先推荐、优先招用，帮助其实现再就业。”

1998年4月14日，省侨办会同省劳动和社会保障厅、省人事厅制定下发《关于企事业单位在改革转制中妥善解决归侨侨眷下岗职工工作安排问题的通知》。其中规定：“企业、事业单位在改革转制中，一般不要让归侨职工提前下岗；如果必须让其下岗，则应对其做好妥善安排。对未到达退休年龄、且未丧失工作能力的已下岗的归侨职工，要积极想办法帮助解决好他们的再就业问题。”“企业、事业单位在改革转制中，一般应保证侨眷职工夫妻双方有一人不提前下岗。对下岗的侨眷职工，各有关部门和企事业单位要在同等条件下优先培训，优先推荐，优先招用，努力解决好他们的再就业问题。”

2004年6月23日，省侨办会同省劳动和社会保障厅制定下发《关于进一步做好归侨侨眷下岗失业人员再就业工作的意见》。其中规定：“对下岗失业的归侨侨眷，由省劳动和社会保障厅统一命名的‘四川省再就业培训基地’和经资质认定的其他教育培训机构要优先培训，公共职业介绍机构以及经资质认定的其他职业介绍机构要优先推荐，各类企业在同等条件下要优先招用。”“对下岗失业后持有再就业优惠证的归侨侨眷，‘四川省

1993—2005年四川省“三侨生”升学情况统计表

表3－10　　单位：人

年份	大专院校		中等专业学校	合计
	本科	专科		
1993	27	16		43
1994	26	27		53
1995	51	49	197	297
1996	27	18	8	53
1997	13	1	–	14
1998	28	3	–	31
1999	26	–	–	26
2000	30	–	–	30
2001	10	–	–	10
2002	29	–	–	29
2003	19	–	–	19
2004	10	–	–	10
2005	23	–	–	23
总计	319	114	205	638

说明：“三侨生”是指归侨学生、归侨子女和华侨在国内的子女

再就业培训基地’和公共职业介绍机构要优先提供免费职业培训、职业介绍、职业指导等再就业服务。”

1993—2005 年，按照《四川省〈中华人民共和国归侨侨眷权益保护法〉实施办法》的规定，对四川省的归侨学生、归侨子女、华侨在国内的子女报考各类大中专院校、职业学校、技工学校的，在总分上加 10 分参与录取，使 319 人升入本科院校，114 人升入专科院校，205 人升入中等专业学校。

二、创造就业条件

全省各级侨务部门积极为归侨、侨眷创造条件，帮助他们实现再就业。

1996—1998 年，遂宁市侨办举办种植养殖业、厨师、建筑技术培训班，培训侨眷 126 人次，使 16 名下岗归侨、侨眷职工实现再就业。

1998—2002 年，达州市外侨办成立再就业工作领导小组；建立了下岗归侨、侨眷职工档案；通过原直属企业“侨心职介所”为下岗归侨、侨眷职工免费介绍工作、免费提供上岗培训，“侨心职介所”注销后，又由市劳动局下属中介所减半收取下岗归侨、侨眷职工的职介费和培训费；加强了与市内几家大型国有企业和 68 家侨属企事业的联系，向其宣传侨务法律法规有关规定，在同等条件下优先录用下岗归侨、侨眷职工，使 594 名下岗归侨、侨眷职工实现了再就业，占当时下岗归侨、侨眷职工 802 人的 74. 1% 。

第三节　生产扶持

一、定点扶持

从 1995 年开始，省侨办陆续抓侨务定点扶持。通过定点扶持，使当地归侨、侨眷发展生产，脱贫致富。

1995 年 2 月，省侨办在万县市五桥区普子乡建设华侨果林场，投资 17 万元，从广元市苍溪县引进良种猕猴桃进行种植。种植面积 600 亩，果苗 5. 5 万株。

1995 年 5 月，省侨办在黔江地区黔江县石会乡龙凤村建设华侨畜牧场，投资 4 万元，引进良种牛，主要用秸秆氨化饲料喂养。

1997 年 4 月，省侨办资助乐山市市中区侨眷余兆春、陈世英夫妇 10 万元，由余兆春、陈世英等在乐山市市中区安谷镇、水口镇，峨眉山市符溪镇，经营乐山市华侨果林场，共计租用土地 160 亩，主要种植枇杷等果树。2000 年，因村民毁约，乐山市华侨果林场未能继续经营下去。

2001 年 3 月，省侨办在乐山市沐川县幸福乡建设华侨生态示范园，投资 20 万元，租用土地 265 亩，主要种植一种良种杂交竹——撑绿竹，种植达 10 万余株，以卖竹苗为主。华侨生态示范园产生一定效益，到 2004 年停止经营。

二、定户扶持

1991—2005 年，全省侨务部门定户扶持贫困归侨、侨眷 1243 户，5114 人，使其中 635 户，3097

人脱贫。

1991—2000 年，乐山市有些县（区、市）侨办建立了侨务扶贫基金，资金共计 40 万元，扶持贫困归侨、侨眷 400 余户。

1994 年，泸州市侨办扶持合江县合江镇民主村三组侨眷曾昭诗，资助扶贫款 2000 元。曾昭诗利用扶贫款和银行 9000 元贷款，在滩口建立“合江镇文化站滩口活动室”，一年以后，共上缴国家税金 2200 元，赢利 14610 元。

2003 年，省侨办扶持眉山市东坡区侨眷邹用林，资助 400 元。在眉山市东坡区侨办的建议和帮助下，邹用林利用扶贫款购买 6 只种兔，从事养殖业。一年后，每月有 20 只成兔出笼上市，年纯收入 2000 余元。

第三章　侨务来信来访处理

第一节　侨务信访状况

侨务信访工作，是信访工作的重要组成部分，是侨务部门服务广大归侨、侨眷和海外侨胞的重要形式。对侨务信访工作，省侨办高度重视，落实具体处室负责。信访具体事项主要由省侨办国内处（2000 年机构改革前的侨政处）负责。后来，省侨办经济科技处也参与侨务信访工作，主要具体负责处理有关涉侨经济案件的问题。

1986—2005 年的全省侨务信访工作，按照主要工作内容，可分为两个阶段。第一阶段：1986—1990 年，主要工作内容是按照《中央办公厅、国务院办公厅转发〈关于加快落实华侨私房政策的意见〉的通知》精神，处理在落实华侨私房政策中所遇到的种种问题。来信来访的数量较大，省侨办月平均处理来信约 80 件，接待来访约 150 人次；案件处理难度也较大。第二阶段：1991—2005 年，主要工作内容是依法维护归侨、侨眷的权益和华侨在国内的权益。此阶段，各种侨务法律法规相继出台并不断完善，归侨、侨眷和海外华侨依法维护自身权益的意识不断增强，遇到侵犯自身权益的事情，遇到侨务法律法规所规定的照顾政策不能落实的问题，及时来信来访。问题较为复杂，如子女升学就业、自费出国留学、归侨退休待遇、福利房分配或购买、下岗和再就业、医保、低保、经济侵权等。此阶段，省侨办月平均处理来信约 15 件，接待来访约 23 人次。

据统计，1986—2005 年，省侨办和市（地、州）侨办共计受理侨务来信 16750 件，侨务来访 42128 人次，处理率为 100%，办结率为 99%。

1986—2005 年四川省省市(州)两级侨办处理侨务信访情况统计表

表 3 - 11　　单位:个

受理部门	来信(件)	来访(人次)	处理率(%)	办结率(%)
省侨办	7409	13037	100	97
成都市侨办	969	6289	100	98
自贡市侨办	82	2062	100	97
攀枝花市侨办	330	970	100	100
泸州市侨办	364	5714	100	100

续表 3-11

受理部门	来信(件)	来访(人次)	处理率(%)	办结率(%)
德阳市侨办	846	1186	100	99
绵阳市侨办	639	294	100	99.9
广元市侨办	-	-	-	-
遂宁市侨办	136	661	100	100
内江市侨办	2203	6579	100	100
乐山市侨办	166	260	100	99
南充市侨办	535	588	100	97.5
宜宾市侨办	537	322	100	97.4
广安市侨办	1048	1125	100	100
达州市侨办	582	1187	100	97
巴中市侨办	102	104	100	100
雅安市侨办	506	463	100	100
眉山市侨办	10	17	100	100
资阳市侨办	100	400	100	100
阿坝州侨办	-	-	-	-
甘孜州侨办	6	8	100	100
凉山州侨办	180	862	100	100
合　计	16750	42128	100	99

全省侨务信访工作随着侨务工作的不断深入，不断走向制度化、规范化和法制化轨道。2001 年 3 月 26 日，省侨办制定下发《关于加强侨务信访工作的意见》。要求加强对侨务信访工作的领导；建立必要的制度，逐步使全省侨务信访工作规范化；做好侨务信访工作中的催办、反馈、建档工作；建立侨务信访工作的奖励评比制度。2005 年 11 月 30 日，省侨办制定下发《四川省侨务信访工作规则（试行)》。此规则按照《信访工作条例》要求，在侨务信访工作的职责及分工、侨务信访工作原则、侨务信访受理范围、侨务信访工作程序与方法、侨务信访工作人员守则等方面作出规定。2005 年底，省侨办的侨务信访工作资料，开始全面进入电脑管理。

在侨务信访工作中，各级侨办涌现出一批先进单位和个人。2002 年，成都市人民政府侨务办公室、德阳市人民政府侨务办公室被国务院侨办授予“全国侨务信访工作先进集体”荣誉称号；四川省人民政府侨务办公室主任王宋达、泸州市人民政府外事侨务旅游局侨务科干部唐梅、成都市成华区人民政府侨务办公室副主任赵玲被国务院侨办授予“全国侨务信访工作先进个人”荣誉称号。

第二节　侨务信访案件举要

1993 年，侨属企业重庆华侨实业总公司向省侨办反映，公司在修建国际大厦时与中国重庆国际经济技术合作建设开发公司发生纠纷，权益受到严重侵害，要求得到援助。经了解，此案标的上亿元，是当时四川省最大的涉侨经济纠纷案。后来，在全国人大华侨委、省人大外侨委、省侨办等部门以及重庆市有关部门的督促下，在1995年10月31日，经最高人民法院终审判决，重庆华侨实业总公司胜诉。重庆华侨实业总公司合法权益得到维护，不仅得到侵权方300万元的赔偿，而且还获得继续修建国际大厦的权利。《四川日报》《人民日报》（海外版）、《四川侨报》均作了报道，在国内外侨界引起强烈反响。

1997年10月，成都市电子工业部三十所职工、高级工程师、侨眷黄永璋、成家秀夫妇向省侨办反映，他们经所领导批准，于1997年5月19日至8月26日，出国探视定居在新加坡的女儿。但他们于1997年8月27日回所上班后，便被通知进流动站待岗，停发从9月起回所上班后的岗贴和部分工资，并停发按季度发放的奖金。夫妻两人9—10月共被停发的金额为1586元。他们请求取消让他们进流动站待岗的通知；补发他们回所上班后被停发的那部分工资和岗贴（即1586元），并照发按季度发放的应得奖金。接到反映后，省侨办随即给电子工业部三十所去函、去电话，宣传党和国家的有关侨务政策与法规，建议维护他们的合法权益，并给予适当照顾，不应因出国探亲影响他们的待遇。最终，黄永璋、成家秀所在单位满足了他们的要求。

2000年4月，邛崃市侨眷曾适存向成都市邛崃市侨务办公室反映，他的房屋被拆迁，得到的补偿太低，要求协助解决。经了解，曾适存之子曾旭斌当时任美国亚利桑那大学教授。曾旭斌从美国寄回10万美元，以曾旭斌女儿在贵阳开办的亚雄百货公司名义，买下了邛崃市临邛镇南岳旅社及边界的两户住房，面积1700平方米，加上办理房屋产权和土地使用证等一切手续，共计花去人民币125万元，拟将贵阳的百货公司迁到邛崃，为家乡经济建设做些贡献。2000年4月，因邛崃市进行旧城改造，邛崃市城建委通知曾适存在当年6月20日前拆除上述房屋。按照拆除居民住房的补偿标准，拆除上述房屋的补偿不到80万元。但由于曾适存的房屋属于用侨汇购建的私有房屋，按照侨务法规的有关规定，其补偿应高于此金额。为了依法维护侨眷曾适存的权益，在邛崃市侨办的积极反映和支持下，邛崃市市长王建平召开了主管部门工作会议。会议强调不能损害侨眷的利益，要严格执行侨务政策和侨务法规。经过研究，决定执行《四川省〈中华人民共和国归侨侨眷权益保护法〉实施办法》第十六条的规定，在补偿曾适存购买住房时所花去的125万元的基础上，另加总额的10%进行补偿。侨眷曾适存的合法权益得到了保护。

2002年9月，法国巴黎扬子集团在四川省绵阳市投资征地100亩，兴建旅欧学子科创园，到2004年底已投资1600万元，完成园区主体工程建设。但是，该宗土地的国有土地使用权证一直没有办下来，导致该集团从法国引进的高科技项目无法上马。2005年底，法籍华人、法国巴黎扬子集团董事长何跃向省侨办反映情况，请求协助解决。次年4月，省人大外侨委、省侨办侨法执法检查组到绵阳市进行侨务法律法规执法检查时重点查询了此事。此后，省侨办领导又多次同绵阳市委、市政府主要领导进行协商，并指派有关处室、人员进行全程跟踪督办。同年9月底，此事得到圆满解决，园区土地证正式进入办理程序，该集团引进的高科技项目重新启动。

2002年，加拿大大禹投资公司在四川省成都市高新区投资1.7亿元，征地214.88亩，拟新建一个中国西部艺术城。由于高新区在进行土地规划时出现新的情况，导致投资方征地不能使用，中国西部艺术城项目三年不能上马，损失资金上亿元。2005年底，加拿大籍华人、加拿大大禹投资公司董事长周述国向省侨办反映，请求省侨办协调处理。省侨办及时给有关部门去函，并请法律顾问团帮助出主意，省侨办领导多次出面与有关部门负责人协调，指定有关处室、人员进行专项跟踪。通过积极的协调工作，此问题终于在次年通过货币补偿方式得到解决。加拿大大禹投资公司负责人非常感动，决定继续在成都投资 1 亿元注册担保公司，专为海外华侨、华人回国创业提供融资服务。

2005 年 6 月，贵州省侨眷张洁、钱跃明夫妇向省侨办反映，他们和他们在马来西亚定居的表姐黄月媚共同出资购买成都市温江区万春镇村民舒国民房屋建造兰园，但兰园被成都市温江区万春镇政府强行拆除，未获赔偿，要求维护他们的合法权益。省侨办立即会同成都市侨办和成都市温江区侨办进行调查。经查，由于政策方面的限制，张洁、钱跃明所购得的房屋一直没有办到房屋产权证，在温江区城乡建设局和区国土局档案中，该房屋的产权所有人仍然是舒国民。万春镇政府根据重点项目的规划，在进行建设时，与档案中房屋产权所有人舒国民达成协议后，就拆除了此房屋。张洁、钱跃明和黄月媚要求赔偿购房费、装修费、兰园建造费共计 40 万元，而万春镇政府根据有关政策只答应赔偿 13 万元。省侨办在了解全面情况后，多次派人向有关方面宣传侨务政策与法律法规，进行耐心细致的调解。最终双方达成协议，万春镇政府向张洁、钱跃明和黄月媚赔偿 25 万元。次年 7 月 21 日，钱跃明等收到赔偿资金 25 万元后，非常满意。7 月 25 日，张洁、钱跃明、黄月媚 3 人联名给省侨办写感谢信，寄锦旗，再三表达他们的感谢之情。

第四篇　侨务经济科技工作

四川侨务部门以经济建设为中心，紧紧围绕全省的工作大局，按照产业政策，发挥“侨”的优势，以各种方式，引资引智，支持海外侨胞和归侨、侨眷在川兴办企事业，努力为海外侨胞和归侨、侨眷服务，为四川的经济社会发展做贡献。

四川侨务部门发挥“侨”的优势，牵线搭桥，为四川经济建设引进海外资金。截至2005年12月，四川省共审批外商投资企业7317家，外商直接投资合同外资金额为144.05亿美元，外商直接投资实际到位金额64.65亿美元。据省侨办调查，引进的外商“三资”企业中侨资企业约占70%。到四川投资的外商（含港澳台商），以中国香港地区、中国台湾地区和美国为主，分别占32%、20%、12%，其次为日本和新加坡，分别占6%、5%。1994—2005年，省侨务部门接待到四川进行经贸考察合作的华侨华人、港澳台同胞1205批，11542人次。同期，全省侨务系统直接引进项目2162个，金额22.74亿美元；间接引进项目619个，金额17.75亿美元和143.1亿元。1999年，省侨办被省政府评为1999年度招商引资先进单位，被国务院侨办评为1999年度为侨资企业服务行动年活动先进单位。2003年，省侨办、侨联获省政府2003年第四届中国西部国际博览会组织工作优秀单位奖；2005年，省侨办、侨联被省政府评为参与承办第二十届世客会及世界华商峰会作出显著成绩单位。

海外华侨、华人科技人才众多，是一个巨大的智力资源宝库。四川侨务部门把引智工作摆在突出位置，采用多种方式，有计划地开展智力引进工作。1994—2005年，共接待到四川进行学术技术交流的海外华侨、华人科技人士197批、3986人次。

第一章　资金引进

第一节　主动谋划

1992 年初，省侨办根据省委“扩大开放，开拓东南市场，发展同东南亚的经贸科技合作”决策，向省委建议，开通成都至新加坡航线，组织高级代表团赴东南亚考察。建议得到采纳。随后主动承担了赴新加坡谈判航线开通的任务和筹组考察团的任务。

1992 年底和 1994 年初，省侨办抓住“三峡工程建设和库区开发”时机，两次书面报告，建议国务院侨办以一定形式，在更大范围内组织动员海外侨胞，支持三峡工程建设和库区开发。建议得到肯定。国务院侨办于 1994 年 10 月 2—7 日，组织了“锦绣中华轮”首航暨经贸洽谈活动；1995 年组织了“三峡之友”活动。

1995 年 10 月，省侨办根据中央关于在“九五”期间，逐步缩小国家东部沿海和中西部地区经济发展差距的重大决策，及时建议国务院侨办为中西部搭台，助中西部引资，促中西部发展，牵头举办中西部部分省区对外经济技术合作洽谈会。建议得到肯定和支持。国务院侨办于 1996 年 10 月 25—28 日和 1998 年 10 月 17—20 日先后在河南郑州、湖南长沙，与国家计委、国家经贸委、外贸部共同举办了“中国西部地区经济技术合作洽谈会”。国务院副总理钱其琛、全国政协副主席王兆国分别参加会议。

1996 年，省侨办针对四川经济发展和招商引资的情况，向省政府建议，加强与跨国公司和大财团的交往合作，并把发展同他们的交往合作作为一条便捷的路子。建议得到肯定和支持。在国务院侨办和对外贸易经济合作部的支持下，省侨办于同年 9 月举办了有 21 家跨国公司驻华代表参加的考察洽谈活动。

1997 年，省侨办根据省委、省政府关于加快四川农业产业化进程，开发攀西农业项目资源的构想，书面向省政府建议，举办“三高”农业招商会。建议得到肯定。1998 年 5 月，省政府举办了“攀西农业项目招商会”。

1999 年，省侨办根据中共中央、国务院实施“西部大开发”战略和“科教兴国”“人才强国”的战略决策和部署，书面建议国务院侨办借助海外侨胞资源，对中西部省、市（区）经济、科技等多领域的对外交流合作进行分类指导。建议得到肯定和支持。此后，2002 年、2003 年、2004 年，国务院侨办与国家有关部门和四川省政府共同举办了“中国西部国际博览会”；2004 年，国务院侨办与四川省政府在成都共同举办了“2004 四川海外专家、学者高新科技洽谈会”。

2002年，省侨办组团出访印度尼西亚获2005年在四川举办“世界客属第二十届恳亲大会”主办权。2005年，省政府在成都举办了“世界客属第二十届恳亲大会”和大会期间的“世界华商峰会暨四川（成都）投资项目洽谈会”。

第二节 引资方式

一、“借台唱戏”招商引资

1994—2005年，四川侨务部门借上级或其他部门举办的各种招商引资会议，为四川引进海外资金。

四川侨务部门参加国家为主举办的大型招商引资活动11次。如：1997—2005年在福建厦门举办的“厦交会”，2000年在四川成都举办的“2000·中国西部论坛”，2004年“深圳高新成果交易会”。

四川侨务部门参加以国务院侨办为主、国家有关部门和省参加举办的大型招商引资活动22次。如：1994年、1995年支持“三峡工程”“库区移民”的“锦绣中华轮首航暨四川、湖北经济技术洽谈会”和“三峡之友”活动，1996年、1998年在河南郑州、湖南长沙举办的“中国中西部地区对外经济技术合作洽谈会”，2003年、2004年、2005年在云南昆明举办的“东盟华商投资西南项目推介会”。

四川侨务部门参加省政府为主举办的大型招商活动20次。如：1994年的“四川国际招商洽谈会暨四川经济发展国际合作研讨会”，1997年“厦门—四川投资与贸易洽谈会”“上海—四川投资说明会”“北京—四川投资说明会”和在加拿大多伦多的“四川投资环境介绍会”，1998年的“四川攀西地区农业项目洽谈会”，2000—2005年“中国西部国际博览会”，2003年香港的“四川—香港合作发展周”会议，2004年澳门的“四川—澳门合作发展周”会议，2003年“中国四川网上国际招商会”，2004年“四川—北京经贸合作发展周”会议。

省侨办、侨联支持和参加部分市（州）举办的大型招商引资活动10次。如：1997年在德阳举办的“四川服装节”，2001—2005年每年举办的“中国·成都国际桃花节暨客家学术研讨会”（其中，在龙泉驿区举办3届，在仪陇县举办1届），2004年举办的“第八届茶文化（雅安）暨首届蒙顶山茶文化旅游节”。

二、“搭建平台”招商引资

四川侨务部门通过自己主办或承办或协办招商引资引智会议，牵线搭桥，引资引智。1995年举办“95圣诞期间川籍海外专家、学者回乡省亲暨经贸科技协作活动”，1998年举办“98川籍海外专家、学者回川恳亲暨科技经贸交流合作洽谈会”。以后每两年举办一届，会议名称有所改变。2004年，会议名称改为“2004四川海外专家、学者高新科技洽谈会”，这次会议升格为由国务院侨办、四川省人民政府主办，省侨办、侨联和成都市人民政府承办。截至2005年，以上会议已举办5届。另外，四川侨务部门还举办或协办了一些引资引智活动。1996年举办了“世界跨国公司驻中国代表赴川考察、洽谈大会”；2002年举办了“中国·四川白魔芋产业国际研讨会”，举办了“2002中国西部民企海外上市论坛”；2004 年在“西博会”上承办了“华商投资西部论坛”；2004 年举办了“四川省回国创业与沿海三大侨乡商会民营企业项目对接会”；2005 年协办了“世界客属第二十届恳亲大会”和“世界华商峰会暨四川（成都）投资项目洽谈会”等。

三、借助网络招商引资

“四川侨务网”与国务院“龙脉网”“中新网”和全国各省（市、区）侨务网以及省政府行政网链接后，通过快捷的互联网，随时可以帮助海外侨商和全省企事业双方选择所需项目，实现交流合作愿望。2003 年、2005 年，国务院侨办为助侨兴业，发挥优势，夯实基础，务实创新，努力提高引资、引智水平和实效，举办“全国侨办系统经济科技网络会”。省侨办主任、侨联主席王宋达在 2003 年“全国侨办系统经济科技网络会”上、省侨办副主任曾廷忠在 2005 年“全国侨办系统经济科技网络会”上作了交流发言。2003 年，“四川侨务网”参加省政府“中国四川网上国际招商洽谈会”，侨务部门所请客人 141 人的点击率最高，占网上点击率的 36%。

四、组团出境招商引资

省侨务部门组团出访或派员随团出访，“走出去”直接招商引资。组团时，或以地方为主，党政部门、企事业单位、技术人员、项目主管、侨务部门人员参加，或以侨务部门为主，地方人员参加。这样的组团形式，既可开展侨务外联工作，发挥优势，牵线搭桥，又可进行经贸科技考察、项目洽谈活动。

五、以国家和省级“园区”为依托招商引资

省侨务部门重点扶持特色突出的成都高新区、绵阳高新区、成都海峡两岸科技园、成都华侨高新科技园（国务院侨办重点支持）、成都经济技术开发区和德阳、雅安“生态工业经济园区”等 7 个园区；各市（州）侨务部门重点扶持所在地区的“园区”。侨务部门通过参与园区规划和建设，为园区推荐海外顾问，帮助园区邀请客商，引进项目和资金。协助管理，为入园企业排忧解难，维护企业合法权益，把“园区”办成侨务部门引资的载体和海外侨胞到川创业的基地。

六、“以侨引侨”招商引资

华侨华人、港澳同胞经济实力雄厚，他们相互比较了解，联系较多。省侨务部门发挥侨的优势，通过一些侨胞、港澳同胞引荐另一些侨胞、港澳同胞到四川投资，即“以侨引侨”，促成一大批具有影响的侨资项目落户四川。

七、“以侨引外”招商引资

外国大财团和跨国公司具有雄厚的经济实力，海外侨胞和港澳同胞对他们比较了解且与他们有联系。省侨务部门通过海外侨胞和港澳同胞牵线搭桥，引荐外国人到四川投资，即“以侨引外”，促成一批外国企业特别是外国跨国公司和财团落户四川。如：1997 年，法籍华人刘柯宁牵线搭桥，引进法国亚吉投资银行与四川四达生物工程产业开发有限公司合作，投资 1000 万美元生产蓖麻油。

第三节　引资成果

一、华侨华人、港澳同胞投资

省侨务部门通过“以侨引侨”等多种方式，促成一大批海外华侨华人、港澳同胞在四川投资。

1984 年，省侨办在接待泰国华侨、华人经济考察团时，得知泰国正大集团是泰国华人谢国民等兄弟共同经营的一家实力很强的企业集团，该集团有意在川投资，发展养殖业。省侨办向成都市有关部门推荐，同时两次邀请谢国民到川与有关单位探讨在成都地区发展养殖业的可行性。经多方努力，中外合资企业“成都正大有限公司”于 1985 年 6 月成立。该公司由“成都市农垦农工商联合总公司”“中国银行成都分行”“成都饲料公司”与“泰国正大集团”等 4 家企业公司联合投资组成。总投资 530 万美元，中外双方各占 50%。公司下设祖代种鸡场，父母代种鸡场和饲料厂，共占地 340 亩，建筑面积 2 万平方米，年产父、母代种鸡苗 36 万套（只），商品代肉鸡苗 500 万只。公司引进美国爱维茵良种和先进的公司饲料生产设备，全程采用计算机程序控制，电脑储存配方，可生产各种禽、畜饲用全价饲料、预混饲料、颗粒饲料和饲料添加剂。到 1990 年，公司获利税 980. 8 万元，其中税 219. 1 万元，利润 761. 7 万元。

1986 年，川籍海外侨胞、中国银行驻新加坡总经理陈钦模，陪同新加坡副总经理王鼎昌（后为总统）的夫人林秀梅到川考察投资环境，省侨办在接待过程中了解到林秀梅与好友在香港注册成立了“香港声华集团有限公司”，而且该公司在新加坡设有工厂，生产较先进的厨房设备，公司拟在川寻找合作伙伴，共同投资一家燃气炉具生产厂。侨务部门本着创业对口的原则，安排他们到“成都煤气公司”考察，洽谈项目，达成总投资 100 万美元协议，外方投资 40 万美元，成立了“成都胜多燃气用具制造有限公司”。公司成立后，引进国外的先进技术和管理经验，不到 6 个月的时间就做好了年产 10 万台不锈钢燃气炉具的准备工作。随后几年，该公司就生产出 30 多万台（套）不锈钢燃气炉具，产品由单一品种发展到 7 个品种，13 个规格。创产值 6400 万元，上缴国家税收 312 万元，实现利润 493 万元。公司还积极开拓国际市场，产品销往法国、菲律宾、尼泊尔、阿联酋和哥斯达黎加等国，创汇 50 多万元。

1992 年，香港冠城集团有限公司（原香港可达投资公司）积极投身于西部大开发，斥巨资与成都市合作投资成立“青羊可达房屋发展有限公司”、成都高达房地产开发有限公司、成都新达房地产开发有限公司。陆续开发了府南新区、浣花苑、西城家园、西城花园、冠城花园、冠城广场、冠城锦苑等近百万平方米的大中型住宅楼及甲级写字楼项目。其中冠城花园、冠城锦苑项目位于成都市中心锦江河畔，是成都高尚新区的经典代表作；甲级写字楼冠城广场以其雄伟的外观成为成都核心区的标志性建筑，并以先进的硬件设施及首家引进戴德梁行优质的物业管理，成为成都乃至中国西部地区最好的写字楼之一，吸引了思科、惠普、摩托罗拉、诺基亚、富士施乐、AIC、强生、柯尼卡、美标、沃尔沃、新加坡领事馆、BEA、马士基、德国奔驰、施奈德电器、远大、伊斯卡等大量的海外知名企业和单位进驻。冠城集团为成都市的经济发展起到了积极的促进作用。

1992 年，香港泰邦行实业有限公司，引进 2000 万美元及先进技术和科学管理方法，租赁并独资经营国营企业——四川客车厂，更名为四川泰邦客车制造有限公司，租赁期为 15 年。在四川客车厂原有基础上进行技术改造，生产国内外有竞争能力的高、中档客车。经营期间，聘用原厂85%以上的职工。香港商界40家港澳商派代表专程前来参加开业典礼。

1992年11月，香港深华发展有限公司、香港安好投资有限公司共同投资28亿元，与重庆市政府合作，共建并经营重庆朝天门至沙平坝地铁工程。

1993年3月，香港万事德投资有限公司与成都市锦江区合作，投资3.5亿元，开发青年路建设具有现代化国际水准的“西南国际贸易中心”，改变沿街为市的现状。

1993年4月，在省政府赴香港招商引资工作中，四川华都（实业）有限公司与香港东洋集团合作建立“香港东洋集团（成都）房地产开发有限公司”，独资开发具有浓郁欧美、亚洲情调，集商业、住宅、花园别墅、娱乐购物中心为一体的“天府华侨城”——“国际大都会”。

1993年11月，美国宝洁公司、和记黄埔（中国香港）有限公司与成都洗涤厂共同投资3000万美元，其中注册资本为2500万美元，外方现金投入1750万美元，占70%，中方占30%，生产化工产品。

1993年11月，美国协和集团与长城特殊钢公司合资合作，成立“长城协和钢铁有限公司”，总投资3亿元，注册资本1亿元。其中，外方占51%。生产销售航空精密钢管、化工、化肥、化纤用不锈钢管，冶炼和压延加工各种不同规格的棒卷材和扁钢等产品。

1993年，香港同胞张松桥与重庆市江北区政府合作，投资50亿元，成立“香港－中渝实业有限公司”，兴建“重庆国际金融贸易区”，修建“渝中区大厦”和重庆重点工程“菜园坝综合贸易市场”。投资3000多万美元，与重庆市化工厂合作，兴办“重庆钛白粉有限公司”。

1994年1月，香港金鹰集团与四川锦江宾馆合作，修建并经营一座“综合商务大厦”；投资3000万美元，成立并经营“四川逸东锦江酒店有限公司”，投资7000万元合作经营“四川锦江宾馆有限公司”，对锦江宾馆现有设施进行改造、更新，使之达到相应五星级水准。省委书记谢世杰发贺信祝双方合作成功，欢迎更多的外商到川投资、合作和观光。

1994年，经省政协港澳委员、香港北海集团项目总经理严中和牵线搭桥，促成香港新中港集团董事长徐展堂（全国政协常委、国务院港事顾问）与省交通厅、四川高速公路建设开发总公司合作，设立成（都）—绵（阳）高速公路有限公司，建设92.4公里，总投资14亿元，其中港方占60%的股份，中方占40%的股权，经营期为30年。早在1992年，新中港集团就投资1200万美元与西南航空公司合作，成立“蜀江保税仓储公司”和“中川飞鹏航空货运有限公司”。1997年，与成都交通局合作，投资35亿元（20多家外资银行参与），修建85公里6车道的成都外环高速公路，港方投资70%，中方投资30%。

1996年1月，香港中建太平洋美国有限公司与成都钢铁厂合作（全国500家最大工业企业之一，现有规模为25万吨铁及钢、坯材各40万吨的综合生产能力，销售收入10亿元，1995年获“全省最大规模50强及最大市场占有50强”称号），成立“成都成钢有限公司”。其中，外方出资金1.2亿元，中方出资0.8亿元，并以部分固定资产投入。

1996年，新加坡国际人造林公司与乐山市林业局、川南森工局合作，投资兴建“乐山吉象木业公司”，引进美国松和澳大利亚巨桉速生优良树种，提供给140个乡、901个村、4467个小组的农户种植，面积为83.85万亩，为企业提供生产原料，年生产12万立方米的中密度纤维板（当时国内最大的生产厂），总投资5800万美元，其中外方占80%，中方占20%，年销售额4000万美元，利润

1500 万美元，缴税 420 万美元。

1996 年 6 月，新加坡德加拉电器有限公司与成都无线电一厂合作，投资 2500 万美元组建“成都德加拉电器有限公司”。引进日本松下电器公司的设备和技术，开发多功能、多制式的德加拉彩电。

20 世纪 90 年代初，香港合创集团黄英豪（四川省政协委员、1998 年香港十大杰出青年、香港—四川联谊会会长）曾经多次到川考察，捕捉商机，先后投资多个项目。其中两个项目引人注目：一个是四川省“8 +5”浮法玻璃项目，填补了省内空白。该集团投资 2.3 亿元，与自贡市四川玻璃公司合作，成立了“四川玻璃股份有限公司”，该工程占地 5.4 平方米，总建筑面积 4.5 平方米，1995 年建成，采用国内先进的技术和引进消化国外具有 20 世纪 90 年代先进水平的设备，年产浮化玻璃 177.6 万重箱，仅 1995 年 4—12 月，共生产高质量的浮法玻璃 110 万重箱，销售 93 万重箱，实现销售收入 5949.58 万元，经济效益十分可观。但公司不满足现状，乘势而上，1996 年 4 月又扩资建设第二基地，在生产浮法玻璃深加工产品的同时，再上一条 600 吨级的更大规模的浮法生产线。另一个是纸业生产项目。该集团于 1994 年在温江区海峡两岸科技园投资 4500 万美元，开办“成都锦丰纸业有限公司”，并从德国、法国、芬兰、美国引进最先进的卷烟纸生产线、配套设备和工艺技术、生产流程，实现自动化控制和先进的在线质量检测。1995 年建成投产后，至 2000 年实现利润增长 15 倍，1995 年获税后纯利 400 多万元，2000 年达 6000 多万元。投产前，内地多年需从国外进口卷烟纸约 2 万吨，因“锦丰”产品质量与法国、英国、奥地利等国际著名卷烟纸企业的产品质量相当，“锦丰”的产品替代了进口，还成功为国内 200 多个厂家供货。

1997 年 10 月，香港新华财团子公司东禾基建投资（中国）有限公司与四川省交通厅、四川省高速公路建设开发总公司合作经营，修建成乐（成都—乐山）高速公路。总投资 20.8 亿元。中方投入 8.32 亿元，占总额 40%；外方投入 12.48 亿元，占 60%。高速公路工程于 1996 年 3 月开工，1999 年 11 月建成，全长 86.8 公里。

1997 年，经乐山市侨办、侨联牵线，澳大利亚港峰集团公司董事长卿太辉与乐山市交通局合作，投资 4 亿元，修建乐山至峨眉山市的“快速通道”，收购并经营乐山“一桥两路”。

1998 年 10 月，香港利嘉国际有限公司董事局主席陈隆基与成都市交通局合作，共同投资 4 亿元，改造成都市新南门汽车站，并更名为成都旅游汽车站。

1998 年，经省侨办、侨联牵线，香港金龙群英集团有限公司与成都市交通局、成仁公路开发有限公司合作，建设并经营成都—仁寿公路。项目全长 47.42 公里，总投资 1.89 亿元，其中港方占 53%，中方占 47%。

1999 年 12 月，经省侨办、侨联牵线，香港凯胤集团与成都市成华区圣灯乡政府合作，投资 2.5 亿元，置地 80 亩，高标准、高起点建设成都市政府的重点“龙头”项目——“东部物流中心”“圣灯陶玻厨具专业批发市场”。2000 年，投资与乐山市林业部门合作，建立独资公司“四川凯乐林木有限公司”。该公司是以种植、育苗、护林、森林开发利用以及园林园艺设计管理为主体的经济实体。在乐山、泸州、南充等市建荒山林地 1 万余亩，引进大头麻竹、小麻竹、撑绿竹大面积种植。该公司投资并与省侨办合作，在沐川县团结乡建“华侨生态示范园区”，为全省和当地农户提供优质优惠竹种苗，为县造纸厂和乐山市纤维板材厂提供工业原料。

2000 年 10 月，香港富力集团与成都市政府合作，投资 1 亿美元，兴建一个上规模、上档次、管理完善、购物环境舒适、售后服务规范，占地 1000 亩的西部物流中心——“富森·美家居装饰材料大型批发市场”（能与国际接轨的一流大型装饰材料批发市场）。

2001年，经中国侨联主席林兆枢和省侨务部门牵线，促成菲律宾投资公司（菲律宾第二大财团，世界500强企业之一，曾连续三年被《时代》《财富》《亚洲商业》等杂志评选为亚洲最佳管理公司）与成都市成华区合作，投资6.5亿元，兴建占地101亩、建筑面积25万平方米，集购物、文体、休闲、会展为一体的现代化城市广场——“SM广场”。2004年奠基时，中国侨联主席林兆枢专门发了贺电。

2001年8月，马来西亚花沙尼集团全资企业属下的玻璃产品私人有限公司（其玻璃产品生产能力达25万吨，产品覆盖马来西亚、新加坡、越南和中国市场）与四川沱牌曲酒股份有限公司合作，投资建立“四川天马玻璃有限公司”，生产中、高档玻璃8万吨，酒瓶产品面向国内外市场销售。项目总投资2800万美元，注册资本1680万美元，其中，外方出资1008万美元，占60%，中方出资672万美元，占40%，双方均以现金方式出资。其余，1120万美元，由合资公司申请银行借贷解决。合资期限30年。

2002年7月，香港晟博控股有限公司与剑南春集团共同投资组建“剑南春晟博控股有限公司”。总投资1.2亿元。公司集研发制造、营销为一体，产品销售覆盖主板、显卡、电脑整机、周边设计、用户端网络接入设备、数码相机、通讯器材等领域。并引进国际领先水平的SMT自动化流水生产线，贴片速度达到0.1秒/元件，成功开发出了建立在P4芯片技术基础上的十余款主板产品，并推出了全系列的品牌电脑，商用和家用机产品，部分产品达到国际先进水平，并形成了独特的竞争优势。

2002年12月，香港联邦制药有限公司与四川制药股份有限公司合作，建立“四川制药（彭州）有限公司”，在彭州工业园区建立抗生素（中间体）生产基地，生产青霉素、头孢菌素、克拉维酸钾等，成为西南地区最大的抗生素（中间体）生产基地，总投资约7亿元，计划3年建成后实现销售收入15亿元，利税4亿元，出口创汇1亿美元。

2003年2月，香港怡宝投资有限公司与仁寿县合作，5年内投资4亿—5亿元，以自办项目和引进项目的模式，开发制药、物流和机电等项目，建设仁寿县经济开发区。

2003年，香港冠城集团与凉山州彝族自治州合作，投资成立“凉山冠城农业发展有限公司”，利用西昌的地理气候条件，重点发展扶贫项目，带动当地农户广种早熟枇杷及发展养殖业，以生态农业带动旅游业发展。2005年，集团又和农业部中国村社促进会下属的北京东方夏都树莓科技发展有限公司合作，在阿坝藏族羌族自治州投资，集种植、加工（果酒、果汁、果脯）于一体的川西北树莓产业化示范工程项目，建成亚洲最大的树莓种植及深加工产业化基地。该集团还热心教育，2003年与百年名校成都七中合作，在成都温江区投资2亿元创建了一所现代园林式学校“成都七中实验学校”。该校2005年获评“全国十佳民办学校”。此外，集团经营还涉足矿业及航运业，并购了泸州安达港口有限公司和凉山彝族自治州宁南县金德矿业公司。集团获国务院侨办2000—2005年度“全国百家明星企业”称号。项目累计投资20多亿元，企业连续多次被评为优秀外商投资企业、侨界先进企业、贡献突出民营企业、年度纳税大户、明星纳税企业、四川知名新兴企业、四川房地产开发企业综合实力30强、四川房地产开发最大市场占有份额20强。集团公司董事长洪清宜被省侨务部门推荐为四川省政协常委，被省委统战部推荐为四川海外联谊会副会长。

2003年12月，香港嘉里集团与成都市锦江区合作，投资1.2亿元，兴建占地50亩，设计高155米的“香格里拉大酒店”（成都市标志性建筑，是目前西南地区标准最高、规模最大、功能最完整的五星级大酒店）。该集团是香港著名企业家郭鹤年投资的跨国企业集团，属下拥有41家饭店，其中一半在中国。自1984年以来，集团已在中国内地建成香格里拉酒店16个，投资总额约30亿元，成为中国最大的酒店集团。

2005年1月，法国美仑投资公司董事长郭钟慧与乐山市政府合作，投资10亿元，兴建一家五星级大酒店和一所国际酒店管理学院。由联合国工业发展组织提供技术支持和专业咨询；西南交通大学提供师资力量支持。

二、外国人投资

省侨务部门通过“以侨引外”等方式，促成一批外国企业落户四川。1994—2005年，已有150多家外国跨国公司和财团在四川投资。

1994年，经省政协港澳委员、香港万富行（中国）有限公司董事长黄家骅牵线搭桥，加拿大DB公司与重庆水泥厂合资建设生产年产70万吨水泥工程项目。总投资7.33亿元，外方占70%，中方占30%。

1995年2月，经美国法律咨询公司、美国远东国际法律事务所主任江峰牵线搭桥，瑞士ABB公司与西南电力局共同投资360亿元修建国家重点水电项目——瀑布沟水电站。江峰还带领全体员工，做了所有前期工作，如风险预测、起草合资合同、章程等，并把材料译成英文。

1995年8月，经牵线搭桥，世界第四大啤酒制造集团（其合作及贸易关系分布于世界50多个国家和地区）比利时英特布鲁国际啤酒集团与四川蓝剑集团公司合资建立“四川蓝剑国际啤酒有限公司”。总投资4.2亿元，其中，外方占72%，中方占28%，年产啤酒15万吨（该项目是当时四川轻工行业中最大的合资技改项目），生产啤酒主要销售国内市场，啤酒质量提高后计划走向亚洲乃至世界市场。

1996年9月19—21日，在国务院侨办的支持下，在有关部门的积极协同下，省侨办成功举办了有日、德、美、韩、以色列等国家著名跨国公司的28名驻华代表参加的赴川考察洽谈。活动期间，举行了省情介绍、新闻发布会，组织客人考察了成都、绵阳高新技术开发区和部分外商投资企业，组织了有关部门、5个市和成都、绵阳国家高新技术开发区、14家大中型企业与客人进行了广泛的接触和项目合作洽谈，并签订了一批协议，有的还建立了长期协作关系。

1997年，经法国国家外贸部顾问、法国亚吉投资银行亚太地区总裁刘柯宁牵线搭桥，法国亚吉投资银行与四川四达生物工程产业开发有限公司合作，投资1000万美元生产蓖麻油；法国奥特奥国际技术发展公司与攀西绿色产业基地有限公司合作，共同开发年产2万吨果酒。

1999年，经法国侨胞刘柯宁牵线搭桥，世界航空发动机企业法国斯奈克玛服务公司、美国威利斯融资租赁公司、北京凯兰航空技术公司与西南航空公司共同投资2410万美元建立“四川斯奈克玛飞机发动机维修有限公司”，成为国内首家以维修CFM56系列发动机为主的中外合资企业，该项目标示着世界先进航空发动机维修技术已进入中国，公司还对30多名中国工程技术人员进行了培训。

第二章　智力引进

第一节　构建引智平台

自1995年起，四川侨务部门在经济较发达、创业条件较好，大专院校、科研机构较集中的成都、绵阳共举办了五届“四川海外专家、学者高新科技洽谈会”。1995年、1998年、2000年举办时，仅局限于四川籍海外专家、学者参加；2002年、2004年举办时，打破地域界限，既有川籍的海外专家、学者参加，又有其他省市籍的海外专家、学者参加。“四川海外专家、学者高新科技洽谈会”，成为四川省对外开放、引资引智和交往联谊的一个重要平台。

1995年12月26—30日，经省政府批准，由省侨办、侨联和北美四川同学会共同举办，省教委、省科委、省外经委协办，在成都锦江宾馆举行第一届四川海外专家、学者高新科技洽谈会，名称为“’95圣诞期间川籍海外专家、学者回乡省亲暨经贸科技协作活动”。来自美国、加拿大、日本等国和中国香港地区的26名川籍海外（境外）专家、学者参加了会议和活动。26名专家、学者中有博士16人、硕士9人、学士1人。会议旨在吸引海外人士关注和参与四川建设。会议期间，专家、学者们与成都地区大专院校、科研机构举办了6场（次）学术交流讲座；与2所大学达成共同开展科技项目研究、联合培养研究生、互换学者意向；还与省行业主管部门、省外经贸委、省经委、省农牧厅、省教委、省司法厅、省环保局、省人行和四川日报社、中医研究所、侨光研究所、泸州老窖股份公司等企事业单位进行了项目洽谈，达成引进技术、彩印包装、污水处理、金融、新闻、出版、教育、科技文化等合作意向协议近30项。活动期间，省委书记谢世杰、省政协主席聂荣贵、省人大常委会副主任宋大凡、省政府副省长李蒙、省政协副主席韩邦彦等会见了与会专家、学者。会上，美国洛杉矶社区学院会计、阿罕布拉学区教委会主席黄赵企晨（女）向聂荣贵、韩邦彦转交了由美国加州州长威尔林、洛杉矶郡郡长迈克、洛杉矶市市长瑞尔根亲笔签名的希望与四川加强并建立友好关系的信。

1998年12月28—30日，经省政府批准，由省侨办、侨联和17个川籍海外社团、8个华侨、华人科技社团共同联办，省计委、省经委、省科委、省招商局、省外经贸委、省攀西办协办，在成都太成宾馆举行第二届四川海外专家、学者高新科技洽谈会，名称为“’98川籍海外专家、学者回川恳亲暨科技经贸交流合作洽谈会”。来自美国、加拿大、德国、法国、英国、澳大利亚、西班牙、荷兰、日本、新加坡等国家的81名川籍海外专家、学者参加会议。81名专家、学者中有博士、博士后41人，硕士37人，学士3人。会议以“报效祖国，服务家乡”为主题。这次洽谈会被列为省政府当年对外开放、招商引资引智的重要活动之一。会议期间，专家、学者与成都地区大专院校、科研机构等99个单位进行39场（次）学术交流和讲座，听众达1700多人；与省内部分企业和省有关部门进行了250个项目洽谈，达成高科技合作意向协议14项，签定人员培训项目合同1个，投资合作项目3个，经贸、文化、旅游项目8个。大会安排考察了成都高新技术开发区海外留学人员创业园和成都华侨高科技园，并参加了国务院侨办对“成都华侨高科技园”的授牌仪式。省委书记、省人大常委会主任谢世杰，省政府省长宋宝瑞，省人大常委会副主任孟俊修、卢铁成，省政协副主席曾平江等领导会见了与会专家、学者。

图4-1　1998年12月30日下午，省委书记、省人大常委会主任谢世杰（中）、省政协主席聂荣贵（右三）等省领导在成都市锦江宾馆会见海外专家、学者　（省侨办　供图）

2000年12月27—28日，经省政府批准，由省侨办、侨联和26个川籍海外社团、8个华侨、华人科技社团共同联办，省计委、省经贸委、省科技厅、省外经委、省招商局、省外宣办协办，在成都天使宾馆举行第三届四川海外专家、学者高新科技洽谈会，名称为“2000四川海外专家、学者恳亲暨科技经贸合作洽谈会”。来自美国、澳大利亚、加拿大、德国、英国、法国、日本、南非、新加坡等国家和中国香港、中国台湾地区的23个海外川籍社团及部分专业社团负责人、专家、学者、实业家178名参加会议。在与会的178人中，有博士、博士后106人，硕士3人，学士9人。省内232家企业、高等院校、科研单位及省级有关部门负责人员也参加了此次会议。会前，中国侨联与全美中国大西南同乡联合会、北美华人科技协会、美国大华府地区四川暨重庆同乡会、在日四川同乡会、加拿大四川同乡联谊会、旅法川渝同乡会、新加坡天府同乡会、匈牙利四川同乡会等33个海外华侨、华人社团发贺电对大会的召开表示祝贺。这次会议，以“谋求合作与发展”为主题，在内容上设立了“西部大开发 · 四川发展建言献策会”“科技专题讲座”“人才信息发布会”“电子信息、生物医药、新材料技术项目推介会”等。省委主要负责人莅会听取了专家、学者的建言献策。会议期间，有15位专家、学者为促进西部大开发和四川经济、科技发展建言献策；有83位专家、学者进行了发明专利项目推介；83位海外专家、学者举办了16场科技交流讲座，听众达1600多人；省内企业、科研机构和高等院校与海外专家、学者洽谈项目267个，签订协议或达成意向性协议148个。

会议期间，省侨办、侨联与川籍海外社团和海外科技专业社团举行了首届“四川海外社团联席会议”，省政府分管副省长当选为联席会议主席团主席，省侨办主任、侨联主席当选为联席会议秘书长。联席会议主席分别由川籍海外社团和海外科技专业社团负责人担任。2000 四川海外专家、学者恳亲暨科技经贸合作洽谈会后，省长张中伟作出批示，“此次会议开得很好，所总结的经验、体会可行，应在全省对外开放工作会上采纳，一并布置”。

2002 年 12 月 25—26 日，经省政府批准，在国务院侨办、中国侨联和中国驻外 18 个使领馆的支持下，由省侨办、侨联、绵阳市人民政府和 30 个川籍海外社团、13 个与四川结对的海外科技社团共同联办，省计委、省经委、省科技厅、省财政厅、省人事厅、省中医药局、省项目办、省招商局、省外宣办协办，在绵阳市举行第四届四川海外专家、学者高新科技洽谈会，名称为“2002 四川海外专家、学者高新科技洽谈会”。这次会议的一个明显特点是会议规模更大。参加会议的不仅有川籍海外专家、学者，而且有其他省市籍的海外专家、学者。来自世界 16 个国家和地区的华侨、华人专家、学者共计 302 人出席会议。省内有 260 多家企业、2 个高新技术开发园、5 个经济科技开发区和近 30 个大专院校、科研机构的代表参加会议。海内外参加此次会议的共有 700 余人。在 302 名华侨、华人专家、学者中，有博士、博士后 241 人，硕士 9 人，学士 4 人。省委书记张学忠、省长张中伟和海外侨团发来贺电贺信。这次会议设立了“四川・绵阳建言献策会”“电子信息项目推介会”“生物医药、环保及农业项目推介会”“新材料、机电及金融管理项目推介会”“四川汽车工业发展与国际接轨研讨会”“中小企业国际化研讨会”等。12 位海外专家、学者在会上为四川的新跨越发展建言献策。会议期间，签订项目合作协议 28 个，签约金额 3.07 亿元。国务院侨办副主任许又声、中国侨联副主席郭令恭到会祝贺并讲话。其间，省侨务部门与 30 个海外川籍社团、13 个海外华侨、华人科技社团举行了第二届“四川海外社团联席会议”。联席会议秘书长、省侨办主任、省侨联主席王宋达通报了侨务工作情况。2004 年 12 月 25—26 日，由国务院侨办、四川省人民政府主办，省侨办、省侨联和成都市人民政府承办，省计委、省经委、省科技厅、省商务厅、省财政厅、省人事厅、省中医药局、省项目办、省招商局、省外宣办协办，在成都国际会展中心举行第五届四川海外专家、学者高新科技洽谈会，名称为“2004 四川海外专家、学者高新科技洽谈会”。这次会议的一个显著特点是会议规格更高。会议升为由国务院侨办、四川省人民政府主办，省侨办、侨联和成都市人民政府承办。与会中外嘉宾有 1000 余人，其中来自美国、俄罗斯、马来西亚、新西兰等国家和中国香港、中国澳门、中国台湾地区的华侨、华人专家、学者和华商达 300 余人，省内政府部门、企事业单位、高等院校、科研机构代表 700 余人。与会的 300 余名海外（境外）专家、学者、华商中，有博士、博士后 182 人，硕士 11 人，学士 2 人，有 30 多位知名企业家。这次会议以科技为主，设立了“四川・成都发展金点子论坛”“海外知名专家、学者专场报告会”“项目对接洽谈会”“海外人才招聘会”。27 位海外专家、学者在“四川・成都发展金点子论坛”上为四川的发展建言献策。其间，省长张中伟、省政协主席秦玉琴、国务院侨办副主任赵阳、成都市市长葛红林等部、省及市领导到会祝贺，并听取海外专家、学者们意见和建议。这次会议，海外专家、学者共推出高新科技合作项目 273 项，省、市推出各类引资项目 480 余项，海外专家、学者和华商与四川省 500 余家项目单位进行了交流洽谈，签署合作项目 67 项，签约金额 60 多亿元，接受捐赠 250 万元。海外专家、学者到有关院校、科研机构和企业开展科技交流和学术交流活动达 300 余人次，参与交流人员达 1000 余人；有 10 名知名专家、学者分别到四川大学、电子科技大学、西南交通大学、西南财经大学、四川中医药研究所等单位举办各类科技讲座、学术论坛，听课人员达3000余人。大会期间，有23位海外（境外）专家、学者和企业家被各级政府、大专院校、科研机构和企业聘为经济顾问、科技顾问、客座教授等。省侨办、侨联与57个海外华侨、华人社团和科技专业社团负责人共100余人举行了第三届“四川海外社团联席会议”。会议一致通过了成立“四川之友联谊会”的倡议书。会议还改选了四川海外社团联席会议主席团主席和秘书长。联席会议主席团主席由省政府分管侨务工作副省长担任，秘书长由省侨办主任周敏谦担任。

图4－2　2004年12月26日下午，在成都国际会展中心举行“2004四川海外专家、学者高新科技洽谈会”项目签约仪式　（省侨办　供图）

第二节　促进海外留学人员到川创业发展

成都和绵阳是四川经济较发达地区。成都是省会中心城市，大专院校科研机构较集中。绵阳是四川省唯一的科技城，国家重要的国防科研和生产基地。

为推动以华侨、华人为主体的海外留学人员到川创业发展，四川在“筑巢引凤”方面做了很多工作。在成都和绵阳创办高新技术开发区的基础上，在成都高新区内建立了首个“留学生创业园”和“博士后工作站”。绵阳市在绵阳高新区内建立了“留学人员创业园”。国家和省市还分别制定了有关政策，全方位为海外留学人员到川创业发展创造条件，提供平台。四川侨务部门针对成都、绵阳的优势，加大引进海外智力的工作力度，从1998年起，根据海外专业人士的行业特点，有目的地邀请他们去考察、洽谈、创办企业，促成一大批海外优秀留学人员入园。截至2005年底，海外留学人员入园企业超过100家。其中成都50多家，创业人员400多人，实现销售收入5.17亿元，税利1.37亿元。绵阳入园企业46家，创业人员100多人。留学生创业园企业涉及电子信息、生物制药、计算机、机电一体化等高新技术项目。

1999年，先后就读和毕业于美国田纳西大学电子计算机工程学及威廉玛丽亚学院运用科学系并取得计算机工程博士学位的刘朝宇，成立了成都留学生科技创业有限公司（以下简称“科创公司”）。科创公司刚成立一年，就走上了快速稳定、高效的良好发展轨道。刘朝宇和他带领的团队多次承担和中标国家以及地方重点项目并按时完成任务。2000年，公司与中软、北邮和康佳共同承担了信息产业部的WAP网关平台与移动终端WAP研发项目，经过2年多的开发研制取得成功，并在康佳、厦新手机上得以运用。参与编写了《WAP无线运用协议》一书，成为电子类院校教学参考书。2001年2月，中共中央政治局常委、国家副主席胡锦涛视察成都留学人员创业园，到科创公司详细了解公司项目开发情况。科创公司被成都市科委认定为高级技术企业。2002年，科创公司与美国CSM培训公司建立合作伙伴关系，从事CMM1（软件能力成熟度模型集成）和RM（项目管理）认证的相关培训和咨询服务。同年，为中国开办了首期CMM1和PM培训，吸引了上海、无锡、深圳、大连众多教育界的管理者参加培训。2003年，与中兴通讯、中兴软件技术（南昌有限公司）发展软件外包和就业培训业务，成立了中兴软件技术（南昌）有限公司网络成都培训中心，为成都地区软件人员的就业和培养提供了一条新路子。2005年，中标开发电子发展基金信息安全产品项目，在软件产业、太赫兹应用研究等方面取得突出业绩，申报并拥有中国专利10项。科创公司产品多次被《中国计算机报》推荐为优秀国产软件。企业先后荣获国家和地方颁发的“优秀科技创新奖”和“国家级优秀高科技企业”称号。在国际贸易方面，科创公司积极开拓，引进先进的技术、先进的管理理念以及有前瞻性的产品，联合国内企业，面向国内外市场，积极进行宣传和推广，与美国ICE国际公司等建立起了合作关系，在软件外包、工程机械出口方面努力进取。在文化、科技交流方面，科创公司充分发挥自身优势，加强与海内外大学（如四川大学、电子科技大学、北京邮电大学、深圳大学、成都理工大学等与美国犹他大学、CNU大学、William and Mary学院、Old Dominion大学和香港城市大学、香港中文大学）的合作。多次协助带领美国弗吉尼亚州纽波纽市政府和招商投资代表团到川考察访问；安排并接待四川侨务、政府和商务代表团赴美国考察，牵线搭桥，帮助促成资阳市与美国纽波纽市结为友好城市。

2000年12月，到四川参加“2000四川海外专家、学者恳亲暨科技经贸合作洽谈会”的美国硅谷博士创业家协会副会长彭泽忠（曾在美国马里兰大学学习，并获工程博士学位），会后与10多名自带科研项目成果的专业人士到绵阳考察。在绵阳交通便利、环境优美、科技实力雄厚、创业条件好的吸引下，决心在绵阳创业发展。2001年，他成立了“绵阳凯路微电子有限公司”，开发具有世界先进水平的XPM软件芯片（公司研发的）“与LOCIC-CMOS工艺全兼容的新型嵌入式不发挥存储器”项目，被科技部列入863计划，并获技术创新基金150万元的支持，是获得无偿支持额度最高的项目。同年10月22日，中共中央政治局常委、国务院副总理李岚清视察了该公司，详细了解了具有世界先进水平的不发挥存储器芯片的情况，李岚清还委托彭泽忠帮忙论证一下中国怎样与美国等先进国家联合办学的问题，希望中国学生不出国门，也能学到国外先进的东西。

2002年，从美国硅谷到四川创业的李为民创建了“四川南山之桥微电子有限公司”（以下简称“电子公司”）。2003年，电子公司团队在李为民的带领下，取得了惊人的成果，中国第一颗具有完全自主知识产权的高性能路由交换核心芯片——华厦网芯TS2410在成都高新区诞生。2004年4月21日，在北京人民大会堂举行的新闻发布会宣布，高性能路由器、交换机没有“中国芯”的历史结束。

由中国工程院院士朱中梁、张波等组成的鉴定委员会，对华厦网芯 TS2410 的专项鉴定认为，电子公司研制的具有自主知识产权的以太网络路由器、交换机核心芯片在采用中心架构的网络处理器 NFP、网络的安全管理性、可集成接入网功能和用户管理功能等方面优于国外同类产品，整体处于国内领先、国际先进水平，可以替代国外同类产品。信息产业部产品司官员评价华夏网芯说，该芯片的研发成功填补了中国在以太网路由器、交换机芯片领域的空白，打破了国外企业对中国市场的垄断局面。使中国成为除美国之外极少数能进行该芯片深层开发的国家。长期以来，世界上能完成芯片深层开发的只有美国的英特尔和 AMD 两家公司。两家公司统治着国际路由器和交换机芯片 70% 的市场，其他地区生产的芯片都是初级的普通产品。华厦网芯属于当今国际上最先进芯片的后续产品，在时间上领先于国际最新芯片半年左右。该芯片不但全面兼容目前欧美市场的主流芯片，还根据中国宽带网市场的特殊需求增加了政府网络安全、城市网络内容过滤等功能，完全能满足国内对信息安全的需要。

2002 年，旅法中国同学会会长、旅法川渝同乡会首任会长何跃，发动欧洲的中国学子共同投资 1 亿多元，在绵阳游仙区置地 100 亩，创建“旅欧学子中国西部科创园”，建成后，组织 20－30 家在德国、法国等欧洲国家的中国学子创办的企业入园发展。

第三节　学术引进

1987 年 10 月，应成都科技大学邀请，美籍华人、美国贝尔实验室光波系统研究部主任、美国工程科学院名誉教授厉万鼎及夫人吴修惠到川就微波传输和激光、光纤通讯作学术报告。

1987 年 10 月 12 日，应四川大学邀请，美籍华人、美国旧金山中国和平统一促进会主席、美国《源流》杂志社社长翁绍裘到四川大学为历史系师生作了题为《美国社会的现状与台湾的统一和中国的繁荣昌盛》的报告。

1988 年 11 月 12—16 日，应省国际人才交流协会和省侨办邀请，美籍华人、著名生物科学家、教授牛满江及夫人张葆英到四川，与四川农业大学和四川省农科院等单位作《发育生物学》专题学术报告。

1991 年 7 月，应中科院成都分院有机所邀请，澳大利亚联邦科学与研究组织昌怀庆博士到四川，与成都有机所进行学术交流。

1991 年 8 月 17 日至 9 月 1 日，应中华医学会四川分会邀请，香港中文大学教授梁秉中、郑振国和助理教授梁国穗一行 3 人到四川省大邑县为“四川省矫行创伤科新技术培训班”讲学。

1991 年 9 月 1—10 日，应中科院成都分院邀请，瑞士教授许靖华一行 5 人到四川，联合对成都、雅安、康定等 9 个市、县进行西南显生宙地质板块构造考察研究。

1991 年 10 月，应省科委邀请，香港海星水产国际有限公司经理顾怀玉到四川，与省自然资源研究所交流淡水养虾技术。

1991 年 10 月 23 日，应四川大学邀请，著名英籍女作家韩素音到四川，在四川大学作题为《中国的历史和现状》的讲演，并与部分师生进行了对话。

1992 年 6 月 10—15 日，美洲中国工程学会大纽约分会会长侯展璞一行 4 人到四川与有关部门就科技合作与交流进行广泛交流座谈。交易所第一副主席陈葆心在证券与投资报社作了题为《香港股市发展的历史和特点、股市如何与国际市场接轨、国有企业怎样在香港上市、香港与大陆股市今后如何发展》的演讲。演讲开始前，陈葆心接受了《证券与投资报》顾问的聘书。与陈葆心一起应邀到蓉的香港证券专家还有区燊耀、霍文广、陈庇昌以及外籍人士查·阿瑟·维斯，他们分别讲解了《股市波浪理论》《香港股市上市的程序和监管》《香港证券市场新特点》等。

1994年6月，应国务院侨办和省侨办邀请，美国芝加哥华人商会主席、美国HUANG会计师事务所经理黄承经及夫人到四川，为德阳市举办的“企业高级管理人员、财会人员研修班”进行4天的讲学交流活动。黄承经先后以《全球经济》《美国管理公司》《美国银行、保险》《美国所得税法》《美国注册会计师的社会审计》《国际会计准则》《电脑数据处理》等为题，给德阳70多个企事业单位财务部门的负责人、总经理、经济师、总会计师以及政府财政、金融、税务等部门负责人250余人做了学术报告。在讲学结束时，他把自己多年积累的资料和最新出版的《美国会计标准》等书籍赠给了德阳市会计学会。他还专程到西南财大拜访了前任校长刘诗白，与专家、学者们进行了广泛的交流。

1994年10月30日至11月7日，应国务院侨办和省侨办邀请，美籍华人、美国保险业专家刘立义到四川，在省保险公司进行讲学交流。

1995年5月8—15日，应南充市侨办的邀请，美籍华人、美国“十大女杰”之一的肿瘤专家彭汪嘉康，在川北医学院学术厅为师生和医务工作者作了题为《当前世界肿瘤研究的现状和临床治疗有关问题》的演讲，并回答了参会人员提出的问题。

1995年，应重庆医学院邀请，法籍华人、法国著名生化专家韩家骥到重庆医学院为师生演讲并开展学术交流。

1995年6月11—15日，应省侨联邀请，美国纽约州立大学传播系马成龙博士到成都，为四川联合大学新闻系进行题为《文化问题传播沟通》《中美文化间人际沟通的差异》《传播学在美国的发展及现况》《从传播学观点看公共关系理论及务实》的演讲交流。

1996年6月18—21日，应国务院侨办和省侨办邀请，在国务院侨办处长张永生陪同下，加拿大国家研究局宇航研究院高速空气动力学实验室主任陈一庸到绵阳空气动力研究发展中心，作了题为《跨越风洞实验数的修正和使用》《非正常空气动力学实验和理论进展》等内容的交流。

1997年7月15—27日，应四川抗菌素工业研究所邀请，旅美医学博士苟大明及夫人到四川，分别为家乡四川抗菌素研究所和华西医科大学就《酶在有机药物合成中的应用》《关于抗肝炎、肝癌载体药物及核磁共振扫描增强剂的研究概况》《手性合成技术在抗癌及抗肝炎等药物合成中的应用》《组合化学原理及技术》等专题进行了3次学术报告。

1997年10月6—8日，应国务院侨办和省侨办的邀请，旅美华侨、美国先锋种子公司玉米遗传工程研究室主任赵佐宇到四川，为四川省农科院、四川农业大学水稻研究中心、成都市第二农科院的研究人员、科技人员50多人作了《遗传工程的进展和动态》《植物基因转化的研究进展》《基因转化体系的鉴定》《植物遗传工程与环境保护、食品安全、知识产权的保护和专利技术》等专题报告，受到同行的好评。其间，赵佐宇还参观了四川省农科院分子生物实验室、四川省农业大学水稻研究中心实验室，并就实验室的建设、科研体系的建立等问题提出了宝贵意见。还与同行们就共同感兴趣的问题进行了深入交流。

1998 年 9 月，应国务院侨办和省侨办的邀请，旅美华侨、美国霍普金斯医学眼科研究所医生、分子生物学及分子遗传学双博士张康到四川，为四川省人民医院、成都中医药大学医务工作者和师生就《眼科分子生物学及分子遗传学》《视网膜黄斑病的遗传机理》《视网膜、普通眼科疑难症诊断》等作了专题讲座及学术交流。其间，还参观了四川省人民医院眼科及分子生物学实验室，进行了几例黄斑病眼科的临床诊断及演示。并针对眼科实验室的建设、人才培养、科研项目的选题及研究重点提出了宝贵意见。

1998 年 11 月，应国务院侨办和省侨办邀请，由联合国开发计划署资助，旅德华侨、德国 PEO-STEP 公司高级系统分析员李晓和到四川，为全省机械系统 30 多个单位约 70 余名工程技术人员作了题为《国际标准化经数据 STEP 的应用》《国内 CAD/CAM 的发展动态》《国内外计算机技术的应用和发展》的讲座。李晓和还用 10 多天的时间到绵阳市新华内燃机企业集团公司进行现场技术指导。

1999 年 5 月 13—15 日，应成都电子科技大学邀请，美国联邦航空总署首席科学家、美国 ISI 公司总裁陆经纬到四川，为电子科技大学近百名师生介绍了 GPS 广域（WAAS）和局域（LAAS）增强系统的概念结构及在民用方面的发展情况。陆经纬还与民航有关部门就 GPS 在民航部门实现卫星导航开展了研讨，到会的民航局空管局、西南航空公司及四川航空公司的专家们都认为 GPS 应用于民航系统潜力很大，希望与陆经纬加强交流合作，以推动民航事业的发展。陆经纬还参加了省科委召开的座谈会，与到会的电子工业部几个在川研究所的专家就高科技产业化交换了意见。15 日上午，陆经纬考察了 ISI（成都）分公司，对分公司的运作情况表示满意。

1999 年 7 月 19 日，应什邡市委、市人民政府的邀请，南美博士后、高级食品科学家罗亚光，先后与市农委、市科委、市财委、市粮食等有关部门就农业发展方向，粮食加工、蔬菜水果保鲜等问题进行座谈与交流，并到蓝剑集团作技术指导。

1999 年 8 月 12 日，应泸州医学院和第三军医大学邀请，美籍华人、美国健康总署糖尿病、消化病及肾病研究所哺乳类遗传实验室主任邓初夏义务为泸州医学院 200 多名医务工作者作了题为《抑癌基因（BRCA）在细胞周期调控和乳癌发生中的作用》的学术报告。其间，他还挤出时间义务为第三军医大学西南医院和中国军事医学科学院分子生物技术研究所分别作《基因打靶在遗传和肿瘤学中的运用》的学术报告。1996—2005 年，邓初夏先后在第三军医大、中国军事医学科学院、上海第一医院等单位招聘 6 名学者到他的实验室培训，将其最新科研成果基因打靶技术传授给他们。此技术已引回国内，填补了中国生命科学中的空白。

1999 年 9 月 17—25 日，应国务院侨办和省侨办的邀请，来自美国、加拿大、日本的 7 位博士到四川，分赴成都、攀枝花、德阳、宜宾、雅安等地，与大专院校、科研单位、国营大中型企业及政府主管部门等单位就林业、育种、生态保护、动物遗传育种、保健食品开发、企业管理等方面进行了技术交流。

1999 年 10 月 7—11 日，应广汉市政府邀请，美籍华人、美国政府协调室主任、经济学家江伟道到四川，围绕《三星堆旅游开发》《环境保护》《城市规划与建设》3 个课题举行了为期 3 天的讲学。并专程回母校广汉二中与师生畅谈交流。

1999 年 10 月 11—16 日，应省侨办和省肿瘤医院邀请，加拿大籍放射科专家黄兆悦到成都市进行学术交流。

2000 年 4 月 16 日，应省侨办邀请，美国瑞特科技有限公司总裁、医学博士陈邦华到四川，为德阳市美大康药业有限公司和康福来制药有限公司进行生物制药指导，并就在美国的市场开发、销售合作和技术指导以及新药研究进行交流和洽谈，达成了意向性协议。

2000 年 5 月 10—18 日，应国务院侨办和省侨办的邀请，中国旅美专家教授联合会阮可三、史跃年、陈邦华、朱韵丽到四川，与四川省肿瘤医院、华西医科大学、四川抗菌素工业研究所、四川省科技情报研究所、四川国家中药现代化科技产业园基地、四川旭华制药厂、成都高新区留学生创业园、德阳美大康药业有限公司、德阳康福来药业有限公司、四川托普西部软件园、成都郫县经协办进行学术交流和技术项目洽谈。参加人员 300 余人，举办讲座 6 次。史跃年在省肿瘤医院作了《乳腺癌的防治》学术报告；陈邦华在四川抗菌素工业研究所作了题为《BIOMEDICALRESE ARCHAND-NEW DRUCAPPLICAIIDNINUSA-ABYief Introduction ofNIHand FDA》的讲座。阮可三、史跃年与四川康龙生物医学工程有限公司就合作研究、开发苦味叶下珠抗乙肝制剂达成意向协议；与四川旭华制药厂就胆结石药进入美国市场、委托种植中草药达成意向性协议；与成都高新区留学生创业园就智力拼插玩具的开发、生产达成意向协议；与四川抗菌素工业研究所就咨询、合作达成意向协议。

2000 年 5 月 17 日，应省侨办和中国科学院成都生物研究所邀请，旅美华侨专家颜旸到四川，为成都生物研究所、四川农业大学就小麦赤霉菌病分子机理的研究、转基因生物争论等开展学术交流，以及对利用分子标记筛选抗病材料进行技术指导。

2000 年 10 月，应成都市侨办的邀请，香港恒生银行副董事长兼行政总裁郑海泉一行到成都分别为“2000・中国西部论坛”参会人员和西南财经大学全校师生作了《全球金融形势对中国西部大开发的影响》讲座。

2001 年 1 月 11 日，香港资深大律师、香港廉政公署助理署长、香港证券及期货事务监察委员会主席、香港基本法起草委员会委员、中国证监会首席顾问梁定邦到四川，为省人大常委会副主任刘永顺、省政协副主席郝振贤及千余名省级党政部门负责人、金融机构专家、企业上市公司负责人和部分企业经营管理者，作《新世纪中国资本市场发展趋势》的专题报告。还专门同四川经营管理人才中心专家及部分企业家就西部大开发中的资本和人才、新世纪中国资本市场的走向和国际国内资本的运动规律等进行了座谈。

2001 年 4 月 23 日，应国务院侨办邀请，来自美国、加拿大、德国等国家的“澳华博士团”到四川，与雅安市人民政府、市招商局、市农委、市环保局、四川农业大学、三九药业、荥经真石漆材料厂等 20 多个部门、院校、企业等单位进行交流活动，市委书记等市领导参加座谈交流。

2001 年 5 月 9—17 日，“在港海外留学人员访问团”一行 16 人（均为博士）到四川，与省教育厅、绵阳市人民政府、四川大学、西南交通大学等部门、院校进行交流。

2001 年 6 月 7 日，应自贡市领导邀请，美籍华人、美国加州大学教授、林业专家张昂和湛漠美夫妇到自贡作了《美国林业和世界林业现状及今后走向》专题讲座，为该市林业发展，拓展生态工程发表了可借鉴的意见和建议。

2001 年 6 月 19—22 日，应国务院侨办邀请，美籍华人骆耀光会长率“加拿大中国科学技术协会代表团”一行 6 人到四川，与有关方面就科学项目合作与转化进行座谈交流，并与成都市产权交易中心在科技项目转化方面达成合作意向。

2001 年 7 月 22—24 日，应国务院侨办邀请，“旅美中国科学家工程师专业人士协会回国考察团”熊天渝、栾文琦、张伯康、刘立、张守宇、周润平、唐子州、刘建光、王楠、胡洪耀、何毅、储海琼、童华等到四川考察交流。其间，与成都市高新技术开发区留学生创业园、托普集团科学城部分企业和省科协及所属单位座谈交流并签署合作协议。

2001 年 11 月 9 日，应四川日报社邀请，美国哈佛大学知名艾滋病研究专家吕亦晨到成都，在四川日报社多功能厅为成都各大媒体作了《全球艾滋病的现状及防范对策》《艾滋病对我国的社会经济可能造成的危害，如何正确认识和预防》的专题讲座。

2001 年 8 月 12—16 日，应国务院侨办邀请，来自美国、德国、加拿大的 9 名华侨、华人专家，带着他们在 IT、医药、金融、农业等行业最新的研究科技成果到四川，开展“百名博士西部行”专题活动。9 名博士分别赴成都、绵阳、乐山、攀枝花，为各地研究机构、企业、银行、医院和政府部门带去发达国家在 IT、医药、金融、农业等方面科技发展的最新动态和应用技术，并给予业务指导。日本兴业银行纽约总部高级经理张风波博士为银行同行介绍了全新的银行管理系统；川籍李义博士就利用基因进行蔬菜育种对成都农科所的技术人员进行指导；周盛宗、李晓和博士访问了鼎天、国腾、托普，并为 132 厂、611 所软件项目解决了一些技术问题；美国浩声通信技术有限公司总裁龚挺博士与四川科创公司就移动互联即时通讯软件等方面的合作开发达成意向协议。丁鸣博士和美国高智国际医药咨询公司总裁李浩博士在攀枝花市中医院和市中西结合医院门诊部、中药房、中药煎药室和制剂室边参观边就中药的开发利用，以及如何提高中药质量与医技人员交换意见。两位博士在攀枝花市卫生局会议室为市卫生系统的 60 多名中医药技术人员作了《中医药在国外的研究、开发和使用现状、市场前景》《国内中药产品打入国际市场的规则和途径》的报告。市中医院还聘两位博士为常年医院发展顾问。

2001 年 8 月 13—14 日，应乐山市犍为县侨办邀请，旅德华侨、留德学子、计算机学会副主席、县政府海外科技顾问周盛宗博士和 4 位医药博士、4 位计算机博士、1 位金融博士与县有关部门进行了学术交流活动。早在 2000 年，县侨办寄去犍为县 2000 年招商指南和新开发的几种旅游纪念品，周盛宗无偿做了网页，帮助家乡实现了县招商项目和旅游项目在西欧上网的计划。

2001 年 9 月，应绵阳市三台县侨联邀请，美籍华人、医学博士何兴跃为家乡三台县卫生系统 300 多人作了题为《抗体治疗肿瘤和美国医学现状及医院管理基本情况》的学术报告，并与到会医务工作者交流。

2002 年 4 月 8 日，应省科技厅和省侨办邀请，美国国际法中心高级律师、华盛顿律师协会会长王晓麟在省科技厅、省侨办和成都华侨凤凰集团共同主办的“WTO 与四川经济发展讲座”会上，为省市有关单位和企业负责人共 50 多人作了《世贸规则与反倾销》的专题演讲。

2002 年 6 月 26 日，应内江市委、市人民政府邀请，旅美华侨、美国南方大学教授、超导、JD-DUZ 及相关材料研究所所长范江第到四川，为内江市领导和相关部门负责人作《关于国际超导研究动向》的学术报告。

2002 年 6 月 27—30 日，国务院侨办经科司副处长于建民率“中美科技交流团”一行 11 人到四川进行学术交流。张建祺、吴绪文、贾立言、劳长春、李顺德等博士与四川大学，胡富民、郭纯岑博士与四川大学华西医学院，钟驹、侯弭博士与电子科技大学，黄维辛博士与迪泰律师事务所进行学术交流。

2002 年 10 月 24 日，应攀枝花市侨办和市委统战部邀请，美籍华人、资深高级工程师王余刚到四川，在攀钢集团钢铁研究院二楼会议室与研究人员和技术人员进行了技术交流。王余刚介绍了目前国外相关科技发展动态及自己所从事的专业技术工作，并结合自己的研究工作，包括国外电子产业尤其是电脑软件在使用上的误差等问题，与科研人员进行深入交流。

2002年11月，应教育部邀请，美国波士顿麻省理工学院华人科技协会主席朱正亚到四川，为电子科技大学、西南交通大学就“MIT公开课程库”计划（OCW）进行介绍和演示。

2003年4月25日，应攀枝花市委、市人民政府邀请，加拿大籍华人、美国硅谷NEC电子分公司高级软件工程师代毅到四川，上午在攀枝花市会展中心为市委宣传部、市信息产业办公室、市侨办、市新闻办等部门领导及相关技术人员100余人作了《网络信息技术和电子政务的应用及发展》的专题讲座，下午到攀枝花学院向全院师生作了《网络技术发展及信息安全》的专题技术讲座。代毅还参观了学院建设成果，表示今后要加强与院方的合作，为攀枝花建设出一份力。

2004年7月5日，应自贡市疾病预防控制中心邀请，美籍华人、美国麦沙通药物公司药物代谢系和科研项目负责人、法国阿尔文缔斯药物公司代谢系唐促跃（女）博士，在自贡市疾病预防控制中心作了《美国在公共卫生方面的一些前沿学科及发展方向》的学术报告。

2004年9月，应内江市资中县侨联邀请，英籍华人、英国肯斯特大学工程系教授温晓玲在县教育局义务为县教育局领导和中、小学校长、县妇联干部、县科技工作者、县侨联常委作了题为《教育观念与教育方法》的讲座。

2004年10月，应泸州市侨办、侨联的邀请，美籍华人胡小卉在家乡泸州市为英语教师、出口贸易企业人员、保险业务人员作了《英语教师业务培训》《开拓美国市场》《美国保险推销》3场专题讲座。在讲座中胡小卉还与到会人员互动探讨和交流。

2005年6月1日，应省侨办邀请，世界围棋联合会会长，泰国围棋协会主席、泰国正大集团副董事长蔡绪锋一行为四川大学管理学院、成都理工大学研究生院分别作了《东方CEO的管理智慧》的演讲，与成都理工大学部分师生进行了座谈。

2005年，应眉山市侨办和市卫生部门邀请，旅美华侨牟建钊为家乡眉山市医务工作者和洪雅县医院医务人员作了《心脑血管病》专题讲座。

第四节　技术引进

1995年11月，经中国驻泰国清迈总领事馆领事张龙忠推荐，应省侨办邀请，泰籍华人、柑橘专家、津津柑橘园农场主刘炳发一行9人，到内江、资阳、简阳、重庆、江津等地对光照、气温、土质等进行考察，并就柑橘品种的改良、栽培、管理、采后处理等与当地科技部门和技术人员进行广泛交流。之后，又无偿为四川引进澳大利亚柑橘新品种“蜜柑”，分别在乐山、眉山等地嫁接、培育成功。刘炳发还引进以色列240株水果番茄苗在乐山市华侨果林场和省农业温室内试种。此苗抗疫力强，可长到20米，持续8个月的挂果期。1996年3月30日至4月10日，刘炳发邀请内江、资阳、简阳、重庆、江津柑橘办负责人和技术人员到泰国考察，除学习新品种的栽种、培育外，还考察果品的后处理和提高产品化的措施以及柑橘种植情况。

1996年2月13日，受南充市侨务部门托付，旅美川籍海外侨胞李强发回到嘉陵区家乡探亲，从美国带回黄瓜、番茄、白南瓜、西红柿、四季豆、苋兰花菜、金色大海椒等优良蔬菜种子及种植技术，投资3万元，在西兴镇4村5社租地8.6亩试种获得成功，并扩大到全社每户人家，帮助家乡人民尽快脱贫致富。

1997年6月28日至7月11日，针对泸州荔枝、龙眼花期不育，产后霉烂等问题，应国务院侨办邀请，欧共体农业、粮食顾问，澳大利亚食品系统技术专家阮武清和澳大利亚农业食品技术专家林建基到四川，为泸州市4县3区农业技术人员讲课和培训。还实地考察了合江县密溪园艺场、江阳区兴隆果园、由世界银行贷款项目张坝龙眼园、市园科所等单位。两位博士就荔枝花期不遇、花而不实、保果技术、常温保鲜及龙眼大小年的防范，“冲梢”现象的解决，促进成花，提高雄花比例，以及龙眼树改良等问题向技术人员作了讲授和答疑。在农业食品的保鲜及果蔬采后技术、设备、经营、销售、服务等方面进行了系统的讲解，并针对市农业果蔬发展情况，从农业产业化问题方面提出了很多很好的意见和建议。两位专家还与市农业局、市经委、市项目办、市科委等单位进行了座谈，表示今后愿意与泸州市进行商业和技术等方面的合作。

1998年8月20—30日，为加快攀西地区开发，促进该地区农业产业化及生物资源开发，应国务院侨办的邀请，加拿大阿尔伯塔省农业、食品和农业部资源保育与开发研究员耿庆文博士，澳大利亚纽卡斯尔大学农产品保鲜和食品加工技术副教授阮武清，美国中西国际公司总裁、美华水利学会秘书长魏宗昌到川进行技术指导和交流。阮武清深入攀枝花市仁和区对金沙滩饮料厂、地龙箐乡的芒果基地、大田乡的石榴基地、大龙潭香蕉种植基地进行了实地考察，并帮助解决生产和种植中遇到的技术难题。阮武清传授了芒果去皮、防止芒果饮料分层等关键处理技术，介绍了澳大利亚水果加工生产、经营管理情况；就芒果基地的建设和管理及芒果病虫害防治等问题作了具体介绍，为当地技术人员写出国际上现时所用药剂、用量和使用方法；在石榴基地和香蕉基地，肯定了当地石榴的品质和香蕉园的管理，介绍了香蕉病虫害的防治，并愿意将澳大利亚香蕉的最新品种引到当地种植。阮武清还表示回国后将分别就石榴和香蕉的果园管理、采后处理等一系列问题为当地作一完整的技术方案，帮助当地利用国际先进科技、管理技术来提高农业产业化发展中的科技含量。阮武清还利用在蓉停留中转时间，到成都市的水果之乡龙泉驿区，为该区30多名中、高级农业技术人员作了《水果保鲜技术》专题讲座。耿庆文在与攀枝花市农科所科技人员交流期间进行了广泛的交流。交流的内容有：平衡施肥中植株养分需求，测土施肥，测株施肥，磷、钾肥研究的动态及前景；土壤母质层中硭硝含量的解决途径；无土栽培研究最新动态；节水灌溉；农业环保，无公害农业的现状、需要注意的问题及国际农业科研动态等。在节水灌溉方面，耿庆文对重力灌溉、压力灌溉、渗透灌溉方式进行了详细论述，并对如何防止水藻、微生物、泥沙堵塞灌溉等问题作了深入浅出、图文并茂的讲解，帮助当地解决了水、药一体化灌溉问题。耿庆文还和魏宗昌分别到盐边县红格乡喷灌基地、市林科所葡萄园基地、仁和区职高滴灌基地、市农科所果园基地及仁和区中坝乡市园艺工程应用技术研究所基地现场解决技术人员在实际操作中遇到的难题。对中坝乡市园艺工程应用技术研究所基地的节水灌溉规划方案，耿庆文提出了自己的改进建议和意见。

2000年，省侨办促成巴西圣保罗长胜集团董事长颜廷贵，引进盛产于南美巴西、厄瓜多尔的西番莲（西番莲属多年生藤蔓作物，易栽种和管理，能8—10年不翻种，在旧藤蔓上开花结果，亩产1.5—2吨，每亩年产值可达1500—2000元，一个5口之家的农户只要种上一亩，人均年收入可增加400元左右）良种果苗，在凉山州德昌县、普格县，采取“公司+农户”的方式提供和扶持当地农户在房前屋后的坡地和贫瘠土地上种植，然后收购果实，用现代技术加工成浓缩果汁出口欧美等地，瑞士一集团公司已同颜廷贵签订了包销西番莲浓缩果汁6年的合同。

2001年，省侨办、侨联邀请美国ICI公司玉米育种专家黄藻芬到四川建乐种苗研究所帮助研发玉米新品种“乐玉1号”。该产品从研发到大范围推广，取得了显著的经济效益和社会效益。2002年全省示范面积达到210103亩，平均亩产524.9公斤，同比增长19.17%，总产玉米1.103亿公斤；2003年示范面积达到了387927亩，平均亩产达到了544.78公斤，同比增产14.78%，总产玉米2.113亿公斤，增产2722万公斤，实现产值2.7469亿元，增加产值3538万元。短短两年多时间，参加示范种植的农户收入增加5584.07万元；农户每亩可增加160多元。新品种的开发，缩小了中国玉米良种与发达国家的差距，增强了民族种植的竞争力。为提高农民的收入，黄藻芬还与四川隆生集团合作建设优质原料基地，引进国外玉米深加工技术，提高产品附加值。鉴于黄藻芬的突出贡献，2004年10月，省政府向他颁发了“金顶奖”，他成为获此奖的5位外国专家之一。（此奖是四川省专为在对外交流和友好合作中做出贡献的外国专家设立的最高荣誉奖项。）

2002年8月31日至9月14日，应省侨联邀请，中国侨联经济科技部长陈桦率“海内外专家、学者团”21人到四川考察交流。在川期间，专家、学者们考察了大唐电信、迪康中药博物馆、托普手机生产基地、奇力制药及南片三横七纵基础设施。与成都市环保、农牧、气象、药监、旅游、外经等部门负责人及部分企业代表座谈交流。日本健康专家王兵博士带来了中医药与旅游相结合的健康旅游项目。加拿大天子福国际药业投资股份有限公司投资经理贾永平博士与市药业集团洽谈了早期癌症检测项目的合作。留日科技联盟副会长杨克俭请市侨联为其物色创意日用品销往日本，并寻求合作伙伴，同时杨克俭就农业管理信息网络项目与农牧局专家进行了洽谈，达成合作共识。日本宜家利环境集团事业部部长黄教聪博士就带来的“全自动无人监控防鼠驱鼠系统”“防蚊驱蚊系统”及“楼宇自动化控制系统”等环保型项目以及中国气象局王继志研究员就带来的“天气与环境预警系统”项目，与有关部门进行了洽谈。

2004年11月24—26日，联合国粮农组织开发计划署特约顾问、加拿大协岩农业发展有限公司及培训中心总裁、美籍华人耿庆文博士应国务院侨办邀请，到四川进行学术演讲交流。在雅安市为八县一区的农科所（站）种子站的负责人、技术人员，作《种子胞衣技术在国际上的广泛应用和在现代化农业中的地位、作用》专题讲座。同时就雅安气候特征对种子胞衣、包装等方面的技术难题作了解答。耿庆文在名山还考察参观了雅安科技工业园、茗原茶业、先锋羊业等，并对茶叶的包装、品牌的提升提出了很好的建议。交流期间，耿庆文还就加拿大红鹿学院与四川农业大学建立种子胞衣基地和建立英语培训中心达成合作意向。

2005年10月19日，香港职业训练局与成都市教育局就师资与学术交流、课程开发、校际合作等达成协议。按照协议，蓉港双方将互派教师到对方机构讲课、短期培训和进修，以及开展学术交流活动，在职业教育合作办学、师资交流、学生交流等各个层面开展广泛交流合作，并为之提供相应服务。

第三章　归侨侨眷企事业与直属企业

第一节　归侨侨眷企事业

归侨、侨眷企业、事业，是指归侨、侨眷利用境外资金或自筹资金，以独资、合资或联营等形式兴办的经济实体和实行自收自支的事业单位。（《四川省归侨侨眷企业事业权益保护条例》自1996年8月1日起施行，在这之前，归侨、侨眷企业一般叫做侨属企业。）

中华人民共和国成立前，四川省的归侨、侨眷为振兴家乡经济，已有投资或集资办企业的，但数量很少。中华人民共和国成立后，四川省的归侨、侨眷兴办企事业始于1977年。20世纪80年代，四川的归侨、侨眷企事业发展较快，但由于当时政府政策支持力度不够，许多企事业底子薄，生产单一，科技含量不高，经营方式落后，管理经验不足，市场竞争力不强，抗风险能力差，只有一部分企事业以自身的智慧和才能，站稳了脚跟。进入20世纪90年代后，特别是邓小平视察南方谈话后，随着中国改革开放的深入、社会主义市场经济体制的建立和有关政策法规的出台，四川的归侨、侨眷企事业进入了新的发展阶段。全省许多归侨、侨眷抓住发展机遇，发挥与海内外亲属联系紧密，且有资金、技术、人才和信息的优势，纷纷兴办企事业。全省平均每年以15—20家的速度增长。据不完全统计，截至2005年底，全省有归侨、侨眷企事业1200多家，主要集中于经济较发达地区的成都、重庆（直辖前）、绵阳、南充、乐山、德阳、达州、遂宁、内江、宜宾、资阳、泸州、自贡等市。从业人员近25万人，其中归侨、侨眷4万—6万人。归侨、侨眷企业、事业成为归侨、侨眷就业或再就业的主渠道。注册资金500万元以上的有26家，占2.17%；注册资金100万元以上的有58家，占4.83%；注册资金100万元以下的有1116家，占93%。在这些经济实体中，涉足电子信息、能源、通信、化工、饲料、农业开发、商贸、房地产、交通（水陆）、旅游、服务（宾馆、饭店）、法律、种养殖业、医药卫生、食品、装饰装潢、印刷等20多种行业。企业从小到大，由弱到强，由分散经营到集中经营，出现了一批专业化、集团化、多元化、科技型、外向型，上规模、上档次、上效益，并在国内外影响较大的企业。也涌现出了一批市级、省级、国家级的优秀民营企业和企业家。

德阳市四川美丰化工股份有限公司　该公司前身是四川省射洪县氮肥厂。射洪县氮肥厂成立于1977年，主要生产和销售碳酸氢铵。1993年12月，该厂已拥有13.7万吨碳酸氢铵的生产能力。1993年12月10日，省体改委以川体改〔1993〕200号文件批准射洪县氮肥厂进行股份制试点。射洪县氮肥厂联合四川省德阳市什邡化肥总厂、四川省中江县农业生产资料总公司、四川省三台县农业生产资料总公司和四川省第一建筑工业工程公司等四家单位共同发起，以定向募集方式设立德阳市四川美丰化工股份有限公司。1994 年 3 月 3 日，公司正式登记注册，射洪县氮肥厂同时注销。1997 年 6 月 17 日，公司在深圳证券交易所上市。该公司是一家中型企业。规模、装备、管理、效益在全省同行业中名列第一，在全国同行业中领先。到 1990 年底，公司资产总值达 2. 1 亿元，年产合成氨 6. 1 万吨，年销售总额 1. 77 亿元，年利税 7100 万元，人均销售额达 20 万元，人均利税 7 万元。公司集化工、建材、服务、资产经营为一体。1980 年以来，企业制定了以扩大规模和节能降耗为中心的技术改造活动，年年有投入，投资规模逐年增加，不断出现技改高潮。年产合成氨规模从 8000 吨，历经 1. 5 万吨、2. 5 万吨、5. 5 万吨到 1997 年的 10 万吨规模。产品由单一的碳酸氢铵，发展到以高浓度氮肥尿素为龙头的多品种化肥生产，工艺技术和装备技术由陈旧落后发展到大型成套、安全高效、高产低耗的国内领先技术水平，检测控制手段也由代表最新科技成果的机电一体化组成。公司投产 20 年来，年年有盈利，从无亏损，经济效益连年翻番。公司在激烈的市场竞争中立于不败之地。公司的技术改造，均为当年投资，当年见效，创造了全国小尿素建设史上的奇迹。

成都金星通信集团有限公司　该公司成立于 1982 年。靠 2 万元起家进入商贸领域，主营五金机电、交电等。1985 年，投资 50 万元，创办塑料管制品厂。两年后，成功研发复合管内外喷塑。1988 年成功研制飞机电缆和通信用两种热缩道管（国家航天工业部立项）。产品经改进后，具有粘接强度高、密封好、冬季不易脆断等优点，受到全国各省（直辖市、自治区）电信部门的欢迎。该产品被用于北京亚运村建设和解放军三总部、七大军区的通信工程。1990 年，加强型热缩导管和加热型包管获国家专利，并获四川省发明银奖、国家“星火计划”奖、金牛区科技进步奖，1991 年获国际博览会铜奖。1992 年，公司与成都市电信局合作，用自己生产产品先后完成多项配线工程，其光纤电缆护管不仅比普通管降低 80% 的摩擦，且安装 2 公里不用切割，克服了普通管安装 140 米须切割的弱点，还减少了安装工作强度，提高了工作效率。1995 年，与四川联通公司合作，创建了“成都金星通信集团有限公司”。1997 年，与德国合资成立了“成都金星健康药业有限公司”，成功研发了对肺部、呼吸道、肺结核、肿瘤等疾病有可根治效果的“乌体林斯注射口服液”等系列产品，并在全国 28 个省（直辖市、自治区）各医学院校、医院和药理实验室、临床应用得到肯定。该项发明技术填补了国内此类药品的空白，产品在全国市场销售势头良好。年销售收入从 1997 年的 300 万元人民币上升到 2003 年的 2837 万元人民币，产品荣获四川省政府“首届‘三资’企业成果展示交易会金奖”“'98 四川省群众喜爱商品”称号，还被省政府列入“小巨人”计划产品。该企业还成为国内首家“海外博士中国创新发展基地”。2003 年，（中德）成都金星药业有限公司在绵阳市高新区投资 1 亿元人民币，建设占地 80 亩的生物制药有限公司，该厂建成后，生产“乌体林斯注射口服液”，年销售收入 10 亿元人民币，出口创汇 2500 万美元，实现利税 25 亿元人民币，成为绵阳高新区生物制药的一个新增长点。成都金星通信集团有限公司是四川省人民政府重点扶持、保护的 34 家民营企业之一，拥有 2 家中外合资公司（中德成都金星健康药业有限公司、中加成都金玉大饭店）、1 个工厂（成都市塑料管制品厂）、1 个生产公司（绵阳市生物制药有限公司）。

南充市华侨企业公司　该公司成立于 1983 年 11 月。靠集资 2. 48 万元，借市委统战部一间 20 余平方米的房子作为办公室兼库房，在市内用凉床摆摊经营针织百货。1992 年，公司以单纯商业型向生产型转向，成立了南充市华侨企业公司服装厂，利用当地丝绸面料丰富的优势，自行设计、生产出了手绘丝绸围巾、手巾、扎染丝绸衬衣、丝绸夹克衫和丝绸裙子等多种新产品，还外加工市场上短缺的羽绒纱产品和桑柚绸，在本地和成都、重庆、武汉、深圳等大中城市销售，营业额上百万元。产品在南充市几届丝绸节会上走俏，供不应求。销售额名列展销单位前茅，不仅增加了企业的活力，打开了国内外销售市场，而且扩大了公司的知名度。1994年，公司为社会解决78名归侨、侨眷和21名待业人员就业，商品销售额达5000多万元，获利90多万元，实现税金67万元，固定资产200多万元。公司还积极支持社会福利事业，先后为残疾人、学校、幼儿园、灾区、医疗卫生等部门捐款上百万元。公司连续多年被评为南充市社会综合治理先进单位。

四川华侨凤凰集团股份有限公司　1989年，侨眷成甦用国外亲属的50万元资助，兴办成都华侨新苑彩印包装制品有限公司。1993年，公司扩展为四川华侨凤凰集团股份有限公司，注册资金1亿元。1995年，建成华侨凤凰饲料公司（子公司）。年生产浓缩饲料2万吨、6大系列60多个品种，并创出“凤凰山”品牌。之后，公司引进日本先进配料技术，开发出改变肉质风味等多种功能的中草药添加剂及系列配合饲料，年产值达6亿元。公司成为省内著名的大型饲料企业。产品被列入“九五”国家“星火计划”项目，并获成都市1996年科技进步奖。1997年，在农业部的支持下，投资6000万元，引进美国20世纪90年代最新鱼用膨化饲料生产技术和设备，新建了专业水产饲料生产科研基地，将饲料提到了更高档次，其产品具有科技含量高附加值、高效、环保、低耗能等显著特点。公司自行研发的特种虾饲料占领了沿海市场，基地被农业部授予“全国水产技术推广总站示范厂”称号，1999年被四川省政府办公厅、省经贸委等部门评为“四川工业企业最佳效益200强”。2000年，集团公司走出国门发展，在南非约翰内斯堡置地2600多亩，名为“凤凰景苑”，2004年成功开发了“好望山庄”1、2期，推出的第三批地产项目占地100亩，规划建设496套公寓，并配以完善会所、游泳池、网球场、儿童娱乐等配套设施，建筑面积为3.8万平方米。2001年，集团公司收购广汉市向阳纸板厂，以较短时间完成主体生产线和辅助设施的技术改造，新建了废水处理循环利用系统，同时，引进人才，进行员工培训，进行技改，加强管理，纸厂投产后，月产量达2万多吨。其中A级涂布白板纸，填补了中国西部高档涂布白板纸市场的空白。到2005年，该集团公司已发展为一家全资、控股、参股企业。年产值达20多亿元，利税大幅增长。集团公司下有华侨凤凰新苑包装公司、华侨凤凰饲料公司、华侨凤凰纸业公司、华侨凤凰房地产公司、华侨凤凰包装纸厂、华侨凤凰生物兽医厂，中加（加拿大）明宝食品有限公司等子公司，还是两家金融银行的股东。该集团公司集科工贸为一体，是成都市人民政府的农业产业化重点龙头企业，是全国首批获得自营进出口权的20家民营企业之一。

资阳市侨心服装厂　该厂成立于1992年。是靠归侨、侨眷集资兴办的一家以生产食品卫生和卫生执法服为主的民营企业，是卫生部和四川省卫生厅的服装定点厂。建厂初期，仅有一间12平方米的办公室和利用库房改造为生产车间的简陋场地，生产工具缝纫机和坐凳则由工人自带进厂。工厂靠制定和严格执行各项管理制度，深化改革、增强企业内部竞争机制，广开销售渠道，搞好售后服务取胜。除保证四川食品卫生和卫生执法人员服装的供应外，还满足了陕西、甘肃、云南、贵州、西藏等省区卫生、药检部门着装的需要。同时，还长期为城管、保安、水政、植保、航空、计量等部门生产各式标志服和大沿帽（因款式新颖、大方且不变形，被誉为“西南第一”）。企业还拓展业务，增强市场竞争，与一些厂家、商家签订了加工劳保服、市场服的生产合同，形成了一个多层次、多渠道的生产加工经营实体。建厂以来，车间工人由过去的十多人壮大到七八十人。6年间，年年提前完成全年生产和销售计划，工业总产值和销售额年增长50%—60%，利税递增率1—3倍，其创产值1800万元，完成销售1600万元，实现利税234万元，1998年1—6月，实现利税46.6万元，跻身于资阳市民营企业六强之列。获得省、市有关部门颁发的“质量好、信誉佳企业”“重合同守信用企业”等称号。

四川三友股份有限公司 该公司成立于1993年。是由成都市侨办、四川省国有资产管理局（后为省国资委）、省经委发起组建，经省股份制试点小组批准成立的股份制企业。该公司集科、工、贸为一体。该公司制定了责权利相结合的各种岗位责任制，对管理人员实行聘任制，对职工实行“三联”（联岗、联利、联责），公司按现代化企业规范运作，借鉴国内外企业发展成功的经验指导公司的发展。经过努力，三友公司拥有三友百货公司、三友出租车公司、三友房地产公司、三友商贸中心、三友医院和1家中外合资公司（四川权威衣饰公司）等10多家公司。属下三友百货公司，1995年自建营业场地“三友商厦”，经营中，建立以连锁商场体系为基础的经营格局，不局限在成都市内发展商业网点，积极“走出去”，占领郊县农村市场，以灵活多变的经营方式，使公司的经济效益得到大幅提高。三友股份有限公司成立以来，经营规模不断扩大，固定资产不断增长。积极探索与国际接轨，扩大与国内商界、科技界在医药、建材、信息技术等方面的合作，走“多元化”、科技兴业的路子，与全国30个省（直辖市、自治区）和美国、日本等国家及中国香港地区建立了广泛的业务关系。

四川水电集团 该集团成立于1995年。是国内水电行业最早实现“一体化战略”，拥有20多家成员单位的归侨、侨眷企业，是省内外享有盛誉的水利水电、房屋建筑、公路、输变电、机电设备安装工程承包二级的综合性民营企业。集团公司为加快企业的发展，做大做强企业，在经营上创品牌。2003年，把6家属下公司增加为9家公司，促成三个大项目：一是投资1000万美元，与成都市猛追湾游泳场、香港尧泰娱乐有限公司合作修建经营占地25亩的成都海洋生态公园；二是投资1.3亿元，整体收购总装机容量31890千瓦、平均发电量15178千瓦/时的彭州凤鸣桥电站；三是投资3700万元整体收购位于成都市内府南河边，规划用地4.8亩，建筑面积2万平方米的四川攀枝花大厦。集团公司创造了众多的优良精品工程，先后荣获省、市及有关部门“优秀侨台企业”“先进施工单位”“工程质量信得过单位”和连续3年“质量无投诉单位”等称号。

第二节 省侨办侨联直属企业

一、四川省中国旅行社

四川省中国旅行社（以下简称省中旅社），1978年4月，经四川省委批准成立。系中国旅游总社集团成员，主要是开展海外侨胞、港澳同胞和外国人到中国观光旅游服务业务，开展国内散客旅游服务业务和中国公民出境旅游服务业务，同时与香港中国旅行社和西南航空公司、四川省中国国际旅行社合作经营成都至香港直航包机业务。系一类旅行社。

1994年以来，省中旅社对社领导班子调整、充实后，积极完成省侨办下达的经济考核目标，瞄准市场，主动出击，到东南亚国家，特别是泰国寻求客源，邀请泰国30家大旅行社总经理到川考察，拓展海外旅游业务；利用品牌市场，加大促销力度，扩大出境游组团能力。组织省内企业家赴东南沿海考察、复转军人企业家赴泰国考察、工商人士赴韩国考察等；与成都铁路局合作，推出

“港澳游专列”和“世博会千人生态游专列”，开辟了自驾越野车走长征路——川西大草原“特种旅游团”，与西藏山水旅行社联合推出“新婚佳人在珠穆朗玛峰举行‘世界屋脊（国际）婚礼活动’”等。通过采取多种措施，拓展海内外旅游业务，在为四川侨务工作服务和发展四川旅游事业方面做出了贡献，经济效益得到提高，为国家创收了大量外汇，企业自身也不断发展壮大。1998 年，省中旅社获省政府“四川省最大规模十强旅行社”称号，获成都市人民政府“创建中国优秀旅游城市红旗单位”称号。截至 1999 年 1 月，省中旅社拥有固定资产 4500 万元，21 个旅游部门遍及成都市市区，共组织接待 38 个国家和地区的侨胞、港澳台同胞 27 万余人次，组织中国公民出境游 2. 8 万余人次，组织接待散客 5. 5 万余人次。2001 年，在全省 400 多家旅行社中，经专家和有关部门多次反复综合评定，省中旅社荣获“国际旅行社十强”第五名。

省中旅社与侨务工作密切相关，是为侨服务的企业，在全省两次企业脱钩中被保留下来。

二、四川省华侨旅游侨汇服务公司

四川省华侨旅游侨汇服务公司（以下简称省侨汇公司），经省政府批准，1987 年 5 月成立。1992 年 1 月，经省政府批准，与省中旅社分开，实行独立核算，自负盈亏。下设免税外汇商场、侨汇贸易部、外汇商场、提货维修部等 4 个业务部门。

省侨汇公司是涉侨窗口企业，长期坚持为侨服务、为旅游者服务。公司为力求发展，1993 年 10 月，出资 21. 6 万元，在中国酒城购营业用房 100 平方米。1994 年 3 月，出资 1000 万元，同新加坡辉立证券私人有限公司陈奕利兄妹合资创办“四川中兴建设发展有限公司”，进行房地产开发业务。在成都市东大街青石桥置地 3 亩多，工程总投资约 7000 万元，建筑高 20 层，建筑面积 2 万平方米的“中侨大厦”。后因种种原因，双方均退出这一项目。1996 年 8 月，在一环路南三段 15 号投资 400 多万元，购房 445. 57 平方米，扩大免税营业场地。2002 年 4 月，投资 410 万元，在“玫瑰园”购营业用房 356 平方米。2005 年 8 月，投资 210 万元，在“西景花园”购营业用房 358 平方米。由于公司经营品种多，服务质量好，免税外汇商场年接待侨胞、港澳同胞和出国留学人员 6000 多人次，销售免税商品 6000 多件，经营成效显著。1994 年实现营业总额 7650. 88 万元，比 1993 年增加 909. 20 万元，增幅 33. 25%，实现利税 535. 50 万元。因业绩突出，公司被省财贸办、省统计局经济评价中心评为“94 四川百家最大零售企业”称号，同年获省侨办“直属先进企业”称号；1995 年 4 月，获省税务局“省级在蓉企业增值税守法大户”称号，同年 11 月，公司财务统计工作，被省旅游局评为“全省旅游行业第一名”，还荣获成都市“统计工作”二等奖。1995 年营业额 5730 万元，税金 31. 7 万元，利润 612 万元。同年 10 月，公司财务获省财政厅“95 年度统计工作三等奖”，成都海关《冲出盆地走向世界》杂志将公司业绩以图片方式送出国门。1996 年实现营业总收入 8630 万元，利税 150 万元，利润 74 万元。1997 年 1 月后，国家调整免税、税收政策，取消了免税商品的供应，公司失去靠政策吃饭的优势，完全被推入市场。在激烈竞争中，1997 年后，公司出现亏损。

三、四川华建公司

四川华建公司，于 1982 年经省政府批准成立。是侨办系统成立最早的一家行政性公司。公司地址先在锦江宾馆，后搬迁至草市街（市政府招待所、红星路一段）、八宝街（九龙商务大厦二楼）、春熙路（劝业场二楼），2004 年 6 月破产。

长期以来，省侨办以资金、物资、政策和综合服务等全力支持公司的发展。公司在坚持为经济建设服务、引进侨资和组织省内市场所需侨汇商品为归侨、侨眷、台属服务方面做了大量工作，取得了一些成绩。如兴办四川文化用品商场，与塔子山公园、成都茶厂合资兴建“巴蜀微缩景区”；与台湾“巴客船综合艺术团”有限公司合作，开展劳务输出；与外商合资合作，兴办“成都朝鲜风味餐”等。1995年以来，由于市场经济的变化和市场激烈的竞争，加之内部管理混乱，措施不力，经营不善，连年出现亏损。因公司债务缠身，无力支付职工工资和缴纳职工社会养老保证金、医疗保险金，导致企业破产。1997年12月后，开始清理四川华建工司债权债务和处理公司破产工作。2002年，经成都华联会计师事务所审计，四川华建公司拥有资产399.5万元，负债555.13万元，资产负债率为138.9%，无可变现资产。2002年11月20日，公司向龙泉驿区人民法院提出破产申请，法院受理并宣布公司破产，进入破产程序。公司清算组在公司破产期间，本着“稳定职工思想，做好破产企业安定工作”的精神，做了大量工作。根据省脱钩办和受理法院的要求，清算组委托成都精济律师事务所对公司自成立之日起至1997年12月前所发生的债权债务进行了清理和追收。与此同时，清算组还对公司破产后职工的安置、职工工资各项基本社会保险和破产经费进行了认真的调查、测评，并于2003年2月24日对职工的工龄、基本社保情况进行了张榜公布。在此基础上，对公司破产后职工的安置和符合退休政策规定的职工做了妥善安置和退休处理；对公司欠发职工的工资进行了补发；对公司未缴纳的职工养老保险金和医疗保险金进行了补缴。截至2004年6月，四川华建公司破产工作结束。

四、四川省虹桥旅行社

四川省虹桥旅行社（以下简称虹桥旅行社），于1992年5月经省旅游局批准成立。是一个以国际旅游业务为主的二类旅行社。

虹桥旅行社刚成立时，靠借款3万元起家，后经工作，争取到省财政厅无息贷款20万元，购置接待、业务用车3辆（2辆大车，1辆小轿车）。虹桥旅行社狠抓企业内部管理，培训队伍，提高接待服务质量和水平，积极拓展业务，争取、申办出境游。1995年1月，经省公安厅批准，同意省虹桥旅行社办理港澳和东南亚游业务（中国侨联系统唯一一家获准经营组团出境游的旅行社）。虹桥旅行社凭借在旅游界的良好声誉，取得了很好的经济效益，由一个三类旅行社升为二类旅行社。同时，虹桥旅行社在全省28家一、二类旅行社中，因保证金按时足额缴纳，被国家旅游局正式向海外公布为受理获赔业务的旅行社。《四川日报》《成都商报》《成都晚报》等新闻媒体以“虹桥旅行社架虹桥”为题报道了虹桥旅行社取得的成绩。

1997年，虹桥旅行社拓展业务旅游，在旅游淡季时，调动全社职工积极性，自组多个50人以上的海外旅游大团。2002年，经省侨联同意，虹桥旅行社以25万元转让给山东鲁能集团公司。

五、四川省华兴公司

四川省华兴公司（以下简称华兴公司），于1992年6月经省工商局批准成立。公司在原经营业务的基础上，不断开拓新的业务，增加了境外公务业务。

1994年，华兴公司在领导班子调整后，狠抓公司内部管理，建立和完善规章制度，积极拓展业务，经济效益明显提高。1996年8月，投资数百万元，购置了成都市一环路南三段15号华侨大厦7

楼。公司也由纱帽街搬迁至此地，极大地改善了办公条件，也改变了公司的对外形象。在市场竞争日益激烈的情况下，公司为求生存和发展，积极拓展对外业务，开展了为省、市（州）党政部门、省内企事业出境合作交流组团。新业务的拓展，给公司创造了经济、社会效益，公司业务得到发展，扩大了公司在外的影响力。在为侨服务和为经济建设服务方面，已先后为省侨办、侨联以及企事业“走出去”组团出访美国、加拿大、澳大利亚、新西兰和南美、东南亚等多个国家和地区。

2003 年，遵照省脱钩办有关文件精神，公司与省侨联彻底脱钩。

六、四川省华侨房屋开发总公司

四川省华侨房屋开发总公司（以下简称侨房公司），于 1992 年 12 月经省建委批准成立。以经营房地产为主，兼营钢材、百货等项目。

1994 年以来，侨房公司以省财政厅支持划拨的担保金 200 万元为发展业务资金，投资 80 万元（占股份 40%），与郫县兴发房屋发展公司、中国银行郫县支行、中国工商银行郫县支行（3 家企业各出资 40 万元）共同组建股份制企业——四川省华都（实业）有限公司。同时，省侨房公司又给四川侨汇外贸公司 50 万元，作为该公司购买钢材周转金。后生意失败，未收回借贷。公司由于财力不足，资金有限，仅能支付职工工资和房租等费用，无力单独开展主要业务，只能利用余资与别人联合开发一些小项目，后来又向外借款与新都县合作，在县城开发“侨光商场”，约 6000 平方米，项目建成后，销售困难，出现亏损。公司业务处于停顿状态，无任何投资和收益。2003 年，省侨办向省脱钩办报送了《关于转报四川省华侨房屋开发总公司申请注销的报告》。同年 7 月 30 日，省脱钩办回复了《关于省政府侨务办公室报送四川省华侨房屋开发总公司申请注销的审核意见》，同意侨房公司向有关部门申请注销。随后，四川光达会计师事务所在对侨房公司进行审计后发现，侨房公司除账面反映的净资产负债 280 万元外，还有 249. 8 万元的债权无法收回，公司实际净资产负债近 530 万元；公司内部管理混乱，经营不善，亏损严重，资不抵债。2004 年 8 月 18 日，省侨办根据对侨房公司的审计报告，向省脱钩办报送了川侨〔2004〕38 号《关于四川省华侨房屋开发总公司由注销转为破产的报告》。在经省脱钩办同意后，侨房公司向新都区人民法院申请破产。同年 12 月，法院以〔2004〕新都民破字第 2－1 号文宣布侨房公司破产，进入破产程序。侨房公与清算组严格按照有关政策法规，对公司职工进行了妥善安置，补发了职工工资，补缴了欠缴的职工养老保险费和医疗保险费。截至 2005 年 8 月，侨房公司破产工作顺利完成。

七、四川省华侨服务中心

四川省华侨服务中心（以下简称华侨服务中心），于 1993 年 8 月经省编委批准成立。内设华侨服务中心和后勤服务中心两个部门，职工人数 15 人，其中华侨服务中心 7 人属财政全额拨款，后勤中心 8 人属自收自支。华侨服务中心人员与机关人员交叉使用。

华侨服务中心于 1998 年 8 月迁至成都市一环路南三段 15 号华侨大厦后，积极开展各项服务工作，取得了一定的成绩。在为机关服务的同时，1998 年兴办“华侨健身馆”，为当地居民的健身创造了条件，给华侨服务中心带来了经济效益。2005 年 3 月，华侨服务中心与日本四川同乡会合作，成功选派第一批赴日本缝纫研修生，8 月又成功选派第二批赴日本缝纫研修生。截至 2005 年 12 月，华侨服务中心共接待到川投资考察、洽谈，进行经贸、科技、文化、体育交流，捐资兴学、助残、扶贫和开展各项公益活动的华侨华人、港澳台同胞及回祖国（祖籍国）寻根，学习中华文化，开展夏（冬）令营旅游活动的华裔青少年共1.5万人次，提供车辆保障，安全行驶410余万公里。1996年10月，华侨服务中心以在郫县“天府华侨城”购置的13亩土地入股四川省华都（实业）股份有限公司，占有股份20%。华侨服务中心在为机关建设服务、落实国家房改政策、安排机关用车、管理机关国有资产等方面做了大量工作。

第四章　服务工作

第一节　提供政策法规服务

1993年8月，省人大出台《四川省〈中华人民共和国归侨侨眷权益保护法〉实施办法》；1996年4月省人大出台《四川省归侨侨眷企业事业权益保护条例》；1997年，省委、省政府出台《关于进一步加快民营企业发展若干政策的意见》；2000年11月，省人大出台《四川省华侨投资权益保护条例》；2003年，省委、省政府出台《关于进一步加快民营经济发展的决定》。另外，1996年，省侨办制定《四川省归侨侨眷事业单位确认证书发放管理办法》；1996年10月，省侨办会同省工商局下发《关于对使用“华侨”字样企业进行资格确认和名称核定的通知》；1997年，省侨办下发《关于发展归侨侨眷企事业的意见》。省侨务部门通过《四川侨报》、四川侨务网、印发的资料等，及时向华侨华人、港澳同胞和归侨、侨眷宣传涉侨法律法规，以利于他们投资合作与兴办企事业。

第二节　建立信息库

从1996年开始，省侨办在计算机中建立“人才资源库”和“项目资料库”，经过不断充实，到2005年已基本完善。“人才资源库”共推荐入库海外侨胞重点社团（含专业社团）800个，重点人士1500人。其中市（州）侨务部门各推荐5—10人。“项目资料库”根据省和地区经济、社会发展以及海外侨胞事业发展的需要，由省侨办会同各市（州）侨办筛选确定入库资料项目600个。其中，市（州）侨务部门各确定5—10个针对性、适用性强的项目。两库资料翔实，查询方便，实行专人动态管理，并与其他部门互通有无，资源共享，便利了引资引智工作。

第三节　项目跟踪服务

在招商引资引智工作中，侨务部门既重视对合作项目的牵线搭桥，又重视对合作项目的跟踪落实。对已断线、合作无望的项目及时舍弃；对有望成功的项目，重点跟踪。侨务部门领导亲自抓并派专人跟踪，及时将信息反馈给有关单位。

1993年，对在参加深圳洽谈会上所谈的69个合作项目进行后续跟踪服务。会同省经委专门下发

《关于进一步做好中国大中型企业对外经济技术合作洽谈会后续工作的通知》，要求有关市、地经委、侨务部门加强对项目后续工作的组织领导，做好跟踪服务工作，并指定专人承办具体工作，定期上报后续工作进展情况。以后，省侨办以侨经〔94〕33 号、35 号、38 号对项目跟踪情况上报国务院侨办。仅 1994 年上半年，由于派出专人抓后续工作，有 6 个意向协议转为正式合同，总投资 4901.9 万美元，合同利用外资 3058.5 万美元。对 1993 年香港东洋集团独资开发“天府华侨城”项目，1995 年法国斯奈克玛服务公司、美国威利斯融租公司、北京凯兰航空技术公司投资西南航空公司的飞机发动机维修项目，1995 年比利时英特布鲁国际啤酒集团投资四川蓝剑啤酒集团的技改项目，2001 年菲律宾 SM 集团与成都成华区合作开发的项目，都进行了跟踪落实。

第四节　帮助企业打通国际营销渠道

海外华商在当地人脉广泛，商业网络发达，营销管理经验丰富，且对当地市场运作规则熟悉、市场前景预测较为准确。侨务部门利用他们这一优势，帮助四川企业打开营销渠道，进入国际市场。

1996 年 4 月，经德阳市侨办牵线，促成泰国进兴发两合公司在德阳购置中国第二重型机械集团公司 250 万美元的冷轧机组和纵剪机组成套设备。这是二重集团公司自 1958 年建厂以来首次自行设计、制造出口东南亚国家市场的成套设备。

1997 年 3 月，经省侨务部门牵线，新加坡 IPC 公司（亚洲最大电脑商及上市公司）与四川鼎天微电集团有限公司合作，为四川鼎天微电集团有限公司在欧洲和印度、东南亚国家销售鼎天 HMS 产品 2 万台以上。

2000 年 6 月，经成都市侨办牵线，促成成都华侨凤凰集团与加拿大旺宝公司共同投资 2000 万元，生产和销售西式香肠、火腿及其系列肉食加工品，年产量达 6000 吨，其中 50% 外销。

2001 年，经省侨联牵线，促成美国米勒国际营销集团（全球第三大国际营销集团）到川参加西博会并在川进行市场考察，帮助绵阳长虹集团家电产品走向世界。

2003 年 10 月，广元市苍溪县侨办积极寻找产品出路，提供信息，申报猕猴桃“秩露”商标，帮助民营个体户侨眷蒲清波将县产猕猴桃销往新加坡，促成新加坡客商签订 100 万公斤的销售合同，外销与内销增加收入 30%。

2003 年 11 月，美国纽约中国商品交易中心（该中心拥有成熟的商业渠道和营销体系，同多国各大行业协会及超过 13500 多家客户保持有业务联系）委托省侨办架起中美贸易间的桥梁，帮助四川中小企业进入美国市场，实现企业国际化。

第五节　排忧解难

1990 年，香港安托集团有限公司与成都蜀都大厦合资经营旋转餐厅“中餐厅”“歌舞厅”“观光走廊”等项目，总面积达 4100 平方米，港方投资港币 1530 万元，人民币 195 万元，合作期 10 年。在申办项目过程中，由于中方资金没有到位，装修工程、进口设备等一系列工作无法开展，加之有关单位办事效率低，存在相互推诿扯皮现象，该合作项目无法如期进行。省侨办得知这一情况后，一方面及时向省政府领导汇报并得到重视，另一方面，积极协调各部门之间的关系，促使沟通与配合，经过努力工作，使问题很快得到解决。港商林福孙对此非常满意。

1993 年，香港中策集团有限公司董事长黄鸿年在与重庆轮胎厂合资成立“重庆中策轮胎有限公司”后，投入 700 万美元，在资金使用上与重庆有关单位发生矛盾，难以协调解决，黄鸿年非常失望，打算撤资。重庆市侨办获此情况后，一方面出面调查，多次协调，另一方面向市领导汇报，求得支持。市领导非常重视，会见并做工作。黄鸿年深受感动，表示愿意继续在重庆投资合作。

1994 年 8 月，香港东洋集团在开发“天府华侨城”房地产过程中，面临的问题很多，要移开 3 条高压线，一条电缆，搬迁 69 户村民，4 个乡镇企业，涉及到国土、城建、交通、邮电、供水、电业、路政等单位，省侨办领导和经济处的人员经常出面协调，并陪同有关单位亲自踏勘，介绍近远期发展规划，打通关节，为港商解决实际问题，争取各单位的支持，保证了工期，接通了电源、电话等，为侨商解除了后顾之忧。

1999 年，加拿大独资企业“四川温资集团公司”设施被当地村民破坏，财产受到损失，管理人员受到威胁，侨商非常愤慨。省侨办得知消息后，立即派专人同当地政府有关负责人一起实地查看，并于次日召集事发地村社干部、公安机关负责人会议，研究处理方案。在多方工作下，平抑了事态，并杜绝了此类事件的再次发生，侨商损失财物得到弥补。事后，公司董事长张家点致信省侨办表示感谢。

2001 年 12 月，“成都欧生制药厂”因市政施工，厂门被堵塞，设备无法进出，严重影响了药厂正常工作，经济效益也受到很大损失。药厂与施工单位多次交涉无果，便电话向省侨办反映。省侨办即派人与成都市城管和综管办协调，并到施工单位调研，使问题很快得到解决。

第六节 维护权益

1993 年，南非华侨朱寿贤投资与德阳市一家公司合作成立一家合资企业。1996 年后，合资企业因经营困难并发生债务纠纷。朱寿贤多次协商解决未果，于是向中国驻南非使馆投诉。此案经外交部、省侨办转德阳市后，德阳市侨务部门一方面多次与债务公司及其主管部门磋商，协调；一方面，热情接待，安抚朱寿贤；同时多方走访，在掌握第一手资料后，向市委、市政府领导汇报并提出建议。市委、市政府对此事非常重视，专门召开协调会议和市长办公会议，商议解决办法，最终妥善解决了这一经济纠纷，使朱寿贤最大限度地获得补偿，收回了全部投资 100 万元。德阳市政府特例解决侨资企业经济纠纷，着力改善德阳投资环境，使朱寿贤深受感动。朱寿贤对德阳市的投资环境增强了信心，又将收回的 100 万元投资德阳市新的项目。

1993 年，美国李氏投资公司与成都新大新实业公司合资兴办“成都李氏新大置业有限公司”，该公司在新都县（2001 年 11 月改为新都区）开发了“加州御花园”一期别墅项目，项目占地 16 亩，建筑面积约 2 万平方米，是当时新都县颇具影响力的开发项目。2000 年 2 月，由于原中方股东“成都新大新实业公司”拒不归还其在成都汇通银行到期的 100 万元贷款，致使成都汇通银行诉诸法律，追究成都李氏新大置业有限公司的连带责任。锦江区法院依法查封了“加州御花园”尚待开发的 9525 平方米土地，使该公司长期陷入债务和诉讼的困境。在万般无奈的情况下，该公司董事长李定广向省侨办投诉。省侨办非常重视，认为成都李氏新大置业有限公司无过错，其权益纯属被恶意侵害，立即一方面向省人大外侨委、省委政法委、省外商投诉中心、成都市公安局等有关领导和部门反映情况，同时，在副主任曾廷忠的带领下，会同省外商投诉中心的领导专程到新都新大置业有限公司调查核实情况，另一方面积极支持该公司向法院提起诉讼。多次开庭，侨务部门派专人到会旁听，并与律师和李定广等研究案情，提出应对措施。2002 年 10 月 17 日，成都市中级法院作出终审判决，为该公司追回了部分损失，结束了旷日持久的经济纠纷。11 月 22 日，李定广给省侨办送来牌匾，上书“以法护侨暖人心，事实求实申正义”，表达了他的感激之情。

1994 年 11 月，“兴运实业（成都）有限公司”诉北京周林频谱公司名誉侵权。傅朝雪是四川省政协和成都市政协港澳委员，由她独资成立的兴运公司，自行开发研制了获国家专利并有自主知识产权的新一代红外医疗保健器械 MF 多源红外频谱治疗仪，并合法投入生产。当年，《黑龙江法制报》和《中国卫生信息报》分别刊登《著名科学家捍卫发明权——对多源频谱专利提出无效请求》的报道，由于报道失实，许多商家误以为成都兴运公司专利无效，遂纷纷撤销或暂停订货合同，兴运公司蒙受巨大损失。兴运公司认为，两报道的刊登皆因周林公司向媒体提供虚假情况所致。1994 年 12 月 9 日，兴运公司向成都市武侯区人民法院提出诉讼，状告周林公司和黑龙江法制报社、中国卫生信息报社等名誉侵权。法院判决，周林公司等败诉，并判分别赔偿经济损失 578 万元、1 万元、1 万元。被告不服，提起上诉，1996 年 3 月成都中级法院驳回上诉，维持原判。同年 4 月，最高人民法院裁定该案，由其提审，再审期间，中止原判执行。最高人民法院提审此案后一直未能审结，兴运公司损失继续扩大，在海内外造成不良影响。省侨务部门和成都市侨务部门协调解决，配合省、市人大做了不少努力，对问题的解决形成了强大的推动力量。1997 年 3 月，八届全国人大五次会议期间，四川 30 位代表向最高人民法院提出询问案，后又分别于 10 月、12 月致函全国人大要求督办此案。1998 年 3 月，九届全国人大一次会议期间，四川 32 位代表又向最高人民法院提出询问案。1999 年 1 月，最高人民法院院长肖扬到四川调研，部分人大代表和省人大领导又向他反映了情况。兴运公司诉周林公司一案，受到省八、九届人大领导的关注和支持，省委书记、省九届人大常委会主任谢世杰、省政府省长宋宝瑞十分关心此案，并三次批示有关部门解决兴运公司的困难，支持代表提询问案，以求案件尽快审结。兴运公司诉周林公司侵权案受到最高人民法院重视。1999 年 3 月 16 日，最高人民法院作出终审判决，认定黑龙江法制报社、中国卫生信息报社所刊文章“写法缺乏事实和法律的依据，损害了兴运公司的名誉”；周林公司向新闻单位“提供了没有事实和法律依据的观点。对造成兴运公司受损，就应承担一定责任”：故判令他们登报向兴运公司赔礼道歉，分别赔偿经济损失 33 万元、33 万元、24 万元，并承担案件管理费用。在各方努力下，兴运（成都）有限公司虽然历经 5 年艰难诉讼，但权益终于得到维护。

2005年四川省侨资及港澳台资企业情况表(不完全统计)

表4－1　　　　单位:万元

企业所在地	企业名称	企业成立时间	投资人身份	定居地	经营类别	注册资金	产值及营业额	实现利税
成都正大有限公司	1984年	华人	泰国	饲料生产	1590	–	–	
成都市	四川锦丰纸业股份有限公司	1993年	香港同胞	中国香港	卷烟纸生产	8346	–	–
成都市	成都长天有限公司	2005年	香港同胞	中国香港		9470	–	–
成都市	成都宝洁有限公司	2005年	香港同胞	中国香港		24000	–	–
成都市	成都庄士中心开发有限公司	2005年	香港同胞	中国香港	房地产	8000	–	–
成都市	成都光大国际大厦有限公司	2005年	澳门同胞	中国澳门	综合类	17000	–	–
成都市	四川光大金联实业有限公司	2005年	澳门同胞	中国澳门	综合类	11000	–	–
成都市	怡和国际(成都)房地产实业有限公司	2005年	香港同胞	中国香港	房地产	8000	–	–
成都市	成都高达房地产开发有限公司	2005年	香港同胞	中国香港	房地产	10000	–	–
成都市	成都青羊万达房屋开发有限公司	2005年	香港同胞	中国香港	房地产	1500	–	–
自贡市	四川西方异型纤维公司	1993年2月	香港同胞	中国香港	纺织	13641	14195	–
自贡市	自贡萨法姆铸铁公司	1994年3月	华人	法国	冶金	7145	8351	–
自贡市	四川玻璃股份有限公司	1996年	香港同胞	中国香港	建材	47000	20965	–
自贡市	四川中嘉玻钢有限公司	1996年7月	香港同胞	中国香港	材料		3786	–
自贡市	四川凯茨阀门制造有限公司	2001年11月	华人	日本	冶金	2669	2713	–
自贡市	良友珠宝(自贡)有限公司	2000年	华人	泰国	日用品	200	71	–
自贡市	四川飞阳科技公司	2001年	华侨	美国	电子信息	4884	1025	–
自贡市	自贡明星啤酒有限公司	2004年1月	澳门同胞	中国澳门	食品	200	508	–
自贡市	自贡宝盛房地产公司	2005年	澳门同胞	中国澳门	房地产	250	–	–
攀枝花市	星力能源公司	1996年7月	华人	新加坡	工业	21	–	–
攀枝花市	岩磊石材公司	2000年1月	华人	美国	工业	35	–	–

续表 4-1

企业所在地	企业名称	企业成立时间	投资人身份	定居地	经营类别	注册资金	产值及营业额	实现利税
攀枝花市	金和钛业公司	2001年7月	香港同胞	中国香港	工业	12	5351	372.8
攀枝花市	渔门岛(攀枝花)旅游公司	2004年6月	香港同胞	中国香港	旅游业	128	-	-
泸州市江阳区	泸州佳裕房地产开发公司	1992年9月	香港同胞	中国香港	房地产	211	2361	-
泸州市江阳区	四川利君制衣有限公司	1992年9月	香港同胞	中国香港	服装	8	38	-
泸州市龙马潭区	兆峰陶瓷(泸州)外墙有限公司	1994年8月	华人	维尔京群岛	建陶	800	1420	-
泸州市江阳区	四川龙人药业有限公司	1995年8月	华人	加拿大	药品	48	414	-
泸州市泸县	迪邦(泸州)化工有限公司	1999年12月	华人	美国	化工	35	475	-
泸州市江阳区	泸州宇盛食品有限公司	2000年2月	香港同胞	中国香港	食品	12	460	-
泸州市龙马潭区	泸州忠诚瓶盖制品有限公司	2000年7月	香港同胞	中国香港	包装	49	105	-
泸州市纳溪区	中明建陶(泸州)有限公司	2001年1月	香港同胞	中国香港	陶瓷	518	733	-
泸州市江阳区	四川索尼娅化妆品有限公司	2001年4月	华人	法国	化妆品	14	92	-
泸州市江阳区	泸州蔚景动力有限公司	2001年9月	华人	维尔京群岛	制造业	26	131	-
泸州市合江县	泸州市立善纸品加工有限公司	2002年7月	华人	印度尼西亚	加工业	51	287	-
泸州市江阳区	泸州集成房地产开发有限公司	2002年12月	澳门同胞	中国澳门	房地产	97	4523	-
泸州市龙马潭区	喜来多(四川)食品有限公司	2003年	华人	美国	食品	24	-	-
泸州市江阳区	泸州琴心文化有限公司	2003年9月	华侨	西班牙	文化	1	10	-
泸州市江阳区	喜来多(四川)食品有限公司	2004年6月	香港同胞	中国香港	食品	24	24	-
泸州市纳溪区	锐佳科技工业(四川)有限公司	2004年9月	华人	新加坡	卫生洁具	64	28	-
泸州市古蔺县	古蔺肝苏药业有限公司	2005年	华人	新加坡	药业	2000	4000	600
绵阳市江油市	江油长城三鑫金属制品有限公司	1995年5月	香港同胞	中国香港	机械加工	12	-	-
绵阳市江油市	四川长城攀港特钢有限公司	1995年6月	香港同胞	中国香港	机械加工	1449	-	-

续表 4-1

企业所在地	企业名称	企业成立时间	投资人身份	定居地	经营类别	注册资金	产值及营业额	实现利税
绵阳市	绵阳正大有限公司	1995年8月	华人	泰国	饲料生产	400	-	-
绵阳市	亚新科双泰零部件有限公司	1995年10月	华人	开曼	机械加工	867	-	-
绵阳市江油市	江油骏安木业有限公司	1996年5月	香港同胞	中国香港	木制品加工	14	-	-
绵阳市	永兴隆医药保健品有限价公司	1996年7月	华人	新加坡	制药	70	-	-
绵阳市	绵阳华晖实业有限公司	1997年4月	香港同胞	中国香港	商贸	207	-	-
绵阳市	绵阳富临百盛广场有限公司	1997年4月	华人	新加坡	百货零售业	360	-	-
绵阳市	绵阳才灵机械有限公司	1997年6月	华人	美国	机械加工	24	-	-
绵阳市	四川丰泰包装股份有限公司	1997年8月	华人	开曼	轻工	387	-	-
绵阳市	绵阳华润啤酒有限公司	1997年9月	香港同胞	中国香港	酿酒	1209	-	-
绵阳市	四川新亚成塑胶有限公司	1997年11月	华人	美国	轻工	215	-	-
绵阳市江油市	江油大沅食品发展有限公司	1997年12月	华人	韩国	食品工业	20	-	-
绵阳市	绵阳新晨动力机械有限公司	1998年3月	华人	维尔京群岛	机械制造	2412	-	-
绵阳市	绵阳建设商品混凝土有限公司	1998年8月	华侨	美国	建材	301	-	-
绵阳市	四川天华包装有限公司	1998年11月	香港同胞	中国香港	包装工业	193	-	-
绵阳市	绵阳惠利电子材料有限公司	1998年12月	香港同胞	中国香港	电器生产	64	-	-
绵阳市	绵阳富临建筑材料有限公司	1999年11月	华人	美国	建材	120	-	-
绵阳市	绵阳九洋企管顾问有限公司	2000年4月	香港同胞	中国香港	商贸	3	-	-
绵阳市	华晨瑞安汽车零部件有限公司	2000年7月	香港同胞	中国香港	汽车工业	1000	-	-
绵阳市	绵阳康威肠衣有限公司	2000年10月	华人	波兰	食品工业	20	-	-
绵阳市	绵阳昱斯医药保健品有限公司	2000年11月	华人	新加坡	制药	20	-	-
绵阳市江油市	江油润丰精密螺丝制造有限公司	2001年6月	香港同胞	中国香港	机械制造	180	-	-

续表 4－1

企业所在地	企业名称	企业成立时间	投资人身份	定居地	经营类别	注册资金	产值及营业额	实现利税
绵阳市	绵阳惠利环氧工程有限公司	2001 年 7 月	香港同胞	中国香港	化工	24	－	－
绵阳市	凯路威电子	2002 年	华侨	美国	电子	100	－	－
绵阳市	绵阳联合特种材料科技有限公司	2002 年 7 月	华人	美国	建材	45	－	－
绵阳市江油市	江油川龙水泥有限公司	2002 年 8 月	华人	美国	建材	150	－	－
绵阳市	绵阳三江美亚水电有限公司	2002 年 10 月	华人	开曼	水力发电	1206	－	－
绵阳市	艺精欧特玛科光电设备有限公司	2002 年 11 月	华人	意大利	光电设备	80	－	－
绵阳市	绵阳凯撒秀美制衣有限公司	2003 年 1 月	华人	南非	制衣	30	－	－
绵阳市	绵阳市天地人和餐饮娱乐有限公司	2003 年 3 月	香港同胞	中国香港	餐饮娱乐	13	－	－
绵阳市	绵阳百分百娱乐有限公司	2003 年 4 月	华侨	文莱	服务行业	34	－	－
绵阳市	绵阳南新南湖乐园有限公司	2003 年 6 月	香港同胞	中国香港	服务业	181	－	－
绵阳市	绵阳江海电容器有限公司	2003 年 7 月	香港同胞	中国香港	电器	125	－	－
绵阳市	四川申达化工有限公司	2003 年 9 月	香港同胞	中国香港	化工	600	－	－
绵阳市	四川维德通信技术有限公司	2003 年 9 月	香港同胞	中国香港	电子行业	25	－	－
绵阳市	四川奥诺欧食品有限公司	2003 年 9 月	华人	加拿大	食品工业	24	－	－
绵阳市	亚洲世界贸易中心投资管理公司	2003 年 10 月	香港同胞	中国香港	商贸	2980	－	－
绵阳市	海天斯威福特自助化有限公司	2003 年 12 月	华人	澳大利亚	机械制造	160	－	－
绵阳市	绵阳吉星消防药剂有限公司	2003 年 12 月	华侨	毛里求斯	药剂生产	7	－	－
绵阳市	绵阳展易实业有限公司	2003 年 12 月	华人	澳大利亚	商贸	120	－	－
绵阳市三台县	东达养殖场	2003 年	香港同胞	中国香港	养殖业	250	－	－
绵阳市	绵阳金星药业公司	2003 年	华侨	加拿大	医药	1200	－	－
绵阳市	绵阳亚美宝鑫科技有限公司	2004 年 1 月	华人	美国	电子工业	700	－	－

续表 4－1

企业所在地	企业名称	企业成立时间	投资人身份	定居地	经营类别	注册资金	产值及营业额	实现利税
绵阳市	绵阳崴尼达化工有限公司	2004 年 1 月	华人	意大利	化工	380	–	–
绵阳市三台县	三台剑峰泵业有限公司	2004 年 2 月	华侨	加拿大	机械制造	7	–	–
绵阳市江油市	江油兴利服装织造有限公司	2004 年 3 月	香港同胞	中国香港	制衣	13	–	–
绵阳市	绵阳恒兴子粒览生物工程有限公司	2004 年 3 月	香港同胞	中国香港	生物工程	641	–	–
绵阳市	绵阳展易房地产开发有限公司	2004 年 4 月	香港同胞	中国香港	房地产	300	–	–
绵阳市江油市	江油俊华纺织有限公司	2004 年 4 月	华人	意大利	化工	228	–	–
绵阳市	绵阳凯森食品有限公司	2004 年 4 月	华侨	韩国	食品工业	6	–	–
绵阳市	绵阳诚信肉类食品有限公司	2004 年 5 月	华人	马来西亚	食品工业	65	–	–
绵阳市	绵阳华强建筑材料有限公司	2004 年 7 月	华人	萨摩亚	建材	340	–	–
绵阳市	四川美欧斯达生物技术有限公司	2004 年 7 月	华人	美国	生物制药	7	–	–
绵阳市	绵阳深国投商用置业有限公司	2004 年 7 月	香港同胞	中国香港	房地产	1372	–	–
绵阳市	绵阳欣亚旅游度假村有限公司	2004 年 8 月	华侨	萨摩亚	服务业	140	–	–
绵阳市	绵阳恒昌制衣有限公司	2004 年 8 月	香港同胞	中国香港	制衣	45	–	–
绵阳市	格瑞施恩生物医药有限公司	2004 年 9 月	华人	美国	生物制药	30	–	–
绵阳市	四川绵港兔业有限公司	2004 年 9 月	香港同胞	中国香港	食品工业	193	–	–
绵阳市	绵阳龙华薄膜有限公司	2004 年 9 月	香港同胞	中国香港	化工	360	–	–
绵阳市	绵阳兴达好又多商贸有限公司	2004 年 10 月	华人	维尔京群岛	百化零售业	362	–	–
绵阳市	四川聚融房地产开发有限公司	2004 年 12 月	香港同胞	中国香港	房地产	304	–	–
绵阳市	四川中力电子有限公司	2004 年 12 月	华人	英国	电子产品	130	–	–
绵阳市	绵阳富安百货有限公司	2005 年 1 月	香港同胞	中国香港	商贸	142	–	–
绵阳市	绵阳仙海湖高尔夫球俱乐部公司	2005 年 3 月	香港同胞	中国香港	娱乐	121	–	–

续表 4－1

企业所在地	企业名称	企业成立时间	投资人身份	定居地	经营类别	注册资金	产值及营业额	实现利税
绵阳市	绵阳国虹通讯数码集团有限公司	2005 年 4 月	华人	维尔京群岛	商贸	2418	－	－
绵阳市	绵阳福安克斯科技有限公司	2005 年 4 月	华人	尼日利亚	商贸	7	－	－
绵阳市	绵阳瑞鑫达实业有限公司	2005 年 4 月	香港同胞	中国香港	房地产	2998	－	－
绵阳市	绵阳飞鑫实业有限公司	2005 年 5 月	华人	澳大利亚	商贸	280	－	－
绵阳市	四川先丰科技有限公司	2005 年 5 月	华人	维尔京群岛	商贸	100	－	－
绵阳市	四川古杉油脂化学有限公司	2005 年 7 月	华人	维尔京群岛	化工	260	－	－
绵阳市	四川长和科技有限公司	2005 年 8 月	香港同胞	中国香港	商贸	91	－	－
绵阳市	合生世纪（绵阳）家居有限公司	2005 年 8 月	香港同胞	中国香港	家私	6	－	－
绵阳市	四川景虹包装制品有限公司	2005 年 9 月	香港同胞	香港	包装工业	504	－	－
绵阳市	绵阳唐财开发建设有限公司	2005 年 9 月	香港同胞	中国香港	房地产	2000	－	－
绵阳市	绵阳利尔化工有限公司	2005 年 9 月	香港同胞	中国香港	化工	657	－	－
绵阳市	四川佳育皮革有限公司	2005 年 10 月	华人	维尔京群岛	皮革制品	50	－	－
绵阳市安县	四川安县纸业有限公司	2005 年 10 月	香港同胞	中国香港	造纸业	641	－	－
绵阳市三台县	剑峰泵业公司	2005 年	加籍华人	加拿大	工业水泵	200	－	－
遂宁市	四川天马玻璃有限公司	2001	华人	马来西亚	－	19683	26000	2000
宜宾市	四川宜宾叙府旅游开发有限公司	1993 年 6 月	香港同胞	中国香港	－	442	6164	53
宜宾市	宜宾五粮液包装材料有限公司	1994 年 8 月	香港同胞	中国香港	－	176	734	34
宜宾市	四川宜宾宜青工程建设有限公司	1994 年 11 月	香港同胞	中国香港	－	12	2	0.08
广安市	广安正大饲料有限公司	1999 年	香港同胞	中国香港	饲料生产	450	13374	200
广安市	华润蓝剑（广安）啤酒有限公司	2001 年	香港同胞	中国香港	啤酒生产	5657	16936	76
广安市	四川广安腾扩发制品有限公司	2002 年	香港同胞	中国香港	生产假发制品	800	1791	678

续表 4－1

企业所在地	企业名称	企业成立时间	投资人身份	定居地	经营类别	注册资金	产值及营业额	实现利税
广安市	岳池百江燃气有限公司	2004 年	香港同胞	中国香港	天然气项目开发	800	2262	791
巴中市通江县	中和水泥厂	2002 年	香港同胞	中国香港	－	3800	9600	550
巴中市通江县	通江县金苗粉业有限公司	2003 年	香港同胞	中国香港	－	3600	7900	350
雅安市	平安房地产开发有限公司	2000 年 5 月	华侨	美国	房地产	2248	1673	110
雅安市	雅安茶厂有限公司	2000 年 8 月	华侨	美国	农副业	1000	1799	1
雅安市	雅安市凯安林食品有限公司	2001 年 6 月	香港同胞	中国香港	食品	50	557	51
雅安市	迪泰（雅安）矿业有限公司	2001 年 6 月	香港同胞	中国香港	矿产	310	33	9
雅安市	四川德宏矿冶有限公司	2002 年 6 月	华人	巴拿马	矿产	1000	14000	178
雅安市	环球石材有限公司	2003 年 3 月	香港同胞	中国香港	石材	1700	596	96
雅安市	福荣冶金开发有限公司	2003 年 11 月	华人	加拿大	冶金	1500	4089	192
雅安市	利达矿业有限责任公司	2003 年 12 月	华侨	加拿大	矿产	120	300	65
眉山市彭山县	何昌化工	1994 年	华侨	马来西亚	化工	5000	5000	－
眉山市彭山县	高桥汽车修配厂	1994 年	华侨	日本	汽车修配	200	50	－
眉山市彭山县	皮肤病诊所	1996 年	华侨	美国	医疗	50	20	－
资阳市	四川半球封头制造有限公司	1995 年 1 月	香港同胞	中国香港	机械	3000	3000	600
资阳市	四川康盛（亚东）涂敷服务有限公司	1999 年 12 月	华人	维尔京群岛	防腐	260	500	100
资阳市	四川建乐种苗科研开发有限公司	2001 年 4 月	华人	美国	作物育种	500	800	200
资阳市	四川资阳博雅实业有限公司	2001 年 12 月	香港同胞	中国香港	餐饮和绿化	1120	600	150
资阳市	资阳百江燃气有限公司	2002 年 7 月	香港同胞	中国香港	燃气供应	989	2000	400
资阳市	四川澳士达牧业发展有限公司	2002 年 10 月	华人	利亚	羊肉加工	4000	5000	100
资阳市	四川正田生物药业有限公司	2003 年 3 月	香港同胞	中国香港	制药	2000	2000	100

续表4－1

企业所在地	企业名称	企业成立时间	投资人身份	定居地	经营类别	注册资金	产值及营业额	实现利税
资阳市	四川安岳华通柠檬开发有限公司	2003年10月	香港同胞	中国香港	柠檬加工	50	10000	2500
资阳市	乐至百江燃气有限公司	2003年12月	香港同胞	中国香港	燃气供应	1480	1500	300
资阳市	简阳百江燃气有限公司	2004年12月	香港同胞	中国香港	燃气供应	179	1800	360
资阳市	四川永宏肉类食品有限公司	2005年2月	香港同胞	中国香港	猪肉加工	766	0	0
资阳市	简阳市飞驶汽车零部件有限公司		华人	日本	汽车配件	220	300	60
凉山州普格县	普格豪吉集团有限公司	2001年9月	华人	瑞士	–	8000	21000	2400
凉山州西昌市	四川西昌信和硅业有限公司	2003年3月	香港同胞	中国香港	–	820	–	–
凉山州西昌市	凉山州政虹水电开发有限公司	2003年7月	香港同胞	中国香港	–	6640	–	–
凉山州西昌市	四川九鼎置业有限公司	2004年11	华人	澳大利亚	–	2000	–	–
凉山州西昌市	西昌市凯丰工业硅有限公司	2004年	华人	加拿大	–	492	–	–
凉山州西昌市	威格呜达（四川）矿业有限公司	2005年1月	香港同胞	中国香港	–	500	–	–
凉山州甘洛县	甘洛县金乐榕碳化硅有限公司	2005年6月	香港同胞	中国香港	–	200	–	–
合　计	159家	–	–	–	–	293886	233446	20717

说明：1. 统计资料来源于各市（州）政府侨务机构；

2. 统计截至2005年12月31日。统计的企业，系到2005年时仍存在的企业

2005 年四川省归侨侨眷企业情况表(不完全统计)

表 4-2 单位:万元、人

企业所在地	企业名称	企业成立时间	主管单位	企业性质	经营类别	注册资金	职工人数	
							总人数	归侨侨眷
成都市	四川三友股份有限公司	1993 年	无	民营	医疗	11000	1000	20
成都市	成都侨兴实业有限公司	1997 年	无	民营	生物化工	5000	400	15
成都市	四川华侨凤凰集团股份有限公司	1989 年	无	民营	农业产品	10000	2000	60
自贡市	自贡龙泰科技实业有限公司	1991 年	–	民营	化工材料	205	12	3
自贡市	富顺县共和纸厂	1994 年	–	民营	造纸业	530	68	12
自贡市	沿滩区兴侨家具装饰工程部	1995 年 6 月	–	民营	服务业	10	12	2
自贡市	晨辉弹簧制造公司川南经销处	1996 年	–	民营	服务业		4	2
自贡市	自贡华刚耐磨材料有限公司	1997 年	–	民营	冶金加工	300	93	5
自贡市	世纪女性用品专卖店	1997 年	–	民营	商业	10	8	1
自贡市	自贡市侨兴娱乐部	1988 年	–	个体	服务业	2	4	1
自贡市	自贡企辉商贸有限公司	1998 年	–	民营	房产地开发	200	55	9
自贡市	自贡市华侨实业公司	1999 年	–	民营	酒类专买和商品批发	250	9	2
自贡市	自贡市侨联职介所	1999 年	–		咨询	5	3	1
自贡市	自贡金鹏实业有限公司	2000 年	–		房地产开发	100	9	
自贡市	汇东丹桂茶楼	2001 年	–	民营	服务业	25	15	1
自贡市	自贡市汇东鼎立装饰设计部	2001 年	–	个体	服务	5	8	1
自贡市	四川升拓检测技术有限公司	2002 年	–	民营	生产科研咨询	60	10	5
自贡市	自贡齐天鳝鱼火锅店	2003 年	–	民营	饮食服务	300	240	3
自贡市	凤凰集团自贡饲料有限公司	2003 年	–	民营	饲料	320	70	
自贡市	自贡市侨联工贸公司	–	–	民营	商贸	1300	24	3
自贡市	自贡市普诺科技有限公司	–	–	民营	计算机开发	30	8	1
自贡市	自贡达安汽车运输有限公司	–	–	民营	运输	50	52	
自贡市	自贡大安龙门饭店有限公司	–	–	–	餐饮服务	10	18	2

续表 4－2

企业所在地	企业名称	企业成立时间	主管单位	企业性质	经营类别	注册资金	职工人数	
							总人数	归侨侨眷
自贡市	四川阿细食业有限公司	–	–	–	餐饮服务	150	290	4
攀枝花市	侨发钢门窗厂	1993 年 5 月	–	民营	加工业	3	3	1
攀枝花市	帝旺有限公司	1996 年 6 月	–	民营	服务业	30	30	7
泸州市泸县	利达玻璃	1996 年 5 月	玄滩镇	私营	建材	600	300	11
泸州市合江县	龙凤侨煤巴厂	1998 年 1 月	合江镇工商所	个体	能源	3	4	4
泸州市龙马潭区	龙马潭区五交化有限公司批发部	1999 年	–	私营	交电批发	20	7	4
泸州市纳溪区	天仙洞鼓耳石餐厅	2000 年 6 月	–	私营	服务	30	6	1
泸州市纳溪区	泸州锦丰苑酒业公司	2002 年 7 月	–	个体	酒类	100	34	3
泸州市合江县	车辋木材加工厂	2003 年 1 月	车辋镇企办	个体	竹木	5	7	3
泸州市纳溪区	丽彬洗脚城	2003 年 6 月	–	私营	服务	40	14	1
绵阳市	四川侨兴实业有限公司	1997 年 3 月	–	个人	投资	560	6	4
绵阳市	四川绵阳金地高科种业有限公司	1997 年 7 月	–	个人	种子	960	23	10
绵阳市三台县秋林镇	洪发餐厅	1997 年	工商局	个体	餐饮业	3	4	4
绵阳市三台县潼川镇	杜忠志诊所	1997 年	卫生局	个体	药品	2	2	2
绵阳市三台县乐安镇	廖其贵浴室	2002 年	工商局	个体	浴室	2	2	2
绵阳市游仙区	新华建筑公司	2003 年 11 月	石马镇	个体	建筑工程	200	50	1
绵阳市游仙区	绵阳精英厨校	2004 年 1 月	游仙经济试验区	个体	厨师学校	50	18	1
绵阳市游仙区	四川圣地道鞋业有限公司	2004 年 4 月	游仙经济商务局	个体	工艺鞋业	80	20	2
绵阳市	四川绵科种业有限公司	2004 年 12 月	–	个人	种子	152	11	6
绵阳市三台县潼川镇	后北街药店	2004 年	卫生局	个体	药品	2	2	1

续表 4－2

企业所在地	企业名称	企业成立时间	主管单位	企业性质	经营类别	注册资金	职工人数	
							总人数	归侨侨眷
内江市资中县	华侨医院	1989 年	资中县侨联		医疗	28	7	3
内江市隆昌县	四川蒙德尔工业有限公司	2002 年	县经委	私营	汽摩配件	800	86	－
内江市资中县	金太阳家政服务公司	2003 年	－	私营	服务	5	46	3
内江市资中县	银山金子铺汽车修理厂	－	－	个体	修理	8	8	3
内江市资中县	稻香农业科技示范园	－	－	个体	种植养殖业	40	4	3
内江市资中县	杨九华系列企业	－	－	私营	服务	280	54	3
内江市资中县	名优苗圃繁育场	－	－	私营	种植业	30	32	3
内江市资中县	春行酒厂	－	－	私营	酿造	30	12	3
内江市市中区	比尔金礼品有限公司	－	－	私营	商贸	35	16	3
内江市市中区	金菊形象设计公司	－	－	私营	服务	20	－	－
内江市市中区	南门大酒店	－	－	个体	服务	－	－	－
内江市市中区	环宇防火公司	－	－	私营	轻工	30	21	12
内江市威远县	侨生能源公司	－	－	民营	开采	600	600	45
内江市威远县	三华食品公司	－	－	私营	食品	160	200	12
内江市威远县	金土地发展公司	－	－	个体	种植服务	30	30	12
内江市威远县	玻璃装饰公司、	－	－	个体	服务	5	6	3
内江市威远县	宏达酒楼	－	－	个体	服务	10	12	3
内江市威远县	汽车运输公司	－	－	个体	运输	8	1	1
乐山市犍为县	新兴建材厂	1989 年	乡企局	私营	瓷砖	200	320	16
乐山市井研县	乐山电焊机厂	1991 年	研城镇税务所	私营	机械制造	118	40	1
乐山市峨眉山市	万辛草席编织厂	1992 年	乡企局	私营	草席生产加工	100	60	3

续表 4－2

企业所在地	企业名称	企业成立时间	主管单位	企业性质	经营类别	注册资金	职工人数	
							总人数	归侨侨眷
乐山市犍为县	犍为县安建公司	1994 年	乡企局	私营	建筑	100	130	9
乐山市犍为县	文氏食品厂	1996 年	乡企局	私营	食品	10	13	
乐山市犍为县	丽晶家私城	1996 年	乡企局	私营	家私	50	20	5
乐山市犍为县	前工阀门厂	1997 年	乡企局	私营	阀门	120	80	13
乐山市犍为县	吉达出租汽车公司	1998 年	建设局	私营	出租车	50	49	3
乐山市沙湾区	太平侨兴养殖场	2002 年		民营	养殖仔猪禽类	120	8	4
乐山市犍为县	废旧汽车回收公司	2003 年	乡企局	私营	汽车报废回收	320	10	2
乐山市犍为县	川南阀门厂	2004 年	乡企局	私营	阀门	13	40	
南充市	果州房地产开发有限公司	1987 年 8 月	–	私营	房地产	150	50	23
南充市	南充侨台房地产公司	1989 年 7 月	–	私营	房地产	100	27	15
南充市	隆鑫房地产开发集团公司	1991 年 8 月	–	私营	房地产	290	47	19
南充市	德坤家私有限公司	1993 年 3 月	–	私营	家具产销	100	5	5
南充市	六合集团公司	2004 年 10 月	–	私营	服装丝绸	450	380	6
宜宾市	宜宾市侨联金属塑料制品厂	1986 年	–	个体		100	8	
广安市	岳池县华侨企业公司	1985 年 4 月	岳池县侨联	集体	百货批零	40	8	2
广安市	岳池县华侨送变电工程公司	1985 年 12 月	岳池县侨联	集体	送变电安装、建筑	4500	1500	15
广安市	武胜县陵泉酒厂	1994 年 6 月	武胜县侨办	集体	白酒制造	12	30	15
广安市	岳池县金福彩瓦厂	2001 年 6 月	岳池县侨联	个体	街面砖	26	18	3
广安市	武胜县金欣拍卖公司	2002 年 9 月	武胜县侨办	股份制	服务	160	10	5
广安市	邻水县港龙加油站	2002 年 10 月	–	个体	汽油和柴油	120	4	2
广安市	邻水县北金拓万材置业有限公司	2005 年 3 月	–	集体	房地产	50	11	1

续表 4－2

企业所在地	企业名称	企业成立时间	主管单位	企业性质	经营类别	注册资金	职工人数	
							总人数	归侨侨眷
达州市达县	四川省署达化工有限公司	2002 年 6 月	达县经贸委	个体	化工产品		50	25
巴中市平昌县	平昌县精细化工厂	1995 年	县侨办	集体	电子节能灯	25	15	12
巴中市平昌县	平昌县燃料公司	1995 年	县侨办	集体	液化气和石油	30	10	10
眉山市东坡区	映天学校	1993 年	－	个体	学校	3000	132	4
眉山市东坡区	口腔门诊	1993 年	－	个体	卫生	70	3	2
眉山市东坡区	益仁药堂	1993 年	－	个体	卫生	20	2	2
眉山市东坡区	泰昌食品有限公司	1994 年	－	个体	食品	50	20	5
眉山市东坡区	舍柯装饰广告公司	1996 年	－	个体	装饰	50	6	3
眉山市仁寿县	四川龙乐水电设备有限公司	1998 年	－	个体	水电	185	32	3
资阳市	资阳市精工砖机厂	1989 年	经济局	民营	机械制造	50	100	4
资阳市	四川宏天机械有限公司	1993 年 12 月	经济局	民营	机械制造	254	74	4
资阳市	乐至县麒麟打字服务社	1994 年 9 月	经济局	民营	文印服务	2	11	2
资阳市	安岳县两板桥饮食店	2000 年 1 月	经济局	民营	餐饮服务	30	15	2
资阳市	若愚路桥建筑工程有限公司	2000 年 6 月	经济局	民营	建筑	500	589	20
资阳市	侨兴服装责任有限公司	2002 年 3 月	经济局	民营	制衣	50	60	6
资阳市	四川川空换热器有限公司	2002 年 7 月	经济局	民营	机械制造	984	185	6
资阳市	成都文通计算机专业学校乐至分校	2004 年 1 月	经济局	民营	电脑培训	3	5	1
资阳市	四川川桂天威轮胎有限公司	2004 年 6 月	经济局	民营	制造	295	15	0
资阳市	简阳市瑞港食品有限公司	2004 年 11 月	经济局	民营	食品加工	50	0	0
资阳市	若愚粮业有限公司	2005 年 11 月	经济局	民营	粮食加工	2280	50	6
资阳市	安岳县小天鹅酒家	－	经济局	民营	餐饮服务	100	40	8
凉山州西昌市	瑞丰美容美发	1996 年 11 月	－	个体	美容美发	11	11	1

续表 4－2

企业所在地	企业名称	企业成立时间	主管单位	企业性质	经营类别	注册资金	职工人数	
							总人数	归侨侨眷
凉山州西昌市	中山老年儿童专科医院	2001 年 1 月	–	个体	医院	200	47	3
凉山州西昌市	天地网城	2001 年 4 月	–	个体	网吧	20	4	2
凉山州西昌市	中山友园	2002 年 4 月	–	个体	餐饮	50	50	6
凉山州西昌市	西康旅社	2002 年 12 月	–	个体	住宿	100	2	2
凉山州西昌市	大为车辆公司	2002 年 9 月	–	个体	车辆销售	50	5	3
凉山州西昌市	南极星科技	2004 年 8 月	–	个体	电脑设备	5	7	2
合　计	130 家	–	–	–	–	51771	10642	687

说明：1. 统计资料来源于各市（州）政府侨务机构；
2. 统计截至 2005 年 12 月 31 日。统计的企业，系到 2005 年时仍存在的企业

第五篇　捐　赠

华侨华人与港澳台同胞素有爱祖国、爱家乡和扶贫济困的传统美德。随着中国改革开放的不断深入，以及侨务政策法规的全面贯彻执行，他们对祖国（祖籍国）、对家乡的热爱之情越来越强烈，捐赠越来越多。四川省通过制定和贯彻捐赠政策法规，通过实施“侨心工程”，加强了对华侨华人与港澳台同胞捐赠的引导、服务和管理，使捐赠工作健康发展，为全省贫困地区公益事业做出了积极贡献。

第一章　捐赠状况

第一节　捐赠范围与数量

据不完全统计，1986—2005 年，在华侨华人、港澳台同胞中有 337 名个人、89 个单位在四川省各地捐赠，共计捐赠 809 次，捐赠总金额为 40342.0848 万元。其中，个人捐赠 538 次，捐赠金额 32431.3838 万元；单位捐赠 271 次，捐赠金额 7910.701 万元。

一、扶持教育事业

华侨华人、港澳台同胞扶持教育事业的捐赠共计 22383.0448 万元。其中：17092.056 万元用于新建或者改建学校，共计新建或者改建学校 667 所，其中小学 625 所，初级中学 13 所，高级中学 24 所，大学教学楼 5 座；1200.6088 万元用于扶助贫困学生，共计扶助贫困学生 31435 人；1436.52 万元用于奖励优秀学生，设立奖学金 25 个；2653.86 万元用于支持其他教育事业。

二、扶持卫生事业

华侨华人、港澳台同胞扶持卫生事业的捐赠共计 1599.62 万元。其中：354.86 万元用于修建乡镇卫生院，共计修建卫生院 20 所；100.4 万元用于防治疾病；其余的 1144.36 万元是捐赠的医疗设备等。

三、扶持文化事业

华侨华人、港澳台同胞扶持文化事业的捐赠共计 2648.2 万元。其中：861 万元用于图书馆建设；407.5 万元用于邓小平故里“华侨林”、聂荣臻元帅陈列馆、彭家珍大将军专祠建设；1058 万元用于古迹维修；321.7 万元用于其他文化事业建设。

四、救济弱势群体

华侨华人、港澳台同胞救济弱势群体的捐赠共计 10384.77 万元。其中：1808.93 万元用于救济残疾人，据不完全统计，共计救济残疾人 2073 人；57.21 万元用于救济孤儿和孤寡老人，共计救济孤儿或孤寡老人 1612 人；8518.63 万元用于救济贫困人员等，据不完全统计，已救济贫困户 20682 户。

图5－1 2004年12月中旬，香港福慧慈善基金会向四川省达州、阿坝等市（州）的贫困地区捐赠冬赈物资。次年1月上旬，省侨办副主任曾廷忠赴阿坝州茂县为贫困农户发送捐赠棉被等 （省侨办 供图）

五、支援受灾地区

华侨华人、港澳台同胞支援受灾地区的捐赠共计402.95万元。其中：大部分是大米、衣物、棉被、药品等物资。

六、支援其他事业

除上述外，华侨华人、港澳台同胞还有支援其他事业的捐赠，这部分金额为2923.5万元。其中：1300万元用于工厂建设；303.2万元用于农村交通、水利等建设；500万元用于生态环境改善；100万元用于畜牧业发展；720.3万元用于增加人民警察风险基金、支援卧龙大熊猫研究等。

第二节 捐赠事例举要

一、个人捐赠

吴仲良捐赠 吴仲良，美籍华人，男，1921年出生，四川省资阳市乐至县龙门乡人。1949年随兄去台湾，1968年移居美国纽约。在美国主要从事餐饮业。他出身于贫寒农民家庭，3岁时父母相继去世，11岁时出外在成都等地做小生意，后来在上海等地的餐馆当学徒，学得一手做中国菜的好手艺。以后，经过勤奋努力，在美国与人合股经营“四川饭店”“北京饭店”“重庆饭店”和“成渝饭店”，独自经营“川味餐馆”等，取得成功，获得财富。他长期过着简朴生活，思念祖籍国和家乡，将大量资金用于支援家乡的公益事业建设。为了捐资助学，他自1979年第一次回过家乡后至2005年，在这26年中曾45次从美国返回中国。

图5-2　2000年4月29日，美籍华人吴仲良（前右）在中共四川省委副书记、四川省人民政府常务副省长杨崇汇（前左）陪同下参加其捐建的乐至县吴仲良中学教学楼落成典礼　（省侨办　供图）

1986年10月，捐赠58.16万元，修建内江市乐至县（今属资阳市）三星桥吴仲良初级中学。

1988年4月，捐赠1.37万元，修建乐至县三星桥圣灯村小学、幼稚园。

1988年5月至2004年，先后共计捐赠419.5万元，改造乐至县吴仲良中学。

1989年7月至2004年，先后共计捐赠300万元，设立乐至县“吴仲良教学奖励基金会”。

1992年，捐赠5万元，修建乐至县三星桥吴仲良敬老院；捐赠15万元，支援兴办乐至县教育和公益福利事业。

1994年，捐赠20万元，修建乐至县三星桥吴仲良初级中学教工宿舍。

1995年，捐赠3万元，设立乐至县“吴仲良福利基金”。

1997年，捐赠200万元（每所学校25万元），修建内江市资阳市（2000年6月为资阳市雁江区）宝台镇吴仲良第一小学、资阳市（2000年6月为资阳市雁江区）保和镇吴仲良第二小学、简阳市施家镇吴仲良第四小学、资中县城南开发区吴仲良第五小学、乐至县龙门乡三星桥吴仲良第六小学、资阳市（2000年6月为资阳市雁江区）丹山镇吴仲良第八小学、东兴区吴仲良第九小学、威远县吴仲良第十小学。

1998年，捐赠25万元，修建内江市东兴区吴仲良第三小学；捐赠25万元，修建内江市乐至县天池镇吴仲良第七小学；捐赠40万元，修建资阳地区安岳县龙台镇吴仲良第二初级中学；捐赠40万元，修建内江市资中县罗泉镇吴仲良第三初级中学。

1999年，捐赠25万元，修建资阳地区乐至县吴元鑫小学；捐赠25万元，修建内江市隆昌县金鹅镇吴元明小学；捐赠40万元，修建资阳地区安岳县通贤镇吴文林初级中学；捐赠40万元，修建简阳市五合乡吴文森初级中学；捐赠91万元，修建乐至县吴仲良“爱心堂”。

2001年，捐赠120万元（每所学校40万元），修建资阳市雁江区临江镇吴文纯初级中学、资阳市简阳市镇金镇吴文雅初级中学、资阳市安岳县永胜镇吴文洁初级中学。

2002年，捐赠25万元，修建资阳市乐至县三星桥吴元奇小学；捐赠40万元，修建资阳市安岳县驯龙镇吴文缴初级中学；捐赠40万元，修建内江市隆昌县云顶镇吴文琴初级中学。

2005年，捐赠120万元（每所学校30万元），修建资阳市简阳市新市镇吴仲良第四初级中学、资阳市雁江区清水乡吴仲良第五初级中学、资阳市乐至县石湍镇吴仲良第六初级中学、资阳市安岳县林凤镇吴仲良第七初级中学。

除以上外，还捐赠10.74万元，救济贫困学生、孤儿和残疾人。

1986—2005年，吴仲良向四川省共计捐赠1728.77万元，在当地政府的合作下，修建幼儿园1所、小学14所、初级中学14所、高级中学1所、敬老院1所，建立教学奖励基金会1个，奖励优秀师生5600余人，救济贫困学生1365人、孤儿306人、残疾人4人。1998年4月1日，吴仲良被内江市人民政府授予“内江市荣誉市民”称号。吴仲良是截至2005年底在四川省捐赠时间最长、捐建学校最多、捐资金额最大的川籍海外华人。他曾先后四次受国务院侨办的邀请，到北京参加国庆观礼活动，被列为100名华侨代表之一。

汤福荣捐赠 汤福荣，澳门同胞，男，1928年出生，广东省中山市人，定居澳门，在澳门从事餐饮业，是澳门西南饭店董事长。他出身贫寒，少年时代历经战争和磨难；当过乞丐、苦力和学徒。后来经过努力，积聚了财富，把大量资金用于扶贫济困，自己却住在60平方米的房子里，过着俭朴的生活。

图5-3 1997年10月31日，汤福荣（中）为他捐建的达县陈兰定学校落成剪彩 （省侨办 供图）

1994年，与友人冯志康、柴标叔捐赠16万元，修建乐山市仁寿县青岗乡双店村冯志康小学；捐赠6万元，修建乐山市仁寿县龙马镇红云村红云小学；捐赠8万元，修建乐山市仁寿县府君乡府君初级中学。

1996年5月，与友人冯钜泉、冯保、冯志康、邱美玲捐赠8万元，修建乐山市仁寿县满井镇半山村钟家小学；11月，汤福荣捐赠20万元，修建达川地区渠县义和乡中心校；同月，汤福荣捐赠10万元，修建达川地区渠县柏水乡福荣小学。

1997年2月，捐赠20万元，修建乐山市仁寿县五福乡鸳鸯村李秀琼学校；3月，捐赠20万元，修建达川地区达县福善乡陈兰定学校（以汤福荣母亲的名字陈兰定命名）；11月，捐赠30万元（每所学校15万元），修建巴中地区通江县曲滨乡谷山包村汤福荣第三小学和巴中地区通江县曲滨乡九龙庙村汤福荣第四小学；12月，捐赠20万元（每所学校10万元），修建南充市西充县多扶镇潮音寺村汤福荣第一小学和南充市西充县宏桥乡青龙嘴村汤福荣第二小学；同月，捐赠20万元，修建南充市西充县中南乡汤福荣第一卫生院。

1998年，与他的友人冯志强、黄志成共捐赠81万元，修建乐山市马边彝族自治县梅子坝乡中心小学、瓦候库乡中心小学、二坪乡中心小学、建设乡八一村小学、劳动乡盘沱村小学。

1999年，捐赠20万元，修建达州市通川区民族小学（汤福荣第九小学）；捐赠10万元，修建达州市通川区魏兴乡凤尾村汤福荣第五小学；捐赠15万元，修建达州市达县景市镇汤福荣第六小学；捐赠11万元，修建南充市高坪区青莲镇六村汤福荣第八小学；捐赠43万元，修建南充市顺庆区芦溪镇徐家村希望小学。

2000年，捐赠15万元，修建自贡市沿滩区汤福荣第十小学；捐赠10万元，修建达州市通川区复兴镇汤福荣第十二小学；捐赠20万元，修建南充市嘉陵区木老乡卫生院。

2001年，捐赠60万元（每所学校10万元），修建达州市达县赵家镇汤福荣第十一小学、南充市顺庆区金台镇二村汤福荣第十三小学、达州市达县赵家镇汤福荣第十五小学、达州市通川区盘石乡汤福荣第十六小学、雅安市石棉县安顺乡汤福荣第十七小学、雅安市名山县马岭镇汤福荣第十九小学；捐赠15万元，修建广元市市中区工农镇汤福荣第十八小学。

2002年，捐赠15万元，修建芦山县思延乡第二小学；捐赠20万元，修建南充市嘉陵区李渡镇汉塘村小学；捐赠15万元，修建遂宁市大英县汤福荣第二十二小学；捐赠15万元，修建雅安市名山县毛和乡汤福荣第二十三小学；捐赠16万元，修建乐山市沐川县“福荣”大桥。

2003年，捐赠17万元，修建乐山市市中区石龙乡卫生院。

2004年，捐赠17万元，修建乐山市井研县汤均梃学校；捐赠12万元，修建巴中市南江县黑潭乡果园村小学；捐赠8万元，修建巴中市南江县凤仪乡清花村小学；捐赠18万元，修建乐山市犍为县李秀琼大桥。

2005年，捐赠20万元，修建巴中市通江县草池乡小学；捐赠8万元，修建南充市西充县宏桥乡五村汤福荣第二十一小学。

除以上外，还有其他捐赠。

1994—2005年，汤福荣向四川省共计捐赠707.53万元，在当地政府的合作下，修建小学38所、初级中学1所、乡镇卫生院3所、乡村桥梁2座，救济贫困农民950户、残疾人40人、贫困学生524人。1997年10月31日，汤福荣被达川行署授予“达川地区荣誉公民”称号；1999年8月10日，汤福荣被乐山市人民政府授予“乐山市荣誉市民”称号。

汪漱芬捐赠 汪漱芬，法籍华人，女，1924年出生，2006年辞世。她生在苏州，长于上海。早年赴法、意留学，专修声乐。中华人民共和国成立后，曾回国参加建设。自1962年起，因身体原因，一直在法国定居。1986年8月24日，法国上海联谊会在法国巴黎成立，她任会长。1992年6

月，她辞去法国上海联谊会会长职务，在法国巴黎成立法国华侨教育基金会。法国华侨教育基金会由9名分布在美国、法国和英国等地的著名华侨、华人学者、教授、艺术家和企业家组成常务委员会，另聘10多名各界人士作顾问，她被大家推选为会长。她在简陋的办公室墙上挂起了“国家兴亡匹夫有责”“促进教育振兴中华”的条幅及介绍“希望工程”的照片。1994年10月，一次偶然的机会，她与四川省人民政府侨务办公室建立了联系。她对省侨办侨联实施的“侨心工程”进行了研究，认为“侨心工程”和“希望工程”一样，是造福千秋万代的善事，因此，对实施“侨心工程”大力支持。

1995年4月，她捐赠40万元，修建宜宾地区兴文县久庆镇法国华侨教育基金会第一小学。

1997年，法国华侨教育基金会捐赠48万元，修建宜宾地区屏山县新安镇黄曹凤贞纪念学校；她捐赠40万元，修建内江市东兴区法国华侨教育基金会第三小学校。

1998年，法国华侨教育基金会捐赠20万元，修建雅安地区名山县茅河乡中心小学。

汪漱芬是张大千的挚友。在她和艾昂结婚时，张大千曾赠送给他们两幅字画。2000年8月，汪漱芬将珍藏了几十年的这两件心爱墨宝在中国上海市拍卖，共获得20万元，将其全部捐赠给四川省修建内江市市中区张大千纪念小学。

2004年5月，法国华侨教育基金会捐赠20万元，修建雅安市天全县仁义乡单姚莉莉纪念小学。

2005年，法国华侨教育基金会捐赠25万元，修建资阳市乐至县天池镇仙鹤董美珍小学；捐赠20万元，修建绵阳市盐亭县大兴回族乡法国华侨教育基金会第十二小学。

1995—2005年，汪漱芬和她领导的法国华侨教育基金会向四川省共计捐赠233.5万元，在当地政府的合作下，修建小学8所，资助贫困学生126人。

邵逸夫捐赠 邵逸夫，香港同胞，男，1907年出生，浙江省宁波市人，定居香港，主要在香港

图5-4 2001年9月22日，汪漱芬（左起第六）和她的丈夫让·艾昂（左起第八）同英国华侨教育基金会会长单声（左起第四）为新建的张大千纪念小学落成剪彩

（省侨办 供图）

等地从事影视业，是邵氏兄弟（香港）有限公司主席兼执行董事、电视企业（控股）有限公司董事会主席。

1990 年，捐赠 1000 万元，修建西南交通大学教学楼。

1991 年，捐赠 1000 万元，修建 17 所中小学教学楼。

1992 年，捐赠 220 万元，修建自贡市蜀光中学逸夫楼。

1995 年，捐赠 88 万元，修建广安友谊中学电教楼；捐赠 44 万元，修建绵阳市安县安昌镇小学教学楼；捐赠 88 万元，修建巴中地区平昌县中学。

1996 年，捐赠 80 万元，修建成都市第七中学逸夫楼（图书馆）；捐赠 88 万元，修建成都市石室中学“逸夫艺术楼”；捐赠 60 万元，修建自贡市沿滩区逸夫小学；捐赠 88 万元，修建绵阳南山中学教学楼；捐赠 80 万元，修建甘孜藏族自治州炉霍县中学逸夫教学楼。

1997 年，捐赠 70 万元，在宜宾市兴文县和长宁县各修建小学 1 所。

1998 年，捐赠 70 万元，修建资阳地区资阳市中学；捐赠 50 万元，修建自贡市荣县中学逸夫图书馆；捐赠 60 万元，修建绵阳中学教学楼。

1999 年，捐赠 15 万元，修建乐山市井研县城北小学逸夫楼；捐赠 30 万元，修建自贡市富顺县富和小学逸夫楼；捐赠 26 万元，修建阿坝藏族羌族自治州九寨沟县漳扎镇逸夫小学。

2002 年，捐赠 80 万元，修建乐山市井研县中学逸夫楼。

2005 年，捐赠 40 万元，修建资阳市简阳市石盘镇逸夫小学。

据不完全统计，1990—2005 年，邵逸夫向四川省共计捐赠 3277 万元，在当地政府的合作下，修建学校 7 所（其中小学 5 所、中学 2 所），大学、中学、小学教学楼 28 座，图书馆 2 个。

二、单位捐赠

美国欣欣教育基金会捐赠 美国欣欣教育基金会，由多位年逾古稀的美籍华人倡导，于 1997 年在美国加州旧金山成立。荣誉理事长：祖炳民（殁）；现任理事长：臧大化；创会会长：邵中权；前任会长：臧大化；现任会长：朱伟人。基金会的宗旨是捐助资金，协助中国偏远贫困地区兴建学校，改善教学环境，完成国民基础教育。

2002 年 12 月，捐赠 15 万元，修建南充市同德乡欣欣小学。

2003 年，捐赠 8 万元，修建宜宾市高县蕉村镇文治村黄渝生欣欣小学；捐赠 8 万元，修建宜宾市长宁县长宁镇安南盘村吴哲儒欣欣小学；捐赠 8 万元，修建阿坝藏族羌族自治州九寨沟县安乐乡林氏欣欣小学。

2004 年，捐赠 8 万元，修建南充市高坪区胜观乡龙王塘小学；捐赠 8 万元，修建南充市嘉陵区大和乡邓家沟联合小学；捐赠 8 万元，修建宜宾市筠连县武德乡罗昔安欣欣小学；捐赠 8 万元，修建宜宾市宜宾县合什镇罗彤云欣欣小学；捐赠 8 万元，修建宜宾市长宁县开佛乡吴绍珍欣欣小学；捐赠 8 万元，修建雅安市宝兴县穆坪镇胜利小学；捐赠 8 万元，修建遂宁市射洪县官升镇朱家庵小学。

2005 年，捐赠 8 万元，修建宜宾市宜宾县隆兴乡天琪欣欣小学；捐赠 8.5 万元，修建简阳市新市镇仁义村小学；捐赠 8 万元，修建达州市通川区东岳乡凤凰村欣欣小学；捐赠 8 万元，修建达州市达县金石乡破石村林氏欣欣小学；捐赠 8.2 万元，修建巴中市巴州区茶坝镇金鱼村林氏欣欣小学；

捐赠8万元，修建甘孜藏族自治州色达县塔子乡小学。

除以上外，还有其他捐赠。

2002—2005年，美国欣欣教育基金会向四川省共计捐赠147.72万元，在当地政府的合作下，修建小学17所。

美国唐仲英基金会捐赠 美国唐仲英基金会，由唐仲英创立。唐仲英，1930年出生，江苏省吴江市人，美籍华人。他涉足多种行业，被誉为“钢铁大王”。1999年，唐氏工业集团被美国“福布斯”杂志排名为全美私人公司第157位。自1995年起，唐仲英在美国先后创立了三个基金会：唐仲英基金会（中国）、唐仲英基金会（美国）和唐氏中药研究基金会。唐仲英基金会（中国）与唐仲英基金会（美国）致力于教育、医疗和社区发展三大领域的资助活动；唐氏中药研究基金会旨在融合中西方技术与手段，应用于现代中药的研究开发，将中药这一中华民族的瑰宝推广到世界各地，造福社会。

1998年，捐赠8万元，修建遂宁市船山区仁里镇中心小学；捐赠8万元，修建遂宁市大英县通仙乡小学；捐赠8万元，修建遂宁市大英县通仙乡高峰小学。

2000年，捐赠8万元，修建遂宁市射洪县太和镇武安街道小学；捐赠8万元，修建遂宁市射洪县洋溪镇刘氏祠村小学；捐赠8万元，修建遂宁市蓬溪县鸣凤镇小学。

2001年，捐赠8万元，修建广安市武胜县万隆镇大垭口村基点校；捐赠8万元，修建广安市广安区枣山镇鞍山强华小学；捐赠8万元，修建凉山彝族自治州西昌市黄联关镇哈土小学；捐赠8万元，修建凉山彝族自治州西昌市四合乡团结小学。

2002年，捐赠8万元，修建南充市嘉陵区安平镇十一村小学。

2003年，捐赠8万元，修建遂宁市蓬溪县文井镇小学；捐赠16万元，修建达州市达县平滩乡茂花村小学。

2004年，捐赠18万元，修建广元市市中区盘龙镇第一小学。

除以上外，还有其他捐赠。

1998—2005年，美国唐仲英基金会向四川省共计捐赠131.75万元，在当地政府的合作下，修建小学14所；救济贫困学生116人。

香港福慧慈善基金会捐赠 香港福慧慈善基金会，是由香港同胞严宽祜向香港特区政府提出申请，于1997年10月31日获得批准成立的。基金会主席：严宽祜；会长：李焯芬（香港大学常务副校长）；副会长：陆志华（美艺有限公司董事长）、严崔常敏（严宽祜夫人）；秘书：谭溢鸿（万基集团有限公司总经理）；董事：李美贤（香港高等学府专业讲师）、陆邱惠南（陆志华夫人）、翁裕雄（资深西医师，香港佛光协会会长）、严曙东（原香港政府翻译署总主任）、陈万雄（商务印书馆［香港］有限公司总经理）、关保卫（加拿大资深会计师）、张崔常祥（香港佛教联合会常务董事）、郑李孝惠（香港200TOY有限公司董事）、温丽华（基金会驻美代表）。全国政协副主席、中国佛教协会会长赵朴初为该会题写会名。到2002年底，基金会拥有基金逾3000万元港币。其中严宽祜夫妇认捐数占三分之二。基金会的主要计划，是在香港特区和内地各地区进行各项非牟利的福利事业，捐建小学教学楼，助学助教，助养孤儿，救济残疾人，供养僧尼。

2000年，捐赠12万元，修建德阳市福慧助有小学；捐赠10万元，修建德阳市福慧式殷小学。

2001年，捐赠10万元，修建绵阳市三台县争胜乡福慧瑞华小学；捐赠20.4万元，修建泸州市合江县密溪乡聚宝小学；捐赠10万元，修建泸州市纳溪区护国镇福慧梁植勋小学；捐赠10万元，修建泸州市叙永县天池镇福慧立强小学。

2002年，捐赠16.2万元，修建宜宾市南溪县马家乡福慧刘赐根小学；捐赠10万元，修建泸州市合江县白沙镇福慧伟邦小学；捐赠12万元，修建巴中市南江县八庙乡福慧小学；捐赠10万元，修建巴中市巴州区关公乡东门村小学；捐赠16万元，修建巴中市平昌县六门乡福慧中心小学；捐赠15万元，修建乐山市沐川县福慧大楠卫生院。

2003年，捐赠15万元，修建达州市通川区北外镇徐家坝小学；捐赠13万元，修建雅安市名山县红岩乡卫生院；捐赠54万元（每所学校18万元），修建广元市市中区荣山镇第三小学、市中区大石镇小学、青川县红光乡小学。

2004年，捐赠15万元，修建乐山市沐川县方菊娥小学；捐赠18万元，修建南充市蓬安县碧溪乡福慧元果第四小学；捐赠20万元，修建广元市市中区白朝乡王郑素卿小学；捐赠12万元，修建南充市南部县丘垭乡小学；捐赠17万元，修建广安市武胜县新学乡小学；捐赠15万元，修建凉山州西昌市安宁镇小学；捐赠15万元，修建南充市蓬安县徐家卫生院。

2005年，捐赠15万元，修建乐山市峨眉山市福慧高娣华学校；捐赠40万元，修建南充市福慧马鞍中学；捐赠30万元，修建达州市达县福慧廷芳第一中学；捐赠25万元，修建达州市达县福慧杨启华小学；捐赠21万元，修建巴中市福慧德辉中心小学；捐赠10万元，修建甘孜藏族自治州康定县甲根坝乡呷巴小学；捐赠10万元，修建甘孜藏族自治州丹巴县巴底乡琼山小学；捐赠10万元，修建甘孜藏族自治州丹巴县喇嘛寺小学；捐赠15万元，修建达州市达县斌郎乡福慧元果第二医院。

除以上外，还有其他的捐赠。

2000—2005年，香港福慧慈善基金会向四川省共计捐赠711.12万元，在当地政府的合作下，修建小学27所、中学2所、卫生院4所，救济贫困学生1081人、孤儿348人、残疾人1630人、贫困农牧民500户。

香港应善良福利基金会捐赠 香港应善良福利基金会，由沈炳麟创办。沈炳麟，1913年出生，浙江省宁波人，香港同胞。早年在上海经营草帽买卖，后移居香港创业，主要经营服装业务，是香港大业织造有限公司董事长。20世纪30年代，他在上海创办“炽丰华行”，设立了“应善良”（股东）的账户，并以“应善良”股东的名义在上海《申报》设立“应善良奖学金”，帮助因家境贫寒难以求学的学生完成学业，从此启动了应善良福利基金会的福利事业。自20世纪80年代后，沈炳麟设立应善良福利基金会上海办事处，以应善良福利基金会名义，陆续在国内27个省（市、自治区）资助社会公益福利事业。应善良福利基金会的捐赠宗旨是：“扶贫救灾，雪中送炭，好事大家办，好事要办好”，扶贫救灾又以救急为主。

1996年，该会捐赠11.88万元，修建万县市（今属重庆市）五桥区凉水乡双龙小学；捐赠10.152万元，修建涪陵市（今属重庆市）丰都县兴义镇长沙村小学。

1998年，捐赠17.5万元，修建广安市华蓥市永兴镇陈家湾村小学；捐赠7.56万元，修建广安市广安区大龙乡战斗村小学。

2000年，捐赠20万元，修建乐山市市中区白马镇中心小学。

2001年，捐赠15.12万元，修建乐山市峨眉山市大为小学；捐赠13.8万元，修建宜宾市江安县夕佳山镇五里小学；捐赠22.56万元，修建泸州市龙马潭区特兴镇奎峰中心小学“庆恩楼”；捐赠

20.4 万元，修建泸州市合江县密溪乡聚宝小学（庆恩楼）；捐赠 17 万元，修建广元市市中区范家乡中心小学。

2002 年，捐赠 9.9 万元，修建自贡市沿滩区联络镇高滩村小学；捐赠 20 万元，修建绵阳市北川县白坭羌族乡中心小学“庆恩楼”；捐赠 14.4 万元，修建泸州市合江县锁口乡中心小学“庆恩楼”；捐赠 17.2 万元，修建巴中市南江县团结乡中心小学；捐赠 17.76 万元，修建达州市通川区魏兴镇“德恩医院”。

2003 年，捐赠 14.6 万元，修建自贡市自流井区舒平镇嘉陵小学教学楼；捐赠 22.68 万元，修建达州市通川区东岳乡中心校“庆恩楼”；捐赠 14.64 万元，修建内江市隆昌县双凤镇曾家湾小学。

2005 年，捐赠 25 万元，修建南充市仪陇县大风乡小学“恩美楼”；捐赠 19 万元，修建南充市高坪区斑竹小学“思美楼”；捐赠 9.85 万元，修建达州市达县安云乡三层村小学；捐赠 16 万元，修建广元市市中区宝轮镇红星小学；捐赠 19.44 万元，修建遂宁市射洪县涪西镇龙门垭小学；捐赠 21.6 万元，修建遂宁市船山区西宁乡卫生院。

除以上外，还有其他的捐赠。

1998—2005 年，香港应善良福利基金会向四川省共计捐赠 402.042 万元，在当地政府的合作下，修建小学 22 所、卫生院 2 所，救济孤寡老人 870 人。

第二章　对捐赠的保护、服务和管理

第一节　捐赠法规制定与贯彻

2002年9月26日，四川省第九届人民代表大会常务委员会第三十一次会议通过《四川省华侨捐赠条例》，自2002年11月1日起施行。

《四川省华侨捐赠条例》共5章、29条。其中主要的内容有：（一）省人民政府侨务办公室是全省华侨捐赠工作的行政指导、监督管理部门；县级以上地方人民政府侨务行政主管部门负责实施本条例，参与对捐赠财产使用与管理的监督。地方各级人民政府有关部门应当按照各自职责，协同实施本条例。（二）捐赠应坚持自愿和无偿的原则。禁止劝募、强行摊派或者变相摊派。不得以捐赠为名从事营利活动。（三）公益性社会团体和公益性非营利的事业单位可以依法接受捐赠。在发生自然灾害或者捐赠人要求县级以上地方人民政府或有关部门作为受赠人时，县级以上地方人民政府或有关部门可以接受捐赠，但是不得以本机关为受益对象，应将所受赠财产转交公益性社会团体或公益性非营利的事业单位，或者按照捐赠人的意愿处置。（四）捐赠应遵守法律、法规。捐赠受国家法律保护。任何单位和个人不得挪用、侵占或者贪污捐赠款物。（五）捐赠人和受赠人可以订立捐赠协议。捐赠协议可以包括捐赠财产的种类、质量、数量、用途、方式、验收等内容。捐赠人有权决定捐赠财产的数量、用途和方式。受赠人应当尊重捐赠人的捐赠意愿。（六）地方各级人民政府侨务行政主管部门应当协助捐赠人办理有关手续，为捐赠人实施捐赠项目提供帮助。（七）受赠人应当每年度对受赠财产的使用情况进行自查，并向自己所在地县级以上地方人民政府侨务行政主管部门和捐赠人报告受赠财产的使用、管理情况，接受监督。必要时，由有关部门对其财务进行审计。（八）捐赠人向本省公益性社会团体和公益性非营利的事业单位捐赠的用于公益事业的进口物资，依照国家法律、行政法规的规定减征或者免征进口关税和进口环节增值税。（九）捐赠人对于捐赠的公益事业工程项目，可以留名纪念；捐赠人单独捐赠的公益事业工程项目或者主要由捐赠人出资兴建的公益事业工程项目，可以由捐赠人提出工程项目的名称，报县级以上人民政府批准。捐赠公益事业工程项目金额较大的，捐赠人要求在捐赠工程项目内部场所为其本人或者亲属塑像纪念的，按照国家有关规定办理。（十）有关部门应对捐赠人给予鼓励和表彰；对贡献突出者，当地政府可以授予荣誉称号。对捐赠人进行公开表彰，应事先征求捐赠人的意见。（十一）规定法律责任。如：国家工作人员在华侨捐赠工作中滥用职权，玩忽职守，徇私舞弊的，由其所在单位或者主管部门给予行政处分；构成犯罪的，依法追究刑事责任。

《四川省华侨捐赠条例》的出台，为保护捐赠人、受赠人和受益人的合法权益提供了法律依据。

2002年11月，四川省县级以上地方人民政府侨务行政主管部门依法进行华侨捐赠登记备案工作。从2003年1月到2005年12月，已报送备案的，全省接受华侨华人、港澳台同胞捐赠的金额为6001.24万元。

2002年12月，省侨办制定下发《关于认真做好〈四川省华侨捐赠条例〉等涉侨法律法规的行政执法工作的意见》，加强对全省贯彻《四川省华侨捐赠条例》和侨务行政执法工作的指导、督促和检查。

2003年9月下旬，省人大组织由人大外侨委主任委员罗松柏为组长的侨法执法检查组到南充市，由副主任委员彭言智为组长的侨法执法检查组到达州市，检查贯彻实施《四川省华侨捐赠条例》等涉侨法规的情况。通过检查，检查组认为，两市贯彻涉侨法规的总体情况是好的，两市市委、市人大、市政府领导重视，认识明确，重点突出，措施得力，并把侨务法律法规宣传纳入当地“12·4”全国法制宣传日活动。

四川省侨务部门始终注意通过媒体宣传报道捐赠，以加强对捐赠的鼓励和监督。1993—2005年，据不完全统计，仅《四川日报》《四川侨报》就发表586篇报道海外华侨华人、港澳台同胞捐赠的文章。其中有《四川日报》的《港商蔡富坚捐资警察风险基金100万元港币》《陈世贤、林龙向仪陇县捐资办学，省长肖秧等参加捐资仪式》《李嘉诚捐资四川教育，斥资2000万元支持建造川大研究生大楼》《王东方博士再次为我省教育捐资一千万，谢世杰、宋宝瑞、黄寅逵在京会见王东方一行》，《四川侨报》的《吴仲良再为故乡捐资》《汤福荣再次率团来四川扶贫》《美籍华人王蜀龙在自贡设立奖学金》《美国唐仲英基金会在四川》《赤诚爱心献祖国万水千山隔不断——汪漱芬会长莅临参加法国华侨教育基金会第一小学落成暨开学典礼》《金沙江畔传喜讯万众讴歌赤子情——记黄曹凤贞纪念学校落成典礼》等。

第二节　侨心工程

为加强对华侨捐赠工作的引导，使之更有序、更有效地发展，省侨办组织实施“侨心工程”。1994年5月，根据海外侨胞、港澳台同胞一贯具有爱国爱乡、扶危济困、兴学育才美德和四川省贫困地区教育事业发展相对滞后的情况，省侨办提出了一个计划，即：通过努力工作，用5年左右的时间，运用海外侨胞、港澳台同胞的捐资为四川省贫困地区新建、改建（扩建）100所学校。1995年1月，省侨办正式将这一计划定名为“侨心工程”。以后，“侨心工程”，除修建学校外，还扩大到修建卫生院、救济贫困人员等。在1999年5月圆满达到计划目标后，“侨心工程”仍然继续进行，继续争取、引导海外捐赠，扶助教育事业和医疗卫生事业，救济贫困人员。

“侨心工程”的具体操作程序。主要是10个步骤：第一，市、县侨办向省侨办报送项目申请书。项目申请书内容包括：学校所处的地理位置；旧学校有多大规模（总面积、班级数、师生人数、修建年代）；教室是否危房（由县级以上安全检查部门出具证明）；当地的经济状况；新建学校规模（面积、单位造价、总投资多少）；新建学校若另选新校址，须说明土地征用情况；资金筹备情况（已到位多少、正在筹措多少）；需要捐助资金额；旧校舍照片若干张，包括学校全景照片；旧学校平面图；新建学校平面图。第二，省侨办对项目申请书进行初审。检查有关资料是否齐全；检查新建学校规模是否得当；检查单位面积造价是否符合当地实际。第三，省侨办派员到学校进行实地考察。考察所报项目申请书内容是否与实际情况一致（是否符合捐赠者要求）；考察当地政府、村民对建校是否有积极性；考察配套资金是否到位，若已到位，县政府要出具资金到位证明。第四，省侨办根据捐资者的不同要求向捐资者推荐拟建校项目（若捐资者指定了受赠地点或者受赠人的则按捐资者意愿办）。第五，邀请捐资者实地考察旧学校或认同省侨办考察的报告。第六，捐资者同意捐建后，省侨办与捐资者签订协议。第七，省侨办再与受赠县政府签订建校协议。第八，在建校过程中省侨办派员检查建设进展、质量情况，并报捐资者。第九，在学校建成后做四件事：一是县级质量检查部门出具工程质量检查报告；二是审计部门出具审计报告；三是省侨办为捐资者树功德碑；四是邀请捐资者为学校竣工剪彩。第十，将建成的学校交当地政府和教育部门管理。学校每年向捐资者报告一次学校教学等情况。

“侨心工程”的成效。1994 年 5 月到 2005 年 5 月的 11 年，全省侨务部门直接接受捐资累计达 1 亿多元，建成侨心学校 275 所（含卫生院），设立奖（助）学基金会 21 个，资助大中小学特困学生 1 万余人，建立“侨心书库”5 个。从 2000 年开始，“侨心工程”又延伸至开展抗灾救助、冬赈、助残、助养孤儿等社会公益活动。在全省 21 个市（州）近百个县（市、区）中都建有侨心学校（医院），不但解决了贫困地区部分儿童上学难、群众看病难的问题，而且改善了当地的办学、医疗条件，促进了当地教育、卫生事业的发展。已有一批新建侨心学校创办成省、市重点学校和当地名校，学生的学习条件得到了改善。

为总结实施“侨心工程”的工作，进一步推进“侨心工程”，在实施“侨心工程”11 年之际，2005 年 6 月 7—12 日，省侨办、省侨联举行“侨心工程”巡礼活动，邀请参与实施“侨心工程”并做出贡献的海外侨胞、港澳台同胞及基金会代表参加，征求他们对实施“侨心工程”的意见和建议，让他们进行实地考察。实际参加的代表有 18 位。因故未能参加的代表为活动发了贺信。国务院侨

图 5－5　2005 年 6 月 7 日，省侨办主任周敏谦（正排左四）在“侨心工程”巡礼活动会议上作实施“侨心工程”的总结讲话　　（省侨办　供图）

办、中国侨联派人参加了巡礼活动。省委常委李登菊到会看望了参加巡礼活动的代表，并在会上作了讲话。省侨办主任周敏谦在会上致欢迎词，介绍四川省省情，汇报实施“侨心工程”的情况。代表们观看了各市（州）在会场的“侨心工程”展版，对实施“侨心工程”提了意见和建议。省侨办、侨联向多年来关心支持四川贫困地区教育、卫生事业的20余个基金会和个人颁发了荣誉牌。会后，代表们分别到广安市、南充市、绵阳市、自贡市、德阳市、成都市和甘孜州等地，对“侨心工程”学校进行了实地考察。

在实施“侨心工程”中，省侨办积累了一套行之有效的经验。2005年6月7日，省侨办主任周敏谦在“侨心工程”巡礼活动的会议上进行了总结，主要有8个方面：第一，加强组织领导。省侨办、侨联主要领导和分管领导亲自抓，有专职业务人员具体承办。由接受捐赠的县（市、区）长负责，侨务、教育等有关部门和乡镇政府的负责人组成建校领导小组，形成有效的领导、协调和监管机制。第二，严格捐款管理。对接受海外捐资实施专户管理，严格专款专用，确保每一笔捐资悉数用在建校兴学上。第三，坚持捐赠自愿原则。充分尊重捐资人的意愿，按照捐资人的要求，精心选择建校地点，同时欢迎捐资者到当地考察。认真高效地做好捐赠项目的引导、推荐工作。省侨办、侨联与当地政府协商落实建校配套资金。第四，履行必要捐赠手续。由省侨办侨联与捐赠者和受益县（市、区）政府分别签订建校协议。省侨办侨联按协议各条款进行监督，确保建校工程的质量和工期。第五，提供优惠条件。建校用地由受益地方政府提供，尽量减免各种税费，当地政府匹配捐资后的所有建校资金，并组织群众投工投劳。省侨办、侨联及时向捐赠者通报建校情况。第六，配备较强师资力量。县市区教育局为学校选派优秀校长和配置较强师资力量，并加强对学校的管理。学校每学年向捐资者汇报教学情况。第七，鼓励捐资者。学校建成后，尊重捐资者的意愿为学校命名。省侨办、侨联邀请捐资者到校为学校落成剪彩。为弘扬扶贫兴学的义举和无私奉献的精神，省侨办、侨联为捐资者树立功德碑。教育部门聘请捐资者为该校名誉校长。对特别突出的捐资者由政府授予荣誉称号。第八，加强宣传报道。宣传海外捐资者的感人事迹和“侨心学校”的发展情况，以鼓励更多的捐资者到川参与实施“侨心工程”。

实施“侨心工程”，得到了四川省领导的充分肯定和支持。省领导常接见到川捐赠的华侨华人、港澳台同胞，亲自参加大的捐赠活动。先后有5位主要领导人为“侨心工程”题词。1997年1月，四川省委书记谢世杰题词：“捐资建校，功在千秋”。1997年5月，四川省长宋宝瑞题词：“爱国爱乡，侨心所系”。1997年6月，四川省人大常委会主任杨析综题词：“兴学育才侨心暖，巴山蜀水情意深”。2001年3月，全国政协副主席、原四川省委书记杨汝岱题词：“兴学育才，功德流芳”。2004年5月，四川省委书记、省人大常委会主任张学忠题词：“侨心工程，育才兴川”。

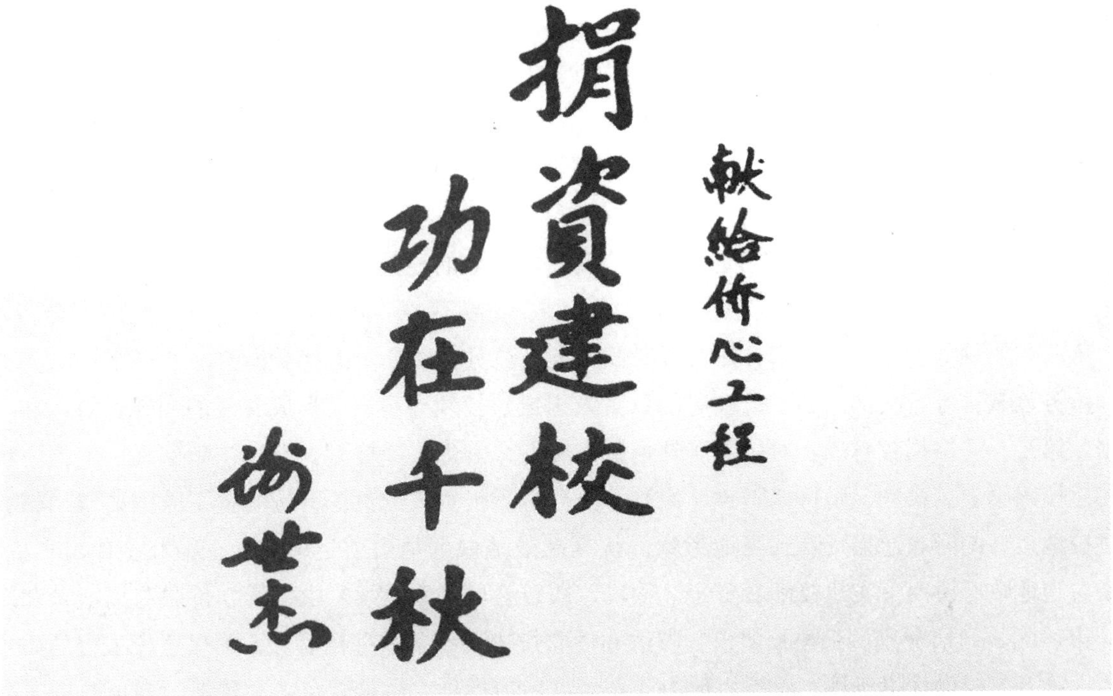

图5－6　中共四川省委书记谢世杰为“侨心工程”题词　　（省侨办　供图）

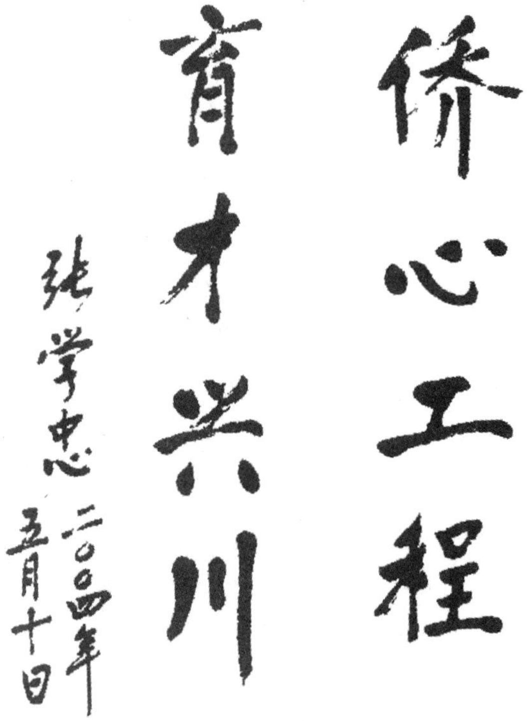

图5－7　中共四川省委书记、四川省人大常委会主任张学忠为“侨心工程”题词
（省侨办　供图）

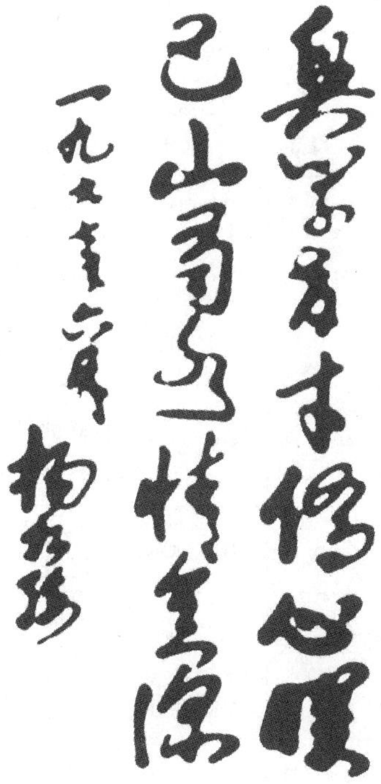

图 5 – 8　四川省人大常委会主任杨析综为“侨心工程”题词

（省侨办　供图）

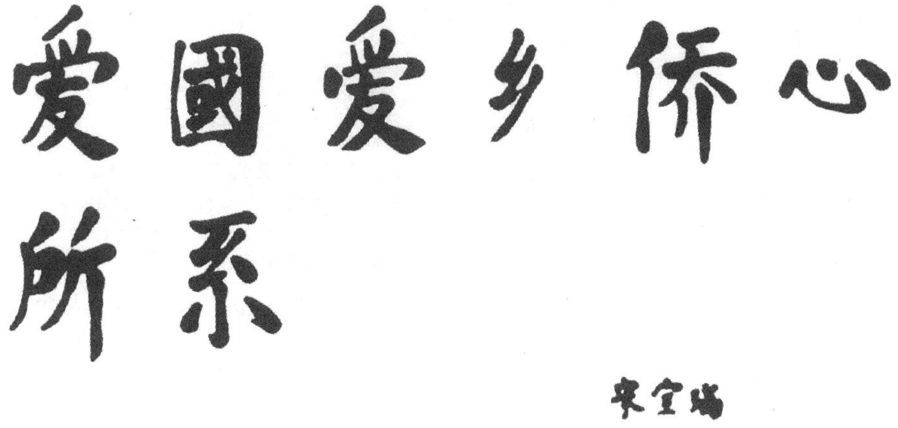

图 5 – 9　四川省人民政府省长宋宝瑞为“侨心工程”题词

（省侨办　供图）

1986—2005 年四川省接受华侨华人、港澳台同胞捐赠情况不完全统计表

表 5－1

受赠地区或单位	捐赠人（个人或单位）	捐赠时间	捐赠金额（万元）	捐赠用途	建成时间
省级部门	香港同胞蒋励	1988 年 11 月	5.0000	支援省歌舞剧院	
省级部门	香港文汇报社	1989 年 11 月	21.0000	用于赈灾	
省级部门	香港同胞邵逸夫	1991 年	1000.0000	用于修建 17 所中小学教学楼	
省级部门	香港森达策略集团有限公司	1992 年 9 月	50.0000	支援七运会四川赛区	
省级部门	外籍华人陈世贤、翁卓辉、蓝铧缨、陈经纬、林龙	1993 年 4 月	500.0000	资助仪陇、乐至、开县、江津、广安、酉阳的教育事业	
省级部门	香港同胞林龙	1993 年 5 月	100.0000	作为省级单位的中华民族文化促进会筹委会基金	
省级部门	香港同胞严中和	1994 年 3 月	37.5000	向四川省对外经济贸易学校捐赠轿车 1 辆（价值 43625 美元）	
省级部门	香港同胞徐展堂	1994 年 3 月	100.0000	支援四川武警学会	
省级部门	香港嘉陵（中国）投资发展有限公司	1994 年 5 月	400.0000	捐赠给省教委设立“四川省香港嘉陵（中国）投资公司勤工俭学基金”	
省级部门	香港同胞叶应龙	1994 年 5 月	213.0000	向四川省社会主义学院、直属第一医院等 5 个单位捐赠汽车 9 辆	
省级部门	香港同胞郑锡涛	1994 年 6 月	45.0000	向省级部门贫困地区发展基金会捐赠童装 1.75 万件（套）	
省级部门	香港同胞蔡富坚	1994 年 8 月	100.0000	支援省级部门人民警察风险基金会	
省级部门	香港同胞杨伟文	1994 年 8 月	64.0000	向四川省运动技术学校捐赠一批比赛、训练服装及体育用品（7.5 万美元）	
省级部门	香港同胞徐展堂	1994 年 11 月	57.0000	支持省公安厅科研工作	
省级部门	香港同胞徐展堂	1995 年 4 月	100.0000	用于聂荣臻元帅陈列馆建设	
省级部门	香港同胞俞柏初	1995 年 10 月	294.0000	向四川省残疾人联合会捐赠日产进口相纸和胶卷各 5000 打（35 万美元）	
省级部门	加拿大华人王东方	1996 年 3 月	1000.0000	向四川联合大学和仁寿县一中捐赠计算机等教学设备	
省级部门	加拿大籍华人蒋涛	1996 年 3 月	2.0000	向省级部门扶贫基金会捐赠助听器	
省级部门	香港汉强发展有限公司	1996 年 10 月	50.0000	支援省级部门人民警察风险基金会	
省级部门	香港同胞吴炜	1996 年 11 月	1500.0000	设立“四川省吴炜扶贫基金”	
省级部门	香港同胞高志文	1997 年 3 月	5100.0000	向省扶贫基金会捐赠尿素 40000 吨	

续表5－1

受赠地区或单位	捐赠人（个人或单位）	捐赠时间	捐赠金额（万元）	捐赠用途	建成时间
省级部门	美国籍华人李玉玲	1997年4月	100.0000	向省级部门监狱管理所捐赠“超健康”系列保健品	
省级部门	加拿大籍华人王东方	1997年4月	1000.0000	用于建立100所中小学高标准计算机示范教育学校	
省级部门	香港同胞黄英豪	1998年1月	50.0000	向四川省希望工程办公室捐赠	
省级部门	外籍华人陈世贤	1998年11月	50.0000	用于赈灾	
省级部门	台湾蓝天电脑公司	1999年3月	10.0000	用于救助下岗职工子女	
省级部门	台湾旺旺集团	2002年6月	50.0000	用于支援受灾地区和救济贫困人员	
	小计	11998.5000			
成都市	澳门同胞马万祺	1986年4月	7.5000	用于修建青白江区彭家珍大将军专祠	
成都市	美国籍华人王文钧	1987年	3.0000	设立成都石室中学文翁奖学金	
成都市	美国华侨余受之	1988年	18.0000	修建成都石室中学图书馆	
成都市	美国华侨余受之	1988年	0.1200	用于成都石室中学奖励学优者	
成都市	香港同胞邵逸夫	1990年	1000.0000	修建西南交大教学楼	
成都市	华侨莫若愚、陆旬如	1992年	176.0000	修建西南交大校友厅（32万美元）	
成都市	美国籍华人陈宜炎	1992年5月	1300.0000	支援蒲江县福利化工厂	
成都市	香港同胞张永珍	1993年9月	20.0000	支援成都市熊猫基金会	
成都市	正大集团	1993年	50.0000	在都江堰市蒲阳镇设立易初教学基金会	
成都市	外籍华人陈世贤、谢慧如、香港同胞林龙等	1993年	800.0000	支援成都市图书馆扩建	
成都市	台湾同胞林青霞	1993年9月	50.0000	修建都江堰市青城小学	
成都市	香港丰杰集团雅展（四川）房地产开发有限公司	1993年9月	30.0000	改造都江堰市青城山小学	
成都市	美国籍华人潘思源	1994年4月	13.5000	解决大邑县农村1000名贫困儿童“上学难”问题	
成都市	香港同胞方润华	1994年5月	20.0000	修建大邑县沙渠乡润华学校	
成都市	香港丰杰集团雅展（四川）房地产开发有限公司	1994年6月	100.0000	在武警成都指挥学校设立助学金	
成都市	香港同胞俞忠卫	1994年	3.0000	用于成都市石室中学扶贫助勤	
成都市	香港同胞郑昭达	1994年	6.1000	救济蒲江、金堂县失学儿童上学374名	
成都市	正大集团	1994年7月	200.0000	改造都江堰市蒲阳镇蒲阳中学	

续表 5－1

受赠地区或单位	捐赠人（个人或单位）	捐赠时间	捐赠金额（万元）	捐赠用途	建成时间
成都市	美国籍华人苟正元	1994 年 7 月	10.0000	在四川联合大学设立奖学金	
成都市	美国籍华人汪世华	1994 年 7 月	425.0000	用于购买华西医科大学附属第一医院新修临床教学楼电梯等配套设备(50 万美元)	
成都市	美国籍华人连鼎祥	1994 年 10 月	95.0000	作为成都华西医科大学奖学基金	
成都市	香港同胞黄一中	1995 年 2 月	30.0000	向邛崃市机关幼儿园捐赠奶粉 50 吨	
成都市	香港同胞傅朝晋	1995 年	1.0000	用于成都市第三中学奖励品学兼优学生	
成都市	外籍华人陈江和	1995 年	4.2000	支援成都市大熊猫基地(0.5 万美元)	
成都市	香港爪哇控股有限公司	1995 年 8 月	60.8000	用于改善成都海德网球学校办学条件	
成都市	香港同胞谭锦汉	1995 年 11 月	25.0000	修建金堂县栖贤乡石板村希望小学	
成都市	香港同胞俞忠卫	1996 年 1 月	50.0000	设立四川联大校董事会基金及科技企业发展基金	
成都市	香港同胞田家炳	1996 年 5 月	800.0000	修建四川师范大学田家炳教育行政学院综合大楼	
成都市	香港兴华科仪集团	1996 年 7 月	100.0000	向四川联合大学捐赠科学、教学仪器	
成都市	台湾刘氏宗亲总会	1996 年 9 月	8.0000	用于武侯祠博物馆建设	
成都市	香港同胞邵逸夫	1996 年 9 月	80.0000	修建成都市第七中学逸夫楼(图书馆)	1997 年 6 月
成都市	香港新界东北区工商联合会	1996 年 11 月	11.0000	修建都江堰市希望小学 1 所(10 万元港币)	
成都市	香港新界东北区工商联合会	1996 年 11 月	30.0000	修建蒲江县希望小学 1 所	
成都市	香港同胞邵逸夫	1996 年 12 月	88.0000	修建石室中学“逸夫艺术楼”(80 万元港币)	
成都市	美籍华人蓝德毅	1997 年 1 月	100.0000	在新津县设立“蓝氏奖学金”	
成都市	香港同胞卫淑庄	1997 年	1.5000	救济邛崃市、金堂县贫困学生就学	
成都市	外籍华人陈江和	1997 年	6.0000	救济邛崃市、蒲江、金堂县贫困学生就学	
成都市	香港同胞黄英豪	1998 年 1 月	10.0000	向成都大熊猫繁育研究基地捐资	
成都市	都江堰市侨资企业	1998 年	0.8000	救济成都市市区下岗职工	
成都市	都江堰市侨资企业	1998 年	111.2500	救济受洪灾地区	
成都市	日籍华人饭高和子	1998 年	20.0000	修建彭州市希望小学 1 所	

续表 5-1

受赠地区或单位	捐赠人（个人或单位）	捐赠时间	捐赠金额（万元）	捐赠用途	建成时间
成都市	香港同胞李明成	1998 年	42.0000	修建都江堰市公路 1.5 公里	
成都市	香港福慧慈善基金会	1999 年 4 月	10.0000	在四川大学设立“四川大学福慧奖助学金”	
成都市	香港同胞郭炎	1999 年 11 月	500.0000	用于改造沱江小三峡生态环境	
成都市	美国籍华人谈万宁	2000 年 6 月	50.0000	修建郫县安德镇图书馆	
成都市	香港文氏宗亲总会香港文氏集团	2000 年	5.0000	为双流县小捻村小学改善学习环境	
成都市	美国籍华人谈万宁	2000 年	0.5000	救济郫县品学兼优的贫困学生 10 名	
成都市	香港同胞李嘉诚	2001 年 2 月	2000.0000	支持建造四川大学研究生大楼	
成都市	成都市华侨福利基金会	2001 年 9 月	8.0000	修建邛崃市石头乡希望小学	
成都市	美国籍华人柯约瑟	2001 年 10 月	22.0000	修建大邑县丹凤乡希望小学	2001 年 5 月
成都市	法籍华人陈新凯	2002 年 4 月	10.0000	修建崇州市东关乡侨心小学	2002 年 9 月
成都市	香港同胞方澜华	2002 年 7 月	80.0000	修建四川大学树华电子智能中心	
成都市	南非华侨陈裔桥	2003 年	0.2000	用于防治“非典”	
成都市	香港同胞高敬德	2003 年	15.0000	用于防治“非典”	
成都市	外籍华人钟声坚	2003 年	70.0000	用于防治“非典”	
成都市	香港宏基商品混凝土有限公司	2003 年	10.0000	用于防治“非典”	
成都市	香港方树福堂基金	2003 年 10 月	3.5000	向成都市残疾人捐赠轮椅 50 辆	
成都市	香港同胞萧旺	2004 年 7 月	17.0000	救济金堂县灾民、低保户及残疾人	
成都市	海外华侨、华人	2004 年	100.0000	支持发展教育事业	
成都市	香港慈恩基金会	2005 年 5 月	8.0000	修建龙泉区同安镇红旗村“文强侨心小学”	
成都市	世界华人客属团体	2005 年	100.0000	支持发展文化事业	
	小计	-	8915.9700	-	
自贡市	香港同胞邵逸夫	1992 年	220.0000	修建自贡市蜀光中学逸夫楼	1993 年 12 月
自贡市	香港残联会	1996 年	6.4000	扶持残疾人	
自贡市	香港同胞林世铿	1996 年 6 月	20.0000	修建大安区大山铺镇林世铿第一小学	1996 年 11 月

续表 5－1

受赠地区或单位	捐赠人（个人或单位）	捐赠时间	捐赠金额（万元）	捐赠用途	建成时间
自贡市	香港同胞邵逸夫	1996 年 9 月	60.0000	修建沿滩区逸夫小学	1997 年 7 月
自贡市	香港同胞黄英豪、黄令仲	1997 年 1 月	50.0000	修建汇东区实验校实验楼	1997 年
自贡市	澳门同胞汤福荣	1997 年 11 月	0.9000	慰问富顺县仙市镇三所学校教师和救济贫困学生	
自贡市	香港同胞刘海	1997 年	27.5000	修建富顺县仙市镇刘海学校	1998 年 2 月
自贡市	香港红十字会	1998 年 8 月	10.0000	救济荣县受水灾的群众	
自贡市	澳门同胞汤福荣	1998 年 9 月	1.3500	慰问教师和救济学生	
自贡市	香港同胞陈廷晔	1998 年	20.0000	修建富顺县富世镇福和希望小学	1999 年 10 月
自贡市	香港同胞邵逸夫	1998 年	50.0000	修建荣县中学逸夫图书馆	1999 年
自贡市	香港同胞邵逸夫	1999 年	30.0000	修建富顺县富和乡小学逸夫楼	2001 年
自贡市	美国洛杉矶华人总会	1999 年 4 月	294.0000	支援自贡市第四人民医院	
自贡市	美国籍华人王蜀龙	2000 年	41.5000	设立自贡市蜀光中学“王氏瞬奖学金”（5 万美元）	
自贡市	澳门凼仔坊众学校	2000 年	0.8000	用于富顺县仙市镇刘海小学图书室建设	
自贡市	香港同胞张永珍	2000 年 6 月	30.0000	修建沿滩区富全镇万场小学	2001 年 1 月
自贡市	澳门同胞汤福荣	2000 年 11 月	15.0000	修建沿滩区汤福荣第十小学	2001 年 7 月
自贡市	美国籍华人周宗德	2000 年 12 月	0.8300	用于富顺一中学生林浩捐治病（0.1 万美元）	
自贡市	美国籍华人殷国华	2001 年 7 月	10.0000	修建荣县黄茅埂慈晖小学	2002 年 7 月
自贡市	美国慈晖文教基金会	2001 年 7 月	10.0000	修建沿滩曾家桥慈晖小学	2001 年 11 月
自贡市	香港同胞刘涛等	2001 年 8 月	0.7000	慰问沿滩区、荣县教师	
自贡市	美国籍华人黄大清	2002 年 1 月	32.0000	修建荣县中学多媒体厅	2003 年
自贡市	香港应善良福利基金会	2002 年 8 月	9.9000	修建沿滩区联络镇高滩村小学	2003 年 2 月
自贡市	香港同胞陈俊儒	2002 年 9 月	2.0600	用于荣县发放 22 名贫困学生的助学金	
自贡市	美国慈晖文教基金会	2002 年 11 月	0.1200	救济荣县双古镇黄茅埂小学贫困学生	
自贡市	香港慈善总会	2003 年 2 月	25.0000	分发给 200 户城市特困户	
自贡市	香港应善良福利基金会	2003 年 5 月	14.6000	修建自流井区舒平镇嘉陵小学教学楼	2004 年
自贡市	美国籍华人张平	2003 年 6 月	0.6248	为富顺县一中、二中 16 名贫困生发放助学金	
自贡市	美国慈晖文教基金会	2003 年 6 月	0.2000	用于防治“非典”	

续表 5－1

受赠地区或单位	捐赠人（个人或单位）	捐赠时间	捐赠金额（万元）	捐赠用途	建成时间
自贡市	美国籍华人张茵	2003 年 7 月	20.0000	修建大安区张茵小学	2004 年 2 月
自贡市	美国籍华人黄大清	2003 年	317.0000	修建荣县黄大清学校	2006 年
自贡市	香港福慧慈善基金会	2003 年 9 月	1.1200	为 28 位孤儿发放助养金	
自贡市	香港福慧慈善基金会	2003 年 11 月	1.5000	为孤儿发放慰问金和生活用品	
自贡市	香港福慧慈善基金会	2004 年 1 月	4.0700	为 67 名孤儿发放助养金和生活用品	
自贡市	香港应善良福利基金会	2004 年 3 月	4.0000	分发给 23 家敬老院 870 名孤寡老人	
自贡市	香港吴星可基金会	2004 年	20.0000	修建荣县长山镇五通小学	2005 年
自贡市	台湾同胞向国梁	2004 年 4 月	20.0000	修建富顺县飞龙镇小学	2005 年 6 月
自贡市	香港福慧慈善基金会	2005 年 1 月	3.4800	给 50 名儿童发放助养金	
自贡市	美国籍华人周宗德	2005 年 1 月	0.8000	用于荣县患病儿童杨思雅治病	
自贡市	美国慈晖文教基金会	2005 年 3 月	0.4000	慰问富顺县瓦市区敬老院老人	
自贡市	美国慈晖文教基金会	2005 年 3 月	0.3000	分发给荣县双古黄帝埂小学、沿滩区卫坪镇丁家桥小学的学生	
自贡市	香港慈恩基金会	2005 年 8 月	1.8000	给 32 位孤儿发放助养金、学习用品	
	小计		1377.9548		
攀枝花市	香港善源基金会	2001 年 4 月	13.0000	修建仁和区平地镇迤计厂小学	2001 年 12 月
攀枝花市	香港同胞钟碧梅	2002 年 2 月	14.0000	修建仁和区大龙潭彝族乡干坝子侨心小学	2003 年 11 月
攀枝花市	美国籍华人蒋丽莎	2002 年 4 月	9.1000	修建盐边县渔门镇“双龙侨心小学”	2003 年 4 月
攀枝花市	摩洛哥籍华人刘麟书	2005 年 4 月	9.0000	修建仁和区啊喇彝族乡起查喇侨心小学	2005 年 11 月
攀枝花市	摩洛哥籍华人刘麟书	2005 年 4 月	9.0000	修建米易县丙谷镇丙谷街侨心小学	2005 年 11 月
攀枝花市	香港同胞钟碧梅	2005 年	0.0600	救济贫困学生	
	小计		54.1600		
泸州市	香港同胞万克刚	1986 年	0.0800	救济贫困学生 50 人	
泸州市	香港同胞段明钟	1988 年	0.0100	救济贫困学生 5 人	
泸州市	外籍华人许天津	1992 年	6.0000	在叙永县城郊中学设立“许玉卿奖学金”（1 万美元）	
泸州市	外籍华人许天津、许玉清	1992 年	40.0000	救济贫困学生 5000 人	
泸州市	台湾同胞王先生	1993 年 9 月	50.0000	修建古蔺县大村镇希望小学	

续表5-1

受赠地区或单位	捐赠人（个人或单位）	捐赠时间	捐赠金额（万元）	捐赠用途	建成时间
泸州市	外籍华人许天津	1998年	20.0000	修建叙永县后山镇"许玉卿希望小学"	
泸州市	美国籍华人周永福	1999年12月	40.0000	修建江阳区黄舣乡泸州市周永福第一实验学校	2000年3月
泸州市	美国籍华人周永福	1999年12月	30.0000	修建古蔺县古蔺镇泸州市周永福第二实验学校	2000年3月
泸州市	美国籍华人周永福	1999年12月	30.0000	修建叙永县枧槽苗族乡泸州市周永福小学	2000年3月
泸州市	匈牙利籍华人赖华	2001年6月	20.0000	修建泸县福集镇泸州市自强学校	2002年2月
泸州市	香港应善良福利基金会	2001年7月	22.5600	修建龙马潭区特兴镇奎峰中心校（庆恩楼）	2001年11月
泸州市	香港应善良福利基金会	2001年8月	20.4000	修建合江县密溪乡聚宝小学（庆恩楼）	2001年11月
泸州市	香港福慧慈善基金会	2001年8月	10.0000	修建纳溪区护国镇福慧梁植勋小学	2002年10月
泸州市	香港福慧慈善基金会	2001年9月	10.0000	修建叙永县天池镇福慧立强小学	2002年10月
泸州市	美国籍华人柯约瑟	2001年	0.0300	救济贫困学生1人	
泸州市	香港福慧慈善基金会	2002年1月	10.0000	修建合江县白沙镇福慧伟邦小学	2002年10月
泸州市	香港应善良福利基金会	2002年8月	14.4000	修建合江县锁口乡中心小学（庆恩楼）	2002年12月
泸州市	海外四川同乡会	2002年	0.5000	救济贫困学生10人	
泸州市	美国籍华人柯约瑟	2002年	0.1000	救济贫困学生1人	
泸州市	香港同胞许天津	2002年	0.1500	救济贫困学生6人	
泸州市	美国籍华人赵促成	2003年8月	16.0000	修建合江县先市镇龙顶肇成小学	2003年12月
泸州市	外籍华人许天津	2004年10月	18.0000	资助叙永县城郊中学和后山镇"许玉卿希望小学"	
泸州市	美国籍华人曾培光	2004年8月	30.0000	修建合江县合江镇幼旭学校	2003年8月
泸州市	香港轩辕教育基金会	2004年8月	16.0000	修建纳溪区棉花坡镇陈尚强伉俪侨心小学	2005年3月
泸州市	外籍华人林碧娥	2004年	8.0000	救济贫困学生1000人	
泸州市	西班牙籍华人张琴	2004年	0.5000	救济贫困学生50人	
泸州市	美国籍华人柯约瑟	2004年	0.7800	救济贫困学生1人	
泸州市	香港郑裕彤慈善基金有限公司	2005年5月	10.0000	修建龙马潭区安宁镇郑裕彤博士第十四侨心小学	2005年12月
泸州市	香港小平基金会	2005年5月	8.0000	修建合江县先市镇小平侨心小学	2005年12月

续表 5－1

受赠地区或单位	捐赠人（个人或单位）	捐赠时间	捐赠金额（万元）	捐赠用途	建成时间
泸州市	香港健行杏社	2005 年 12 月	10.0000	修建罗汉镇中心校（健行教学楼）	2006 年 4 月
	小计		441.5100		
德阳市	美国华侨李树光	1999 年	0.1200	救济贫困学生 4 名	
德阳市	美国籍华人江伟道	1999—2005 年	20.0000	救济贫困学生 100 名	
德阳市	香港福慧慈善基金会	2000 年 1 月	12.0000	修建旌阳区寿丰镇福正村小学	2000 年 8 月
德阳市	香港福慧慈善基金会	2000 年 11 月	10.0000	修建中江县兴隆镇长虹村小学	2001 年 3 月
德阳市	李氏基金会	2004 年 3 月	20.0000	修建绵竹市武都镇新开村小学	2004 年
德阳市	台湾爱心第二春文教基金会	2004 年 3 月	20.0000	修建中江县继光镇天爱爱心小学	2005 年 9 月
德阳市	香港福慧慈善基金会	2004—2005 年	11.0000	救济贫困学生 100 名	
德阳市	香港福慧慈善基金会	2004—2005 年	9.0000	救济孤儿 63 名	
	小计		102.1200		
绵阳市	香港同胞邵逸夫	1995 年 12 月	44.0000	修建安县安昌镇小学教学楼(40 万元港币)	
绵阳市	香港同胞邵逸夫	1996 年 8 月	88.0000	修建绵阳南山中学教学楼(80 万元港币)	
绵阳市	香港同胞邵逸夫	1998 年	60.0000	修建绵阳中学教学楼	
绵阳市	五杰集团	2000 年	20.0000	修建梓潼县三泉乡白雀村小学	2000 年 9 月
绵阳市	香港福慧慈善基金会	2001 年	10.0000	修建三台县争胜乡福慧瑞华小学	2001 年 9 月
绵阳市	香港应善良福利基金会	2002 年	20.0000	修建北川县白坭羌族乡中心小学(庆恩楼)	2002 年 12 月
绵阳市	香港中国星火基金会	2003 年	20.0000	修建安县永安镇辕门村小学	2003 年 4 月
绵阳市	香港中国星火基金会	2003 年	0.6000	救济安县永安镇 20 名贫困学生	
绵阳市	李氏基金会	2004 年	20.0000	修建江油市大康镇第二中心小学	2004 年 7 月
绵阳市	美国凯路集团	2004 年	10.0000	修建游仙区东宣乡凯路中心小学	2004 年 2 月
绵阳市	李氏基金会	2004 年	25.0000	修建平武县木皮藏族乡中心小学	2004 年 10 月
绵阳市	澳大利亚华侨龙凤翔等	2004 年	8.0000	扶助绵阳市残疾人	
绵阳市	法国华侨教育基金会	2005 年	20.0000	修建盐亭县大兴回族乡法国华侨教育基金会第十二小学	2005 年 9 月
绵阳市	澳大利亚华侨欧阳惠冰	2005 年 10 月	5.0000	向绵阳市聋儿语训部捐赠设备	

续表 5－1

受赠地区或单位	捐赠人（个人或单位）	捐赠时间	捐赠金额（万元）	捐赠用途	建成时间
绵阳市	澳大利亚华侨龙凤翔等	2005 年	4.0000	改造游仙区魏城镇麻风病医院	
绵阳市	澳大利亚华侨龙凤翔等	2005 年	5.0000	帮助绵阳市有语言障碍的儿童的训练、矫正	
	小计		359.6000		
广元市	美籍华人苟寿生	1994 年 10 月	20.0000	修缮皇泽寺大佛楼	
广元市	香港同胞黄志伟	1995 年 6 月	27.1000	向苍溪县侨联捐赠桑塔纳轿车 1 辆	
广元市	澳门同胞郑锡涛	1995 年 7 月	27.5000	修建苍溪县歧坪镇香港力成小学	1996 年 3 月
广元市	香港同胞韩月光	1995 年 10 月	13.3600	向苍溪县中医院捐赠国产桑塔纳轿车 1 辆	
广元市	金味集团	1996 年 12 月	30.0000	修建朝天区鱼洞乡希望小学 1 所	
广元市	澳门同胞汤福荣	2001 年 8 月	15.0000	修建市中区工农镇汤福荣第十八小学	
广元市	香港应善良基金会	2001 年 11 月	17.0000	修建市中区范家乡中心小学	
广元市	香港福慧慈善基金会	2003 年 5 月	18.0000	修建市中区荣山镇第三小学	
广元市	香港福慧慈善基金会	2003 年 5 月	18.0000	修建市中区大石镇小学	
广元市	香港福慧慈善基金会	2003 年 11 月	18.0000	修建青川区红光小学	
广元市	美国唐氏基金会	2004 年 12 月	18.0000	修建市中区盘龙镇第一小学	
广元市	香港福慧慈善基金会	2004 年	20.0000	修建市中区白朝乡王郑素卿小学	
广元市	香港中国星火基金会	2004 年	17.0000	修建市中区河西街道陈尚强伉俪侨心中学	
广元市	香港应善良福利基金会	2005 年	16.0000	修建市中区宝轮镇红星小学	
	小计		274.9600		
遂宁市	香港同胞邓晓兰	1994 年	100.0000	修建市中区“晓兰希望小学”	1995 年 10 月
遂宁市	美国唐仲英基金会	1998 年 6 月	8.0000	修建船山区仁里镇中心小学	1998 年 12 月
遂宁市	美国唐仲英基金会	1998 年 6 月	8.0000	修建大英县通仙乡小学	1998 年 12 月
遂宁市	美国唐仲英基金会	1998 年 6 月	8.0000	修建大英县通仙乡高峰小学	1998 年 12 月
遂宁市	美国唐仲英基金会	2000 年 9 月	8.0000	修建射洪县太和镇武安小学	2001 年 3 月
遂宁市	美国唐仲英基金会	2000 年 9 月	8.0000	修建射洪县洋溪镇刘氏祠村小学	2001 年 3 月
遂宁市	美国唐仲英基金会	2000 年 9 月	8.0000	修建蓬溪县鸣凤镇小学	2001 年 3 月
遂宁市	澳门同胞汤福荣	2002 年 6 月	15.0000	修建大英县汤福荣第二十二小学	2002 年 12 月

续表 5－1

受赠地区或单位	捐赠人（个人或单位）	捐赠时间	捐赠金额（万元）	捐赠用途	建成时间
遂宁市	美国唐仲英基金会	2003 年 4 月	8.0000	修建蓬溪县文井镇小学	2003 年 12 月
遂宁市	台湾慈心慈善事业基金会	2004 年	15.0000	修建安居区玉丰镇卫生院	2004 年
遂宁市	美国欣欣教育基金会	2004 年	8.0000	修建射洪县官升镇朱家庵村小学	2004 年
遂宁市	香港中国星火基金会	2004 年	18.0000	修建安居区横山镇中心小学	2004 年
遂宁市	香港轩辕教育基金会	2004 年	1.0000	救济贫困学生 50 人	
遂宁市	香港福慧慈善基金会	2004 年	1.2000	救济孤儿 15 人	
遂宁市	香港中国星火基金会	2005 年	30.0000	修建遂宁市第六中学	2005 年
遂宁市	香港应善良福利基金会	2005 年	19.4400	修建射洪县涪西镇龙门垭小学	2006 年
遂宁市	香港应善良福利基金会	2005 年	21.6000	修建船山区西宁乡卫生院	2006 年
遂宁市	香港轩辕教育基金会	2005 年	1.0000	救济贫困学生 50 人	
遂宁市	澳门同胞汤福荣	2005 年	3.0000	救济贫困学生 50 人	
	小计		289.2400		
内江市	美国籍华人吴仲良	1986 年 8 月	58.1600	修建乐至县吴仲良三星桥初级中学	1987 年 8 月
内江市	美国籍华人吴仲良	1988 年 4 月	1.3700	修建乐至县三星桥圣灯村吴仲良小学、幼稚园	1988 年 8 月
内江市	美国籍华人吴仲良	1988—2004 年	419.5000	改造乐至县吴仲良中学	2004 年
内江市	美国籍华人吴仲良	1989—2005 年	300.0000	设立乐至县吴仲良教学奖励基金会	2005 年
内江市	美籍华人文学淑	1991 年	0.7000	用于发展安岳县旅游业	
内江市	哥伦比亚籍华人林在高	1991 年	5.0000	设立资中县一中“朱昭英奖学金”	
内江市	台湾同胞（侨胞双重身份）钟志林	1991 年	10.0000	设立简阳市“钟志林教育基金会”和“钟志林、蓝秀玲残疾人基金会”	
内江市	美国籍华人吴仲良	1992 年 3 月	5.0000	修建乐至县三星桥吴仲良敬老院	1992 年 9 月
内江市	美国籍华人吴仲良	1992 年	15.0000	兴办乐至县教育和公益福利事业	
内江市	毛里求斯华侨刘常名	1993 年	152.6000	给安岳县修建一座“常名桥”	
内江市	美国籍华人吴仲良	1994 年	20.0000	修建乐至县三星桥吴仲良初级中学教工宿舍	1994 年 9 月
内江市	美国籍华人李山	1994 年	5.0000	设立威远县中学“汪海若奖学金”	

续表 5－1

受赠地区或单位	捐赠人（个人或单位）	捐赠时间	捐赠金额（万元）	捐赠用途	建成时间
内江市	美国籍华人吴仲良	1995 年	3.0000	设立乐至县“吴仲良福利基金”	
内江市	哥伦比亚籍华人林在高	1995 年 4 月	1.0000	拍录历史文化名城资中县专题片	
内江市	巴西籍华人徐光绿	1995 年 4 月	8.4000	设立资阳市中学“徐光绿奖学金”(1 万美元)	
内江市	香港同胞周瑾	1995 年 6 月	21.0000	向简阳市人民医院捐赠 GEB 超诊断仪一台(2.5 万美元)	
内江市	美国籍华人游丽佳及其父亲游朗星(台胞)	1995 年 9 月	10.0000	修建资中县双龙镇中心校“盛痒楼”教学大楼	1996 年
内江市	哥伦比亚华侨林静	1995 年 9 月	1.0000	资助资中县拍制《末代状元骆成骧》专题片	
内江市	美国籍华人游丽佳及其父亲游朗星(台胞)	1996 年	22.0000	设立资中县“游朗星及其亲属清寒奖学金”	
内江市	香港同胞林世铿	1996 年 4 月	20.0000	修建简阳市三岔镇林世铿第二小学	1996 年 11 月
内江市	香港同胞林世铿	1996 年 4 月	20.0000	修建东兴区永福乡林世铿第三小学校	1996 年 11 月
内江市	法国籍华人汪湫芬	1997 年 5 月	40.0000	修建东兴区法国华侨教育基金会第三小学校	1998 年 2 月
内江市	美国籍华人吴仲良	1997 年 10 月	25.0000	修建资阳市宝台镇吴仲良第一小学	1998 年 8 月
内江市	美国籍华人吴仲良	1997 年 11 月	25.0000	修建资阳市保和镇吴仲良第二小学	1998 年 9 月
内江市	美国籍华人吴仲良	1997 年 11 月	25.0000	修建乐至县龙门乡三星桥吴仲良第六小学	1998 年 8 月
内江市	美国籍华人吴仲良	1997 年 11 月	25.0000	修建资阳市丹山镇吴仲良第八小学	1998 年 8 月
内江市	美国籍华人吴仲良	1997 年 10 月	25.0000	修建东兴区吴仲良第九小学	1998 年 4 月
内江市	美国籍华人吴仲良	1997 年 12 月	25.0000	修建简阳市施家镇吴仲良第四小学	1998 年 8 月
内江市	美国籍华人吴仲良	1997 年 12 月	25.0000	修建资中县城南开发区吴仲良第五小学	1998 年 9 月
内江市	美国籍华人吴仲良	1997 年 12 月	25.0000	修建威远县吴仲良第十小学	1998 年 6 月
内江市	美国籍华人吴仲良	1998 年 2 月	25.0000	修建东兴区吴仲良第三小学	1998 年 11 月
内江市	美国籍华人吴仲良	1998 年 2 月	25.0000	修建乐至县天池镇吴仲良第七小学	1998 年 10 月
内江市	美国籍华人游丽佳及其父亲游朗星(台胞)	1998 年	10.0000	支援家乡资中县双河镇水口庙引水工程	1998 年
内江市	美国籍华人吴仲良	1998 年 12 月	40.0000	修建资中县罗泉镇吴仲良第三初级中学	1999 年 9 月

续表 5－1

受赠地区或单位	捐赠人（个人或单位）	捐赠时间	捐赠金额（万元）	捐赠用途	建成时间
内江市	美国籍华人吴仲良	1999 年 1 月	25.0000	修建隆昌县金鹅镇吴元明小学	1999 年 7 月
内江市	美国籍华人李万兵	1999 年	53.0000	设立隆昌县“博爱基金”	
内江市	华侨吴明珍	2000 年	13.0000	设立内江市二中“吴秉衡教育奖学金”	
内江市	法国籍华人汪漱芬	2000 年 8 月	20.0000	修建市中区张大千纪念小学	2001 年 9 月
内江市	美国籍华人李万兵等 4 人	2001 年 3 月	17.0000	救济贫困学生 433 人	
内江市	香港吴星可慈善基金会	2001 年 9 月	20.0000	修建市中区吴星可第三学校	2002 年
内江市	美国籍华人蒋华	2001 年	2.0000	设立威远县中学“蒋华奖学金”	
内江市	美国籍华人吴仲良	2002 年 4 月	40.0000	修建隆昌县云顶镇吴文琴初级中学	2003 年 3 月
内江市	美国籍华人邢福矩	2002 年	1.5000	设立东兴区“邢福矩奖学金”	
内江市	美国籍华人曾培光	2003 年	49.8000	与隆昌县政府共建响石镇幼教中心(6 万美元)	
内江市	香港应善良福利基金会	2003 年 5 月	14.6400	修建隆昌县双凤镇曾家湾小学	2004 年 3 月
内江市	华侨陈钦模、吴明珍	2005 年 9 月	2.0000	改造四中学校条件	
内江市	香港福慧慈善基金会	2005 年 11 月	0.9600	为 16 名孤儿发送助学金	
内江市	香港吴星可慈善基金会	2005 年 12 月	1.2000	扶持市中区凤鸣乡贫困人员	
	小计		1698.8300		
乐山市	美国籍华人邱正爵	1986—1988 年	11	在井研县修建“邱金图书楼”	1989 年
乐山市	香港同胞郑康文	1995 年 10 月	336.0000	向青神县各学校捐赠进口彩色相纸 4000 打、胶卷 400 箱(40 万美元)	
乐山市	香港同胞林世铿	1996 年 4 月	20.0000	修建夹江县界碑镇林世铿小学校	1996 年 11 月
乐山市	澳门同胞黄志成	1996 年 6 月	33.0000	修建井研县三江镇黄志成学校	1996 年 12 月
乐山市	澳门大丰银行	1996 年 6 月	20.0000	修建井研县分全乡大丰学校	1996 年 12 月
乐山市	香港同胞徐展堂	1996 年 8 月	60.0000	其中 50 万元用于救助灾民,10 万元用于慰问救灾武警及公安人员	
乐山市	美国籍华人邱正爵及其夫人邹令昭	1997 年 5 月	20.0000	修建井研县邹殿邦学校	1997 年
乐山市	澳门同胞冯志强、汤福荣、黄志成	1998—2001 年	81.0000	修建马边县梅子坝、二坪、八一、双河盘沱学校	1999—2001 年
乐山市	澳门同胞冯志康	1998 年	60.0000	修建马边县桐林小学、瑞泥沟小学、瓦候库小学	1999 年

续表 5-1

受赠地区或单位	捐赠人（个人或单位）	捐赠时间	捐赠金额（万元）	捐赠用途	建成时间
乐山市	香港佳和(集团)发展有限公司	1999年3月	20.0000	用井研县希望小学助学兴教	
乐山市	香港同胞邵逸夫	1999年4月	15.0000	修建井研县修建城北小学逸夫楼	2000年4月
乐山市	香港应善良福利基金会	2000	20.0000	修建市中区白马中心校	2000年
乐山市	澳门天主教	2000	8.0000	修建马边县白阳朝小学	2001年
乐山市	台湾慈心慈善事业基金会	2001年6月	15.0000	修建峨眉山市黄湾小学	2001年10月
乐山市	美国籍华人宋秀珍、方玉莲等	2001年7月	15.0000	修建沙湾区老码头侨心小学	2003年
乐山市	台湾慈心慈善事业基金会	2001年	15.0000	修建市中区全福小学	2002年
乐山市	香港合创公司	2001年	30.0000	修建马边县大竹堡希望小学	2002年
乐山市	美国籍华人邱正爵及其夫人邹令昭	2001年	30.0000	修建井研县邱正伦职业技术学校	2001年
乐山市	台湾同胞彭萌刚	2001年	0.1500	救济马边县5名贫困学生	
乐山市	香港福慧慈善基金会	2001年	1.3200	救济沐川县16名贫困学生	
乐山市	香港应善良福利基金会	2001年11月	15.1200	修建峨眉山市大为小学	2002年10月
乐山市	台湾慈心慈善事业基金会	2002年	15.0000	修建沙湾区苏店小学	2002年
乐山市	香港福慧慈善基金会	2002年6月	15.0000	修建沐川县福慧大楠卫生院	2002年12月
乐山市	澳门同胞汤福荣	2002年	16.0000	修建沐川县“福荣”大桥	2002年
乐山市	香港福慧慈善基金会	2002年	2.7500	救济犍为县230名贫困学生	
乐山市	香港福慧慈善基金会	2002年	2.4800	救济犍为县16名孤儿	
乐山市	香港同胞邵逸夫	2002年12月	80.0000	修建井研县中学逸夫楼	2003年8月
乐山市	香港同胞曾榆安	2003年1月	20.0000	修建峨眉山市龙池侨心小学	2004年4月
乐山市	澳门同胞汤福荣	2003年	17.0000	修建市中区石龙乡卫生院	2004年
乐山市	香港同胞曾榆安	2003年	13.0000	修建五通桥区新桥小学	2004年
乐山市	澳门同胞汤福荣	2004年6月	17.0000	修建井研县汤均梃学校	2004年
乐山市	台湾同胞王永庆	2004年6月	40.0000	修建井研县五龙小学	2004年
乐山市	香港福慧慈善基金会	2004年	15.0000	修建沐川县方菊娥小学	2004年9月
乐山市	澳门同胞汤福荣	2004年	18.0000	修建犍为县李秀琼大桥	2005年

续表 5－1

受赠地区或单位	捐赠人（个人或单位）	捐赠时间	捐赠金额（万元）	捐赠用途	建成时间
乐山市	美国籍华人戴廉	2004 年	0.8000	救济峨眉山市 2 名贫困学生	
乐山市	美国籍华人祝庆林等	2004 年	4.0000	救济市中区 20 名贫困学生	
乐山市	香港福慧慈善基金会	2005 年 9 月	15.0000	修建峨眉山市福慧高娣华学校	2006 年 11 月
乐山市	香港同胞肖旺、李满富	2005 年	4.2000	修建夹江县麻风病康复医院	2005 年
	小计		1120.8200		
南充市	外籍华人陈世贤、香港同胞林龙	1993 年 5 月	300.0000	资助仪陇县的教育事业	
南充市	“美国燃灯助学计划”（美籍华人陈金浩等）	1993—2005 年	336.0000	修建改造小学共 171 所	2005 年
南充市	“美国燃灯助学计划”（美籍华人陈金浩等）	1993—2005 年	10.0000	救济残疾人 10 人	
南充市	“美国燃灯助学计划”（美籍华人陈金浩等）	1993—2005 年	540.0000	救济贫困学生 18000 人	
南充市	美国籍华人陈金浩	1994 年 3 月	14.6000	援助南部县升钟水库	
南充市	香港同胞易吉轩	1994 年 4 月	50.0000	成立“永乐中学易代奖学基金会”	
南充市	香港福慧慈善基金会	1994—2005 年	60.0000	救济贫困学生 700 人	
南充市	香港福慧慈善基金会	1994—2005 年	15.0000	救济残疾人 300 人	
南充市	澳门同胞汤福荣	1994—2005 年	16.0000	救济贫困学生 200 人	
南充市	英国籍华人邱添	1994 年 5 月	10.0000	修建仪陇县土门镇廖家沟村邱添小学	1994 年 9 月
南充市	巴拿马华侨钟宏达	1994 年 6 月	119.0000	向南部县残疾人基金会捐赠运动鞋 2 万打（24 万双）（14 万美元）	
南充市	香港同胞赵丽娜	1996 年 1 月	52.0000	向市高新化工技术研究所捐赠广州标致改型车、桑塔纳轿车、金杯面包车各 1 辆	
南充市	外籍华人刘姗	1996 年 5 月	10.0000	资助南充市教育基金会	
南充市	外籍华人徐国南	1996 年 7 月	20.0000	修建嘉陵区太和乡希望小学 1 所	
南充市	香港镇泰集团	1997 年 3 月	150.0000	修建嘉陵区曲水镇镇泰中学	
南充市	澳门同胞汤福荣	1997 年 12 月	10.0000	修建西充县宏桥乡青龙嘴村汤福荣第二小学	1998 年 5 月
南充市	澳门同胞汤福荣	1997 年 12 月	10.0000	修建西充县多扶镇潮音寺村汤福荣第一小学	1998 年 5 月
南充市	澳门同胞汤福荣	1997 年 12 月	20.0000	修建西充县中南乡汤福荣第一卫生院	1998 年 9 月

续表 5－1

受赠地区或单位	捐赠人（个人或单位）	捐赠时间	捐赠金额（万元）	捐赠用途	建成时间
南充市	德国天主教	1998 年	8.0000	修建蓬安县银汉镇钟离村小学	1999 年
南充市	澳门同胞林秀兰	1998 年	20.0000	修建蓬安县银汉镇何丽芳小学	1999 年
南充市	澳门同胞林秀兰	1998 年	25.0000	修建蓬安县罗家镇林权卫生院	1998 年
南充市	香港德国天主教基金会	1998 年	14.0000	修建顺庆区潆溪镇冯家寺村希望小学	1999 年
南充市	澳门同胞汤福荣	1999 年	11.0000	修建高坪区青莲镇六村汤福荣第八小学	2000 年
南充市	澳门同胞汤福荣	1999 年	43.0000	修建顺庆区芦溪镇徐家村希望小学	2001 年
南充市	澳门同胞汤福荣	2000 年	20.0000	修建嘉陵区木老乡卫生院	2001 年 8 月
南充市	德国米索尔团结友爱基金会	2001 年 9 月	8.0000	修建高坪区扶君乡泥巴寺村小学	
南充市	德国米索尔团结友爱基金会	2001 年 9 月	8.0000	修建西充县东岱乡长明山村小学	2002 年 5 月
南充市	澳门同胞汤福荣	2001 年	10.0000	修建顺庆区金台镇二村汤福荣第十三小学	2002 年
南充市	澳门天主教社会福利会	2001 年	8.0000	修建高坪区老君镇鲁家桥村小学	2002 年
南充市	澳门同胞汤福荣	2002 年 1 月	20.0000	修建嘉陵区李渡镇汉塘村小学	2002 年 8 月
南充市	香港同胞冯青宜	2002 年 1 月	30.0000	修建南部县富利乡小学	2003 年 8 月
南充市	香港福慧慈善基金会	2002 年	10.0000	修建高坪区南江乡弥陀寺村小学	2003 年
南充市	美国唐仲英基金会	2002 年 5 月	8.0000	修建嘉陵区安平镇十一村传遂小学	2003 年 5 月
南充市	美国欣欣教育基金会	2002 年 12 月	15.0000	修建西充县同德乡玉清山村欣欣小学	2004 年 3 月
南充市	日本日中友好协会	2003 年 6 月	7.0000	修建西充县凤和乡土地井村小学	2004 年 3 月
南充市	香港同胞黄国栋	2003 年	20.0000	修建蓬安县福德镇黄朱芊文小学	2004 年
南充市	香港福慧慈善基金会	2003 年	10.0000	修建高坪区南江乡猫儿寨村福慧慧林小学	2004 年
南充市	美国欣欣教育基金会	2004 年 7 月	8.0000	修建嘉陵区太和乡邓家沟村林氏欣欣小学	2005 年 6 月
南充市	香港福慧慈善基金会	2004 年 8 月	12.0000	修建南部县丘垭乡小学	2005 年 8 月
南充市	香港爱德基金会	2004 年	8.0000	修建顺庆区荆溪镇坛罐窑村爱德小学	2005 年
南充市	香港小平教育基金会	2004 年	25.0000	修建高坪区会龙镇法国华侨教育基金会第十小学	2005 年

续表 5－1

受赠地区或单位	捐赠人（个人或单位）	捐赠时间	捐赠金额（万元）	捐赠用途	建成时间
南充市	台湾同胞王永庆	2004 年	40.0000	修建顺庆区共兴镇 7 村明德小学	2005 年
南充市	香港福慧慈善基金会	2004 年	18.0000	修建蓬安县碧溪乡福慧元果第四小学	2005 年
南充市	香港福慧慈善基金会	2004 年	15.0000	修建蓬安县徐家卫生院	2005 年
南充市	香港吴星可慈善基金会	2004 年	20.0000	修建仪陇县铜鼓乡吴星可第二小学	
南充市	美国欣欣教育基金会	2004 年	8.0000	修建高坪区胜观镇龙王庙村侨心欣欣小学	2005 年
南充市	香港高龄教工会	2005 年 1 月	15.0000	修建南部县宏观乡猴村小学	2006 年 4 月
南充市	澳门同胞汤福荣	2005 年 5 月	8.0000	修建西充县宏桥乡五村汤福荣第二十一小学	2005 年 12 月
南充市	国务院侨办引进捐赠	2005 年 5 月	20.0000	修建营山县四喜乡完全小学	2006 年 8 月
南充市	香港福慧慈善基金会	2005 年	40.0000	修建仪陇县马鞍镇中学	
南充市	香港曾植桂堂慈善基金会	2005 年	16.0000	修建仪陇县曾植桂堂第五小学（文星小学）	2006 年
南充市	香港应善良福利基金会	2005 年	25.0000	修建仪陇县大风乡小学	2006 年
南充市	香港应善良福利基金会	2005 年	19.0000	修建高坪区斑竹乡小学	2006 年
南充市	佛教居士林	2005 年	16.0000	修建高坪区凤凰乡侨心小学	2006 年
南充市	佛教协会	2005 年 12 月	13.0000	修建仪陇县定水镇卞氏寺小学	2006 年 4 月
	小计		2363.6000		
宜宾市	香港同胞何苏	1994 年 6 月	50.0000	修建高县何苏希望小学	1995 年 3 月
宜宾市	法国籍华人汪漱芬	1995 年 4 月	40.0000	修建兴文县久庆镇法国华侨教育基金会第一小学	1995 年 9 月
宜宾市	香港同胞黄国栋	1997 年	48.0000	修建屏山县新安镇黄曹凤贞纪念学校	1997 年 10 月
宜宾市	香港同胞邵逸夫	1997 年	35.0000	修建小学 1 所	1997 年
宜宾市	香港同胞邵逸夫	1997 年	35.0000	修建小学 1 所	1997 年
宜宾市	香港同胞吴身树	1998 年	120.2000	改建小学 7 所	1998 年
宜宾市	澳门同胞汤福荣、林秀兰	1998 年	1.2000	救济兴文县、江安县贫困学生 30 人	
宜宾市	美国籍华人饶耕	1999 年 1 月	0.6000	为宜宾市三中购传真机 1 台	
宜宾市	南非华侨陈裔桥等	1999 年 5 月	50.0000	用于在兴文县修建两所学校	
宜宾市	美国籍华人郑宇	1999 年 11 月	0.2400	救济宜宾市一、三中贫困学生 4 人	

续表 5－1

受赠地区或单位	捐赠人（个人或单位）	捐赠时间	捐赠金额（万元）	捐赠用途	建成时间
宜宾市	美国籍华人郑宇	1999 年	2.4000	救济宜宾市二中贫困学生 300 人	
宜宾市	美国籍华人范伯超	1999 年	25.0000	修建筠连县巡司镇钟宏侨心学校	1999 年 6 月
宜宾市	加拿大上海联谊会	2000 年	8.5000	修建高县羊田乡光辉村加拿大上海联谊会第三小学	2000 年 4 月
宜宾市	美国籍华人郑宇、严梅	2000—2004 年	2.0000	在宜宾市二中设立侨心奖学金	
宜宾市	台湾慈心慈善事业基金会	2001 年	15.0000	修建翠屏区高店镇慈心高店小学	2001 年 11 月
宜宾市	香港应善良福利基金会	2001 年	13.8000	修建江安县夕佳山镇五里小学	2001 年 11 月
宜宾市	美国籍华人康秉惜刘玉芳夫妇	2001 年	16.0000	修建兴文县太平镇火箭村元宝山小学	2001 年 11 月
宜宾市	美国籍华人李春	2001 年	0.7500	救济屏山县福延中学贫困学生 25 人	
宜宾市	香港同胞吴晓静	2001 年	0.4000	救济翠屏区贫困学生 5 人	
宜宾市	香港福慧慈善基金会刘赐根	2002 年	16.2000	修建南溪县马家乡福慧刘赐根小学	2002 年 10 月
宜宾市	台湾财团法人爱心第二春文教基金会周厚福	2002 年	20.0000	修建高县羊田乡厚福爱心小学	2002 年 12 月
宜宾市	美国欣欣教育基金会	2002 年	0.7200	救济长宁县吴哲儒欣欣小学贫困学生	
宜宾市	美国欣欣教育基金会黄渝生	2003 年	8.0000	修建高县蕉村镇文治村“黄渝生欣欣小学”	2003 年 9 月
宜宾市	美国欣欣教育基金会吴哲儒	2003 年	8.0000	修建长宁县长宁镇安南盘村“吴哲儒欣欣小学”	2003 年 9 月
宜宾市	美国欣欣教育基金会	2003 年	0.6200	救济高县黄渝生欣欣小学贫困学生	
宜宾市	美国欣欣教育基金会	2003 年	0.3200	救济筠连县罗昔安欣欣小学贫困学生	
宜宾市	美国欣欣教育基金会罗昔安	2004 年	8.0000	修建筠连县武德乡“罗昔安欣欣小学”	2004 年 5 月
宜宾市	美国欣欣教育基金会罗彤云	2004 年	8.0000	修建宜宾县合什镇“罗彤云欣欣小学”	2004 年 9 月
宜宾市	美国欣欣教育基金会吴绍珍	2004 年	8.0000	修建长宁县开佛乡“吴绍珍欣欣小学”	2004 年 8 月
宜宾市	美国欣欣教育基金会吴祖娓	2005 年	8.0000	修建宜宾县隆兴乡“天琪欣欣小学”	2005 年 12 月
宜宾市	美国欣欣教育基金会	2005 年	0.1600	为宜宾县隆兴乡水口小学购电子琴 1 部	

续表 5－1

受赠地区或单位	捐赠人（个人或单位）	捐赠时间	捐赠金额（万元）	捐赠用途	建成时间
	小计		550.1100		
广安市	外籍华人陈世贤	1993 年 4 月	200.0000	修建广安友谊中学	1995 年 8 月
广安市	香港同胞邵逸夫	1995 年	88.0000	修建广安友谊中学电教楼(80 万元港币)	
广安市	英国籍华人丘添	1994 年 5 月	10.0000	修建广安区广福镇丘添第二小学	1995 年 3 月
广安市	台湾同胞王宏章	1994 年 12 月	30.0000	修建岳池中学电教大楼	
广安市	台湾同胞欧阳炘	1996 年 8 月	240.0000	用于奖学和救济等	
广安市	加籍华人刘敦仁	1997 年 6 月	15.0000	资助广安区协兴镇初级中学	
广安市	香港应善良福利基金会	1998 年 5 月	17.5000	修建华蓥市永兴镇陈家湾村小学	1998 年 11 月
广安市	香港应善良福利基金会	1998 年 5 月	7.5600	修建广安区大龙乡战斗村小学	1998 年 11 月
广安市	华侨黄奥金	1999 年 3 月	2.5000	支援华蓥市天池镇中心小学灾后重建	1999 年
广安市	加拿大籍华人张宗儒	2000 年 10 月	10.0000	修建邻水县幺滩乡小学	2001 年 4 月
广安市	美国唐仲英基金会	2001 年 9 月	8.0000	修建武胜县万隆镇大垭口村基点校	2001 年 12 月
广安市	美国唐仲英基金会	2001 年 9 月	8.0000	修建广安区枣山镇鞍山强华小学	2001 年 12 月
广安市	香港福慧慈善基金会	2001 年	2.4000	救济华蓥市残疾人 30 名	
广安市	香港同胞廖烈智	2002 年 8 月	20.0000	修建武胜县五谷湾小学	2002 年 12 月
广安市	香港中国星火基金会	2003 年 2 月	21.0000	修建广安区井河镇小学	2003 年 11 月
广安市	香港中国星火基金会	2003 年 2 月	22.8000	修建广安区枣山镇小学	2004 年 5 月
广安市	香港中国星火基金会	2003 年 2 月	20.8000	修建广安区全民小学	2003 年 11 月
广安市	香港中国星火基金会	2003 年	3.6000	救济广安区贫困学生 180 人	
广安市	香港霍英东基金会	2003 年	0.6000	救济武胜县贫困学生 12 人	
广安市	香港吴星可慈善基金会	2003 年	9.7500	救济广安区贫困学生 80 人	
广安市	香港福慧慈善基金会	2004 年 2 月	17.0000	修建武胜县新学乡小学	2005 年 10 月
广安市	福建泉州侨资企业	2004 年 2 月	30.0000	修建广安区协兴中心卫生院	2004 年 8 月
广安市	台湾慈心慈善事业基金会	2004 年 6 月	15.0000	修建华蓥市高兴镇卫生院	2005 年 10 月
广安市	香港吴星可慈善基金会	2004 年 7 月	20.0000	修建广安区肖溪镇洞山村小学	2005 年 9 月
广安市	105 名海外华侨、华人代表	2004 年 8 月	300.0000	兴建邓小平故里“华侨林”	

续表 5－1

受赠地区或单位	捐赠人（个人或单位）	捐赠时间	捐赠金额（万元）	捐赠用途	建成时间
广安市	香港福慧慈善基金会	2004 年 10 月	2.2300	救济 300 户贫困户	
广安市	金鹰国际集团	2004 年	450.0000	修建广安中学图书馆	2004 年 8 月
广安市	澳大利亚、香港肖旺、李满福、肖宝然慈善基金会	2004 年	0.1600	救济华蓥市贫困学生 4 人	
广安市	澳大利亚澳洲中国和平统一促进会	2004 年	120.0000	救济广安市残疾人 296 人	
广安市	香港曾植桂堂慈善基金会	2005 年 8 月	15.0000	修建华蓥市禄市中学	2005 年 12 月
广安市	广东侨青委	2005 年 10 月	20.0000	修建武胜县广东侨青侨心小学	2005 年 10 月
	小计		1726.9000		
达州市	美籍华人邓静华	1992 年	10.0000	在开江中学建立“纯庵奖学基金会”	
达州市	香港同胞陈本雄	1995 年 2 月	18.0000	向达川市第十中学捐赠国产“桑塔纳”轿车 1 辆	
达州市	澳门同胞汤福荣	1996 年 11 月	20.0000	修建渠县义和乡中心校	1997 年 8 月
达州市	澳门同胞汤福荣	1996 年 11 月	10.0000	修建渠县柏水乡福荣小学	1997 年 8 月
达州市	澳门同胞汤福荣	1997 年 3 月	20.0000	修建达县福善乡“达县陈兰定学校”	1997 年 10 月
达州市	日本广岛县	1997 年 7 月	22.4000	修建渠县安北乡南山小学（320 万日元）	2000 年 9 月
达州市	挪威华侨潘子垣	1997 年 9 月	2.1200	救济达县大风乡贫困学生 53 名	
达州市	台胞同胞李睿民	1997 年 9 月	0.2000	救济达县石桥中学贫困学生 1 人	
达州市	美国侨胞	1997 年 9 月	1.3200	救济通川区贫困学生 33 人	
达州市	澳门同胞汤福荣、天主教神父莫庆恩	1997 年 10 月	0.3000	救济达县陈兰定学校贫困学生 10 人	
达州市	台湾同胞李德华	1994—2003 年	324.5200	修建宣汉县柏树乡华英初级中学和改善家乡公益设施	
达州市	澳门同胞林秀兰	1998 年 3 月	0.9000	救济达县陈兰定学校贫困学生 150 人	
达州市	澳门同胞汤福荣	1998 年 9 月	0.8000	救济达县乡镇学校贫困学生 20 人	
达州市	澳门同胞汤福荣	1998 年 9 月	2.0000	救济通川区贫困学生 20 人	
达州市	美国籍华人董仕兰	1998 年 11 月	0.3200	救济达县堡子、碑庙等镇的贫困学生 8 人	
达州市	西班牙携手基金会	1998 年	20.0000	修建开江县五里桥村小学	2000 年 1 月
达州市	澳门同胞汤福荣	1998 年	1.2000	救济渠县义和乡中心校贫困学生 30 人	

续表 5－1

受赠地区或单位	捐赠人（个人或单位）	捐赠时间	捐赠金额（万元）	捐赠用途	建成时间
达州市	澳门同胞汤福荣	1998 年	2.0000	救济渠县柏水乡中心校贫困学生 50 人	
达州市	澳门同胞汤福荣	1998 年	0.8000	救济渠县青龙乡中心校贫困学生 20 人	
达州市	澳门同胞汤福荣	1999 年 3 月	20.0000	修建通川区民族小学	1999 年 9 月
达州市	加拿大籍华人唐朝晖	1999 年 5 月	0.0500	救济达县二中贫困学生 1 人	
达州市	澳门同胞汤福荣	1999 年 6 月	10.0000	修建通川区魏兴乡凤尾村汤福荣第五小学	1999 年 12 月
达州市	澳门同胞汤福荣	1999 年 7 月	1.1000	救济达县贫困学生 30 人	
达州市	美国籍华人董世兰	1999 年 9 月	0.8000	救济达县石桥中学贫困学生 24 人	
达州市	美国籍华人董世兰	1999 年 9 月	0.8000	救济达县达县中学、洛车小学贫困学生 20 人	
达州市	澳门同胞汤福荣	1999 年 10 月	15.0000	修建达县汤福荣第六小学	2000 年 9 月
达州市	澳门同胞汤福荣	2000 年 10 月	10.0000	修建通川区复兴镇汤福荣第十二小学	2001 年 3 月
达州市	香港福慧慈善基金会	2000 年 10 月	0.1550	救济达县贫困学生 31 人	
达州市	澳门同胞汤福荣	2001 年 2 月	10.0000	修建达县赵家镇汤福荣第十一小学	2001 年 8 月
达州市	澳门同胞汤福荣	2001 年 2 月	10.0000	修建通川区盘石乡汤福荣第十六小学	2001 年 8 月
达州市	澳门同胞汤福荣	2001 年 7 月	10.0000	修建达县赵家镇汤福荣第十五小学	2002 年 8 月
达州市	澳门同胞汤福荣	2002 年 2 月	0.1200	救济达县中学贫困学生 4 人	
达州市	法籍华人何跃	2002 年 10 月	10.0000	修建达县斌郎乡木瓜村小学	2002 年 9 月
达州市	香港应善良福利基金会	2002 年 12 月	17.7600	修建通川区魏兴镇“德恩医院”	2005 年 3 月
达州市	香港应善良福利基金会	2003 年 5 月	22.6800	修建通川区东岳乡中心校“庆恩楼”	2005 年 3 月
达州市	台湾慈心慈善事业基金会	2003 年 6 月	15.0000	修建通川区蒲家镇“慈恩医院”	2005 年 11 月
达州市	香港福慧慈善基金会	2003 年 7 月	15.5000	修建通川区北外镇徐家坝小学	2004 年 11 月
达州市	香港同胞陈丽娜	2003 年 9 月	0.1000	救济达县中学贫困学生 1 人	
达州市	美国唐仲英基金会	2003 年 11 月	16.0000	修建达县平滩乡茂花村小学	2004 年 8 月
达州市	美国唐仲英基金会	2004 年 4 月	0.0600	救济达县平滩乡贫困学生 4 人	
达州市	加拿大籍华人刘国	2004 年 4 月	0.8100	救济达县三中等贫困学生 9 人	
达州市	美国籍华人邓悠	2004 年 4 月	0.3800	救济达县平滩乡茂花小学贫困学生 25 人	

续表 5－1

受赠地区或单位	捐赠人（个人或单位）	捐赠时间	捐赠金额（万元）	捐赠用途	建成时间
达州市	加拿大籍华人杨迈之	2004 年 6 月	0.1000	救济达县三中等贫困学生 5 人	
达州市	美国唐仲英基金会	2004 年 9 月	0.8600	救济达县平滩乡茂花村小学贫困学生 57 人	
达州市	香港福慧慈善基金	2004 年 9 月	2.3200	救济通川区孤儿 27 人	
达州市	美国唐仲英基金会	2005 年 2 月	0.8300	救济达县平滩乡茂花村小学贫困学生 55 人	
达州市	香港福慧慈善基金会	2005 年 2 月	3.0500	救济达县九岭、赵家、麻柳等孤儿 59 人	
达州市	香港福慧慈善基金会	2005 年 4 月	25.0000	修建达县福慧杨启华小学	2005 年 9 月
达州市	美国欣欣教育基金会	2005 年 5 月	8.0000	修建通川区东岳乡凤凰村欣欣小学	2006 年 11 月
达州市	香港福慧慈善基金会	2005 年 7 月	30.0000	修建达县石梯镇福慧廷芳第一中学	2006 年 9 月
达州市	香港福慧慈善基金会	2005 年 8 月	1.5000	支援达县南外镇“7·8”洪灾灾民	
达州市	佛教居士林	2005 年 9 月	14.5000	修建达县申家乡炉厂坝侨心小学	2007 年 3 月
达州市	香港应善良福利基金会	2005 年 9 月	9.8500	修建达县安云乡三层村小学	2006 年 7 月
达州市	香港福慧慈善基金会	2005 年 10 月	15.0000	修建达县斌郎乡福慧元果第二医院	2006 年 9 月
达州市	美国欣欣教育基金会	2005 年 11 月	8.2000	修建达县金石乡破石村林氏欣欣小学	2006 年 4 月
达州市	美国籍华人姚强、姚兰	2005 年 11 月	2.6500	救济通川区贫困学生 80 人	
达州市	香港李满福、肖旺、肖宝然基金会	2005 年 12 月	4.6000	救济通川区残疾人 23 人	
达州市	法国华人协会	2005 年	20.0000	修建达县东兴乡鞍子坝小学	2005 年 8 月
	小计		789.6550		
巴中市	加拿大籍华人张文恩	1992 年	135.0000	修建通江县三合乡晓初彰显小学	1992 年
巴中市	美国籍华人曾绍五	1995 年	60.0000	修建平昌县江口镇第二小学	1995 年
巴中市	香港同胞邵逸夫	1995 年	88.0000	修建平昌县中学（80 万元港币）	1995 年
巴中市	香港同胞叶福继	1995 年 11 月	1100.0000	向巴中市残疾人联合会捐赠塑料胶粒 5000 吨（1000 万港币）	
巴中市	澳门同胞汤福荣	1997 年 11 月	15.0000	修建通江县曲滨乡谷山包村汤福荣第三小学	1998 年 5 月
巴中市	澳门同胞汤福荣	1997 年 11 月	15.0000	修建通江县曲滨乡九龙庙村汤福荣第四小学	1998 年 5 月

续表 5－1

受赠地区或单位	捐赠人（个人或单位）	捐赠时间	捐赠金额（万元）	捐赠用途	建成时间
巴中市	澳门天主教福利会	1998 年 1 月	15.0000	修建巴州区万安乡盐井村小学	1999 年 4 月
巴中市	西班牙阿奈斯瓦德扶贫基金会	1998 年 6 月	15.0000	修建巴州区万安乡魏家山村小学	2000 年
巴中市	德国亚琛儿童互助基金会	2000 年 5 月	15.0000	修建巴州区渔溪五岭村小学	2000 年 9 月
巴中市	德国亚琛儿童互助基金会	2000 年 5 月	15.0000	修建巴州区江北岳家坡村小学	2000 年 9 月
巴中市	香港华通集团	2002 年 6 月	50.0000	修建通江县朱元乡中心小学	
巴中市	香港福慧慈善基金会	2002 年 8 月	12.0000	修建南江县八庙乡福慧小学	2003 年 2 月
巴中市	香港应善良福利基金会	2002 年 8 月	17.2000	修建南江县团结乡中心小学	2003 年 2 月
巴中市	香港福慧慈善基金会	2002 年 8 月	16.0000	修建平昌县六门乡福慧中心小学	2003 年 2 月
巴中市	香港福慧慈善基金会	2002 年	5.0000	救济贫困学生 35 人	
巴中市	香港福慧慈善基金会	2003 年	10.0000	修建巴州区关公乡东门村小学	2003 年
巴中市	澳大利亚籍华人杨跃成	2003 年	50.0000	修建通江县民胜乡乌龙山村小学	2003 年
巴中市	香港曾植桂堂慈善基金会	2004 年	12.0000	修建平昌县金龙乡云浮村小学	2004 年
巴中市	澳门同胞汤福荣	2004 年	12.0000	修建南江县黑潭乡果园村小学	2004 年
巴中市	澳门同胞汤福荣	2004 年	8.0000	修建南江县凤仪乡清花村小学	2004 年
巴中市	澳门同胞汤福荣	2004 年	5.0000	救济贫困学生 60 人	
巴中市	澳门同胞汤福荣	2005 年	20.0000	修建通江县草池乡小学	2005 年
巴中市	香港同胞谢治文	2005 年	45.0000	修建通江县朱元乡朱元小学	2005 年
巴中市	美国欣欣教育基金会	2005 年	8.2000	修建巴州区茶坝镇金鱼村小学	2005 年
巴中市	香港福慧慈善基金会	2005 年	21.0000	修建南江县沙河镇福慧德辉中心小学	2005 年
巴中市	香港福慧慈善基金会	2005 年	12.0000	救济养孤儿 35 人	
	小计		1776.4000		
雅安市	台湾同胞王先生	1993 年 10 月	50.0000	修建 1 所石棉县希望小学	
雅安市	香港同胞黄英豪	1998 年 1 月	50.0000	向中国卧龙大熊猫研究中心捐赠	
雅安市	法国华侨教育基金会	1998 年 8 月	20.0000	修建名山县茅河乡中心小学	1999 年 5 月
雅安市	台湾慈心慈善事业基金会	2001 年 3 月	15.0000	修建名山县红岩乡慈心中心小学	2001 年 9 月
雅安市	台湾慈心慈善事业基金会	2001 年 3 月	15.0000	修建天全县切山乡慈心小学	2001 年 9 月

续表5－1

受赠地区或单位	捐赠人（个人或单位）	捐赠时间	捐赠金额（万元）	捐赠用途	建成时间
雅安市	台湾慈心慈善事业基金会	2001年3月	15.0000	修建雨城区枫木乡慈心小学	2001年9月
雅安市	澳门同胞汤福荣	2001年8月	10.0000	修建石棉县安顺乡汤福荣第十七小学	2002年1月
雅安市	澳门同胞汤福荣	2001年10月	10.0000	修建名山县马岭镇汤福荣第十九小学	2002年5月
雅安市	澳门同胞汤福荣	2002年8月	15.0000	修建芦山县思延乡第二小学	2003年2月
雅安市	澳门同胞汤福荣	2002年9月	15.0000	修建名山县毛和乡汤福荣第二十三小学	2003年3月
雅安市	华侨林其根	2003年3月	25.0000	修建名山县新店镇中心小学	2003年8月
雅安市	香港福慧慈善基金会	2003年3月	15.0000	修建名山县红岩乡卫生院	2003年11月
雅安市	澳门同胞汤福荣	2003年10月	2.6000	对贫困家庭进行冬赈	
雅安市	法国华侨教育基金会	2004年5月	20.0000	修建天全县仁义乡单姚莉莉纪念学校	2004年10月
雅安市	英国籍华人单声	2004年	20.0000	修建天全县仁义乡程家小学	2004年9月
雅安市	美国欣欣教育基金会	2004年9月	8.0000	修建宝兴县穆坪镇胜利小学	2005年9月
雅安市	台湾慈心慈善事业基金会	2004年6月	15.0000	修建雨城区上里镇慈心医院	2005年4月
雅安市	美国欣欣教育基金会	2004年	0.2500	救济宝兴县贫困学生110人	
雅安市	香港福慧慈善基金会	2004年	0.2500	救济名山县残疾人20人	
雅安市	香港福慧慈善基金会	2004年	0.4500	救济名山县孤儿4人	
雅安市	香港福慧慈善基金会	2004年	1.3000	救济汉源县孤儿14人	
雅安市	法国华侨教育基金会	2004年	0.5000	救济天全县贫困学生126人	
雅安市	香港同胞吴星可、澳门同胞汤福荣	2005年	0.2000	救济雨城区残疾人10人	
雅安市	香港同胞吴星可、澳门同胞汤福荣	2005年	0.2000	救济芦山县残疾人10人	
雅安市	香港同胞吴星可、澳门同胞汤福荣	2005年	0.2000	救济天全县残疾人15人	
雅安市	澳门同胞汤福荣	2005年	0.0600	救济石棉县残疾人5人	
雅安市	香港吴星可慈善基金会	2005年10月	5.0000	对天全、芦山、雨城等县区的500户贫困家庭进行冬赈	
	小计		329.0100		
眉山市	澳门同胞汤福荣、冯志康、柴标叔	1994年1月	16.0000	修建仁寿县青岗乡双店村小学冯志康小学	1995年3月
眉山市	澳门同胞汤福荣、冯志康、柴标叔	1994年1月	6.0000	修建仁寿县龙马镇红云村红云小学	1995年3月

续表 5-1

受赠地区或单位	捐赠人（个人或单位）	捐赠时间	捐赠金额（万元）	捐赠用途	建成时间
眉山市	澳门同胞汤福荣、冯志康、柴标叔	1994 年 1 月	8.0000	修建仁寿县府君乡府君初级中学	1995 年 3 月
眉山市	澳门同胞汤福荣、冯钜泉、冯保、冯志康、邱美玲	1996 年 1 月	8.0000	修建仁寿县满井镇半山村钟家小学	1996 年 5 月
眉山市	澳门同胞邱美玲	1996 年 1 月	10.0000	修建眉山地区仁寿县中农乡邱美玲学校	1997 年 5 月
眉山市	德国天主教救济福利基金会/西班牙阿奈斯瓦德扶贫基金会	1996 年 2 月	22.9000	修建眉山地区仁寿县甘泉乡双福村小学	1996 年 9 月
眉山市	香港同胞林世铿	1996 年 4 月	20.0000	修建青神县南城乡林世铿第五小学	1996 年 11 月
眉山市	全国人大常委、澳门立法会副主席何厚铧,澳门立法会委员、实业家冯志强	1996 年 6 月	150.0000	修建仁寿县铧强中学	1996 年 12 月
眉山市	澳门同胞冯志康	1997 年 1 月	20.0000	修建仁寿县钢铁乡冯志康第二小学	1997 年 7 月
眉山市	澳门同胞林介屏	1997 年 1 月	30.0000	修建仁寿县何满成纪念学校	1998 年 3 月
眉山市	澳门同胞汤福荣	1997 年 2 月	20.0000	修建仁寿县五福乡鸳鸯村李秀琼学校	1998 年 8 月
眉山市	台湾同胞罗志文澳门同胞林介屏	1997 年 8 月	10.0000	修建仁寿县清泉乡中心幼儿园	1998 年
眉山市	美国籍华人刘桂珍等	1997—2005 年	40.0000	救济县贫困学生 1000 人	
眉山市	香港福慧慈善基金会等	1997—2005 年	52.0000	救济残疾人 1300 人	
眉山市	澳门同胞何满成、林介屏	1998 年 8 月	30.0000	修建仁寿县农旺乡第一完全小学	1999 年 7 月
眉山市	澳门天主教福利会	1998 年 9 月	28.6000	修建仁寿县虞丞乡中心小学	1999 年 7 月
眉山市	澳门天主教福利会	1998 年 9 月	28.6000	修建仁寿县中坝乡中心小学	1999 年 2 月
眉山市	香港同胞范止安澳门同胞林介屏	2000 年 2 月	20.0000	修建仁寿县慈航镇景范第十九希望小学	2000 年 7 月
眉山市	澳门天主教福利会	2000 年 11 月	40.0000	修建仁寿县板桥乡卫生院	2001 年 4 月
眉山市	李氏基金	2003 年	20.0000	修建彭山县灵石镇文殊村小学	2004 年
眉山市	香港同胞蔡敏怡	2003 年 5 月	20.0000	修建仁寿县金凤乡陈满发（善明会）春蕾小学	2003 年 12 月
	小计		600.1000		
资阳市	香港同胞邵逸夫	1998 年 5 月	70.0000	修建资阳中学	2001 年
资阳市	美国籍华人吴仲良	1998 年 11 月	40.0000	修建安岳县龙台镇吴仲良第二初级中学	1999 年 5 月

续表 5－1

受赠地区或单位	捐赠人（个人或单位）	捐赠时间	捐赠金额（万元）	捐赠用途	建成时间
资阳市	巴西籍华人徐光禄	1998 年	8.0000	为资阳中学设立“徐光禄奖学基金”	–
资阳市	美国籍华人吴仲良	1998 年	8.0400	救济乐至县贫困学生 177 人	
资阳市	挪威华侨潘子垣	1998 年	0.8000	救济雁江区贫困学生 20 人	
资阳市	美国籍华人吴仲良	1999 年 3 月	25.0000	修建乐至县吴元鑫小学	1999 年 8 月
资阳市	美国籍华人吴仲良	1999 年 4 月	40.0000	修建安岳县通贤镇吴文林初级中学	1999 年 12 月
资阳市	美国籍华人吴仲良	1999 年 6 月	40.0000	修建简阳市五合乡红旗一社吴文森初级中学	1999 年 12 月
资阳市	美国籍华人吴仲良	1999 年 10 月	91.0000	修建乐至县吴仲良爱心堂	2001 年 7 月
资阳市	汇丰银行慈善基金会	1999 年	20.0000	发送灾民	
资阳市	香港特区红十字会	1999 年	44.2000	发送灾民	
资阳市	美国籍华人廖新生	1999 年	4.6490	救济安岳县贫困学生 20 人	
资阳市	香港特区红十字会	2000 年	20.3000	修建雁江区老君镇卫生院综合楼	2000 年
资阳市	香港特区红十字会	2000 年	18.0000	购 60 吨大米分发给 4000 名灾民和特困职工	
资阳市	美国籍华人吴仲良	2001 年 11 月	40.0000	修建安岳县永胜镇吴文洁初级中学	2002 年 6 月
资阳市	美国籍华人吴仲良	2001 年 11 月	40.0000	修建简阳市镇金镇吴文雅初中	2002 年 6 月
资阳市	美国籍华人吴仲良	2001 年 11 月	40.0000	修建雁江区临江镇吴文纯初级中学	2002 年 6 月
资阳市	美国籍华人吴仲良	2002 年 4 月	40.0000	修建安岳县驯龙镇吴文缴初级中学	2003 年 3 月
资阳市	美国籍华人吴仲良	2002 年 7 月	25.0000	修建乐至县龙门乡吴元奇小学	2003 年 2 月
资阳市	美国籍华人周德昭	2004 年	47.5000	修建简阳市禾丰镇道光小学	2004 年
资阳市	美国籍华人吴仲良	2004 年	2.5800	救济乐至县孤儿 306 人	
资阳市	香港同胞田家炳	2005 年 7 月	16.0000	修建安岳县兴隆镇福慧田家炳小学	2006 年
资阳市	法国华侨教育基金会	2005 年 9 月	25.0000	修建乐至县天池镇仙鹤董美珍小学	2006 年
资阳市	美国欣欣教育基金会	2005 年 9 月	8.5000	修建安岳县兴隆镇界桥村小学	2006 年
资阳市	美国籍华人吴仲良	2005 年 10 月	30.0000	修建雁江区清水乡吴仲良第五初级中学	2006 年 12 月
资阳市	美国籍华人吴仲良	2005 年	30.0000	修建简阳市新市镇吴仲良第四初级中学	2005 年
资阳市	香港同胞邵逸夫	2005 年	40.0000	修建简阳市石盘镇逸夫小学	2005 年
资阳市	美国梅琳凯公司	2005 年	20.0000	修建雁江区丹山镇田坝村小	2005 年

续表 5－1

受赠地区或单位	捐赠人（个人或单位）	捐赠时间	捐赠金额（万元）	捐赠用途	建成时间
资阳市	美国欣欣教育基金会	2005 年	8.5000	修建简阳市新市镇仁义村小	2005 年
资阳市	美国籍华人吴仲良	2005 年 12 月	30.0000	修建乐至县石湍镇吴仲良第六初级中学	2006 年 12 月
资阳市	美国籍华人吴仲良	2005 年 12 月	30.0000	修建安岳县林凤镇吴仲良第七初级中学	2006 年
资阳市	美国籍华人吴仲良	2005 年	0.1200	救济乐至县残疾人 4 人	
	小计		903.1890		
阿坝州	台湾同胞杨宝悟	1996 年 11 月	10.0000	支援茂县富顺乡甘沟小学	
阿坝州	香港大藏基金会	1997—2004 年	1000.0000	维修马尔康大藏寺院	2004 年
阿坝州	香港同胞邵逸夫	1999 年	26.0000	修建九寨沟县漳扎镇逸夫小学	1999 年
阿坝州	美国籍华人周胜祝	1999 年	20.0000	修建若尔盖县求吉乡斯洛希望小学	2000 年
阿坝州	美国世华基金会	2000 年	23.0000	修建汉川县漩口镇世华红福山小学	2001 年
阿坝州	台湾同胞	2001 年	30.0000	修建金川县沙尔乡中心校教学楼	2002 年
阿坝州	外籍华人白玛央金	2001 年	10.0000	修建阿坝县城关小学	2002 年
阿坝州	香港福慧慈善基金会	2001 年	2.0000	分发给阿坝县柯河乡的 200 户贫困户	
阿坝州	台湾慈心慈善事业基金会	2002 年	4.5000	分发给马尔康、壤塘两县的 450 户贫困家庭	
阿坝州	台湾同胞	2002 年	1.2500	救济茂县贫困学生 25 人	
阿坝州	台湾同胞	2002 年	1.2500	救济马尔康县贫困学生 25 人	
阿坝州	外籍华人白玛央金	2003 年 10 月	60.0000	改建阿坝县藏文中学	2003 年
阿坝州	美国籍华人陈卫平	2003 年	20.0000	修建九寨沟县白河乡太平村小学	2003 年
阿坝州	美国欣欣教育基金会	2003 年	8.0000	修建九寨沟县安乐乡林氏欣欣小学	2003 年
阿坝州	李氏基金会	2003 年	18.5240	修建若尔盖县班佑乡城教第三小学	2004 年
阿坝州	香港慈恩基金会	2003 年	10.0000	修建茂县东兴乡小平侨心希望小学	2004 年
阿坝州	美国欣欣教育基金会	2003 年	10.0000	修建九寨沟县郭元乡林氏欣欣小学	2004 年
阿坝州	香港同胞释智耀法师等	2004 年	9.0000	修建阿坝县洛尔达乡香港明灯小学	2005 年
阿坝州	美国籍华人谢正达	2004 年	5.0000	分发给黑水县 500 户特困户	
阿坝州	香港大藏基金会	2004 年	21.6000	救济马尔康县二中贫困学生 450 人	

续表 5－1

受赠地区或单位	捐赠人（个人或单位）	捐赠时间	捐赠金额（万元）	捐赠用途	建成时间
阿坝州	香港大藏基金会	2004 年	20.0000	救济马尔康县康山乡中心校贫困学生 160 人	
阿坝州	香港慈恩基金会	2005 年	0.2500	救济金川县孤儿 5 人	
阿坝州	香港慈恩基金会	2005 年	0.2500	救济小金县孤儿 5 人	
	小计		1310.6240		
甘孜州	香港同胞戴天示	1995 年 8 月	100.0000	向甘孜州畜科所捐赠兽用抗菌素 200 吨、氨基酸 150 吨、饲料添加剂 500 吨	
甘孜州	香港同胞邵逸夫	1996 年	80.0000	修建炉霍县中学逸夫教学楼	1997 年 1 月
甘孜州	香港福慧慈善基金会	2005 年 4 月	10.0000	修建康定县甲根坝乡呷巴小学	2005 年 12 月
甘孜州	香港建行杏社基金会	2005 年 5 月	10.0000	修建丹巴县太平桥乡中心小学	2006 年 10 月
甘孜州	香港福慧慈善基金会	2005 年 5 月	10.0000	修建丹巴县巴底乡琼山小学	2005 年 12 月
甘孜州	香港福慧慈善基金会	2005 年 5 月	10.0000	修建丹巴县喇嘛寺小学	2006 年 3 月
甘孜州	美国欣欣教育基金会	2005 年 5 月	8.0000	修建色达县塔子乡小学	2006 年
甘孜州	海外侨胞	2005 年	30.0000	分发贫困户	
	小计		258.0000		
凉山州	香港合利公司	1992 年 10 月	1200.0000	扶持喜德县扶贫经济开发公司	
凉山州	德国华侨龙音	1993 年 9 月	90.0000	为西昌卫星发射中心购 3 台奔驰轿车	
凉山州	香港同胞张向东	1995 年 1 月	168.0000	援助凉山州第一人民医院（20 万美元）	
凉山州	香港同胞吴炜	1996 年 11 月	300.0000	修建昭觉县四开片区吴炜“希望学校”	
凉山州	正大集团	1997 年 4 月	100.0000	在昭觉、金阳、美姑、布拖、普格等县兴建 5 所“正大希望小学”	
凉山州	正大集团	1997 年 4 月	50.0000	在普格县庙子沟兴建装机为 100 千瓦水电站	1997 年 9 月
凉山州	美国唐仲英基金会	2001 年	8.0000	修建西昌市黄联关镇哈土村小学	2001 年 12 月
凉山州	美国唐仲英基金会	2001 年	8.0000	修建西昌市四合乡团结小学	2001 年 12 月
凉山州	澳门同胞汤福荣	2003 年 1 月	4.5000	救济 450 户贫困农户	
凉山州	台湾慈心慈善事业基金会	2004 年	15.0000	修建金阳县南瓦区南瓦慈心医院	2005 年
凉山州	台湾慈心慈善事业基金会	2004 年	15.0000	修建普格县向阳乡森科洛麻风康复村慈心小学	2005 年
凉山州	澳门同胞张志豪	2004 年	12.0000	为凉山州民族中学购置了电脑 20 台等	

续表 5－1

受赠地区或单位	捐赠人（个人或单位）	捐赠时间	捐赠金额（万元）	捐赠用途	建成时间
凉山州	香港福慧慈善基金会	2004 年	15.0000	修建西昌市安宁镇“侨心小学”	2004 年 12 月
凉山州	加拿大世界华文大众传媒协会	2004 年	0.3000	救济 20 名贫困学生	
凉山州	澳门同胞汤福荣	2004 年 1 月	5.0000	救济 500 户贫困农户	
凉山州	香港吴星可慈善基金会	2005 年 5 月	11.0000	救济 82 名贫困患者实施白内障复明手术	
凉山州	香港吴星可慈善基金会	2005 年	10.0000	为盐源县泸沽湖中心医院捐赠了一台 300 毫安 X 光机	
凉山州	香港慈恩基金会	2005 年	10.0000	改建西昌市四合乡永定村小学	2006 年
凉山州	香港慈恩基金会	2005 年	10.0000	改建喜德县拉克乡则莫村小学	2006 年
凉山州	香港慈恩基金会	2005 年	10.0000	改建德昌县小高乡连丰村小学	2006 年
凉山州	香港福慧慈善基金会	2005 年	11.0000	为西昌学院和州民族中学 800 名学生发助学金或奖学金	
凉山州	台湾“财团法人爱心第二春文教基金会”	2005 年	20.0000	修建西昌市太和镇“宙平侨心小学”	2006 年
	小计		2072.8000		
重庆市	美籍华人连鼎祥	1988 年	128.0000	设立“璧山县蒋庆云奖学基金会”	
重庆市	外籍华人陈国平	1994 年 5 月	508.0000	向重庆市社会福利有奖募捐委员会捐赠办公自动化设备(59.78 万美元)	
重庆市	香港同胞张天民	1994 年 6 月	66.0000	向重庆市市中区残疾人联合会捐赠日本产制冷泵头 5500 打	
重庆市	海外华侨张振	1995 年 8 月	30.0000	扩建重庆市北碚基督教礼拜堂	
重庆市	英国籍华人邱添	1996 年 4 月	20.0000	修建铜梁县围龙镇中学	1997 年 1 月
重庆市	英国籍华人邱添	1996 年 4 月	5.0000	修建铜梁县围龙镇小学	1997 年 1 月
	小计		757.0000		
万县市	华侨陈声	1995 年 2 月	30.0000	向巫峡镇幼儿园捐赠奶粉 50 吨	
万县市	外籍华人郑华贵	1996 年 2 月	20.0000	修建云阳县盘石镇均昌阁小学	1996 年 9 月
万县市	法国上海联谊会	1996 年 3 月	20.0000	修建梁平县梁山镇法国上海联谊会小学	1997 年 11 月
万县市	外籍华人吴桂显	1996 年 3 月	25.0000	修建梁平县金带镇金桂侨心小学	1996 年 9 月
万县市	西班牙阿奈斯瓦德扶贫基金会	1996 年 5 月	9.0000	修建梁平县梁山镇聋哑学校	1996 年 12 月
万县市	香港同胞黄英豪	1996 年 7 月	100.0000	改造梁平县梁平中学	

续表 5－1

受赠地区或单位	捐赠人（个人或单位）	捐赠时间	捐赠金额（万元）	捐赠用途	建成时间
万县市	香港应善良福利基金会	1996 年 8 月	11.8800	修建五桥区凉水乡双龙小学	1997 年 2 月
	小计		215.8800		
涪陵市	香港同胞湛兆霖	1996 年 6 月	15.0000	修建武隆县长坝镇兆霖侨心小学	1997 年 1 月
涪陵市	香港应善良福利基金会	1996 年 8 月	10.1520	修建丰都县兴义镇长沙村小学	1997 年 2 月
涪陵市	香港同胞湛兆霖	1996 年 8 月	5.0000	建立武隆县长坝镇湛兆霖小学扶贫奖励基金	1997 年 1 月
涪陵市	香港同胞湛兆霖	1996 年 11 月	15.0000	修建丰都县崇兴乡湛兆霖小学	1997 年 5 月
	小计		45.1520		
黔江地区	英国籍华人邱添	1994 年 5 月	10.0000	修建酉阳县城南开发区丘添第三小学	1994 年 12 月
	小计		10.0000		
全　省	总　计	-	40342.0848	-	-

说明：1. 资料来源于各市（州）政府侨务机构和省政府侨务办公室统计，文件记载，报刊报道；
2. 统计时间为 1986 年 1 月 1 日至 2005 年 12 月 31 日；
3. 表中捐赠金额币种为人民币；捐赠货币为非人民币的，已换算成人民币；捐赠的物资已折合为人民币；
4. 受赠地区以受赠时的行政区划为准；
5. 重庆市、万县市、涪陵市、黔江地区的捐赠统计只到 1996 年 12 月 31 日

第六篇　联谊交往

随着改革开放的推进，侨务部门为侨服务、为经济建设服务工作逐步展开，各种侨务活动日益频繁，特别是海外侨胞、港澳台同胞到川活动和川内人员涉侨出访活动不断增多。四川侨务部门坚持“请进来”“走出去”的工作方法，以“联谊、服务、引导”为工作内容，乡情、亲情、商情并举，凝侨心，聚侨力，积极开展联谊交往工作，广泛涵养和培育侨务资源。由于历史的原因，四川有去台人员约50万人，其后去台人员有数万人移居海外。台中有侨，侨中有台，侨台交叉是四川侨情的特点之一。多年来，特别是2000年以来，侨务部门大力开展侨务对台工作。

第一章　华侨华人和港澳台同胞来访

第一节　接待

1994—2005 年，省侨务部门接待来访的海外华侨华人、港澳台同胞 1441 批、17016 人次。其中，考察访问与合作交流的 1402 批、15528 人次；参加夏令营活动的 17 批、1276 人次；旅游观光的 15 批、189 人次；探亲访友的 7 批、23 人次。

1994—2005 年省侨务部门接待华侨华人和港澳台同胞情况统计表

表 6 - 1

年 度	批 次	人 次	国家、地区（个）	领导会见	
				团组（个次）	重点人士（人次）
1994	132	1018	23	21	76
1995	92	886	25	18	70
1996	94	1032	28	15	168
1997	121	1147	32	26	284
1998	95	876	19	12	123
1999	95	870	22	19	98
2000	159	1019	25	21	152
2001	90	1279	26	27	303
2002	182	1796	22	79	601
2003	121	1109	35	8	142
2004	161	2244	53	18	375
2005	99	3740	49	50	400
合 计	1441	17016	-	314	2792

说明：1. 此表只统计到省侨务部门；

2.“领导会见”是指省级领导的会见，未含部门领导会见

第二节 领导会见

对到川的重点华侨华人、港澳台同胞团组、人士，省侨务部门在接待的同时报请省领导安排会见。1994—2005年，省级以上领导会见到川的重点华侨华人、港澳台同胞团组314个次，人士2792人次。其主要会见情况见表6-2。

1994—2005年省级以上领导会见到四川华侨华人和港澳台同胞情况统计表(部分)

表6-2

时间	地点	出面会见的领导	到川华侨华人和港澳台同胞	到川事由
1994年1月18日	成都	省委书记谢世杰,省政协主席聂荣贵,省委副书记宋宝瑞、秦玉琴,省政府副省长蒲海清,省政协副主席杨岭多吉、韩邦彦、刘元瑄、张庭翰	香港、澳门的省政协港、澳委员	参加省政协会议
1994年3月28日	成都锦江宾馆	省政府副省长刁金祥	新加坡郭兄弟集团嘉里粮油(中国)有限公司主席柳代风、嘉里控股(中国)有限公司董事长曹万通一行5人	考察
1994年4月16日	成都凤凰台大酒楼	省政府省长肖秧、省人大常委会副主任饶用虞	加拿大著名友人文幼章的夫人埃拉及儿子文忠志、女婿苏威廉一行	护送文幼章骨灰到乐山
1994年6月27日	成都锦江宾馆	省政府省长肖秧、省长助理许忠民	韩国三星集团株式会社(中国)总裁郑容,香港、合创集团总裁黄英豪、总经理黄钟,巴西中巴石油有限公司董事长康秉惜、新加坡大华银行高级副总裁兼香港大华银行高级副总裁陈子亮,维信集团执行主席唐义方,美国环宇投资顾问公司总裁谢锦杰、董事长马构思,驻香港国民西敏寺银行经理麦文彬	参加"四川国际招商投资洽谈会"暨"四川经济发展与国际合作研讨会"
1994年7月2日	成都金牛宾馆	省委书记谢世杰,省人大常委会主任杨析综,省政协主席聂荣贵,省委副书记宋宝瑞、秦玉琴,省政府副省长蒲海清	中国香港地区全国政协委员赴川视察团全体成员,视察团由全国政协常委、香港东泰财务投资(集团)有限公司主席李东海率领,成员中包括多家重要企业财团及文化团体要员	视察和开展合作交流
1994年7月2日	成都岷山饭店	省政府副省长甘宇平	新西兰汇宝国际有限公司董事长总经理庄擎、新加坡三协国际有限公司总裁卓烦成、香港中华总商会永远名誉会长、香港东洋集团总裁陈冠杰、香港可达投资有限公司副总经理洪清鹏、台湾台北瓦楞纸器有限公司董事长张志和、汇宝(成都)有限公司总经理方德传	考察、合作
1994年7月11日	成都四川宾馆	省委副书记宋宝瑞	美国通用汽车公司副总裁杨雪兰一行	考察、访问

续表 6 – 2

时间	地点	出面会见的领导	到川海外侨胞港澳台同胞	到川事由
1994 年 8 月 21 日	成都	省政协主席聂荣贵	美国著名科学家、美籍华人左天觉一行	攀西农业综合开发考察
1995 年 1 月 13 日	省政府	省政府省长肖秧、省政协主席聂荣贵、省政府副省长甘宇平	香港新中港集团主席徐展堂一行	商洽在川建航空运输货运公司、向警官协会捐资 100 万元和在成都建经济适用房等问题
1995 年 5 月 9 日	省政府	省政府副省长刁金祥	加拿大多伦多市台商会名誉会长、北美地区最大的中文报刊《世界日报》社社长钱舜麟	考察、访问
1995 年 6 月 2 日	成都锦江宾馆	省委书记谢世杰、副书记秦玉琴	美籍华人著名物理学家、诺贝尔奖获得者杨振宁及夫人杜致礼	应四川联合大学邀请到川颁发四川省首届亿利达青少年发明奖
1995 年 6 月 5 日	成都岷山饭店	省政府副省长马麟	瑞士中欧公司集团主席伦纳德·贝特斯、顾问白益良和香港华侨、华人总会理事长古鲜辉一行	考察洽谈合作项目
1995 年 7 月 6 日	成都锦江宾馆	省委书记谢世杰	新加坡著名实业家、国际人造林制品集团公司主席莫若愚及公司驻中国代表李道广	交换在四川乐山投资项目工程情况
1995 年 9 月 7 日	省委贵宾会见厅	省委书记谢世杰	法国华侨教育基金会会长汪漱芬一行	到川捐资实施"侨心工程"
1995 年 10 月 16 日	省委贵宾会见厅	省政府省长肖秧	香港新鸿基地产发展有限公司主席兼行政总裁郭炳湘一行 16 人	考察旅游业
1995 年 10 月 24 日	成都银河王朝大酒店	省政府副省长蒲海清,省老领导、原省政协主席廖伯康	美国国际视善大使、美国礼来公司继承人余丽云一行 4 人	考察、访问
1995 年 10 月 30 日	成都锦江宾馆	省委书记谢世杰	新加坡籍华人、资深政治家、人民行动党主席、原政府副总理杜近才一行	考察、访问
1995 年 12 月 27 日	成都锦江宾馆	省人大常委会副主任宋大凡、省政协副主席韩邦彦	"'95 圣诞期间川籍海外专家、学者回乡省亲暨经贸科技协作活动"成员 26 人	参加会议
1996 年 3 月 22 日	成都锦江宾馆	省政府省长宋宝瑞	加籍华人加拿大、MFP 团 ONMX 计算机公司副总裁王东方和加中贸易商会副会长肖文豪一行	考察洽谈
1996 年 4 月 3 日	成都锦江宾馆	省委书记谢世杰、省政府省长宋宝瑞	泰国盘谷银行常务董事长、四川省政府顾问陈有汉一行	考察洽谈

续表 6－2

时 间	地 点	出面会见的领导	到川海外侨胞港澳台同胞	到川事由
1996 年 4 月 11 日	成都四川宾馆	省委副书记秦玉琴,省委常委、宣传部长席义方	香港《商报》常务副社长、总编辑吴帆一行	考察洽谈
1996 年 6 月 25 日	成都银河王朝大酒店	省人大常委会副主任王叔云、省政府副省长甘宇平	欧洲华侨、华人社团联合会妇女代表团(西班牙华侨华人妇女联合会主席叶玉兰率团)	考察洽谈
1996 年 7 月 21 日	成都锦江宾馆	省委书记谢世杰、省政府副省长张中伟	泰国正大集团永远荣誉董事长谢正民、谢正民一行	考察洽谈
1996 年 9 月 19 日	成都岷山饭店	分管侨务工作的省政府领导	来自日本、德国、以色列、韩国等国家的 28 家跨国公司驻华代表赴川考察洽谈	参加会议 考察洽谈
1996 年 9 月 24 日	河南郑州	分管侨务工作的省政府领导	海外部分华商大企业家、大财团总裁、总经理	参加国务院侨办和国家部委举办的“中国中西部地区对外经济技术合作洽谈会”
1996 年 10 月 8 日	成都	省政府副省长李蒙	法国兴业银行驻中国首席代表施万晔,美国 CSN 公司总裁施载荣一行	成都设业务处和投资考察
1996 年 10 月 9 日	成都	省委常委、宣传部长席义方,省政协副主席刘昌杰、张庭翰	澳门特别行政区全国政协委员赴川视察团一行(全国政协常委、澳门吴福集团有限公司董事长吴福率团一行)	视察并开展合作交流
1996 年 10 月 27 日	成都皇冠假日酒店	省委书记谢世杰、省政府省长宋宝瑞	香港中信泰富集团主席荣智健一行	考察洽谈
1997 年 1 月 20 日	成都	省政府省长宋宝瑞	全国人大常委、全国工商联副主席、澳门立法委员会副主席何厚铧	考察
1997 年 3 月 27 日	成都锦江宾馆	省委书记谢世杰,省政府省长宋宝瑞,省委副书记、省政府副省长张中伟,省委常委、成都市委书记陶武先,省政府副省长邹广严,省政府秘书长张宗源	香港经济考察团一行(香港新中港集团主席徐展堂率领)	考察、洽谈
1997 年 3 月 28 日	成都	省委副书记杨崇汇	新加坡 IPC 主席严名炽一行	与四川鼎天集团公司合作代销其产品,举行签字仪式
1997 年 5 月 14 日	成都	省委书记谢世杰、省政府省长宋宝瑞、省政协副主席刘诗白、省政府秘书长张宗源	马来西亚金狮集团董事长钟廷森一行	投资考察
1997 年 7 月 2 日	成都锦江宾馆	省政府省长宋宝瑞	美籍华裔、著名电视节目制片人靳羽西(作为特邀嘉宾参加中英香港交接仪式后到川)	考察访问

续表 6－2

时 间	地 点	出面会见的领导	到川海外侨胞港澳台同胞	到川事由
1997 年 9 月 7 日	成都四川宾馆	省政府副省长王金祥、省政府秘书长张宗源	香港特区财政司司长曾荫权、香港证券及期货事务监察委员会主席梁定邦、香港联合交易所主席郑维健、香港贸发局总裁施祖祥一行 20 人	到川举办证券市场介绍会
1997 年 10 月 7 日	成都	省委书记谢世杰、省政府省长宋宝瑞	美籍华人、美国华盛顿州州长骆家辉一行	访问
1997 年 10 月 26 日	成都锦江宾馆	分管侨务工作的省政府领导	中国香港、中国澳门、中国台湾地区 45 名嘉宾	参加会议
1998 年 1 月 15 日	成都锦江宾馆	省政府副省长邹广严	马来西亚籍华人、马来西亚中华工商联合署理会长颜清文，马来西亚中华总商会长林源德率领的马来西亚工商贸易代表团一行	考察、洽谈
1998 年 2 月 11 日	成都皇冠假日酒店	省委书记、省人大常委会主任谢世杰，省政府省长宋宝瑞，省委常委、成都市委书记陶武先，省政府副省长王金祥	美国摩托罗拉公司行政副总裁、亚太区总裁理查・扬次，公司副总裁、中国区总裁赖炳荣一行	为乐山市所建企业扩建工程项目洽谈
1998 年 5 月 12 日	成都锦江宾馆	省政府省长宋宝瑞，省委副书记、省政府副省长张中伟	“四川攀西农业项目洽谈会”法国、德国、英国、日本、南非、美国、以色列等国家和中国香港、中国台湾地区的企业代表	参加会议
1998 年 8 月 31 日	成都	省政府省长宋宝瑞、省政府副省长邹广严	美国德克萨斯州经济发展部长陈胜亭为团长的州政府代表团一行	考察访问
1998 年 9 月 1 日	成都	省委书记、省人大常委会主任谢世杰	加拿大外交国贸部亚太事务国务部部长陈卓愉一行	洽谈资助建设“四川经济管理学院”事
1998 年 9 月 1 日	成都锦江大礼堂	省人大常委会副主任张国辉、省政协副主席章玉均	香港南源永芳集团董事长姚美良一行	召开新闻发布会和举办《孙中山与华侨》国际美展
1998 年 9 月 19 日	成都	省政府省长宋宝瑞	匈牙利《企业家》、《欧洲之声》、《欧华时报》、欧洲华文媒体协会联合采访团一行（由匈牙利华人联合会会长周永平率团）	接受采访
1998 年 10 月 17 日	湖南长沙	分管侨务工作的省政府领导	法国华美百货公司时装有限公司主席房子成为团长的侨领团一行 12 人，泰国华尔街金融机构董事长李光隆为团长的“泰华企业家访华团”一行 12 人，马来西亚中国经济贸易总商会会长颜清文为团长的“商会企业家代表团”一行 23 人，美国高科技 O&E 公司总裁谷继成、新加坡中华总商会会长林方基为团长的“商会代表团”一行 26 人，欧洲华侨华人联合会主席张曼新一行 6 人，泰国中华总商会会长郑明如为团长的“泰国华商”代表团，美国华宝集团主席林国文一行 6 人	参加国务院侨办和国家部委举办的“中国中西部地区对外经济技术合作洽谈会”

续表 6－2

时间	地点	出面会见的领导	到川海外侨胞港澳台同胞	到川事由
1998 年 12 月 9 日	成都	省政府副省长敬正书、省政府秘书长张宗源	香港海外团体负责人访华团一行	考察访问
1998 年 12 月 30 日	成都锦江宾馆	省委书记、省人大常委会主任谢世杰，省政协主席聂荣贵，省人大常委会副主任卢铁成	“’98 川籍海外专家、学者回川恳亲暨科技经贸交流合作洽谈会”人员	参加会议
1999 年 4 月 12 日	成都金牛宾馆	省委副书记杨崇汇	美籍华人、纽约四川饭店董事长吴仲良，美国速冻食品公司董事长周永福一行	捐助教育，“兴建”侨心学校
1999 年 5 月 5 日	成都	省委书记、省人大常委会主任谢世杰，省委副书记、省政府副省长张中伟、省委副书记杨崇汇，省委常委、宣传部长席义方	新华社澳门分社社长王今翔、澳门分社文体部长张健、澳门中国企业协会副会长吴才华、澳门日报社副总经理李亚飞一行	澳门宣传周活动
1999 年 5 月 7 日	成都	省政府副省长李进，省政协副主席孙同川、吴正德	美国“大华府华人专业团体联合会考察团”一行（应全国政协邀请，以贾浩会长为团长）	考察洽谈
1999 年 5 月 14 日	成都国际大厦	省人大常委会副主任张国辉	美国联邦政府航空总署首席科学家、美国 ISI 公司总裁陆经纬夫妇	讲学交流
1999 年 7 月 12 日	成都金牛宾馆	省政府副省长徐世群	美国联邦政府教育国际部主任乔龙庆一行	冬赈扶贫
1999 年 9 月 12 日	成都	省委书记、省人大常委会主任谢世杰，省委副书记、省政府副省长张中伟，省委副书记杨崇汇，省委常委、成都市委书记陶武先，省政府副省长李进	香港国家中医药现代化产业基地（四川）考察团一行（团长卢毓）	考察
1999 年 9 月 28 日	成都新时代广场	分管侨务工作的省政府领导	西门子、英特尔、渣打银行、东亚银行、意大利对外贸易协会、香港亚洲电视等知名外商投资企业代表	慰问
1999 年 10 月 2 日	成都锦江宾馆	省委书记、省人大常委会主任谢世杰，省委副书记、代理省长张中伟，省委副书记、省政府副省长杨崇汇	美国安然国际公司董事总经理兼中国公司总裁叶孙滨一行	投资能源开发项目
1999 年 10 月 21 日	成都	省委副书记、代理省长张中伟	香港庄士集团主席庄绍绥一行	考察投资市场
2000 年 1 月 21 日	成都	省政府省长张中伟	泰国旅游协会主席许秋成、法国新纪元集团公司董事长何跃、法国中新集团公司董事长陈兴凯、香港中信泰富有限公司主席郭孔丞、台湾旅游协会等 20 家公司海外嘉宾 29 人	参加“四川旅游招商项目洽谈会”

续表6-2

时 间	地 点	出面会见的领导	到川海外侨胞港澳台同胞	到川事由
2000年1月22日	成都	省人大常委会主任谢世杰，省政府省长张中伟，省委副书记席义方，省委常委、省委秘书长冯崇泰，省委常委、宣传部长柳斌杰	香港凤凰卫视董事局主席、行政总裁刘长乐，副总裁、中文台台长王纪容，著名学者余秋雨，著名主持人吴小莉一行	吴小莉专访省委主要领导
2000年4月23日	成都	省委副书记、省政府副省长杨崇汇	美国七星集团董事局主席李金松率领的“高级商务代表团”一行	考察投资项目和市场
2000年4月28	成都	省政府省长张中伟、省委副书记席义方、省政府副省长李进	中国香港促进会访问团、印度尼西亚访问团、美国美中生物技术协会代表团	参加“成都中医药大学新药研发中心成立”
2000年5月9日	成都	省委副书记席义方，省委常委、宣传部长柳斌杰	香港20家华文媒体记者组成的西部大开发西南采访团一行	采访四川
2000年5月24日	成都	省人大常委会主任谢世杰、省政府省长张中伟、省政协主席聂荣贵	香港特别行政区政务司司长曾荫权率“香港赴西部访问团”一行。	考察访问
2000年10月20日	成都锦江宾馆、金牛宾馆	全国政协副主席杨汝岱，全国政协副主席陈锦华，省政协主席聂荣贵，省委副书记、省政府副省长杨崇汇，省委常委、成都市委书记陶武先，省政协副主席章玉钧（分别会见）	中国香港特别行政区行政会议召集人梁振英、香港证监会主席沈联涛、日本壳牌东北亚集团公司董事长陈逸嘉、美国国际集团资深副总裁林文德、美国安然公司董事总经理叶孙滨、美国康柏计算机公司大中国区总裁俞新昌、美国摩托罗拉副总裁、中国首席代表武小珍、爱立信集团公司执行副总裁许世民，加拿大北电网络公司副总裁徐成达等。	参加“西部论坛”
2000年12月27日	成都天使宾馆	省人大常委会副主任张国辉	来自世界14个国家178名海外专家、学者	参加第三届四川省海外专家、学者高新科技洽谈会
2001年2月16日	成都锦江宾馆	省政府副省长李进	美籍华人、国际著名HLA（人类白细胞抗原）专家李政道，台湾慈济骨髓捐赠中心志愿工作者一行	向四川华西医院血癌患者捐助骨髓
2001年3月4日	成都锦江宾馆	省政府副省长柯尊平	台湾慈心慈善基金会董事长谢政达一行	向四川捐建5所“侨心学校”签字仪式
2001年3月17日	成都龙泉驿区	分管侨务工作的省政府领导	泰国国家警署副总指挥，顺通西权上将、泰国清莱中华商会主席林甲元率领的该会代表团，马来西亚大马客联会理事长拿督吴德芳率领的客属分会代表团，美中友好协会主席林尔良率领的友好代表团，颜庭贵率领的巴西圣保罗电力设备公司代表团，中国香港凯胤集团代表团，中国台湾中华国际经贸促进会顾问李成德率领的台湾国际经贸代表团，中国澳门客属社团联合会秘书长黄铨昌率领的澳门客属联合总会代表团，中国香港崇政总会永远名誉会长张扬、理事长黄石华	参加“中国成都国际桃花节暨客家学术研讨会”

续表6-2

时 间	地 点	出面会见的领导	到川海外侨胞港澳台同胞	到川事由
2001年5月9日	成都金牛宾馆	省委副书记陶武先、省政府副省长王恒丰	全国政协委员、香港金宝国际集团董事长李秀恒为团长的香港经贸商会访问团一行，省政府副省长王恒丰接受了随团来访的香港亚洲电视台记者的采访	考察访问
2001年10月15日	成都	省委副书记陶武先、省政府副省长李进、省政协副主席陈官权	台湾重要知名人士郝柏村	考察
2001年11月18日	成都太成宾馆	分管侨务工作的省政府领导	美国世界宁阳会馆联谊大会筹委会主任、旧金山宁阳会馆商董、前主席伍璇灿为团长的宁阳会馆代表团一行	考察访问
2002年1月15日	成都	省政协副主席刘绍先	“凉山国际魔芋研讨会”日本、中国台湾等国家和地区专家、学者	参加研讨会
2002年2月25日	成都太城宾馆	省人大常委会副主任张国辉	旅法湄江联谊会会长江基民率“旅法华裔专家、学者访问团”一行	考察访问
2002年4月8日	成都	省人大常委会副主任张国辉	美国国际法中心高级律师、华盛顿华裔律师会会长王晓麟与托普、华侨凤凰等企业进行交流，并举办“WTO与四川经济发展”讲座	举办交流讲座
2002年4月23日	成都	省政协副主席陈杰	澳大利亚、比利时、葡萄牙等国家和中国香港、深圳地区知名侨商“商务考察团”一行	西部商务考察
2002年5月25日	成都沙湾会展中心	省政府副省长邹广严	美国旧金山华商经贸考察团、海外百名博士团、菲律宾宿务侨领访华团、加拿大上海联谊会代表团、新西兰新中友好协会	参加第三届中国西部国际博览会
2002年5月29日	成都	省政府省长张中伟、中国侨联主席林兆枢、省政府副省长王恒丰	菲律宾第二大财团SM集团董事长施至成一行	投资兴建购物中心
2002年7月30日	成都	省政府省长张中伟、、省政府秘书长李洪仁	美国默生电子公司、美国惠普（中国）公司、美国IBM公司、美国戴尔计算机（中国）公司、香港晟博控股公司、台湾大众电脑集团、台湾威盛电子公司等海外20多户知名IT企业家	参加剑南春晟博科技有限公司首期生产投产启动仪式
2002年8月19日	成都	分管侨务工作的省政府领导	北美洲、欧洲及南太平洋地区印支华人再移民团体负责人访华团一行	考察访问
2002年9月22日	成都	省人大常委会副主任张国辉	马来西亚“留台联总”文化参观访问团一行	考察访问
2002年12月25日至26日	绵阳临园宾馆	分管侨务工作的省政府领导、国务院侨办副主任许又声、中国侨联副主席郭令恭	“四川海外专家、学者高新科技洽谈会”人员	参加会议

续表 6－2

时 间	地 点	出面会见的领导	到川海外侨胞港澳台同胞	到川事由
2003 年 4 月 2 日	广东广州	省政府省长张中伟，省委副书记陶武先，省人大常委会副主任敬中春，省政协副主席何志饶，省政府顾问邹广严、辛文	52 家国际知名企业及机构代表	座谈征求意见
2003 年 9 月 24 日	成都	分管侨务工作的省政府领导	欧洲温州华侨华人联合会主席王寿松为团长的该会访问团、杨鸿为团长的荷兰中国商会知名华商代表团、陈衍忠为团长的菲律宾台商企业家代表团一行	参加“西博会”并考察访问
2003 年 10 月 11 日	成都	省政协主席秦玉琴、省政府副省长张作哈	亚洲、非洲、北美洲、南美洲、大洋洲等 26 个国家和中国香港、澳门地区的知名华侨、华人社团领袖组成的“世界华侨华人社团联谊大会代表团”一行	参加北京国务院侨办大会后到川考察访问
2004 年 1 月 4 日	成都	分管侨务工作的省政府领导	美国 JII 上市公司董事长郑自成一行	洽谈污水处理和收购企业项目
2004 年 5 月 25 日	成都	省委书记、省人大常委会主任张学忠，省政府省长张中伟，国务院侨办主任陈玉杰，省政府副省长蒋巨峰，省政府秘书长李洪仁	全国人大常委、香港中华总商会会长、金利来集团有限公司董事局主席曾宪梓一行，印度尼西亚东加里曼丹省华人企业家访问团一行 34 人	参加“西博会”
2004 年 5 月 25 日	成都	分管侨务工作的省政府领导	美国微软公司全球副总裁陈永正、泰国投资委员会代表团、泰国泰华银行代表团、美国东部华人社团代表团、尼泊尔贸工部代表团、香港中华厂商联合会代表团一行	参加“西博会”
2004 年 6 月 27 日	成都	省政府副省长刘晓峰	澳洲中国和平统一促进会长邱维廉为团长的“侨心光明万里情—四川行”眼科医疗队一行	为南充、广安眼科患者治疗白内障
2004 年 7 月 7 日	成都	省委副书记、省政府副省长蒋巨峰，省政府副省长王怀臣	香港特别行政区长官办公室主任林瑞麟、澳门特别行政区何永安一行	参加“泛珠三角区域合作政府秘书长暨发改委主任会议”
2004 年 8 月 18 日	成都银河王朝大酒店	省委书记、省人大常委会主任张学忠，省政府省长张中伟，省政协主席秦玉琴，国务院侨办副主任李海峰	来自美国、加拿大、法国、日本、新加坡等 31 个国家的 105 位海外华侨、华人代表	参加“纪念邓小平百年诞辰活动”
2004 年 12 月 19 日	成都沙湾会展中心	省委书记、省人大常委会主任张学忠，省政府省长张中伟，省政协主席秦玉琴，国务院侨办副主任赵阳	来自世界 22 个国家和地区的 300 余位海外专家、学者	参加“四川专家、学者高新科技洽谈会议会”

续表 6-2

时 间	地 点	出面会见的领导	到川海外侨胞港澳台同胞	到川事由
2005 年 3 月 22 日	成都	省政府副省长杨志文	美国思科系统网络技术有限公司中国原副总裁吴锡源一行	考察洽谈
2005 年 4 月 20 日	成都	省委书记、省人大常委会主任张学忠，国务院新闻办副主任李冰，省委常委、宣传部部长王少雄，省政府副省长柯尊平	澳门时报社社长兼总编辑李鹏翥为团长的新闻媒体高层访问团一行	交流参观考察
2005 年 5 月 11 日	成都	省委书记、省人大常委会主任张学忠，省政府秘书长李洪仁	香港贸发局主席吴官正为团长的香港贸发局代表团一行	推介香港服务业和商贸平台
2005 年 7 月 17 日	成都	全国政协港澳侨台委员会副主任、中国文化教育基金会理事长张伟超，省政协副主席陈次昌	来自世界 8 个国家的 80 名华裔青少年	开展“中国巴蜀文化行”夏令营
2005 年 7 月 21 日	成都	省政协副主席吴正德	澳门优秀学生访问团一行（参加第三届内地高校海外侨胞联谊）	交流考察访问
2005 年 9 月 21 日	成都	省政协副主席陈杰	美国华裔总会顾问、美洲中国和平统一促进会联合总会顾问洪池湖为团长的美国华商总会和旧金山湾区中国和平统一促进会联合访问团	考察访问
2005 年 10 月 8 日	成都	省政协副主席、省委统战部长肖光成	来自美国等国家和中国香港、澳门地区的 50 多人世界晋江同乡	考察观光
2005 年 10 月 12 日	成都沙湾会展中心	省委书记、省人大常委会主任张学忠，省政府省长张中伟，省政协主席秦玉琴	来自世界 20 多个国家和地区的 25 个客属社团、1500 余人。	参加“世界客属第二十届恳亲大会”
2005 年 12 月 20 日	成都	省政协副主席陈杰	来自美国、加拿大、新加坡、巴西等国家和中国香港、中国台湾地区的 30 多名华商	参加“四川侨务援助藏区活动”启动仪式

第三节　重点华侨华人与港澳台同胞社团和人士

在开展对外交往中，侨务部门努力拓宽工作面。针对四川海外侨务资源相对较少的情况，从 20 世纪 90 年代初开始，省侨办在全国侨务系统中率先提出“大侨务”观念，不仅要面向川籍的海外华侨、华人，而且要面向其他省市籍的海外华侨、华人。在实际工作中，在做好川籍海外华侨、华人社团和人士工作的基础上，开展与其他省市籍的海外重点华侨、华人社团和华侨、华人社团领袖及专业人士的联谊工作，并建立了长期联系。既与老华侨、华人社团联谊，又努力拓展与新华侨、华人和新生代及专业科技社团的联谊。1994—2005 年，以省侨办、省侨联名义向海外重点社团侨领、重点人士寄发贺卡 15498 余份；对为四川经济社会发展做出过贡献的海外侨胞逝世，省侨办、省侨联都发唁电悼念。通过工作，侨务部门先后与华侨华人、港澳台同胞社团和人士建立了较好联系。

与四川保持联系、交往的主要华侨华人、港澳台同胞社团有466个。其中：

亚洲202个。主要有：日本华侨联合总会，日本中华总商会，日本四川同乡会，在日中国科学技术者联盟，四川大学日本校友会；新加坡中华总商会，新加坡新中友好协会，新加坡天府同乡会；泰国中华总商会，泰国潮州会馆，泰国泰中友好协会，泰国工商总会，泰国泰华报人基金会；马来西亚中华总商会，马来西亚中华工商联合会，马来西亚吉隆坡暨雪兰莪中华工商总会，马来西亚“留台联总”；菲律宾华商联合会；印度尼西亚中华总商会，印度尼西亚梅州会馆，印度尼西亚客属公会；文莱留台同学会；香港中华总商会，香港华侨华人总会，香港广东社团总会，香港崇正总会，香港缅华互助会，香港工商专业协会，香港中国旅游协会，香港四川联谊会，香港潮州会馆，香港国际投资总商会；澳门缅华互助会，澳门归侨总会，澳门福建同乡会，澳门潮州会馆；台湾客属总会，台湾台商发展促进会，台湾中华国际经济贸易促进会，台湾海峡两岸商务协调会。

北美洲176个。主要有：美国美中工商联合会（原工商协会），美国华商总会，美国美中招商贸易中心，美国美中中小企业交流协会，美国美中收藏家协会，美国中华专业人士协会，美国全体华人协会，美国四川总商会，美国中美友好协会，美国美中科技促进会，美国百人会，美国妇女联合会，美国苏浙同乡会，美国上海总商会，中国旅美科技协会，美国纽约华侨华人社团联席会，美国美东福建公所，美国全美大西南同乡联谊会，美国中国西部大开发促进会，美国邓小平基金会，北美华人科技协会，美国重庆同乡会，美国成都同乡会，美国硅谷旅美博士企业家协会，美国旧金山中华会馆，美国大华府地区川渝同乡会（原四川同乡会）；加拿大中国工程师协会，加拿大中华总商会，加拿大加中贸易商会，加拿大四川同乡会，加拿大上海联谊会；墨西哥华侨协会；古巴古中友好协会；中南美洲中国和平统一促进会；巴拿马中国和平统一促进会。

欧洲58个。主要有：法国华侨华人会，法国潮州会馆，法国华裔互助会，法国广东协会，法国上海联谊会，法国浙江会馆，法国川渝同乡会（原四川同乡会），旅法北京同学会，法国华侨教育基金会；欧美同学会商会，欧洲中国西部大开发促进会，欧洲华侨华人社团联合会；英国英中贸易协会，英国中国工程师协会，英国华侨华人联合会，英国华人社团联合总会，英国伦敦华埠街坊会；德国中华总商会，德国全德华侨华人联合会，德国法兰克福四川同乡会；瑞典瑞京华人协会，瑞典瑞中友好协会；匈牙利华侨华人联合总会，匈牙利华人妇女联合会，匈牙利四川同乡会，匈牙利华人上海商会；比利时华人联合会；意大利华商总会；荷兰华侨商会，旅荷华侨总会，荷兰华人社团联合总会；俄罗斯莫斯科华侨华人联合会；西班牙国际贸易联合会，西班牙华侨华人妇女联合会；丹麦华侨华人总会；葡萄牙华侨华人总会。

大洋洲11个。主要有：澳大利亚华侨华人总会，澳洲潮州同乡会，澳大利亚华侨工商总会，澳大利亚澳华科学技术学会，澳大利亚悉尼侨青社，澳大利亚川渝同乡会（原四川同乡会），澳大利亚上海同乡会；新西兰华侨联合会，新西兰作家协会，新西兰四川同乡会。

南美洲11个。主要有：巴西（里约）华人总会，巴西中国大西南同乡联谊会。

非洲8个。主要有：非洲潮人联谊会，非洲台湾商会联合总会，南非中国科技促进会，南非中华工商联合会，南非中国大西南同乡联谊会；毛里求斯华人社团联合会。

与四川建立联系和交流的华侨华人、港澳台同胞重点人士有1059名。其中：

亚洲374名。主要有：“平民教育家”、菲律宾国际乡村改造学院董事长晏阳初；菲律宾菲华商联会名誉理事长姚荣辉；永远名誉理事长、菲律宾航空公司董事长陈永裁；菲律宾中华总商会会长李荣郇；菲律宾校友联合会（菲唯一新华侨华人社团）会长、菲律宾华侨慈善总会会长李蓬梧；菲律宾华商联合总会名誉理事长、亚美示戈集团董事长董尚真；菲律宾SM集团董事长施至诚；菲律宾SM集团副董事长、总裁施汉生；菲律宾SM集团副董事长施俊杰；菲律宾中国和平统一促进会会长蔡友铁；菲律宾宋庆龄基金会创会会长陈祖昌；菲律宾顶峰投资控投公司创始人吴奕辉；马来西亚客属公会联合总会会长、拿督吴德芳；马来西亚“留台联总”会长陈克成；马来西亚中华工商联合会署理会长、吉隆坡暨雪兰莪中华工商联合会会长、商联投资有限公司总经理颜清文；马来西亚中国经济贸易总商会会长、拿督杨天佑；马来西亚桌越集团董事长林梧同；马来西亚桌越集团总裁林致华；马来西亚亚丰隆集团董事长、总裁郭令灿；马来西亚中华大会堂总会会长林玉堂；日本中华总商会会长颜安；旅日华侨联合总会会长陈昆旺；在日中国科学技术者联盟会会长杨克俭；日本四川同乡会会长、日本PSB株式会社软件开发公司社长贺乃和；日本孙氏集团有限公司董事长孙忠利；日本东京崇正公会会长邱进福；日本中华总商会名誉会长严浩；日本崇正总会联合会副会长同子秋；日本留日台湾省民会会长蔡庆播；印度尼西亚客属总会创会会长、印度尼西亚大同党主席吴能彬；印度尼西亚中华总商会主席陈大江；印度尼西亚梅州会馆创会会长黄德新；印度尼西亚客属联谊总会主席叶联礼；印度尼西亚国际日报总裁熊德龙；印度尼西亚大马集团董事长吴家熊；“摩托车之王”印度尼西亚哈拉班集团董事长陈子兴；印度尼西亚力宝集团董事局主席李文正；“铝业大王”、印度尼西亚著名侨领、金锋集团总裁林文光；印度尼西亚著名慈善家、汽印集团董事长李文光；文莱客属公会会长蔡仔运；文莱“留台同学会”主席林南强；泰国客属总会永远名誉会长林豹如；泰国客属总会会长、泰中友协副会长、泰油集团董事长丁家骏；泰国中华总商会永远名誉主席、泰国中华文化慈善基金会永远名誉主席谢慧如；泰国中华文化慈善基金会主席郑明如；泰国潮州会馆主席、泰华九属会馆主席李光隆；泰国前国家文化委员会委员、泰国潮州会馆永远荣誉主席郑午楼；泰国泰华报人公益基金会主席、中国民族文化促进会副主席陈世贤；泰国工商总会主席郑继烈；泰国工商总会前主席翁玉辉；泰国正大集团永远荣誉董事长谢大民；泰国正大集团董事局主席、全球十大华商之一谢国民；泰国盘谷银行创始人、前董事长陈弼臣；泰国国家前副总理、泰国盘谷银行董事长陈有汉；泰国泰中友好协会副会长、泰华国际银行董事长李景河；泰国泰中友好协会副会长、泰华国际银行董事长陈克齐；泰国鳄鱼大王杨海泉；新加坡人民行动党副主席、前副总理杜近才；新加坡国际吉象人造林制品集团董事会主席莫若愚；新加坡前副总理、中国旅游顾问商庆瑞；新加坡资深国会议员、电子工程专家、“天府”同乡会顾问王家园；“玻璃大王”、新加坡嘉丰投资有限公司主席林如光；新加坡中华总商会会长林方基；新加坡南洋客属总会会长杨双标；新加坡新达科技集团董事局主席蓝伟光；新加坡金鹰国际集团董事长陈江山；新加坡发展部政务次长、成都市政府顾问顾蔡矶；新加坡“天府”同乡会会长、唯一国际集团董事长杜志强；新加坡华侨银行主席兼首席执行总裁李成伟；新加坡华侨银行创办人、董事局主席、前董事长李光前；新加坡丰隆集团主席郭令明；新加坡丰隆集团董事长、总裁郭枫芳；新加坡南洋学会会长魏维雄；新加坡大华银行总经理黄祖跃；越南胡志明市客属崇正会馆理事长李恩达；缅甸文化艺术工作者协会主席、缅甸巨轮社社长、缅甸华侨中学校友会主席陈万昌；香港中华总商会永远名誉会长、金利来董事长曾宪梓；香港中华总商会永久名誉会长、全国政协副主席霍英东；香港华侨华人总会会长、国际华龙有限公司董事长古宣辉；香港世界客属总会、崇正总会会长胡仙；香港世界客属总会、崇正总会执行长黄石华；香港世界客属总会、崇正总会名誉会长、台湾飞杨国际文化传播公司总经理张杨；香港缅华互助会永远荣誉会长徐四民；香港缅华互助会永远荣誉会长会长王锦彪；香港新业国际集团主席查济民；香港联实业董事长安子介；全国政协常委、香港广东同乡会会长余国春；香港“首富”长江集团董事局主席李嘉诚；全国政协常委、香港北海集团、新中港集团主席徐展堂；全国政协常委、香港北海集团、新中港集团顾问、四川省政府顾问严中和；香港新鸿基集团主席郭炳联；香港新鸿基集团副董事长、总裁郭炳湘；香港红十字会会长、“电影电视大王”邵氏影业公司主席邵逸夫；香港《明报》集团董事局主席查良庸（金庸）；香港“人造革大王”和“工商奇才”、田氏化工集团董事长田家炳；香港环球航运集团主席包玉刚；香港一洲集团董事局主席庄永竞；香港一洲集团董事局前主席庄绍绥；香港泰富集团主席荣智键；香港福建社团联合会主席李群华；香港“扶贫状元”、慈善家沈炳麟；香港国际客家学会会长、岭南大学教授郑赤琰；香港著名律师、中国司法部委托公证人、四川香港联谊会会长、香港合创集团董事长黄英豪；香港嘉里集团有限公司董事长郭孔丞；全国政协委员、中国侨联顾问、香港南源永芳集团董事长姚美良；香港咨询科技商会主席、权智国际有限公司主席谭伟豪；香港国际投资总会会长、嘉浩集团主席许智明；香港嘉华集团董事局主席吕志和；香港兆峰陶瓷集团董事长李兆峰；香港国际美容界著名人士、蒙妮坦集团董事长郑明明；香港和宝集团、凯胤集团董事局主席黄楚和；香港泉州同乡总会副会长、南安公会主席、基本法起草委员会委员余俊惠；香港可达投资有限公司董事长、总经理洪清宜；香港金龙群英集团董事长胡国赞；香港“立法委员”、基本法起草委员会委员、新界乡议局主席刘皇发；澳门特别行政区特首何厚铧；澳门归侨总会会长陈健英；澳门缅华互助会会长黄琼；澳门福建同乡会会长卢学峰；澳门福建同乡会前会长颜延龄；澳门福建同乡会副会长、四川省政协港澳委员罗美坚；澳门客属社团联合总会理事长、澳门嘉兴同乡会会长黄铨昌；澳门梅州同乡总会会长刘梅捷；澳门西南饭店董事长汤福荣。

北美洲 329 名。主要有：美籍华人、前华盛顿州州长骆家辉；美籍华人、加州喜瑞都市前议员、市长黄锦波；美国世界客属总商会主席、美国七星集团董事长李金松；美籍华人、美国化学植物学会、植物生理学会主席、终生会员、美国政府农业部植物生理学家左天觉；美国著名电视制作、主持人勒羽西；美国商会顾问、美洲中国和平统一促进会总顾问洪池湖；美国欣洋集团总裁林振信（台湾“十大青年创业楷模之一”“美国杰出企业家”）；美国美东华人社团联合会共同主席梁冠军；美籍华人、“亲善大使”、美国礼来公司董事长、香港事务顾问余丽云；美国著名社会活动家孙穗芳；美国国际合作委员会主席陈香梅；美国海峡两岸关系研究会会长李惠英；美国中华工商会团体联合会会长罗正文；美籍华人、原美国政府农业融资管理署副总署长、现任美洲太平洋银行总裁陈达孚；美籍华人、现代彩画画家丁绍光；硅谷留美博士企业家协会副会长、加州四川同乡会会长、硅谷成都电子科大校友会副会长彭泽忠；美籍华人、前美国政府财政部总审计长、美国工程院院士、研究院院士林同炎；美籍华人、“钢铁大王”、美国唐氏基金会、唐氏工业董事长唐仲英；美国美中友好协会主席陈锦春；美籍华人、美国国家科学院院士、著名物理学家、“诺贝尔奖金获得者”杨振宁；美籍华人、美国国家科学院院士、著名物理学家、“诺贝尔奖金获得者”李政道；美籍华人、著名核物理学家吴健雄；美籍华人、著名科学家袁家骝；美籍华人、生物学家牛满江；美国美东台湾客家联谊会名誉会长、美国大唐集团董事长陈达孝；美籍华人、“华裔之光”、美国通用公司副总裁杨雪兰；美国康柏电脑公司、CA 公司董事长兼首席执行官王嘉廉；美国美中工商联合会荣誉会长陈长述；美国美中工商联合会会长王孝宗；美国美中工商联合会秘书长伍筱珊；中国旅美科技协会创会会长周华康；美国四川总商会秘书长张正气；全美华人协会创始人、美中国际交流协会会长、大华府地区日本侵略史学会会长王恭立；美国大华府地区川渝同乡会会长、美国艾星技术有限公司总裁余建鸣；美国大华府地区川渝同乡会前会长郝妮；美国大华府地区川渝同乡会前会长吕小林（美国峨眉武术学校董事长）；北美四川同学同乡会会长苟正元；美国百人会理事、台湾晓龙基金会执行长曾宪章；中国旅美专家联合会会长阮可三；美国北加州苏浙同乡会会长、美国隆公司董事长朱元忠；北美华人科技协会、波士顿四川同乡会会长、麻省理工学院地球实验室研究员朱正亚；美国中国西部大开发促进会会长、美国邓小平基金会会长王明丕；美国大西南同乡联谊会创会会长钟猛；美国大西南同乡联谊会会长李宾杨；美国大西南同乡联谊会会长邓澍宏；美国大西南同乡联谊会会长周顺强；美国美中收藏家协会会长周德昭；美籍华人、纽约四川饭店董事长吴仲良；美国旧金山中国和平统一促进会主席、美国《源流》杂志创办人、社长、安达成股份有限公司董事长翁绍裘；美国美中科技促进会主席、美国百利康国际集团高级顾问杨功德；美国医学与生物工程院院士、医学科学家蒋华北；美国慈晖文教基金会董事长丁竹君；加拿大全加客属联谊会创会会长熊恒浩；加拿大中国专业人士协会会长宋维宁；加拿大中国专业人士协会理事长、青年核电专家曲涛；加拿大国际集团总裁许锦松；约克大学政治系教授、加拿大中国和平统一促进会会长梁伟洪；加拿大四川同乡会会长丁道谦；加拿大四川同乡会前会长周杨茜；加拿大四川同乡会理事长、加拿大四川华西校友会创会主席屈毅；加拿大梅州同乡总会会长王炳中；加拿大联合会共同主席章国华；加拿大 ONYX 公司副总裁王东方；欧美同学会副会长、加拿大魁北克省驻香港首席商务参赞王辉耀；亚加国际集团有限公司总裁、加拿大上海联谊会会长马开廉；加拿大多伦多客属联谊会会长张其勇；加拿大温哥华客属崇正总会会长张福运；加拿大温资投资有限公司董事长、省政协委员、四川潮人海外联谊会副会长张家点；墨西哥中国和平统一促进会会长梁权暧；中南美洲中国和平统一促进会会长、巴拿马中国和平统一促进会会长钟月钧。

欧洲 258 名。主要有：英籍华人、著名女作家韩素音；英国中国工程师协会会长、英国四川同乡会会长周克明；英国侨团联合会会长、伦敦街坊会会长丘添；英国中国和平统一促进会会长单声；英国皇家工程院院士宋永华；英国华人社团联合总会会长叶煌兴；英国崇正总会会长黄冠明；英国荣业集团主席叶焕荣；英国 ELI 国际控股有限公司董事局主席、英国商会西部分会副主席王坚；英国世界华人联合基金会执行主席；西班牙华侨华人协会会长叶碎友；西班牙中国和平统一促进会会长徐松华；匈牙利华人妇女联合会会长赖华；欧洲中国和平统一促进会会长、欧洲华侨华人联合会第六任主席、匈牙利华人联合总会会长张曼新；匈牙利四川同乡会会长康健；匈牙利四川同乡会前会长邹鉴铭；旅匈华人上海商会会长周金荣；旅荷华侨总会会长胡元华；荷兰温州同乡会会长董世明；荷兰华人社团联合会副主席、荷兰中厨协会创办人、名誉主席林长云；荷兰全荷华人社团联合会主席毕传友；荷兰欧洲（亚洲）美食家协会主席李满全；荷兰飞利浦公司董事长周国富；荷兰中国友好协会会长顾明；荷兰欧洲华侨华人联合会首任主席林德；法国潮州会馆会长魏合想；法国潮州会馆前会长卢卓昂；法国潮州会馆副会长黄擎天；法国潮州会馆副会长曾海潮；法国潮州会馆副会长陈顺源；法国崇正总会名誉会长刘国良；欧洲中国西部大开发促进会会长、旅法中国同学会理事长、法国扬子江集团董事长何跃；法国川渝同乡会会长王晓宇；法国华侨教育基金会会长汪漱芬；前法国四川同乡会副会长、中国留学生巴黎学联主席、法国中新公司董事长陈新凯；法国中华会馆主席彭溢威；法国陈氏兄弟公司董事长陈克光；法国陈氏兄弟公司总经理陈克威；法国知名华裔企业家郑辉；法国国家外贸部顾问、巴黎安吉投资银行亚太区总裁刘柯宁；法国湄江联谊会会长、台湾“侨务委员”江基民；法国广东协会副会长、法国国际旅游联合会副主席李黄国平；德国中华总商会会长、德国西门子公司顾问黄昌龄；德国全德华人社团联合会主席曾焕然；德国全德华侨华人联合会主席张金财；德国柏林中国经济贸易中心执行董事长、总裁曲平；德国法兰克福四川同乡会会长杨卂；意大利米兰文成同乡会会长胡长清；意大利华商总会会长陈成基；意大利罗马华侨华人联合会会长董志清；意大利华人社团联合会副主席万子美；意大利恩科投资集团有限公司董事长陈国忠；俄罗斯莫斯科中国和平统一促进会会长温锦华；葡萄牙中华工商业联合会会长蔡文；比利时华人联合会副会长何青青；瑞典瑞京华人协会副会长王良平；瑞典瑞中友好协会副主席杨艾南；瑞典瑞中友好协会副主席杨更生；瑞典爱立信公司执行副总裁许世民；奥地利华人总会会长胡元绍。

大洋洲41名。主要有：澳大利亚中国和平统一促进会会长、医学专家邱维廉；澳大利亚中国和平统一促进会名誉会长、潮州会馆创会会长周光明；澳大利亚墨尔本洪门民治党支部主席雷谦光；澳大利亚川渝同乡会会长曾毅；澳大利亚川渝同乡会前会长沈湄伦；澳大利亚全球客家崇正联谊总会名誉会长叶时忠；澳大利亚上海同乡会会长王亚法；澳大利亚上海同乡会前会长阮宜吾；澳大利亚阿德雷得市前市长黄国鑫；澳大利亚“新州”同乡会会长蒋行迈；澳大利亚中国移民福利会主席黄兆邦；新西兰华文作家协会前会长黄成昆；新西兰中国和平统一促进会副会长黄乃强；新西兰国家资源保护部委员、工党华人党部主席、四川同乡会会长、新西兰怀特里格市议员、新西兰华安基金会会长卿太行；新西兰亚太文化交流中心总裁张培军。

南美洲34名。主要有：巴西籍华人、前国民党驻巴西大使李子章（张大千的儿女亲家）；前国民党驻苏联（现俄罗斯）莫斯科大使馆武官、巴中石油公司董事长康秉惜；巴西客属崇正总会会长黄政修；巴西华人协会会长黄海澄；巴西中国和平统一促进会会长杨吉；巴西里约华人联谊会会长雷滨；巴西保罗蒙特电力公司董事长颜庭贵；智利中华会馆（最大华人社团）主席张伟廉；阿根廷中国和平统一促进会常务理事、阿根廷进出口公司董事长林国兴。

非洲23名。主要有：南非中华工商联合会会长、非利高国际集团董事长、金桥有限公司总经理陈裔桥；南非全国暨非洲工商联盟华商会会长陈安国；南非全国暨非洲台湾商会会长候志起；南非中国科技促进会会长徐永兴；南非客家联谊会会长李风光；南非中国大西南联谊会会长徐友强；毛里求斯客属会馆会长李丽生；非洲中国和平统一促进会副会长、莫桑比克总统保健医师江永生。

1994—2005年省侨务部门结交海外华侨华人社团和人士情况统计表

表6-3

年度	社团(个)	人士(人)
1994	42	55
1995	31	165
1996	20	97
1997	25	63
1998	7	12

续表 6－3

年 度	社 团(个)	人 士(人)
1999	15	38
2000	48	50
2001	26	180
2002	46	52
2003	41	95
2004	65	100
2005	100	152
合　计	466	1059

第四节　海外人士推荐聘请

为促进四川的对外开放和经济社会发展，推进祖国和平统一，充分发挥华侨华人、港澳台同胞的独特作用，省侨办积极向省市政府和有关部门推荐重要人士。1994—2005 年，推荐安排省、市（州）政协委员 42 人；聘请省、市（州）政府、开发区（政务、科技、文化等）顾问 35 人；协助聘请大专院校名誉（客座）教授 11 人；推荐安排荣誉市民 16 人；推荐安排到北京参加国庆观礼活动 6 人。

1994—2005 年四川省聘请海外华侨华人和港澳台同胞统计表

表 6－4

姓　名	国家或地区	原单位职务	聘用职务或荣誉称号
谢大民	泰国	泰国正大集团永远名誉董事长	省政府顾问
陈友汉	泰国	泰国盘古银行董事长	省政府顾问
谢慧如	泰国	泰国中华总商会永远名誉主席	省政府顾问
陈世贤	泰国	泰国泰华报人公益基金会主席	省政府顾问
莫若愚	新加坡	新加坡国际吉象木业制品集团董事长	省政府林业顾问
左天觉	美国	美国农业部植物化学家	省政府农业顾问
宋永华	英国	英国皇家工程院院士	省政府科技顾问
徐展堂	中国香港地区	香港新中港集团主席	省政府顾问
张永珍	中国香港地区	香港中华总商会副会长	省政府顾问
张俊生	中国香港地区	新华社香港分社副社长	省政府顾问

续表6－4

姓　名	国家或地区	原单位职务	聘用职务或荣誉称号
严中和	中国香港地区	香港新中港集团顾问	省政府顾问
黄涤岩	中国香港地区	中国银行港澳管理处主任	省政府顾问
钟树楠	中国台湾地区	台湾平和集团公司董事长	省政府顾问
邱永汉	中国台湾地区	台湾邱永汉集团董事长	省政府顾问
罗亚瑟	中国台湾地区	台湾鼎旺集团总经理	省政府顾问
林　龙	泰国	香港五丰祥集团公司董事长	中国四川民族文化促进会副会长
刘德华	中国香港地区	香港著名歌唱家	四川省大型慈善援助活动形象大使
李昌珏	美国	美国康涅狄格州警察厅名誉厅长	省公安厅省物证鉴定中心名誉主任
饶及人	美国	美国纽约市政府计划委员会委员	省建委省规划建设顾问
黄英豪	中国香港地区	香港合创集团董事长	省友协顾问
佘建鸣	美国	美国华盛顿大华府地区川渝同乡会会长	省侨联顾问
朱正亚	美国	美国麻省理工学院研究员	省侨联顾问
吴仲良	美国	美国纽约四川饭店董事长	省侨联顾问
张志和	中国台湾地区	台湾台北瓦楞纸器有限公司董事长	省侨联顾问
严中和	中国香港地区	香港北海集团顾问	省侨联顾问
姚美良	中国香港地区	香港南源永芳集团董事长	省侨联顾问
蒋　励	中国香港地区	香港铭基投资有限公司董事长、总经理	省侨联顾问
黄楚和	中国香港地区	香港和宝国际控股有限公司董事长	省侨联顾问
王　坚	英国	英国EL控股公司董事局主席	省招商局顾问、成都市青联名誉顾问
陈晓明	新加坡	新加坡全国职工总会助理秘书长	成都市政府顾问
曾宪章	美国	美国百人会理事	成都市科技顾问
何应奎	中国香港地区	香港连宝实业有限公司董事长、总经理	成都市工商联常委、成都市侨办海外联谊会常务理事
刘柯宁	法国	法国巴黎安吉投资银行亚太区总裁	绵阳市高新区顾问
黄锦波	美国	美国加州喜瑞都市前市长、议员	广安市商会特别顾问
黄效文	美国	美国中国环境保护问题专家	攀枝花市政府顾问
周国富	荷兰	荷兰飞利浦公司董事长	达州市开江县政府高级经济顾问
周盛宗	德国	中国留德学子计算机学会副主席	乐山市犍为县政府科技顾问
张瑞夫	美国	美籍华人IT专家	乐山市中区侨联顾问
王余刚	美国	美籍华人、美国资深高级电子工程师	攀枝花市海外联谊会第三届理事会顾问
黄茂雄	中国台湾地区	香港台商会会长	攀枝花市海外联谊会第三届理事会顾问

续表6－4

姓　名	国家或地区	原单位职务	聘用职务或荣誉称号
李政道	美国	美国红十字会国家总部HLA实验室主任	成都中国医学科学院输血研究所名誉顾问
任之恭	美国	美国纽约霍普金斯大学顾问	成都科技大学学术顾问
林振信	美国	美国新洋国际集团总裁	西南交通大学顾问教授
朱正亚	美国	美国麻省理工学院研究员	西南交通大学顾问教授
林同炎	美国	美国工程学院院士、国际知名预应力结构专家	西南交通大学名誉教授
卞学璜	美国	美国工程学院院士	西南交通大学名誉教授、计算机研究所名誉所长
柴德义	美国	美国乔治亚洲理工学院电脑部经理	电子科技大学示范软件学院兼职教授
许宇鑫	新加坡	新加坡双鱼集团控股有限公司执行董事	电子科技大学名誉教授
蔡少棠	美国	美国加州大学伯克利分校电机工程和计算机系教授	电子科技大学名誉教授
喻忠烈	德国	德国柏林自由大学终身教授	四川大学客座教授
阮勇武	美国	美国威康辛大学教授	四川大学兼职教授
唐远炎	加拿大	加籍华人	四川大学名誉教授
毛昭宪	美国	美国国家科学顾问伦塞勒多科学工学院生物力学实验室主任	成都科技大学荣誉教授
曾宪章	美国	美国百人会理事	四川大学、电子科技大学客座教授
谢慧如	泰国	泰国中华总商会永远名誉主席	四川联合大学董事会名誉主席
甘一飞	美国	美国豪尔德社区大学艺术系教授	自贡市师专客座教授
陈伟燊	中国香港地区	香港王朝集团董事长	四川省第七届政协委员
严中和	中国香港地区	香港北海船务有限公司董事、总经理	四川省第七届政协委员
黄晓穗(女)	中国香港地区	香港兆丽亚洲美容有限公司董事长	四川省第七届政协委员
黄泽澄	中国香港地区	香港金源行董事长	四川省第七届政协委员
阎泯乐	中国香港地区	香港瑞龙国际公司董事总经理	四川省第七届政协委员
黄家骅	中国香港地区	香港万富行(中国)发展有限公司董事、总经理	四川省第七届政协委员
邓晓兰(女)	中国香港地区	香港邓氏矿业公司董事长兼总经理	四川省第七届政协委员
郑　旭	中国香港地区	香港泛立国际有限公司常务副董事长	四川省第七届政协委员
陈俊杰	中国香港地区	香港连登贸易公司总经理	四川省第七届政协委员
杨晓莉(女)	中国香港地区	香港宣威贸易公司董事、总经理	四川省政协委员
杨　勇	泰国	香港泰康发展(曼谷)有限公司董事长兼总经理	四川省政协委员

续表 6-4

姓　名	国家或地区	原单位职务	聘用职务或荣誉称号
洪清宜	中国香港地区	香港可达投资集团董事长	四川省政协委员
汪世华	美国	美国协会(集团)有限公司执行总经理	四川省政协第七届委员
罗美坚(女)	澳门地区	澳门川澳集团有限公司董事长	四川省政协第七届委员
张万宇	澳门地区	澳门宏伟建筑置业有限公司董事长	四川省政协第七届委员
徐英伟	中国香港地区	香港嘉陵公司副董事长	四川省政协第七届委员
孙中华	中国香港地区	香港联华药业公司总裁	四川省政协第七届委员
金永年	中国香港地区	香港华川投资公司副董事长兼总经理	四川省政协第七届委员
黄英豪	中国香港地区	香港合创集团董事长	四川省政协委员
郑锡涛	中国香港地区	香港时捷洋行董事长	四川省政协委员
林　龙	中国香港地区	香港五丰祥集团有限公司董事长	四川省政协委员
林兴识	中国香港地区	香港钟声慈善社永远名誉社长	四川省政协委员
庄　擎	中国香港地区	国际汇家(香港)有限公司董事长兼总经理	四川省政协委员
梁桂华	澳门地区	澳门日报社社长、总编辑	四川省政协委员
傅朝雪(女)	中国香港地区	香港金能投资有限公司董事、总经理	成都市政协委员
张胜楷	中国香港地区	香港华西校友会执行干事	成都市政协委员
何应辉	中国香港地区	香港国际象棋协会主席	成都市政协委员
林定波	中国香港地区	香港连宝实业有限公司董事长、经理	成都市政协委员
蒋　励	中国香港地区	香港铭基投资有限公司董事长、总经理	成都市政协委员
唐大润	中国香港地区	香港太兴营造有限公司经理	成都市政协委员
林少华	中国香港地区	香港五丰祥投资有限公司董事、总经理	成都市政协委员
闵文波	中国香港地区	香港三江国际企业有限公司董事、总经理	成都市政协委员
吴仲良	美国	美国纽约四川饭店董事长	泸州市荣誉市民
周永福	美国	美国纽约速冻食品公司董事长	泸州市荣誉市民
汤福荣	澳门地区	澳门西南饭店董事长	乐山市荣誉市民
翁卓辉	泰国	泰国工商总会副会长	乐山市荣誉市民
吴仲良	美国	美国纽约四川饭店董事长	内江市荣誉市民、资阳市荣誉市民
汤福荣	澳门地区	澳门西南饭店董事长	达州市荣誉市民
林　龙	中国香港地区	香港五丰祥集团有限公司董事长	乐山市荣誉市民
陈金浩	美国	美国保罗盟国际有限公司董事长	南充市荣誉市民
谢治文	中国香港地区	香港华通集团董事长	巴中市荣誉市民

第二章 侨务访问与国内海外联谊活动

第一节 侨务访问

一、省领导访问

省领导率团出访，侨务部门给予了大力支持，并协助安排侨务工作的内容。

1989 年 5 月，省委副书记冯元蔚率“四川友好访问团”赴朝鲜进行友好访问。其间，与当地华侨、华人进行广泛接触，就朝鲜平安南道与省侨办直属企业四川华建公司在成都合资开办“朝鲜风味餐厅”进行商谈，并参加合作协议签订仪式。

1992 年 7 月，省政府省长张皓若率四川省代表团访问巴西。其间，在中国驻巴西大使馆临时代办李永禄的陪同下，出席了巴西东北地区中华工商联谊会的成立大会。

1993 年 4 月 15—30 日，省政府省长肖秧率“四川省政府招商团”赴中国香港和泰国（曼谷）招商。招商团在中国香港和泰国的活动〔包括开（闭）幕式、新闻发布会、洽谈场地等〕得到了香港企业界人士、泰国侨商的积极响应和热情支持。

1994 年 3 月，省政府省长肖秧率“四川省政府代表团”一行访问德国、新加坡。代表团受到了当地华侨、华人的热情欢迎和接待。新加坡政府把四川作为新加坡对外开放的重点，代总理李显龙在总统府会见和设宴招待，总统王鼎昌，前总理、内阁资政李光耀也会见了代表团。途经中国香港时，拜会了长江实业公司董事局主席李嘉诚。此前，李嘉诚已在重庆旧城改造中投资安居工程，在广安投资兴建电厂，在与肖秧的座谈中，表示今后将更加关注四川，加大对四川公路的投资。

1994 年 6 月，应泰国正大集团的邀请，省委书记谢世杰率团对泰国进行了为期 5 天的访问。访问团参观、考察了当地华侨、华人企业（商场、农牧业、亚洲电讯等），探讨了经贸合作事宜，达成并签订了投资玉米制种、饲料合作、人才技术合作意向书。

1997 年 1 月 2—15 日，应泰国中华总商会的邀请，省政协主席聂荣贵率“四川省政协友好访问团”赴泰国、马来西亚访问。访问团受到了当地华侨、华人和工商界人士的热情欢迎和盛情接待。访问团考察和访问了曼谷、清莱、清迈、吉隆坡、马六甲、槟城等城市。在与泰国中华总商会主席、泰中友协副主席、泰国经济技术合作厅厅长、马来西亚中华总商会主席以及各界人士会谈时，聂荣贵全面介绍了四川经济社会发展和改革开放的情况，增进了国外朋友对四川省情和人民政协及侨务工作的了解。在清迈，聂荣贵还参观了泰籍华人刘炳发的柑橘园。

1998 年 6 月 29 日至 7 月 10 日，省委书记、省人大常委会主任谢世杰率“四川省经济友好代表团”访问英国、加拿大。分别召开了两国企业家（包括华商）省情介绍会。在温哥华，中国驻温哥华总领事馆协助四川代表团邀请了60位企业家参加省情介绍会。加拿大外交部亚太部部长陈卓愉不仅安排代表团与政府政要和华侨、华人领袖会见，还安排加拿大中华总商会主席黄越及80余位著名华商就扩大与四川的经济、科技合作进行座谈。

2001年5月，省政府省长张中伟一行应邀率团出席“香港2001《财富》全球论坛”。张中伟一行在富丽华酒店会见了中国香港企业界高层人士香港伟确投资（集团）有限公司董事长梁仕荣，爪哇控股有限公司董事、总经理吕荣梓，经理林成泰。在怡和大厦会见了怡和（中国）有限公司主席高泉，并同怡和公司所属航空服务公司、汇津中国有限公司、金门建筑（中国公司）、香港置地基建公司的高层人士进行座谈交流。在中信大厦，会见了中国国际信托投资公司董事长王军、中信泰富有限公司主席荣智健、嘉里集团有限公司董事长郭孔丞。在会展中心，会见了凤凰卫视董事会主席兼行政总裁刘长乐、北电网络（中国）有限公司高级副总裁何庆元、CHINADOCOM公司董事会主席钱果来、香港房产局局长黄星华、北京乐友达康科技有限公司总裁胡超等。在长江实业大厦，会见了长江实业（集团）公司董事局主席李嘉诚，介绍了四川的经济发展现状，实施西部大开发战略的思想和扩大对外开放的政策措施，推介了招商引资项目，欢迎企业家们到四川考察、投资。

2002年1月，省政协主席聂荣贵率“四川省经济技术考察团”访问和考察泰国、马来西亚、越南、柬埔寨。考察团在开展官方交流的同时，开展了华侨、华人工作，与当地华商、企业界人士进行了广泛的联谊活动。在马来西亚，还与商会探讨了四川与马来西亚开展合作交流事宜。

2002年4月，省人大常委会主任谢世杰率“四川省人大欧洲考察团”赴俄罗斯、瑞士、法国访问考察。访问考察团在俄罗斯、瑞士等国进行商务考察，成功签署了一系列商务合同。考察团与法国川渝同乡会在巴黎“川外川”酒楼进行交流座谈。

2003年11月15—19日，省委书记、省人大常委会主任张学忠，省政府省长张中伟为团长的“四川政府代表团”赴中国香港出席“四川—香港合作发展周”。省委副书记、省政府副省长蒋巨峰等省市领导会见了支持和参加活动的重要客人和知名企业家，中央人民政府驻港联络办公室副主任王凤超、刘山在，全国人大常委、香港中华总商会会长曾宪梓、香港新世界公司董事局主席郑裕彤，香港百汇集团董事局主席欧亚平，泰国正大集团永远董事长谢大民一行，香港民主建港联盟主席曾钰成一行，外交部驻港特派员公署副特派员吴海龙，香港中旅（集团）有限公司董事长车书剑参加了会见活动。

2004年6月15—17日，省政府省长张中伟率由省级有关部门和19个市（州）党政领导组成的“四川省政府代表团”赴中国澳门出席“四川—澳门合作发展周”会议。张中伟和省政府副省长蒋巨峰、省政府秘书长李洪仁等省领导会见了关心、支持和参加活动的重要客人和知名企业家，拜会了全国政协副主席、澳门中华总商会会长马万祺和四川省、成都市政协澳门、香港委员，转达了省委书记、省人大常委会主任张学忠，省政协主席秦玉琴的问候。

2005年5月29日至6月11日，省政府分管侨务工作的省领导率由省发改委、省商务厅、省招商局、省贸促会、省侨办和部分企业派员组成的“四川省经贸代表团”赴缅甸、印度尼西亚、新加坡、越南访问。其间，代表团拜会了当地华侨、华人社团和客属社团，介绍了世界客属第二十届恳亲大会筹备情况，广邀他们届时组团与会。在缅甸，参加了缅华17个主要社团组织的活动，会见了亚洲世界有限公司董事长罗秉忠；在新加坡，拜访了新加坡南洋客属总会和28个属会侨团领袖，会见了大华银行董事长黄祖耀；在印度尼西亚，会见了印度尼西亚三大客属社团和印度尼西亚华商总会等华侨、华人社团，与力宝集团董事长李文正、马龙佳集团董事长郑军锦等进行了交流；在越南，访问了越南崇正总会等。

二、厅及厅以下干部访问

1986 年 12 月，以分管侨务工作的省外办副主任潘廷生为团长的四川省经贸考察团一行 5 人赴泰国考察访问。考察团与泰方有关方面商谈并安排了四川省人民政府省长蒋民宽访问泰国事宜，探讨了四川与泰国的经贸合作等问题。

1988 年 2 月，应香港永利威有限公司邀请，以分管侨务工作的省外办副主任潘廷生为组长的四川经贸代表团一行 3 人赴中国香港参加酒类产品展销会。在展销会上与贵州茅台酒齐名的郎酒获展销会大奖。

1988 年 9 月 15—22 日，应香港达和实业有限公司和香港永利威有限公司邀请，以分管侨务工作的省外办副主任潘廷生为组长的四川侨务经贸代表团一行 5 人赴中国香港考察。考察参观了香港达和、永利威、佳华电器、时捷假日旅游有限公司和大荣集团，并与之商谈了经贸、旅游等业务，签订合作协议 10 项。其间，拜会了朱奇宗、陈明达、朱慧玲、程贻楷、严中和等老朋友，结交了一批新朋友。

1990 年 6 月，以分管侨务工作的省外办副主任潘廷生为团长的四川侨务代表团一行 4 人赴日本考察访问。拜会了一批华侨、华人社团，看望了四川旅日侨胞陈建民和郭沫若的子女等。

1990 年 9 月中旬，应香港新艺华室内设计公司副总经理张开智邀请，以重庆市委副书记、市海外联谊会名誉会长周春山为团长的重庆市海外联谊会代表团一行 6 人赴中国香港开展联谊活动。与当地华侨、华人社团和港商共叙乡情，并洽谈了有关重庆市经济技术开发区投资办厂等问题。

1990 年 10 月，应加拿大籍华人田国培的邀请，以省侨联主席余洁为团长的四川侨务代表团一行 4 人赴加拿大访问和考察。代表团先后拜会了当地华侨、华人社团和知名华商，并与田国培商谈和邀请其到川考察，在成都市猛追湾兴建大型百货商场。

1991 年 9 月，省侨联秘书长孙长庆陪同四川省人大常委会副主任苟建丽赴中国澳门参加“澳门缅华互助会成立 20 周年”庆典活动。四川与会人员广泛开展了联谊活动，拜会和结交了一批澳门华侨、华人社团知名人士。

1991 年 10 月，应欧洲华侨、华人联合会首届主席林德华邀请，以省外办巡视员、侨联副主席潘廷生为团长、省商业厅厅长赵岷为副团长的四川厨师技艺团一行 7 人赴荷兰、比利时等国访问。其间，厨师团与当地华侨、华人社团、中餐业界人士座谈交流了技艺。

1992 年 4 月，经省侨办牵线安排，以省委副秘书长刘光炳为团长的四川经贸考察团一行赴新加坡、马来西亚等国家和中国香港地区考察访问。其间，了解了当地侨情和经贸情况。

1993 年 4 月 11—24 日，经省侨办牵线搭桥安排，以省委副秘书长熊清泉为团长的由内江、资中、资阳、达县、黔江、武隆等地政府部门、企业组成的四川高层经济管理人员代表团一行 22 人，赴泰国、老挝、新加坡等国家和中国香港地区参加由省侨办和泰国工商总会共同举办的研习班学习并进行业务考察。其间，代表团除参加研习班专题讲座外，考察了一批侨商企业，洽谈了项目；拜访了中国驻泰国清迈总领事馆，看望了四川旅新侨胞陈钦模夫妇等。

1993年4月15—30日，省侨办侨联党组书记王宋达带领四川侨务招商小组一行3人随省政府省长肖秧团长率领的四川省政府招商团赴中国香港、泰国招商。其间，省侨办发挥侨的优势，广泛联络，传递信息，共协助邀请客商300多人与会，介绍了10多批朋友与省有关部门和市（州）洽谈，促成了经济、机械、建材、桑紬丝等一批产品外销业务，签订了旅游、房地产开发等一批合资合作项目。

1994年3月，经成都市侨办牵线安排，以成都市委书记黄寅逵为团长的成都市海外交流协会经贸考察团一行赴泰国、马来西亚、新加坡等国家和中国香港地区考察访问。其间，开展了联谊交友活动。

1994年4月，以省侨办副主任李基槐为团长的四川侨务代表团一行赴马来西亚、新加坡、泰国等国家和中国香港地区考察访问。代表团开展联谊活动，密切了与当地一批华侨、华人社团、侨领、华商和专业人士的联系。

1994年6月，经成都市侨办牵线安排，以成都市委副书记苏碧群为团长的成都市海外交流协会经贸考察团一行赴泰国、马来西亚、新加坡等国家和中国香港地区考察访问。其间，考察团开展了海外联谊工作，商谈了经贸合作事宜。

1994年9月，应泰国工商总会和泰国宋盛旅游协联集团的邀请，省人大常委会委员、省人大侨外工委副主任朱藻文（团长），省侨办副主任杨绍明（副团长），率省人大、省电子工业厅、省财政厅、四川日报社，重庆市、成都市、凉山州人大和隆昌县、泸县政府有关部门负责人组成的四川侨务代表团一行16人，赴泰国、新加坡和中国香港地区、中国澳门地区考察访问。代表团先后拜会了泰国工商总会、泰国商会、泰中友协，会见了当地华侨、华人企业界人士。在泰国友人陈克齐的陪同下参观了部分华人企业，同企业界人士进行了业务洽谈，达成12项合作意向。在新加坡拜会了广西会馆等，看望了华侨、华人。

1994年11月，经省侨办牵线安排，以南充市委副书记张世富为团长的四川侨务经贸代表团一行赴泰国、新加坡和中国香港访问和考察。代表团广泛开展海外联谊交友活动，加强了与当地重点华侨、华人社团、侨领、华商和专业人士的联系，开展了招商引资工作。

1995年4月，经省侨办牵线安排，以省政府副秘书长袁福友为团长有中国核动力研究设计院、中国物理研究院、阿坝州、南充市、成铁局、省交通厅等单位人员组成的四川经贸合作恳谈团一行赴泰国考察访问。恳谈团积极开展海外联谊活动，密切了与当地华侨、华人社团、侨领、华侨的联系。

1995年5月27日，经省侨办牵线安排，以中国工程研究院副院长任益民为团长的四川人大地方工作友好访问团一行19人赴泰国、新加坡和中国香港地区、中国澳门地区进行友好访问。其间，广泛开展联谊活动，拜会和结识了当地一些华侨、华人社团及著名人士。

1995年6月，经省侨办牵线安排，以省计委副主任扎西（藏族）为团长的四川经贸代表团一行赴泰国、新加坡、马来西亚和中国香港考察访问。积极开展联谊活动，结识了当地一些华侨、华人社团和侨商并开展了经贸项目洽谈。

1995年11月30日至12月2日，以省侨办主任王宋达为团长的四川侨务代表团一行4人应邀赴中国香港参加第八届国际潮团联谊年会。来自24个国家和地区共60多个团组2000余人参加了会议。其间，四川侨务代表团广泛开展了联谊交友活动。

1995年12月3—6日，经攀枝花市、泸州市侨务部门牵线，以攀枝花市委书记孙本先为团长的攀枝花市经济代表团一行，以泸州市市长唐宁为团长的泸州市经济代表团一行赴泰国曼谷参加第三届世界华商大会。来自世界24个国家85个地区的55个代表团的华商1500人出席大会。其间，两市代表团利用会外时间广泛开展了联谊工作。

1996年3月31日至4月9日，应泰国清迈柑橘专家的邀请，省侨办牵线安排，以内江市侨办副主任余天勇为团长、简阳市副市长马益农为副团长，由重庆、江津、简阳、资阳市柑橘办、侨办组成的四川省柑橘专业考察团一行19人赴泰国清迈考察访问。

1997年4月8—11日，应澳门欧洲—中国企业家俱乐部的邀请，省侨办副主任杨绍明、招商引资处处长龚湘津赴中国澳门出席“促进欧洲与中国企业界投资合作研讨会”，并参加“澳门第二届国际贸易与投资博览会”。应邀参加这次活动的有国务院侨办、全国工商联和18个省（区）市的侨办以及部分省、市的贸促会、乡镇企业局的负责人。其间，访老友交新友，增进联谊工作。

1998年1月，以省侨办主任王宋达为团长的“四川‘侨心工程’摄制组”一行4人赴中国澳门为四川贫困地区教育事业做出贡献的西南饭店董事长汤福荣摄制《情怀》专题片。

1999年9月6—20日，以省侨办秘书处处长吴振西为团长、省侨联名誉主席陈祖湘（原省政协副主席）为名誉团长的四川省侨办经贸科技考察团一行赴马来西亚、泰国、新加坡和中国香港、中国澳门考察访问。访问团看望慰问了因东南亚金融危机受损失的侨界朋友，拜会了泰国中华总商会、潮州会馆，马来西亚中国经济贸易总商会，澳门西南饭店董事长汤福荣等，转达了省政府的问候。

1999年9月10—28日，应全美中国大西南同乡会和全美中国西部经济发展促进会的邀请，以省侨办主任、省侨联主席王宋达为团长，德阳市委副书记杨步润为副团长的四川经贸科技访问团一行11人赴美国洛杉矶、旧金山、纽约等地考察访问。其间，与20多个华侨、华人社团和60多名侨领、侨商进行了深入的座谈交流。在洛杉矶，参加了南加州庆祝中华人民共和国成立50周年晚会和升旗仪式。蒙特里铂克市还向为美中交流做出贡献的王宋达、杨步润颁发荣誉市民证书。在纽约，还拜访了为四川“侨心工程”做出重大贡献的川籍侨胞吴仲良等。在旧金山，参观了硅谷高科技公司等。

2000年5月10—20日，省侨办主任、侨联主席王宋达随国务院侨办主任郭东坡团长率领的中国侨务代表团一行赴日本、澳大利亚访问。其间，代表团看望慰问了当地侨团侨胞。在日本举行了新侨座谈会，与41名专家、学者和企业界、传媒界人士进行了座谈交流，拜会了中国驻日本大使陈健，拜访了东京、横滨及当地侨领；在澳大利亚拜会了洪门民治党、澳洲潮州同乡会、澳华工会、侨青社等华侨、华人社团和人士等。

2000年8月，以省政府副秘书长王东洲为团长，省侨办副主任杨绍明、省侨联副主席林纯怀为副团长，由省广播电台和省部分企业组成的四川侨务代表团一行9人，赴澳大利亚、新西兰访问。其间，代表团宣传了四川，参观了部分侨资企业，拜会了当地一批华侨、华人社团和知名侨领、侨商。

2001年7月，以省侨办主任、侨联主席王宋达为团长，绵阳市政协副主席、市侨联主席吕丽江为副团长，省人大常委会委员兼省人大外侨委副主任委员朱藻文为顾问，由绵阳、泸州等市领导和部分企业组成的四川省侨务代表团一行13人，赴法、德等国访问。代表团拜访了法国川渝同乡会、潮州会馆、华裔互助会、华侨教育基金会、全德华侨、华人联合总会、德国华商联合总会、波恩华侨中学校董会，并与之进行了座谈和联欢，宣传了四川，扩大了四川侨务部门在海外的影响。

2001年8月，省侨办国外处副处长刘以勤参加以国务院侨办国内司副司长、巡视员宁活义为团长的中国厨师培训团（厨师由参团省选派）一行赴比利时、法国访问。其间，厨师团得到了当地侨团和中国驻比利时大使馆白宗林参赞、领事部主管侨团的代桂琴主任的支持和帮助。在比利时，对侨胞中从事中餐业和打算从事该行业的人士进行培训。在布鲁塞尔举行了两周的免费培训。在蒙斯市举办有近200人参加的“中国节”活动，进行了厨师技艺表演、中国书籍展销、中国书法表演等。在安得卫普厨师大专学校（比利时唯一一所厨师大学）进行了两场表演和140人的培训。在法国巴黎的川外酒楼进行了一场有70多名中外朋友参加的全席表演。

2001年12月5—6日，应澳门多家华侨、华人社团的邀请，省侨办主任、侨联主席王宋达赴中国澳门参加华侨、华人社团庆祝澳门回归两周年活动。其间，王宋达先后拜会了澳门归侨总会会长罗少荣、澳门潮州会馆主席刘艺良、澳门缅华互助会会长黄琼成、澳门福建同乡会副会长罗美坚等侨领。

2002年1月1—20日，应美国米勒集团的邀请，以省侨办副主任杨绍明为团长、省侨联副主席林纯怀、内江市副市长李国红为副团长的四川省侨务访问团一行12人赴美国、加拿大访问。访问团拜会了全美大西南同乡会、美国中国西部大开发促进会、邓小平基金会、美中经贸科技促进会、华盛顿地区川渝同乡会、加拿大四川同乡会等华侨、华人社团和美国海峡两岸关系研究会会长李惠英（女）等一大批知名人士。在开展侨务对台工作中，主动登门做传统亲台社团旧金山宁阳会馆人士的工作，参观馆址，赠送匾牌；在洛杉矶，四川侨报社还与洛杉矶商报社签订了合作协议。顺访香港时，还看望了省侨联顾问、在川有投资项目的上市公司凯胤集团主席黄楚和。中国驻美国大使馆参赞张健青、领事王亦工，洛杉矶总领事馆领事于明参加了当地华侨、华人社团的活动，当地华文媒体采访和报道了四川侨务访问团的活动情况。

图6-1　2002年1月，“四川省侨务访问团”访问美国纽约，上门拜访对四川贫困地区教育事业做出贡献的美籍华人吴仲良（左三）、周永福（左四）。右二为省侨办副主任杨绍明，左一为省侨联副主席林纯怀，左二为内江市副市长李国红，右一为省侨联秘书长陈宪　（省侨办　供图）

2002年2月21日至3月4日，以省侨办副主任曾廷忠为团长，由成都、德阳、雅安、泸州等有关部门和企业负责人组成的四川经贸科技代表团一行赴澳大利亚、新西兰考察访问。考察了奥克兰、罗托鲁阿、墨尔本、悉尼、布里斯班、堪培拉等城市，拜会了澳大利亚侨青社、澳中友好协会、澳大利亚川渝同乡会、新西兰亚太文化交流中心、新中友好协会奥克兰分会等当地一些华侨、华人社团及知名侨商，与新西兰亚太文化交流中心主席就组织四川民间艺术团到新西兰演出达成合作意向，与澳洲国际教育文化中心董事长倪国兴签署了文化交流意向书。

2002年5月，省侨办主任、省侨联主席王宋达，国外处处长张继勇一行2人赴俄罗斯考察访问。广泛开展了联谊交友活动。

2002年6月，省侨办主任、省侨联主席王宋达为团长的“四川省侨务代表团”赴昆明参加由云南省政府与国务院侨办共同举办的东盟经济合作会议，并出访缅甸。代表团广泛开展联谊活动，拜访了一批新老社团和朋友。

2002年8月，以省侨办副主任杨绍明为团长，由绵阳市有关部门组成的四川侨务代表团一行6人赴俄罗斯考察和访问。拜会了当地华侨、华人社团，邀请当地侨胞到四川考察访问，参加年底的“2002四川海外专家、学者高新科技洽谈会”。

2002年8月，以省侨联顾问、四川客家海外联谊会会长邱林为团长，副会长温鑫金为副团长的四川客家海外联谊代表团一行赴印度尼西亚访问。拜会了当地客家社团，成功申办了在四川主办“世界客属第二十届恳亲大会”。

2002年10月27日至11月8日，应法国新中公司的邀请，以省侨办副主任杨绍明为团长、省侨联副主席林纯怀为副团长、省台办副主任钟远超为顾问，由成都市郫县国土资源局、烟草专卖局组成的“四川省侨务代表团”一行6人赴法国、德国、意大利考察访问。代表团拜会了旅法川渝同乡会、欧洲中国西部大开发促进会、法国华人互助会、北京协会、中国同学会、全德华侨华人联合总会、德国温州同乡会、深圳同乡会、意大利华侨华人联合总会、青田同乡会、浙江华侨联谊会等华侨华人社团和侨商，参观了法国潮州会馆。

2002年11月27日至12月12日，以省侨办主任、侨联主席王宋达为团长，省侨办副主任张继勇、眉山市委副书记牟刚俊为副团长的“四川侨务经贸代表团”一行9人赴南非、阿根廷、巴西考察访问。代表团拜会了南非中华工商联合会、联谊会、华人商业协会、阿根廷中国和平统一促进会、华人进出口商会、福清同乡会、三福企业商会、全阿中国餐企业公会、温州同乡会、巴西（里约）华人联谊会、中南美洲中国和平统一促进会等20多个重要华侨、华人社团和40多位华侨、华人企业家，参加了巴西中国大西南同乡总会成立大会。

2003年7月27—30日，以省侨办副主任张继勇为团长的四川侨务代表团一行赴马来西亚吉隆坡参加第七届世界华商大会。来自世界21个国家和中国香港、澳门、台湾地区的近3000名华商参会。其间，四川侨务代表团拜访和参观了马来西亚雪隆惠州会馆、马来西亚留台校友联合总会、雪兰莪中华大会堂等华侨、华人社团，拜会了马来西亚中华工商联合会主席林德源，马来西亚经济贸易总商会会长颜清文、副会长宋兆棠、黄汉良，泰国中华总商会会长郑明如，澳洲维省中华总商会会长江汉杨，美国中国商会会长张立勇等一大批侨领和商业人士。

2003年11月，经省侨办牵线组织，省人民检察院“四川省检察院访问团”一行赴泰国访问。访问团与泰国同仁进行了座谈，就双方合作事宜交换了意见。同时广泛开展了联谊活动，拜访了一些华侨、华人社团，看望了当地华侨、华人，联络了感情，增进了友谊。

2004 年 2 月 3—14 日，应美国弗吉尼亚州波特纽斯市政府邀请，省侨办助理巡视员陈大顺为团长的四川侨务代表团一行 8 人赴美国华盛顿、纽约、洛杉矶等地访问。代表团开展了联谊慰问活动，结识了侨界新朋友，与部分华侨、华人社团建立了新的联系。

2004 年 2 月 25 日至 3 月 10 日，以省侨联主席王宋达为团长、省侨办巡视员杨绍明、雅安市委副书记李自明、眉山市委副书记牟刚俊为副团长，由成都、雅安、绵阳、眉山、泸州、广元市负责人组成的四川侨务代表团一行 14 人，赴英国、丹麦、瑞典、挪威、芬兰考察访问。代表团拜访了英国中国工程师协会、全英中国和平统一促进会、瑞京华人协会、挪威华人文化体育协会、芬兰华侨华人协会、芬兰中国和平统一促进会等知名社团和人士；以座谈会形式，宣传四川，邀请他们到川参加“纪念邓小平百年诞辰”和“高新科技洽谈会”等活动。参加了英国四川同乡会的成立大会。在丹麦会见了丹麦华侨华人总会，参观了该会会址。

图 6－2　2004 年 2 月 25 日，在庆祝英国四川同乡会成立期间，省侨联主席王宋达（右二）、省侨办巡视员杨绍明（右一）、成都市侨办主任张蓉生（右三）拜会英国中国和平统一促进会会长单声夫妇（左三、二）、中国驻英国大使馆参赞章成友（左一）　（省侨办　供图）

2004 年 3 月，经省侨办牵线安排，四川省人民政府办公厅副主任张晋川率“四川省政府招商团”一行赴泰国、马来西亚、新加坡考察访问。招商团拜会了一批华侨、华人社团、侨商，推介了招商项目，签署了一些意向合作协议。

2004 年 3 月 8—22 日，以省侨办副主任张继勇为团长、绵阳市委副书记张世虎为副团长的“四川侨务代表团”一行 10 人赴新西兰、澳大利亚访问。代表团拜会了澳大利亚中国和平统一促进会、川渝同乡会、移民福利会、潮州会馆、澳华科学技术协会、新西兰中国和平统一促进会、四川同乡会等一些知名华侨、华人社团和人士，并与之座谈交流，看望慰问了老朋友，结交了新朋友。

2004 年 8 月 25 日至 9 月 8 日，以省侨办副主任曾廷忠为团长的四川侨务经贸科技代表团一行赴法国考察访问。代表团拜会了欧洲中国西部大开发促进会、法国川渝同乡会、潮州会馆法国华侨华人协会、法国华商会、旅法中国同学会、法中友好协会、法国文化交流中心、天津同乡会、山东同

图 6－3　2004 年 3 月 11 日，四川侨务代表团团长、省侨办副主任张继勇（右二）向澳华科学技术协会会长金声（左二）赠旗留念　　（省侨办　供图）

乡会、华商报等 10 多家华侨、华人社团和一批侨领；在当地华侨、华人社团的支持下，举办了四川发展成果介绍会、招商项目推介会、引进人才科技成果洽谈会，与华商达成多个合作协议；邀请华商和专业人士到川参加年底举办的“2004 四川海外专家、学者高新科技洽谈会”。

2004 年 9 月 22 日至 10 月 1 日，应泰国清莱府中华总商会的邀请，以省侨办副主任席柏松为团长的四川省侨务代表团一行赴泰国出席“第一届湄公河澜沧江经济合作论坛”。席柏松在论坛上作了《交流合作共谋发展》的发言。其间，代表团拜访了清莱府中华总商会、清迈中华商会、清迈博智语文学校、华侨公立崇华新生学校等华侨、华人社团和华文学校，借机宣传了四川，并向 30 多位华商发出邀请，邀请他们年底参加四川的“2004 四川海外专家、学者高新科技洽谈会”。拜访了中国驻清迈总领事彭仁东，与当地 600 多名侨领一起参加了该馆举办的庆祝中华人民共和国成立 55 周年酒会。

2004 年 11 月 21 日至 12 月 6 日，以省侨办主任周敏谦为团长的四川省侨务代表团一行 5 人赴澳大利亚、新西兰访问。代表团拜会了澳洲中国和平统一促进会、澳大利亚川渝同乡会、澳华友好协会、维省华人社团联合会、潮州会馆、新西兰四川同乡会、新西兰中国和平统一促进会等 10 多个华侨、华人社团和近百名侨领、侨商，借机宣传了四川，通报了年底将在成都召开“2004 四川海外专家、学者高新科技洽谈会”的情况，邀请了一批华侨、华人社团、侨商到四川考察访问，共谋发展。代表团还分别拜会了中国澳大利亚使馆公使张君高、悉尼总领事邱绍芳、侨务领事陈浩奇，新西兰奥克兰总领事馆侨务领事等外交使节。代表团途经香港时，与 1600 多名海内外嘉宾参加了香港冠城集团董事长洪清宜任福建石狮市旅港同乡会第八届会长的就职典礼活动。

2004 年 11 月 24 日至 12 月 9 日，以省侨联副主席林纯怀为团长的四川省侨务代表团赴巴西、阿根廷、智利考察访问。代表团考察了当地部分侨商企业，拜访了巴西里约华人联谊会、巴西中国和平统一促进会、阿根廷中国和平统一促进会、阿根廷进出口商会等华侨、华人社团，向当地华侨、华人社团侨胞介绍了四川省情及近年来四川经济社会发展情况，就四川企业“走出去”开展劳务、旅游等项目合作、输出川菜烹饪技术和厨师等项目进行了洽谈。邀请他们 2005 年到川参加“世界客属第二十届恳亲大会”。

2005 年 6 月 17—30 日，应美国纽波特纽斯市政府和旅美、加华侨、华人社团的邀请，以省侨办主任周敏谦为团长的“四川侨务代表团”一行 5 人赴美国洛杉矶、华盛顿、纽波特纽斯市、纽约和加拿大多伦多、温哥华等城市进行访问。代表团开展了联谊活动，拜会了当地知名华侨、华人社团和华商、主要华文媒体、客属社团、客家乡亲和中文学校等。在应邀参加的 60 多个华侨、华人社团、300 余人次的座谈说明会上，借机宣传四川，介绍 10 月份将在成都举办的世界客属第二十届恳亲大会筹备情况，邀请他们到四川考察访问、投资合作和参加“世客会”“华商峰会”。在华盛顿，周敏谦接受了大华府四川大学校友会名誉会长聘书，并与美国专业人士社团“百人会”副会长、纽波特纽斯市等进行积极的磋商，达成了经贸合作、文化交流等一批项目合作意向。

2005 年 7 月，省侨办副主任张继勇率四川世界客属大会推介团赴中国香港、澳门访问。其间，推介团拜访了中国香港、澳门客属社团，介绍了举办“世界客属大会”筹备情况，邀请两地客属社团参加会议。

2005 年 7 月 29 日至 8 月 7 日，经世界客属第二十届恳亲大会组委会安排，以省侨办副主任曾廷忠为副团长的“四川第二十届世客会代表团”一行赴马来西亚、菲律宾、新加坡、泰国访问。代表团拜会了当地客属社团并介绍了恳亲大会的筹备情况，广邀参会朋友，借机宣传四川和成都市。

2005 年 9 月 1—10 日，应北欧五国华侨、华人社团的邀请，以省侨办侨联机关党委书记吴振西为团长的四川侨务代表团一行赴英国、丹麦、挪威、瑞典、芬兰访问。代表团拜会和慰问了 12 个当地华侨、华人社团和上百位侨胞，深交了一批老朋友，结识了一批新朋友。拜访了中国驻外使领馆。开展了世界客属第二十届恳亲大会的宣传、邀请工作。

2005 年 9 月 1—14 日，经“世界客属第二十届恳亲大会”组委会安排，以中共成都市委副秘书长赵璐为团长的“四川世客会第二十届组委会代表团”一行访问了美国洛杉矶、华盛顿、纽约、加拿大多伦多、温哥华等城市。代表团拜访了当地客属社团和华侨、华人社团，进行了恳亲大会的宣传和邀请工作。

2005 年 10 月 24 日至 11 月 7 日，应欧洲多国华侨、华人社团的邀请，以省侨办副主任席柏松为团长的四川省侨务代表团赴意大利、德国、荷兰、比利时、法国等进行考察访问。代表团重点拜会了一批华侨、华人社团及人士，拜访了中国驻外使领馆。并与当地华侨、华人实业家、华文媒体、法国川渝同乡会、欧洲中国西部大开发促进会、中法历史研究会、中法文化艺术交流中心等进行座谈交流。

2005 年 11 月 23 日至 12 月 9 日，应巴西里约华人联谊会和阿根廷华侨福建同乡会的邀请，省侨办副主任、副团长曾廷忠随省政府顾问高万权团长率领“四川侨务经贸访问团”一行赴巴西、智利、阿根廷访问。访问团拜会了巴西大西南同乡总会、巴西（里约）华人联谊会、智利中国和平统一促进会、阿根廷福建同乡会、阿中经贸文化交流促进会等华侨、华人社团，慰问了部分海外侨胞，并与之进行了座谈。同时，还借机宣传了四川改革开放以来取得的新成就和投资环境。

2005 年 12 月 4 日，应香港第三届世界广东同乡联谊大会筹委会的邀请，省侨联副主席林纯怀等赴香港参加会议。来自 35 个国家 139 个华侨、华人社团近 2000 名嘉宾参加了大会。四川与会人员借机宣传了四川，拜会了一批重点华侨、华人社团和老朋友。

据不完全统计，1986—2005 年，全省侨务部门共计组织 255 个团组 2415 人次出访 37 个国家和地区。

第二节 国内海外联谊活动

1990年9月，省侨联秘书长孙长庆、省侨办国外处处长杨绍明随省政协副主席、四川海外联谊会副会长、省委统战部部长王于为团长的四川海外联谊会代表团一行赴深圳参加“ 90四川海外联谊大会”。其间，拜会了一批四川港澳政协委员和港澳客商。

1994年10月，省侨办主任王宋达等随省政府省长肖秧、省政府副省长甘宇平率领的“四川省经贸团”参加由国务院侨办、国家三峡工程建设委员会、水利部和四川、湖北两省联合举办的“锦绣中华”轮首航暨三峡经贸合作洽谈会。来自世界的48对有经济实力的侨商夫妇及助手与会。其间，省侨办人员拜会侨商，陪同客人参观；牵线协助有关部门洽谈合作项目45个，促成泰国著名侨领、大慈善家谢惠如为四川大学董事会名誉主席。

1994年11月1日，省侨联副秘书长张学群随四川省政协副主席、四川海外联谊会副会长、省委统战部部长张庭翰为团长的四川海外联谊会代表团一行赴深圳四川大厦参加“ 94川深海外联谊会”。省政府副省长徐世群和深圳市委副书记林祖基、副市长李广镇参加大会。其间，参会人员广泛开展了联谊交友活动，拜会了一批中国港澳台人士和海外华侨、华人、企业界人士，广邀客人到四川观光、考察，共建繁荣昌盛新四川。

1996年9月29日至10月2日，应国务院侨办的邀请，省侨办主任王宋达陪同分管侨务工作的省政府领导赴北京参加由国务院侨办、港澳办、国台办联合邀请的来自20多个国家和地区的华侨华人、港澳台同胞代表庆祝国庆46周年活动。其间，四川与会人员广交朋友，拜会了印度尼西亚华人实业家蔡道行、法国侨领汪漱芬、实业家郑辉、新加坡敦那士有限公司主席唐庆铭等一批侨领和侨、港、澳、台商，与他们进行了座谈交流。

1996年10月23—26日，省侨办主任王宋达等随分管侨务工作的省政府领导为团长的四川经贸代表团一行赴河南郑州参加由国务院侨办、国家计委、国家经贸委、对外贸易经济合作部、中国贸促会共同举办的“中国中西部地区对外经济技术合作洽谈会”。其间，省侨办人员开展联谊交友活动，拜会了一批海外重要侨领和大企业家。

1996年11月12—13日，应国务院侨办的邀请，省侨办副主任杨绍明等赴北京参加“旅外青年学者团体负责人访华团”活动。48名旅外青年学者团体负责人，分别来自8个国家。他们知识层次高，有的已进入了当地主流社会，具有较大的影响和作用。其间，四川侨办人员随团活动，并利用一切时机，开展了广泛的联谊活动，结交了一批朋友。

1997年7月11—15日，应广州市侨办的邀请，以省侨办副主任杨绍明为团长的四川侨务代表团一行7人赴广州参加由广州市侨办举办的“广州荔枝节”。来自日本、法国、美国、澳大利亚、加拿大等国家和中国香港地区的知名侨领、侨商、广州荣誉市民近百人与会。其间，代表团拜会了一批客人，与客人进行了座谈交流。还拜访了广东省侨办，就两省国外侨务工作的开展和经济科技合作交换了意见。

1997年11月15—16日，应福建省侨办的邀请，省侨办主任王宋达赴福建省安溪县参加“第三届世界安溪乡亲联谊会”，拜会了一批安溪知名侨领、侨商。

1997 年 11 月 18—20 日，应广东省侨办的邀请，以省侨办主任王宋达为团长、侨联主席卢道猜为副团长的由省工商局局长吴名智、省邮电管理局局长张居平、省盐务管理局局长陈复彬等组成的四川侨务代表团一行 11 人赴汕头市参加“第九届国际潮团联谊会”。来自 24 个国家和地区的 86 个华侨、华人社团 3216 名代表与会。其间，四川侨务代表团拜会和结识了泰国、美国、新加坡、法国、印度尼西亚、马来西亚等国家和中国香港、澳门地区的一批侨领和实业家，并向他们宣传了四川省情、开放政策和商机，邀请他们到四川考察访问，合作交流。

1998 年 4 月 23 日，省侨办主任王宋达专程到江苏吴江市拜会美籍华人、“钢铁大王”、美国唐氏工业董事长唐仲英和基金会人员。唐氏基金会决定，此次给四川大学捐资 2 万美元，扶助贫困学生，奖励双优生；捐资 9 万美元，在四川省贫困乡村建 3 所“侨心学校”。

1998 年 10 月 17—20 日，省侨办主任王宋达随分管侨务工作的省政府领导为团长的“四川经贸代表团”一行赴湖南长沙参加由国务院侨办、国家计委、经贸部、外经部、中国贸促会共同举办的“中国中西部地区对外经济技术合作洽谈会”。洽谈会共邀请海外客商 3000 余人与会。其间，省侨办人员广泛开展联谊活动，积极建议并参加省政府副省长会见宴请侨商，主动拜会了多个商会代表团。

1999 年 9 月 30 日至 10 月 2 日，应国务院侨办的邀请，省侨办主任、省侨联主席王宋达赴北京参加庆祝中华人民共和国 50 周年活动。其间，拜会了一批来京参加国庆观礼活动的海外华侨、华人，如泰国中华总商会主席郑明如一行 6 人，泰中友协副会长陈克齐，法国陈氏公司董事长陈克威、总裁陈克光，法国华侨教育基金会会长汪漱芬，法国丽娜成衣公司董事长林子崇一行，美国洛杉矶侨领“访问团”一行，美籍华人吴仲良，澳门同胞汤福荣等。

2000 年 9 月，应国务院侨办的邀请，省侨办主任、侨联主席王宋达随分管侨务工作的省政府领导率领的由攀钢集团公司、四川华侨凤凰集团、蓝剑集团、中川国际等企业界代表组成的四川代表团和成都市副市长何绍华，赴山东青岛参加由国务院侨办、经贸部、国务院发展研究中心共同举办的“世界华人论坛”。其间，四川与会人员拜会和结识了一大批华侨、华人朋友。借机宣传四川，邀请到川开展经贸合作。

2001 年 6 月 20—22 日，应国务院侨办和中国海外交流协会的邀请，省侨办副主任杨绍明、成都市侨办主任张蓉生赴北京参加“新世纪华侨华人社团联谊大会”。来自 60 多个国家和地区的 220 多位华侨、华人社团负责人与会。其间，四川与会人员广泛开展联谊交友活动，结交了新朋友，深交了老朋友。

2001 年 9 月 17—19 日，应国务院侨办的邀请，省侨办主任、侨联主席王宋达随分管侨务工作的省政府领导，省政协副主席、省工商联会长何志尧赴江苏南京参加“第六届世界华商大会”。来自 70 多个国家和地区的华商近 500 人与会。其间，四川与会人员广泛开展联谊活动，拜会和结识了不少知名侨领和华商。

2001 年 10 月 19—20 日，应国务院侨办的邀请，以四川潮人海外联谊会名誉会长、四川温资集团董事长张嘉点为名誉团长，省侨办主任、侨联主席、四川潮人海外联谊会名誉会长王宋达为团长的四川省潮人代表团一行 21 人赴北京参加“第十一届国际潮团联谊年会”。来自世界 30 多个国家的 60 多个代表团共 3000 多名潮籍人士聚首人民大会堂。其间，四川代表团拜会了法国陈氏兄弟有限公司总裁陈克光、法国巴黎士多集团董事长、总裁郑辉，香港南洋商业银行原董事长庄世平、香港广东同乡会会长陈有庆、香港潮州商会主席陈伟南，泰国中华总商会会长郑明如等一批客人。

2002年9月30日至10月2日，应国务院侨办的邀请，省侨办主任、省侨联主席王宋达赴北京参加由国务院侨办、港澳办、台湾事务办公室联合举办的庆祝中华人民共和国成立53周年活动。其间，拜会了美国世贸集团董事长柯约瑟一行3人、香港轩辕基金会主席罗文春、香港信华顾问有限公司主席云大棉、香港汉荣书局董事长石景宜夫妇、香港广发证券有限公司董事长湛兆霖、香港时捷洋行董事长郑锡涛、泰国东方实业机构总裁陈修试夫妇、澳门西南饭店董事长汤福荣等一批知名侨领和企业家。

2002年12月3—4日，应广东省侨办邀请，省侨办巡视员杨绍明、省侨联副主席林纯怀等赴广州参加“第二届世界广东同乡大会”。来自60多个国家和地区近3000名海外侨胞与会。四川与会人员代表省侨办、侨联向大会赠送了“侨心连粤、振邦兴乡”的锦旗和礼品，并对大会表示了祝贺。其间，拜会了一些知名华侨、华人社团和人士。会后与广东省、广州市、中山市、番禺区侨务部门就如何拓展侨务工作与四川的合作交流进行了座谈。

2003年8月26日，应国务院侨办和云南省侨办的邀请，以省侨办主任、侨联主席王宋达为团长，省侨办副主任张继勇为副团长的四川侨务代表团一行5人赴云南昆明参加“第一届东盟华商投资西南项目推介会”。其间，代表团开展了联谊交友活动，介绍四川省情，推介合作交流项目。

2003年10月8—10日，应国务院侨办和中国海外交流协会的邀请，省侨办副主任张继勇、成都市侨办副主任王平赴北京参加“第二届世界华侨华人社团联谊大会”。来自87个国家、地区的270多名华侨、华人社团负责人及近百人国内涉侨部门的代表与会。其间，四川与会人员拜会了一批华侨、华人社团，结识了不少新老朋友，交流了一些合作项目。会后，来自26个国家的41名侨领到川进行了参观考察。

2004年6月4—6日，应国务院侨办和云南省侨办的邀请，省侨办副主任张继勇为团长率四川部分开发区和企业人员参加由国务院侨办、云南省政府在昆明举办的“第二届东盟投资西南项目推介会”。来自10多个国家、地区的146名华商与会。其间，四川与会人员推介项目，安排洽谈，与华商达成合作项目12个。还借机开展联谊交友工作，拜会了一些知名华商，建立了联系。

2004年11月，应江西省侨办、江西客家海外联谊会和大会筹委会的邀请，省侨办副主任张继勇等随省政府副秘书长杨刚才为团长率领的四川客家海外联谊会访问团一行赴江西赣州参加“第十九届世界客属恳亲大会”。其间，访问团拜会了大会筹委会，座谈交流了办会经验，结交了一批世界与会客家社团领袖和侨商。

2005年5月19—23日，应国务院侨办和中国海外交流协会的邀请，省侨办主任周敏谦、成都市侨办主任张蓉生赴北京参加“第三届世界华侨华人社团联谊大会”。来自80多个国家、地区的130多个社团数百人与会。其间，四川与会人员积极进行了联谊联络，拜会了一批重点华侨、华人社团和人士，借机宣传了四川，并邀请了一些客家社团和华商到川参加“世界客属第二十届恳亲大会”。

据不完全统计，1986—2005年，省侨办、侨联组织46个团组294人次，到国内15个省、市开展各种联谊交流活动。

第三章　川籍海外华侨华人社团工作

第一节　川籍海外华侨华人社团概况

改革开放以来，随着川籍海外华侨、华人数量的快速增加，他们以“地缘”“业缘”“学缘”为纽带，于20世纪90年代后期和21世纪初期成立了37个华侨、华人社团。这些华侨、华人社团大致分为三类：一类是“地缘”性组织，其成员来自同省或相邻省级行政区，如美国、加拿大、英国、法国、匈牙利、日本、新加坡、澳大利亚、新西兰等国的“四川同乡会”，其成员均来自四川省，而美国、南非、巴西等国的“大西南同乡联谊会”，其成员均来自西南诸省（四川、云南、贵州等）；一类是“业缘”性组织，其成员多从事相同或相近行业，如美国四川商会、美国中国西部大开发促进会、欧洲中国西部大开发促进会、美国中国邓小平基金会、美中收藏家协会等；一类是“学缘”性组织，其多以同学会或校友会的形式组建，如北美四川同学会、成都电子科技大学北美校友联谊会、四川大学美东校友会等。

第二节　支持川籍海外华侨华人社团的发展与合作

1986—2005年，为增强川籍海外侨胞的合力，深化川籍海外华侨、华人社团的互动协作，侨务部门积极主动的找准工作结合点，因势利导地全面支持川籍海外华侨、华人社团的发展建设。

一、编辑出版川籍海外华侨华人通联录

为整合全省海外侨务资源，方便联络交往，省侨办于1998年和2000年编辑出版了《四川海外华侨华人社团及重点人士通联录》《四川海外华侨华人通联录》等川籍华侨、华人通联资料。其中，《四川海外华侨华人通联录》收集了截至1999年成立的所有川籍社团和五大洲800多名川籍侨领、专家、学者和侨胞的名录、地址和联系电话，填补了四川侨务工作基础资料建设方面的空白。此外，一些市、县编辑了本地的海外华侨、华人通联录，如达州市人大和侨办于1998年分别编辑出版了《在世界各地的达州人》《海外达州人》，渠县侨办于2003年整理了《海外渠县华侨华人港澳同胞通联录》。

二、鼓励和支持成立新的川籍海外华侨华人社团

通过“请进来”“走出去”，密切与川籍人士的联系，支持有识之士在所在地区成立川籍社团。

如通过接待法国的何跃，美国的郝妮、佘剑鸣，日本的贺乃和，新加坡的杜志强，美国的伍筱珊等，先后促成法国四川同乡会、美国大华府地区四川同乡会、日本四川同乡会、新加坡天府会、四川大学美东校友会成立。同时，侨务部门还积极促成了一些新华侨、华人社团的建立，如2000年成立的新加坡“天府”同乡会，2001年成立的巴西中国大西南同乡联谊会，2002年成立的德国法兰克福四川同乡会，2004年成立的英国四川同乡会等。重庆1997年成为直辖市后，川籍海外华侨、华人社团顺应侨胞们的要求，大多更名为川渝同乡会，如法国川渝同乡会、德国法兰克福川渝同乡会、澳大利亚川渝同乡会等。此外，每逢川籍社团成立、换届，或举行年会、联谊会等重大活动时，省侨办均发送贺电祝贺。

三、成立“四川海外社团联席会议”

2000年12月，省侨务部门以26个川籍海外社团为主，联合8个海外华侨、华人科技专业社团成立了“四川海外社团联席会议”。联席会议采用“主席团制”，主席团主席由分管侨务工作的省政府领导担任，秘书长由省侨办主任担任。以后，分别于2002年和2004年召开四川海外社团联席会议。联席会议凝聚了不同国家华侨、华人社团、侨胞的智慧，促进川籍华侨、华人社团间的团结、合作与交流，推动川籍华侨、华人社团的健康和谐发展。

四、帮助川籍海外华侨华人社团的发展建设

为提高川籍海外华侨、华人社团在省内的知名度，侨务部门分别在《四川日报》《四川侨报》《华西都市报》以及《四川侨务网》等媒体设立介绍川籍海外华侨、华人的专版或专栏，大力宣传报道有关川籍侨领及其领导的华侨、华人社团在海外的发展情况。侨务部门通过“请进来”的方式，积极邀请川籍海外华侨、华人回川参加各类涉侨活动，了解家乡的发展动态，以寻求合作机会；通过“走出去”的方式，组织形式多样、内容丰富的团组出访，在海外向川籍华侨、华人社团介绍四川的投资政策及环境，并关心帮助其社团建设。

第四章　大型涉侨活动

第一节　海外华侨华人隆重纪念邓小平诞辰一百周年活动

2004年8月18—20日，国务院侨办、四川省人民政府在广安举办海外华侨、华人纪念邓小平百年诞辰活动，来自世界31个国家的105位知名侨领齐聚四川广安，参加邓小平诞辰100周年纪念活动，并为邓小平故居“华侨林”留芳碑揭彩。

邓小平是中国改革开放的总设计师，华侨、华人是中国改革开放的参与者、见证者和受益者。为表达对邓小平同志的敬仰和怀念之情，国务院侨办在中国驻外使领馆的大力支持下遴选邀请了有代表性的百余名侨领和知名人士参加。

为举办好这项具有历史意义的重大活动，省侨办在国务院侨办的大力支持下开展了以下系列子活动：来自世界五大洲31个国家的105名侨领捐赠300万元，在小平故里建设占地120亩的“华侨林”；新加坡金鹰集团董事长陈江和捐赠450万元，为邓小平母校——广安中学建设一座现代化的图书馆；澳大利亚新南威尔士州上议员黄肇强医生率领的“光明之行”眼科医疗队赴四川南充、广安免费为30名贫困白内障患者实施复明手术，并捐赠相关医疗用品；澳大利亚和平统一促进会会长邱维廉率领澳洲眼科专家医疗队在广安开展“侨心光明万里情——四川行”活动，免费为296名贫困白内障患者成功进行复明手术，向广安市捐赠价值70万元的眼科专用显微镜等医疗设备；海外慈善机构和侨胞为广安贫困地区捐建5所“侨心学校”、2所“侨心卫生院”和广安中学的游泳池。

国务院侨办副主任李海峰代表国务委员唐家璇、国务院侨办主任陈玉杰欢迎百名侨领代表，并随同参加全程活动。19日，省委书记、省人大常委会主任张学忠，省政府省长张中伟，省政协主席秦玉琴，省委常务副书记刘鹏，省委副书记、省政府常务副省长蒋巨峰，成都市委主要领导等在成都会见全体华侨、华人代表，并座谈交流。

20日，百余名侨领在广安参加“海外华侨华人隆重纪念邓小平诞辰一百周年”纪念大会，到“小平故里”纪念园参观邓小平铜像、小平故居陈列馆，瞻仰邓小平故居，并参加“华侨林”留芳碑揭彩仪式，以及邓小平母校——广安中学图书馆落成仪式。

“海外华侨华人隆重纪念邓小平诞辰一百周年”活动在海外社团和华侨、华人中引起极大的反响，每位参加的侨胞都感到至高的荣誉，代表所在国的侨界向中国改革开放总设计师邓小平表达崇高的敬仰和缅怀。这次活动，也使四川结识了一大批有实力的知名侨领和侨商。

中央电视台、香港凤凰卫视、《人民日报》、中国新闻社、中国国际广播电台、中国侨网、《四川日报》、四川电视台、四川人民广播电台以及海外媒体广泛报道了此次活动。

第二节　世界客属第二十届恳亲大会

2005年10月12—14日，全球8000万名客属乡亲瞩目的世界客属第二十届恳亲大会在成都市隆重举行。来自世界各地的4000多名客家乡亲在美丽的“天府之国”，共话亲情友情，共谋合作发展。

中央政治局常委、全国政协主席贾庆林向大会发了贺信。全国政协副主席罗豪才宣布大会开幕，全国政协原副主席杨汝岱出席开幕式，国务院侨办主任陈玉杰为大会致辞。省委书记、省人大常委会主任张学忠出席开幕式，省委副书记、省政府省长张中伟致欢迎词，省政协主席秦玉琴宣读贾庆林贺信。在大会上致辞的客属代表有：中国国民党副主席、台湾世界客属总会会长吴伯雄，全国人大常委会委员、香港中华总商会永远荣誉会长曾宪梓。四川客属代表邱林也在大会上致辞。海内外50多个社团和社团负责人为大会发了贺信。本届世客会以“全球客家、天府情缘”为主题，以“恳亲联谊合作发展”为宗旨，是世客会第一次在中国西部举行。共有来自全球24个国家和地区以及内地17个省市区的155个代表团出席盛会。

12日上午，在成都国际会展中心举行了世界客属第二十届恳亲大会捐赠仪式和世界客属社团负责人会议。下午召开了世界客属恳亲大会主席团会议，来自世界各地的198名客属社团团长或首席代表参加会议，经过审议讨论，大会主席团会议宣布“世界客属第二十一届恳亲大会”于2006年秋季在台北市举行。省委副书记、省政府常务副省长蒋巨峰出席会议并致辞。

12日14时，世界华商峰会暨四川（成都）投资项目洽谈会在成都国际会展中心举行。省委书记、省人大常委会主任张学忠，国务院侨办主任陈玉杰，省委副书记、省政府省长张中伟，全国人大华侨委员会副主任委员王宋大，全国政协港澳台侨委员会副主任张伟超，成都市市长葛红林等出席大会。张学忠、陈玉杰等在会上分别致辞。来自五大洲的200余位知名华商和客属企业家出席大会，20多位华商代表围绕会议主题作了精彩发言。世界华商峰会是四川省首次集中邀请海外知名华商到川。出席峰会的还有中国侨联副主席李祖沛，以及全国人大常委会委员、香港中华总商会永远荣誉会长曾宪梓，全国政协常委、香港广东社团总会主席余国春等知名华商。会议期间共签订正式合同项目近20个，投资总额45亿元。

10月12日，全国政协副主席罗豪才会见参加世界客属第二十届恳亲大会的特邀嘉宾及主席团全体成员。省委书记、省人大常委会主任张学忠主持会见。国务院侨办主任陈玉杰，省委副书记、省政府省长张中伟出席会见。罗豪才发表讲话。

10月12日，国务院侨办主任陈玉杰、省委分管侨务工作的副书记等会见了参加世界客属第二十届恳亲大会的全国人大常委会委员、香港中华总商会永远荣誉会长曾宪梓，澳大利亚和平统一促进会会长、中国侨联华商会会长邱维廉等部分华商。

12日，省委书记、省人大常委会主任张学忠，省委副书记、省政府省长张中伟会见以中国国民党副主席、世界客属总会会长吴伯雄为团长的台湾“世界客属和平合作之旅”访问团一行。省委副书记陶武先，成都市委主要负责人会见时在座。

12日，省委副书记、省政府常务副省长蒋巨峰会见以泰国下议院副议长梭蓬·佩沙旺为团长的泰国工商总会代表团一行。代表团此行目的是到蓉参加世界华商峰会暨四川（成都）投资项目洽谈会。

12 日，省委副书记陶武先会见参加世界客属第二十届恳亲大会的美国创新产业专家团一行。

12 日，与会客家乡亲在西部客家第一镇洛带开展恳亲联谊活动。洛带客家群众与 3000 多名海内外客家乡亲共祭客家龙、共植客家林、共吃客家饭、共话客家情。中国侨联副主席李祖沛、成都市委常委何绍华等出席活动。

13 日上午至 14 日，以“移民与客家文化”为主题的国际客家学术研讨会在京川宾馆举行。省委常委王少雄出席开幕式并致辞。来自国内 13 个省市区与港、台地区，以及海外 100 多名专家、学者参加了研讨会。

14 日上午，“风华 35 年”客属大会历程展暨客家乡情报告会在成都召开，来自海内外的 23 个客家代表团的代表在会上发言，从不同侧面分析了客属大会 35 年来的风雨历程，展示了客家文化的历史传承和开拓创新。14 日 20 时，世界客属第二十届恳亲大会在成都落下帷幕，成都市市长葛红林致闭幕词。

第三节　其他涉侨活动

一、成都国际客家学术研讨会

从 2000 年 3 月至 2005 年 10 月，由省侨务部门与省社科院、四川客家海外联谊会、成都市政府主办，龙泉区政府、成都经济技术开发区管委会承办，在龙泉区举办了多届“成都国际客家学术研讨会”。共同邀请以重点亲台社团和亲台人士为主的来自世界 20 多个国家和地区的社团 25 个、1500 余人次参会。其主要亲台社团有：香港崇正总会、英国崇正总会、印度尼西亚客属联谊总会、泰国客家总会、日本崇正会联合总会、巴西客属崇正总会、南非客属联谊会、毛里求斯客属会馆、加拿大客属联谊会、加拿大梅州同乡会、澳大利亚崇正会联合总会、泰国客属总会、新加坡南洋客属总会、澳门梅州同乡会、美国客属总会、马来西亚客家公会联合会、印度尼西亚梅州会馆、台湾客属总会等。参加“研讨会”的专家、学者们发表有关论文 350 多篇，涉及到客家政治、经济、社会、文化、民俗风情等方面的内容，着重探讨了面向新世纪的四川客家如何加强与海外客家和华侨、华人的联系，促进“西部大开发”和加快经济发展。

二、四川海内外炎黄子孙清明祭祖大典

2001—2005 年的“清明节”，省侨务部门与省台办、台联和省民政厅、省社科院、四川省中华文化协会以及新都区人民政府等单位共同举办“四川海内外炎黄子孙清明祭祖大典”。每届活动以祭祀中华民族的始祖炎黄二帝，嫘祖、大禹、川祖望丛二帝和百家姓氏祖先，大力弘扬敬重祖先、敬重父母的光荣传统，为促进家庭和睦、构建和谐社会，反对“台独”，实现祖国和平统一做贡献为宗旨，邀请一批海外侨胞、台湾同胞代表参加。在祭祖大典上，海外侨胞、台湾同胞代表在讲话中均表达了一个心愿：“两岸同胞共祭祖，四海侨胞促统一。”祭祀期间，还举行了“爱我中华民族，促进祖国统一”的万人签名活动，以表达广大海外同胞热切盼望祖国早日统一和民族繁荣昌盛的共同心声。通过这些活动，增强海峡两岸和海外侨胞身为炎黄子孙的认同感和自豪感。

第五章　侨务对台工作

第一节　支持海外侨胞和平统一活动

四川省侨务部门以“反台独，求团结，促发展”为宗旨，顺应广大华侨、华人热切期盼中国统一的意愿，积极开展工作，支持世界30多个国家成立中国和平统一促进会，与50多个中国和平统一促进会或类似组织建立了联系；支持世界各地华侨、华人以多种形式举行和平统一活动。

2003年9月10—11日，省侨办副主任曾廷忠率“四川侨务代表团”参加在俄罗斯首都莫斯科召开的“全球华侨华人推动中国和平统一大会”。来自世界59个国家和地区的华侨、华人社团代表619人与会。有59位代表在会上踊跃发言，立场鲜明，声讨批判“台独”分子分裂祖国的阴谋，表达了海外中华儿女和平统一的愿望。四川省代表团向大会赠送了“反独促统，振兴中华”的铜匾，向美国、法国、俄罗斯等国的华侨、华人社团赠送了锦旗。

2005年6月18—19日，省侨办文教宣传处处长刘学勇随国务院侨办代表团参加在墨西哥首都墨西哥城召开的“中南美洲中国和平统一促进大会”。来自中南美洲20多个国家和地区的300多名华侨、华人代表与会。会上，一些侨界知名人士坚决反对将台湾从祖国分裂出去的图谋和行径，坚决支持中国政府关于台湾问题的主张和反对“台独”，维护祖国和平统一而采取的一切行动。

第二节　开展涉台社团和人士的工作

由于受地缘和政治因素的影响，有些国家，如美国、加拿大、澳大利亚、新西兰、南非、毛里求斯、巴西、智利、阿根廷、英国、法国、荷兰、德国、菲律宾、印度尼西亚、缅甸、泰国、日本等国家的一些华侨、华人社团与台湾关系十分密切。四川省侨务部门注重同涉台社团和人士接触、交往，积极开展和平统一工作。

一、邀请涉台社团和人士来访

1994年以来，共邀请、接待到四川的涉台华侨、华人社团15个、210人次。

2001年，以前主席伍璇灿为团长的“美国旧金山宁阳会馆”访华团一行17人到四川访问。该会馆是历史最悠久、势力最大的亲台组织，其会董多为台湾“侨务委员”“侨务顾问”。客人是第一次到四川访问并与侨务部门接触，行前对大陆尚存疑虑，心情也有些紧张，通过交流增加了互信。

2002年3月，台湾“侨务委员”、欧洲全侨民主和平理事、巴黎“欧华年会”筹委会主席江基民为团长的“法国湄江联谊会访华团”一行5人到四川访问。访华团成员有：法国中华会馆理事长、台湾“侨务顾问”、巴黎“欧华年会”筹委会副主席陈广诚，国建会法国分会副会长、桥梁专家楼文翼和夫人，专业人士吕曼倩，国民党党员、法学博士李隼澄。

2002年3月，旅美四川台胞喻碧组织以会长陈伦蔡为团长的海外黄埔军校第19期独立3大队“台湾同学会”的“台胞观光团”一行33人到四川访问，并到泸州市进行了参观考察。

2002年9月，以会长陈志诚为团长的“马来西亚留台联总访华团”一行20人到四川访问。“马来西亚留台联总”是台湾当局几十年苦心经营的传统亲台社团，此次来访，引起台湾恐慌，台“侨委会”和驻马经济文化处多次进行阻扰。

2005年6月，以文莱“留台同学会”主席林南强为团长的“文莱留台同学会访华团”一行12人到四川访问。访问团成员均由赴台留学，毕业于台湾著名大学的人员组成，以前对大陆有很深的成见。

侨务部门努力做好侨界涉台社团和重点人士的转化工作：一是进行认真的策划和安排。二是给予较高的礼遇，如请分管副省长会见和宴请。三是相机开展对台工作。访问团成员在四川期间，通过参观游览名胜和与有关部门座谈交流，加深了对祖国历史文化的了解和认识，增添了作为中国人的自豪感，大家对祖国现代化建设取得的辉煌成就一再表示由衷的赞叹。法国客人李隼澄说：“史书上称蜀道难，难于上青天。而如今成都双流机场如此现代化，高速路如此发达，到四川如此方便，真不可想象。”

二、利用出访做涉台社团和人士的工作

在“请进来”做工作的同时，四川侨务部门组织包括台办人员在内的团组，在出访期间，充分利用海外大多数涉台侨胞根在中国，有着强烈的中华民族情结这一有利条件，加大感情投入，直接面对面或间接相机做涉台社团和人士的工作。

1998年1月23日至2月11日，应中国驻芝加哥总领事馆的请求，省侨办国外处处长张继勇率四川表演艺术团赴美国芝加哥参加当地侨界春节联欢活动，并顺访了底特律等城市，进行了义务演出活动。配合中国驻外总领事馆淡化意识形态，开展有效的侨务对台工作。

2000年10月，以省侨办副主任曾廷忠为团长的四川省旅游酒店考察团一行到台湾考察。其间，考察团一行参观了当地酒店并与业内人士进行了座谈交流，拜会了一批台湾商界人士。

2002年1月，省侨办副主任杨绍明、省侨联副主席林纯怀率四川侨务代表团赴美国、加拿大访问。其间，代表团成功地拜访了美国旧金山宁阳总会馆（该会馆有150多年的历史，会员众多，长期受台控制）。该会馆设晚宴欢迎代表团，30多位商董（总共53位商董，商董即侨领，是清政府驻美领事机构委任，名称沿用至今）及50多名成员出席，还安排代表团参观了会馆，代表团向会馆赠送了省侨办、侨联镌刻“友谊、合作、交流”的牌匾，开创了四川侨务部门与宁阳会馆正式往来的局面。

2002年7月，省侨办主任、侨联主席王宋达随四川教育考察团到台湾考察。其间，王宋达专门拜会了国民党台湾政要谢闵东之子——台湾慈心慈善教育基金会董事长谢政达。

2004年5月19日至6月6日，受国务院侨办组派，省侨办国外处处长刘以勤率由四川省医药管

理局推荐的5位中医专家组成的“中医健康咨询团”赴受台湾长期控制、拉拢、培植的传统亲台势力较强的南非、毛里求斯，为当地台（侨）胞开展健康咨询和义诊服务。其间，共接待侨台胞1500多人次，举办了数场中医理论与实践辅导讲座，与50多位侨台胞中医师进行了学术交流活动；还先后为毛里求斯的客属会馆、《中华日报》和南非的西开普省中华公会、比勒托利亚华侨公学等传统亲台社团、侨报、侨校举办了专场义诊活动，不少亲台侨领和旅毛、旅南台胞慕名前来求治。

2005年11月29日至12月8日，省侨办副主任张继勇率由省侨办、四川客家海外联谊会和省台办人员组成的四川客属文化访问团赴台湾考察。其间，代表团广泛接触和慰问台胞，并与客家社团负责人进行了座谈交流；考察了客家文化；拜访了台湾世界客属总会主席、国民党前副主席吴伯雄等一批台湾客属社团的人士；深入了解、调研了台湾侨情和客属社团的最新动态和发展趋势，相机开展了侨务对台工作。访台后形成了《台湾客家人的情况及其在台湾政治格局中的地位和作用》报告。

三、加强对亲台社团和人士的宣传工作

利用“请进来”“走出去”工作的时机开展宣传工作。在接待来访和组团出访、境外招商、举办投资说明会中，不失时机地大力宣传中央、邓小平“和平统一，一国两制”和江泽民对台工作的“八项主张”；四川省对台工作的方针政策；宣传四川改革开放以来的经济建设成就，发挥《四川侨报》《重庆新华侨报》《成都侨务》等报刊的作用，积极宣传四川；为《人民日报》（海外版）、《华声报》（后为《华声月报》）和海外媒体组稿280余篇；仅《四川侨报》自1993年11月创办以来，通过中国驻外使领馆向海外赠送28万份，宜宾市侨务部门还摄制了《万里长江第一城》短片，制作了《长江彩虹》《今日宜宾》等精美画册，各地还印制了当地经济社会情况的宣传画册供赠送。

第七篇　宣传、交流与教育

侨务宣传、文化交流和华文教育，是侨务工作的重要组成部分。侨务宣传，包括对内侨务宣传和对外侨务宣传。对内侨务宣传，主要是向省内宣传党和国家的侨务方针政策和法律法规，宣传不断变化的侨情，宣传侨务工作的进展情况等；对外侨务宣传，主要是向海外华侨华人、港澳同胞宣传党和国家的侨务方针政策和法律法规，宣传重大国情和四川省情。文化交流，主要是指通过侨务渠道的文化交流。华文教育，主要是指在省内进行的华裔青少年的华文教育和派华文教师赴国外任教。1986—2005 年，四川侨务部门根据党和国家有关方针政策，结合实际情况，采取多种多样的形式，使侨务宣传、文化交流和华文教育工作取得了显著成绩。

第一章　侨务宣传

第一节　对内宣传

一、创办报刊进行对内宣传

（一）省侨办、侨联报刊

《四川侨务》，由省侨办和省侨联于1986年12月共同创办。该刊宣传党和国家关于侨务的方针、政策，反映开展侨务工作为经济建设服务的情况，介绍交流各级侨办、侨联工作经验和情况。该刊为内部刊物，定为月刊，供省内外侨务系统和涉侨单位内部交流及领导参阅。至1993年6月，共出版31期。此后，为集中力量办好《四川侨报》，《四川侨务》停刊。

《侨联简报》，由省侨联主编，于1991年5月开始印发，至2005年底发行29期，每期印70份。属内部刊物，主要是向中国侨联、省委、省政府分管群团组织领导、省委办公厅、省人大办公厅、省政府办公厅、省政协办公厅等汇报省侨联宣传贯彻党的侨务方针、政策，按照群团组织的性质和特点开展重要工作和重大活动的情况。

《侨联简讯》，由省侨联主编，于1991年5月创办。刊登各种侨联工作和活动信息。每年编6期。每期印发260至300份。截至2005年，已发行88期，共印发约26400份。发至省级有关单位和市（州）侨联。

《四川侨报》，由省侨办主管，省侨联主办，经省委宣传部和省新闻出版局批准，于1993年11月3日创刊，为半月刊。以联络海内外亲情为己任，以归侨、侨眷、港澳同胞、华侨、华人、侨务工作者和关心侨界人士及其他机关工作人员为读者对象。发至全国各省、市、自治区侨务系统、涉侨宣传机构，四川省省级主要领导、有关部门，市（地、州）、县（市、区）主要领导以及侨务系统，重点归侨、侨眷及“三资”企业、涉外宾馆等，每期发行2万份。从1993年11月开始至2005年12月，出刊290期，共计840余万字，累计向国内外赠送458万份。

（二）市（地、州）侨务部门主要报刊

《成都侨务工作》，成都市侨办主办，于1987年初创刊，季刊。该刊以宣传侨务政策，反映全市侨务工作、交流侨务工作经验为主要任务，内部发行。至2005年编印76期。

《重庆侨讯》，重庆市侨联主办，创刊于1991年1月，是重庆市侨联与全国和省内各地侨联交流信息的刊物。该刊报道全市各级侨联工作及活动情况，介绍侨界先进事迹和精神文明建设情况，刊登全市侨属企业发展和招商引资情况及信息。1991 年 7 月因创办《重庆侨报》停刊。

《新华侨报》，重庆市侨联主办，于 1992 年 1 月创刊，其前身是 1991 年 7 月创刊的《重庆侨报》。该报为双月刊，从创刊到 1996 年底出刊 33 期。

《自贡侨讯》，自贡市侨办主办，于 1984 年 6 月创刊。不定期内部刊物，每期印发 80 份，至 2005 年共编辑 270 期。

《侨务简报》，泸州市侨办于 1984 年创办的不定期内部刊物，每期发行 200 份，至 2005 年仍在出刊。

《侨联简报》，泸州市侨联于 1987 年创办的不定期内部刊物，每期印发 320 份。至 2005 年已编印 110 期。

《侨务简报》，德阳市侨办、侨联于 1986 年共同主办，不定期内部刊物，每期印发 120 份。至 2005 年底已编印 116 期。此后因网络开通，停刊。

《绵阳侨讯》，绵阳市侨办和绵阳市侨联于 1981 年创办的不定期内部刊物。每年出刊 5－6 期，到 2005 年已出刊 140 多期。

《侨联简报》，内江市侨办于 1982 年创办的不定期内部刊物。每期印发 60 份。

《侨联动态》，内江市侨联于 1990 年创办的不定期内部刊物，每期印发 50 份，每年出刊 4－5 期。到 2005 年共出刊 75 期。2005 年后因政府机构改革，内江市外事侨务旅游合为一体，因此《侨务简报》《侨联动态》停刊。《外事侨务旅游简报》创刊印发。

《乐山外事》，1986 年 7 月由乐山市外事侨务办公室创办。月刊，内部刊物。有通讯员 54 人。每期发送市领导、市和县（市、区）有关业务部门、市外事领导小组成员、市侨联委员、市友谊成员等，每期 110 余份。至 2005 年底共出刊 207 期。

《万州侨讯》，万县地区侨办和地区侨联共同主办，于 1988 年 6 月 2 日创刊。该刊为双月刊。每期发行 50 份，至 1996 年底共编印 50 余期。

《侨务简报》，达县地区（1999 年 6 月为达州市）侨办于 1983 年创刊，为不定期内部刊物，每期印发 40 份，每年出刊 10 期。1983—2005 年，共出刊 220 余期。

《达州侨讯》，达县地区侨联 1983 年创刊，每年 12 期，每期发行 25 份。《达州侨讯》至 2005 年还在出刊。

二、编印资料进行对内宣传

在《中华人民共和国归侨侨眷权益保护法》《中华人民共和国归侨侨眷权益保护法实施办法》《四川省〈中华人民共和国归侨侨眷权益保护法〉实施办法》《四川省归侨侨眷企业事业权益保护条例》《四川省华侨投资权益保护条例》《四川省华侨捐赠条例》发布后，省人大外侨委、省侨办、省侨联联合编印《常用侨务法律法规汇编》等侨务法律法规文件资料 10 余万册，广为宣传。

1997 年 9 月 12 日，省侨办、侨联印发国务院侨办发的《邓小平论侨务工作》一书，共印 3 万余册，送全省有关领导、部门及归侨、侨眷学习。

2005 年 6 月，省侨办、侨联编印《侨心工程》画册 1200 本，对实施“侨心工程”的主要成果进行介绍宣传。

三、利用纪念活动进行对内宣传

2000年9月7日，在《中华人民共和国归侨侨眷权益保护法》（以下简称《保护法》）颁布10周年之际，省侨办结合实际，采取多种形式开展纪念活动。一是召开两个座谈会。即：部分省级机关归侨、侨眷座谈会；省人大外侨委、省政协港澳侨台委、致公党四川省委员会、省侨办、省侨联联合举办的“五侨”座谈会。二是在《四川日报》、《四川政协报》、四川电视台、四川人民广播电台、《四川侨报》等新闻媒体广泛开展宣传纪念活动。省人大常委会副主任兼省人大外侨委主任委员张国辉向全川发表了《搞好侨务立法和监督，加强侨务法制建设》的电视讲话。三是省侨办对全省贯彻实施《保护法》10年来的情况作了总结。四是在全省开展贯彻实施《保护法》百题知识有奖解答活动。五是省侨办、侨联发出通知，要求各市（州）侨办、侨联结合本地实际，开展丰富多彩的纪念活动。

四、围绕重要侨务活动进行对内宣传

国务院侨办为发挥侨务部门整体优势，更好地推动侨务系统引资、引智工作的开展，于1998年3月发出通知：决定在全国侨务系统内上下结合，开展一个以引进华侨、华人资金、技术人才为主要内容的“兴国利侨”活动。随后，《四川侨报》刊登了评论员文章，连续进行了宣传报道。

在2000年四川海外专家、学者恳亲暨科技经贸合作洽谈会举行前夕，11月30日，省政府新闻办、成都市人民政府、省侨务办公室、省旅游局、省社会科学院举行新闻发布会。省侨务办公室主任王宋达发布新闻。定于当年12月27—28日，由省侨办侨联与23个川籍海外社团和部分专业社团在成都举办2000年四川海外专家、学者恳亲暨科技经贸合作洽谈会。《四川侨报》开辟专栏，进行了连续的宣传和跟踪报道。

省侨办是省政府主管香港、澳门同胞工作的职能部门。在香港、澳门回归前夕，全省侨务系统对《中华人民共和国香港特别行政区基本法》《中华人民共和国澳门特别行政区基本法》进行了学习和宣传。在《四川侨报》开辟“迎回归”专栏，以问答形式介绍基本法知识。1997年1月起连续刊登有关香港回归问答19篇，119条问答，计有5万多字。6月19日，在省政协活动中心，由四川海外联谊会，省人大外侨委、省政协联谊工作委员会、省侨办、致公党四川省委员会、省侨联召开喜迎香港回归茶话会。6月20日，省侨办、侨联在蓉举行庆祝香港回归报告会。6月27日，在蓉城明远楼举行座谈会，来自各条战线的归侨、侨眷、侨务工作者欢聚一堂，畅谈香港回归，抒发自己的喜悦心情。1999年12月3日，省人大外侨委、省侨办等单位在蓉举行迎澳门回归报告会。省人大常委会副主任兼省人大外侨委主任委员张国辉主持报告会。省侨办主任王宋达在会上作了题为《迎接澳门历史新纪元》的报告。1999年12月19日，澳门回归前夜，四川省委、省政府在成都召开庆祝澳门回归祖国座谈会。各市（地、州）侨务部门都组织了“迎回归”的宣传和庆祝活动。

2002年6月27日，为庆祝香港回归五周年，在成都隆重举行大型书画展览。省政协副主席冯崇泰、陈官权、何志尧，成都市政协主席骆隆森，省政协秘书长彭柏林，省级老领导天宝、张力行、杨析综、聂荣贵、冯元蔚、杨岭多吉、姜泽亭、韩邦彦、章玉钧等出席开幕式。出席会议的还有省政协常委、香港—四川联谊会会长黄英豪。本次画展由省政府港澳台侨和外事委员会和香港－四川联谊会主办，省侨办、省侨联协办。

第二节　对外宣传

一、借助国内外传媒进行对外宣传

1986—2005 年，省侨办、侨联通过工作，与 13 个国家、地区的 51 家华文媒体建立了联系。其中有：美国《美南新闻》《美南报系》《星岛日报》《世界日报》《美中报道》《美华报》《亚美新闻》；加拿大《大华商报》《华人报》《曼省中华时报》；俄罗斯《俄罗斯报》《华人报》；匈牙利《企业家》《欧洲之声》；爱尔兰《华人报》《新岛周报》；南非《华人报》《华侨新闻报》；新加坡《联合早报》（中文版）；印度《印度日报》（中文版）；菲律宾《商报》、《每日快讯》、《纵横》杂志；泰国《京华中原联合日报》《星暹日报》；新西兰《华夏风》《太阳报》《信报》；中国香港地区《华侨日报》《镜报》《新报》；中国台湾地区《台湾时报》、台湾中国广播公司。

据不完全统计，1994—2005 年，省侨务部门邀请海内外媒体记者到川采访 979 人次，记者采访后发表报道四川的文章 734 篇；省侨务部门向海内外媒体投稿 756 篇，海内外媒体采用 509 篇。

到川采访报道的华文媒体主要有中国香港地区《天天日报》、《新晚报》、《南华早报》、《经济导报》、《儿童日报》、《华南经济新闻》、《星岛日报》、《中国旅游画报》、《广角报》、《亚洲周刊》、《旅游》杂志、《争鸣》杂志、《远东经济评论》、《亚洲电视》、《凤凰卫视》；中国澳门地区《澳门日报》《华侨报》；中国台湾地区《中央日报》《自立晚报》《中国时报》《联合报》；法国《欧洲时报》《欧洲货币》杂志；美国《侨报》《神州时报》《华商报》《锦锈中华传媒》（网站）；波兰《大陆》杂志。

1993 年 10 月 15—25 日，省侨办通过国务院侨办邀请美国《侨报》、法国《欧洲时报》和中国《华声报》、《瞭望》、中国国际广播电视台等媒体的中外记者到川采访。10 月 18 日，省政府副省长甘宇平在成都接受了记者的采访，回答记者们提出的问题。在川期间，记者们先后采访了成都市委书记、市长黄寅逵，重庆市副市长唐情林，万县市副市长魏益章及有关部门的负责人。记者们对三峡工程的建设和移民向海外作了大量的宣传报道。

从 1994 年 1 月起，省侨务部门配合全省宣传部门，在中国香港《香港商报》、美国《纽约国际时报》、法国《欧洲时报》组织专版，介绍、宣传四川。

1996 年 1 月，重庆市侨务部门配合全市宣传部门，在法国《欧洲时报》组织专版，介绍、宣传重庆。

1996 年 8 月 19 日，中国新闻社社长郭瑞率领的中国中西部地区对外经济技术合作洽谈会筹委会外宣组一行到川进行电视采访，省委书记谢世杰、长虹电器股份有限公司和全国最大的民营企业希望集团公司接受了采访。

1998 年 9 月 18—20 日，省侨办通过国务院侨办邀请匈牙利《企业家报》、法国《欧洲时报》、英国《天下华人》杂志、西班牙《西华之声》报、俄罗斯《中俄信息报》等传媒的社长、总编辑、记者共计 12 人到川采访。省长宋宝瑞会见了记者团一行，并接受了采访。记者团还采访了成都市委副书记王少雄、市政府副市长何绍华，并考察了成都高科技术开发区和成都大熊猫繁殖基地。

图 7－1　1998 年 9 月 19 日，省长宋宝瑞（右一）会见欧洲传媒协会记者一行，并接受采访　　（省侨办　供图）

2002 年 7 月 31 日至 8 月 10 日，省侨办通过国务院侨办邀请美国《侨报》资深记者龚忠武到四川进行了采访。龚忠武围绕成都市如何实现新跨越、四川省实施“天保工程”及四川省高校建设等问题先后采访了成都市副市长狄廷国、省林业厅副厅长杨冬生、四川大学党委副书记吕重九，参观了成都高新区留学生创业园和成都高新西区，采访了两个园区的负责人。龚忠武还深入九寨沟县、松潘县、茂县的藏族、羌族同胞家中进行采访。

二、通过书报、影像和网络进行对外宣传

（一）通过书籍进行对外宣传

1998 年 9 月 8 日，香港华侨华人总会出版介绍四川的《华人企业家——中国四川专辑》一书。该书为大度 8 开精装本，共计 218 页。应该会会长古宣辉的请求，省委书记、省人大常委会主任谢世杰为该书作了“宣传四川推进合作”的题词。

2002 年 5 月 15 日，美籍华人科学家张瑞夫所著《醒来的巨人——中国》一书首发在成都举行。省人大常委会副主任兼省人大外侨委主任委员张国辉出席并讲话。张瑞夫原籍四川省乐山市。1961 年获美国普度大学哲学博士学位。

2004 年 3 月，为实现达州市委市政府提出的“人才兴市”战略和大力宣传、弘扬达州市在海外的能人志士拼搏奋斗、艰苦创业精神以及他们所取得的卓著成就，由达州市人大民宗外侨委牵头，市侨办侨联承办，编辑出版了《海外达州人》一书。该书 20 余万字，中国三峡出版社出版发行，共印 3000 册，新华书店经销。该书主要介绍世界各国达州籍能人志士在科技、教育、文化、电子、信息、经营、管理、工商界、政界等领域的艰苦求学、艰辛创业的历程和所取得的辉煌业绩以及他们热爱祖国（祖籍国），热爱家乡，关心达州建设发展和改革开放的感人事迹。文章体裁为报告文学、散文、人物传记等多种形式。

（二）通过报纸进行对外宣传

《四川侨报》既是对内宣传报纸，又是对外宣传平台，于 1993 年 11 月创办，到 2005 年底，共

发行290期。据统计，登载宣传贯彻落实侨务政策法规的文章687篇，其中有《四川省〈中华人民共和国归侨侨眷权益保护法〉实施办法》《省公安厅出台15条出入境新举措》《犍为县法院依法护侨谱新篇》《邛崃市侨办依法护侨成效显著》《香港同胞邓以萍祖屋得到了归还》等；登载报道知名华侨华人、港澳同胞和归侨、侨眷事迹的通讯、采访记等581篇，其中有《从竹乡走上美国大学讲台——记沐川籍敦煌研究学者、旅美华侨宁强》《失学者打工者著名学者——记旅美学者肖建国》《海外赤子归故乡——记旅美侨胞阮勇斌教授回乡的二、三事》《塞纳河畔的骄子——访法国中新公司董事长陈新凯博士》《赤心处处连乡草——访美国波斯顿四川同乡会会长朱正亚》《踌躇满志写辉煌——访成勘设计院高级工程师、归侨赵华友》等；登载介绍四川名胜古迹、名山名景、风土人情、特色川菜小吃的文章1160篇，其中有《峨眉山诗碑》《蜀南竹海的竹及其文化》《郭沫若与乌龙山》《自贡三多寨》《四川乡间年俗》《苗场节》《香茗人肴味悠悠》等。

2001年11月12日，加拿大《北美华报》社长霍文翔到川就有关合作事项进行了座淡。省侨办副主任曾廷忠、杨绍明会见了霍文翔。霍文翔创办的《北美华报》是面向华侨华人社会和企业界的华文报纸。这次座谈，达成了《北美华报》同《四川侨报》互相交流的协议。

2002年1月5日，四川省侨务访问团赴美国洛杉矶访问。访问期间，经过四川侨报社负责人与洛杉矶商报社长周德昭认真商谈，两报结为友好报社。以后，两报互相赠送报纸、刊物，提供有关信息资料。《四川侨报》在四川各地为洛杉矶商报组织宣传四川的专版。洛杉矶商报社长期及时将美国华侨、华人的活动信息，以及美国公司、企业和各界人士对有关四川的经贸、科技、文化信息和项目咨询等，传送给四川侨报社。

（三）通过影像进行对外宣传

1998年8月17日，为迎接1999年澳门回归，省侨办与四川省电视台联合在仁寿、井研县开机摄制反映澳门同胞关心支持“侨心工程”的电视纪录片《情怀》。9月初，摄制组赴达州、巴中、南充等地拍摄。该片分上下两集，用实话实说反映澳门古稀老人——汤福荣在四川省贫困地区捐资建校、扶贫济困的动人故事。10月，该片通过四川卫星频道与观众见面。

（四）通过网络进行对外宣传

2000年，省侨办创建了“四川侨务网”。同时还以资金、技术支持帮助省内10个市（州）和一个县与全国省市区“侨网”及四川省政府“行政网”建立链接。“四川侨务”网为了满足国内外侨界的需要，特别是提高网络宣传在海外的影响力，适时调整、更新了网页。“四川侨务网”成为了侨务部门对外宣传和联络的重要平台。

三、利用重大会议进行对外宣传

（一）自贡国际恐龙灯会的对外宣传

1987年春节期间，自贡市在当地举办自贡国际恐龙灯会。省外宣小组、省侨办、省侨联和省外办积极参加此次灯会的筹备组织工作。到中国香港举办新闻发布会，会后香港媒体单位都发布了自贡举办国际恐龙灯会的消息；通过各种会议开展灯会宣传，如利用在日本广岛举办的世界博览会、在北京举办的旅游博览会进行有关灯会的宣传；利用出访人员进行灯会宣传；向港澳人士提供灯会宣传片；利用香港《经济与贸易》《世界商报》等报刊进行灯会宣传。通过侨务、外事等渠道，邀请到新闻单位60多家，其中海外华侨、华人和港澳新闻单位20多家200多人到灯会采访。人民日报海外版、新华社、中新社、国际电台、人民中国、中国画报、中央电视台、德国电视一台、日本新闻社、香港大公报等单位派记者进行了采访报道。1万多名中外专家、学者、经济界人士到四川自贡观灯，参观工厂、农村、学校和名胜古迹。灯会期间，共接待国内外观众230万人次，以文促贸，以灯为媒，使古老盐都享誉海内外。灯会期间举办了109项经济贸易活动，引来全国各地3万多客商，总成交额达5.6亿元。

（二）乐山国际龙舟经济交易会的对外宣传

1987年5月25—31日，乐山市举办国际龙舟经济交易会。此次会议的目标是把民间传统体育活动与经济、科技、旅游活动融为一体，突出大型国际龙舟经济交易盛会的特点。省侨办积极参与和支持会议的举办，并派出杨绍明、王文选及侨联的人员同乐山市侨办主任袁雅宜等人一起参加此次国际龙舟经济交易会。会前广泛发出邀请，寄送了大量中英文宣传资料，使中外客商和观光游客慕名而来。参加这次龙舟交易会的有来自美国、英国、法国、日本等国和中国港澳地区的商客、旅游者，新闻官员和记者1056人，其中有130多名外宾组成的8支龙舟队参加了友谊比赛活动。还有全国25个省、市、自治区的经贸代表团2056个共1.5万人。参加交易的总人数达100多万人次。交易会期间设置30个专业性的开放型交易市场，社会成交总额达11.9亿元，其中乐山市成交额5.1亿元。还举办了六类30多项丰富多彩的文体活动。据不完全统计，国内外10多家新闻单位有120多篇文章和图片报道了这次盛会。

第二章　文化交流

第一节　出国文化交流

1998年1月23日至2月11日，省侨办组织的四川艺术家小组一行6人，应美国大芝加哥地区华人各界春节联欢晚会筹委会的邀请，对美国进行了19天的访问。在美国芝加哥、圣路易斯、纽约和洛杉矶四大城市慰问演出12场，观众上万人。联欢晚会层次高，规模大，美国总统克林顿为晚会发了贺电，当地政要、侨领和中国驻地的总领事等出席慰问和演出，美国各大中文电视台和十多家中文报刊作了报道，给予很高度评价。

1998年9月23日，应美国檀香山中华总会馆和中华总商会邀请，在省侨办的安排下，自贡彩灯制作技术人员熊文栋赴夏威夷传授和讲解制作彩灯的技艺，培训学员200多名。经过一个月的培训，学员都能完成一件彩灯作业，而且学习了中国彩灯史，为1999年举办“中国灯节”大游行打下了基础。在结业时，会馆、商会让熊文栋制作一件作品作为纪念。熊文栋制作了两条“金龙”，寓意是“炎黄子孙”“龙的传人”。夏威夷明星报、晚报、世界报等前来采访报道。文中称“真正的中国大陆的彩灯高技术”。60多名学员为答谢熊文栋，集体签名赠送锦旗。

1999年7月16—22日，应文莱华人社团邀请，以省侨办国外处处长张继勇为组长的四川民间艺术访问小组一行3人赴文莱，参加华人社团庆祝文莱苏丹53岁华诞活动。其间，艺术访问小组代表华人社团表演的“变脸”“糖画”等艺术节目，深受皇室和社会各界的欢迎和赞赏。艺术访问小组访问了4所华文学校，向近5000名师生表演了精彩的文艺节目，四川民间艺人陈昌吉还以糖画艺术作了展示。

2002年2月7—21日，应法国潮州会馆的邀请，以省侨办侨联机关党委书记吴振西为团长的四川省文艺演出慰问团一行5人赴法国、比利时等国为当地华侨、华人进行慰问演出。从除夕开始，慰问团先后参加了法国潮州会馆、巴黎十三区华埠、法国川渝同乡会、法国浙江同乡会、温州会馆、比利时华人联合会的春节团拜会和法国华裔联合会牵头举办的巴黎华人马年春节大游行；参加了中国驻法大使馆、《欧洲时报》以及中法记者春节大联欢；专程拜会了一些侨领。演出团具有浓郁四川特色的精湛文艺节目表演，不仅给海外侨胞带去了浓浓的乡情和亲情，也为他们欢度中国传统佳节增添了色彩和欢乐。藏族歌手卓玛献上洁白的哈达，寄托着省侨办侨联对海外侨胞深深祝福，青年演员郑胜利表演的堪称川剧一绝的“变脸”，使海外侨胞和外国朋友惊叹，川剧丑角林小东和青年演员胡雪共演的川剧经典之作“滚灯”，生动滑稽，令人捧腹。中国驻法大使吴建民和夫人，中国常驻联合国教科文组织大使张学忠，中国驻比利时大使关呈远和夫人，以及巴黎市市长、议员，比利时安特卫普市市长等官员都兴致勃勃地观看了文艺表演，并与演员合影留念，其中吴建民大使和夫人先后三次观看演出团表演，每次看完演出都要亲切接见演员，并对他们的表演进行热情的鼓励和表扬。

图7-2　2002年2月7—21日，以省侨办侨联机关党委书记吴振西为团长的四川省文艺演出慰问团赴法国、比利时等国为当地华侨、华人进行慰问演出。图为在为法国潮州会馆进行文艺表演结束时与会馆各位会长合影　　（省侨办　供图）

2003年9月25日至10月8日，省侨办派出侨务慰问演出团赴美国亚特兰大、华盛顿、纽约、旧金山等地进行文化交流和慰问演出。该团是应美国华人社团邀请，参加当地华侨、华人社团举办的“中国文化节”及国庆庆祝活动。演出团带去精彩的具有四川特色的少数民族风情舞蹈，受到华侨、华人热烈欢迎，美国《侨报》《星岛日报》《美中报道》《多维时报》《亚美新闻》《美华报》等多家华文报纸均作了大幅报道，在侨界产生了良好反响。“中国文化节”素以弘扬中华文化，宣传当代中国，促进中美交流，发展经贸合作为宗旨。应特别邀请出席亚特兰大“中国文化节”开幕式大型文艺晚会的乔治亚州参议员 SamZanar - ripa 与1200名观众自始至终愉快地观看了四川团的演出。他表示，非常高兴能看到来自遥远四川的独特民族舞蹈，中国人民为增进中美文化交流和了解所做的努力令人起敬，这将大力促进乔治亚州与中国的合作关系。为让更多的美国人了解中国文化，丰富亚特兰大中国文化节的重要交流内容，四川代表团应邀在乔治亚州立大学戏剧与舞蹈系举办了一场别开生面的中国民族舞蹈讲座。该团演员身着绚丽耀眼的民族服装，为美国大学生作了藏、羌、彝、傣、维吾尔以及古典等中国民族舞蹈的示范表演和讲解，获得该校师生热烈赞赏。大华府地区和北加州是新华侨、华人专业人士较集中的区域，四川演出团分别应邀为当地侨胞慰问演出。在为美国华人生物医药专业协会年会表演时，平日严谨的科学家们被年轻演员美妙的舞姿引得阵阵喝彩，在欢快的气氛中上台与演员即兴表演，令晚会十分热烈。演出结束后，大家还意犹未尽，纷纷邀请演出团到家中做客，使团员们倍感浓厚乡谊。在北加州，乡亲们有的扶老携幼、有的驱车数小时前来观看演出。他们说，已经十几年没看过家乡的节目了，真是令人耳目一新。四川有这么吸引人的民族舞蹈，应该多走出来向海外宣传。访美交流结束后，中国驻美大使馆专门给四川省侨办发来传真，写道："四川代表团在各地参与一些华侨、华人社团的联欢活动，受到侨界的欢迎。这种小型文艺慰问团组人员少，行动灵活，对接待方负担小，接待方便，在今后工作中可以不断探讨。"副总领事张健青参赞表示，这是四川侨办在国外侨务工作中找到的一个新结合点，对进一步开展新华侨、华人工作很有积极意义。

2005 年 12 月 7—16 日，为让世界更多的国家了解巴蜀文化，了解四川曲艺、川剧艺术，扩大巴蜀文化在海外的影响，应印度尼西亚梅州会馆创会会长黄德新的邀请，以省侨办国外处处长刘以勤为团长的"四川侨务艺术交流访问团"一行 6 人，赴印度尼西亚访问。其间，访问团对印度尼西亚主要城市进行了访问，开展了对当地华侨、华人社团的联谊、文化交流和慰问演出。由省曲艺团、川剧院优秀中青年艺术家组成的艺术团为印度尼西亚官方、华侨、华人社团和华侨、华人、民众数千人表演的川剧变脸、扬琴、清音、二胡等具有巴蜀文化特色的文艺节目获得阵阵掌声。同时，访问团还与当地一些华侨、华人社团和文艺机构进行了文化交流。这次访问，为四川与印度尼西亚之间架起了一座文化交流的桥梁。

第二节 入川文化交流

1986 年 1 月 1 日，中国香港著名音乐家、演艺学院钢琴导师黄慰伦、黄懿伦姐妹（曾在世界各地举行演奏会）在四川音乐学院举行双钢琴演奏会。完美的演奏让观众赞叹不已。2 日上午，黄氏姐妹与四川音乐学院师生一起演奏并座谈交流琴艺。

1987 年 9 月 19 日，香港画家联会在成都举办"香港画家联合作品展览"。这次展出 30 余位画家的 122 件作品。香港画家联会是国际上很活跃的一个画会，他们的作品曾在新加坡、日本、加拿大等国家和中国香港、澳门、广州等地展出。成都画展后，赴重庆、武汉等城市展出。

1990 年，澳大利亚籍华人画家姚迪雄在省诗书画院举办具有东方艺术的中国水墨画《百袋鼠图》展览，吸引了不少艺术家和观众参观。

1991 年 11 月 16 日，新加坡女画家丁晓霞在省诗书画院举办个人画展。

1993 年 9—10 月，"20 世纪华人经典作品音乐会"分别在四川、重庆（9 月 22—29 日）、成都（10 月）举行，曾荣获第三十四届意大利帕格尼国际小提琴比赛第一名的旅美小提琴家吕思清、旅美著名歌唱家范竞马、旅美古筝演奏家王昌元、二胡演奏家闵惠芳、钢琴家鲍惠荞，移居香港的著名钢琴家刘诗昆、旅居维也纳的台湾青年指挥家赵郁深与中国著名指挥家陈燮阳、李德伦等名人参加演出。音乐会的作品中，有观众熟悉且具有相当水平的中国、新加坡、中国香港、中国台湾等华人词曲家的作品，整个演出赢得了观众的阵阵掌声。音乐会由四川中华民族促进会举办。

1994 年 5 月 31 日，中国香港著名指挥家、姚氏集团总裁姚迪在成都锦城艺术宫持棒指挥为"希望工程"进行的交响音乐会（参演乐园由峨影乐园担任）义演。音乐会由四川中华民族促进会举办，该会名誉会长、省政府省长肖秧，顾问、省委常委、宣传部部长席义方，会长、省政府副省长徐世群，副会长、香港同胞林龙及省人大常委会副主任康振黄等领导与观众一起观看了演出。

1994 年 8 月 2—6 日，"'94 中国国际民间艺术节"在成都隆重举行。来自奥地利、比利时、朝鲜、希腊、德国、以色列、印度尼西亚、墨西哥、俄罗斯、美国等国及中国上海、云南、贵州、四川等省（市）的14个艺术代表团近200名中外艺术家，在天府华侨城、郫县、成都进行了3场精彩演出。

1997年12月12—16日，澳大利亚华人画家姚迪雄在成都四川省美术展览馆举办画展。姚迪雄原籍新疆，20世纪70年代后移居澳大利亚，现为澳大利亚土著艺术研究会主席、澳大利亚华人美术家协会理事、中华名人协会理事。他的画风格独特，着力反映异国他乡风情，其代表作《百袋鼠图》于1988年7月载入《世界吉尼斯大全》，被列为世界最长的澳大利亚画卷。此次画展由省政府新闻办、省侨办、省侨联主办，省美术家协会和省诗书院协办，画展作品近百幅。

1998年1月14日，旅居南非的爱国华侨、南非中华工商联合会主席陈裔桥组织拍摄的系列专题片《神秘的彩虹国度——南非》在蓉举行首映式。陈裔桥讲他拍片的目的，“是将一个有价值的国家和一个民族的文化介绍给中国人民，促进两国人民世世代代友好”。省委宣传部副部长、省政府新闻办主任杜江在首映式上讲话，称赞该片为地处内陆的四川了解南非提供了很好的机会。省侨办侨联领导出席了首映式。

1998年9月3—6日，全国政协委员、香港南源永芳集团董事长姚美良在成都锦江大礼堂举办以“爱国主义”为主题的《孙中山与华侨》大型画展。这次画展，共展出海内外10多个国家和地区的100多名书画家的130多幅油画、国画作品。会前还举行新闻发布会。省人大常委会副主任张国辉、省政协副主席章玉钧等省领导和侨界负责人出席并祝贺。画展吸引社会各界特别是青年学生上万人参观，接受爱国主义教育。此次画展由省侨联协办。

1998年11月，应富顺县侨办侨联邀请，美国马里兰州豪尔德大学副教授和州艺术展览委员会主席、画家甘一飞为家乡富顺县委统战部、县侨联、县美协举办文化学术讲座。讲座给与会听众带来了国外艺术新讯息。甘一飞表示愿为家乡艺术效力，为中美文化艺术交流作出努力。

2003年1月5日，在海外漂泊15年的世界著名华人男高音歌唱家范竞马回到阔别的故土，在成都锦城艺术宫登上第八届“蓉城之秋”音乐节舞台，唱响《我爱你中国》《饮酒歌》等歌曲，赢得家乡观众的阵阵掌声。范竞马生于重庆，长于西昌，1977年进入四川音乐学院学习。后辗转意大利、美国、法国等地深造、演唱，被世界三大男高音歌唱家之一的多明戈誉为“近十年来，欧洲罕见的男高音”。身居海外的范竞马时刻眷恋祖国（祖籍国），他曾表示：“我过去演出无论多少轰动，但台下坐的大多数都是外国人，我多么想为同胞演唱。”2002年11月14日范竞马终于登上了北京保利剧院舞台。范竞马此次重返故里，除为家乡人民献歌外，还专程回母校川音与学子们进行了座谈交流。他表示，等时机成熟，将在成都筹划自己的专场音乐演唱会，回报家乡观众。

2004年7月11日，美国火凤青年国乐团访问四川。他们在四川音乐学院音乐厅举行西方国家第一个访华的民乐团——美国火凤青年国乐团“2004年溯源之旅音乐会”。音乐会上，用古筝、琵琶、扬琴、圆号等乐器演奏了首首悠扬的中华民乐，让观众如醉如痴。火凤青年国乐团，是一支活跃于美国旧金山湾区的艺术团体，拥有120余名团员及学生，多为在美国成长的华裔及其他族裔青少年。这次回国举行“2004年溯源之旅音乐会”，就是想在生我养我的地方进行音乐文化交流。一方面把在美国创作的一些音乐作品带回来供同行参考，另一方面学习中华民族的优秀音乐文化，把中国的音乐带到更多更远的地方。省侨办副主任席柏松出席当晚的音乐会。

第三章　华文教育

第一节　华文教育状况

一、华文教师外派

华文教育是教育事业中的重要部分，是联系海外侨胞的桥梁和纽带。在国务院侨办的支持下，四川省侨务部门积极争取外派教师，并严格按照条件和要求选拔和推荐。2004 年 11 月至 2005 年 9 月，在全省选荐华文教师 2 人赴泰国华校任教一年。为满足海外“侨校”开展华文教育对外派教师的要求，在教育部门的支持下，省侨务部门在文教宣传处建立了外派教师人才储备库。

二、华裔青少年教育活动

华裔青少年是未来华人社会的中坚力量，做好他们的工作，意义重大而深远。20 多年来，省侨办和省侨联多次开展适合青少年特点、形式多样、主题鲜明的华裔青少年教育活动。活动中，采取“游教结合”“寓教于乐”的方式，既学习汉语和中华历史地理文化，又游览中国大好河山、名胜古迹，了解中国风情、新貌等。同时，还突出文化寻根内容。通过开展华裔青少年教育活动，让华裔青少年提高学习中国语言文化的兴趣，加深对中华民族的认识，见识自己祖辈生息过的地方，了解自己是炎黄子孙的历史，增强对祖国（祖籍国）的向心力和自豪感。1986—2005 年，到四川省参加华裔青少年教育活动的共有 24 个团、2040 人次。

1991 年 4 月 28 日至 5 月 7 日，北京华侨补习学校组织来自美国、加拿大、俄罗斯等 12 个国家的 43 名华裔青少年到川开展游览教育活动。在川期间，他们游览了乐山大佛、峨眉山、都江堰、杜甫草堂、武侯祠等风景名胜。

1991 年 7 月，省侨办与香港中国旅行社联办的台湾听众“空中之友”夏令营一行 50 多人，到川开展游览教育活动。14 日晚，省有关部门在成都锦江宾馆举行欢迎招待会。营员们欣赏了由成都杂技团、成都歌舞团、四川音乐学院表演的精彩节目，有 10 多名营员也登台一展歌喉。在川期间，营员们参观了四川的风景名胜。

1992 年 4 月，北京中国语言文化补习学校（现北京华文学院）华裔学生团 32 人，到川开展夏令营活动。在川期间，营员们参观了凉山奴隶社会博物馆和西昌卫星发射中心，游览了峨眉山、乐山大佛等风景名胜，参加了喜德县传统的彝族火把节。

1993 年 7 月 18—26 日，新华社香港分社和四川、湖北两省科协联合组织的 400 名“川鄂港青少年长江三峡考察科技夏令营”活动在四川启程。在川期间，营员们通过游览三峡风光、开展科学考察活动，加强和促进了香港与内地青少年之间的学习交流，增进了友谊和了解。

1993 年 8 月，香港中旅集团组织的 5 个暑期港澳师生团，137 人到川开展夏令营活动。师生们参观了西昌卫星发射中心，游览了四川的自然风光和名胜古迹，还分别与四川大学、成都科技大学、四川经济管理干部学院师生进行了座谈、交流。

1994 年 4—5 月，北京中国语言文化补习学校组织来自美国、瑞士、泰国等 16 个国家的 78 名华裔青少年，赴成都、重庆、乐山、涪陵、万县等市地开展语言文化实习活动。在川期间，营员们参观了工厂、农村和高校，游览了都江堰、武侯祠、乐山大佛、峨眉山、三苏祠、枇杷山公园、红岩村、丰都鬼城、奉节白帝城和长江三峡等风景名胜。

1995 年 4 月 11—18 日，北京中国语言文化补习学校（现北京华文学院）华裔青少年学生团一行 44 人到川进行语言实践。营员们在成都、乐山、重庆等地开展了语言实践活动，参观了“天府华侨城”，游览了成都、重庆市容和都江堰、峨眉山、乐山大佛、三苏祠和长江三峡等风景名胜。

1996 年 4 月 18 日，北京中国语言文化补习学校来自美国、加拿大、澳大利亚、新西兰等 19 个国家的 93 名华裔青少年学生团，赴川进行了中国传统文化教育和语言实习。营员们参观游览了九寨沟、黄龙、乐山大佛、峨眉山、都江堰、武侯祠等风景名胜。

1996 年 6 月 7—10 日，由新加坡莱佛士书院（重点高校）组织，包括新加坡政府内阁资政李光耀的孙女在内的多位政府高级官员的子女 105 名暑期师生访华交流团，到成都开展中华文化交流和参观访问活动。为开展这一活动，推行、提倡“大家庭价值观”，向师生进行中华民族优秀价值观教育，新加坡政府专门组织了这个访华交流团。在蓉期间，师生们进行了中华文化交流活动，参观游览了多处名胜古迹，还与成都市第 18 中学的学生进行了一场足球友谊赛。

1997 年 4 月 21 日，北京中国语言文化补习学校组织来自日本、荷兰、瑞典、英国等 14 个国家的 86 名华裔青少年学生团，赴川进行语言、文化实习活动。在川期间，营员们参观了成都市容，游览了武侯祠、都江堰、杜甫草堂、九寨沟、黄龙寺、乐山大佛、峨眉山等风景名胜。

1997 年 7 月 13—20 日，厦门华侨大学与香港科技大学共同组织 9 名师生到成都开展了社会实践和考察活动。在蓉期间，师生们在西南交大进行了短期的学习交流和社会考察，还参观了西南交大峨眉山分校和“光建实业”，游览了风景名胜。

1999 年 7 月 15 日，德国全德华侨华人联合会组织的 30 名德国华裔青少年到川开展夏令营活动。在川期间，营员们参观、游览了九寨沟、都江堰、三星堆、峨眉山、乐山大佛、武侯祠等风景名胜。

2000 年 8 月 5 日，由省侨办和日本四川同乡会共同组织的 23 名日本华裔青少年到川参加“2000 中国寻根之旅四川行”夏令营。在川期间，营员们参观了夹江县传统手工造纸作坊，与该县“侨心小学”的学生进行了中国书法、书画和武术交流，游览了成都大熊猫繁殖基地、峨眉山、都江堰、武侯祠、成都理工大学恐龙博物馆等。

2001 年 7 月 18—22 日，由省侨办和加拿大四川同乡会、暨南大学共同组织的来自加拿大、丹麦、越南、巴西等 10 多个国家的 63 名华裔青少年（其中定居加拿大的四川海外华侨、华人后裔 22 人）到川开展“2001 中国寻根之旅夏令营”活动。在川期间，营员们参观了成都熊猫繁殖基地、成都理工大学恐龙博物馆、夹江传统手工造纸作坊，游览了峨眉山等风景名胜。通过此次四川之行，营员们加深了对四川悠久历史文化和现代化建设情况的了解，增强了作为中华民族子孙的自豪感，增进了与四川的情谊。在川活动结束后，营员们于23日赴北京参加“相约新世纪——海外华裔青少年2001中国寻根之旅联欢节”。

图7-3　2001年7月18日，由省侨办和加拿大四川同乡会、暨南大学共同组织的63名华裔青少年到川开展中国寻根之旅夏令营活动，省侨办副主任杨绍明（左一）参加欢迎仪式　　（省侨办　供图）

2002年4月20—27日，北京中国华文学院（原北京中国语言文化补习学校）华裔青少年学生团一行96人到川开展游览教育活动。在川期间，营员们游览了九寨沟、都江堰、峨眉山等风景名胜。

2002年7月，全国高中校长委员会和台湾素书楼文化教育基金会共同组织的由成都市第七中学承办的“第五届国学夏令营”在蓉开营。来自台湾、香港和北京、江苏、四川等地10多所中学的近百名中学生参加了活动。在蓉期间，营员们进行了国学文化的学习、交流，参观游览了有着悠久历史文化的巴蜀名胜古迹，感悟了华夏文化的博大精深。

2003年4月21—27日，北京中国华文学院组织来自世界多个国家的145名华裔青少年到川开展游览教育活动。在川期间，营员们参观了成都市容，游览了都江堰、武侯祠、三星堆、九寨黄龙等风景名胜。

2005年4月20—29日，北京中国华文学院华裔青少年学生团一行100人到川开展夏令营活动。在川期间，营员们进行了语言文化实习，参观了成都市容，领略了四川独特的风土人情，游览了风景名胜。四川之行后，营员们赴北京参加“相约新世纪海外华裔青少年中国寻根之旅”活动。

2005年7月5—11日，省侨办和国务院侨办联合举办“中国寻根之旅夏令营——四川行”活动，来自美国、加拿大等5个国家的30多名华裔青少年参加了这次丰富多彩的游览教育活动。营员们参观了成都大熊猫繁育研究基地、三星堆、恐龙博物馆，游览了峨眉山、乐山大佛、都江堰、武侯祠等风景名胜，在国际会展中心“顺兴茶馆”观看了川剧变脸、吐火、滚灯等精彩文艺表演，还到成都市青少年宫学习了武术、书法、四川民族舞蹈等。

2005年7月17—25日，省侨办和中国文化教育基金会联合主办“中国巴蜀文化行”活动，来自荷兰、美国、西班牙、泰国、法国、菲律宾等8个国家的70多名华裔青少年参加活动。在川期间，营员们游览了九寨沟、峨眉山、乐山大佛、都江堰、三星堆、成都大熊猫繁育研究基地等自然、人文景观，亲身感受了灿烂、博大的巴蜀文化和壮美的山川胜景，还与四川师范大学、成都市的一些中小学校师生联欢，进行了文艺、体育等方面的交流。

图7－4　2005年7月17日，省侨办在蓉举行“中国巴蜀文化行”活动欢迎仪式，全国政协港澳台侨委员会副主任、中国华文教育基金会理事长张伟超（前排右六）、四川省政协副主席陈次昌（前排右五）、中国华文教育基金会副理事长兼秘书长周中栋（前排左二）、省侨办主任周敏谦（前排右四）与参加活动的海外华裔青少年合影　（省侨办　供图）

2005年8月4—9日，由省侨办和澳门基金会、澳门日报社、广州市侨办联合举办的“第二十三届澳门优秀学生旅行团”160多名学生到川开展游览教育活动。这一活动，通过游历祖国的大好河山，培养他们热爱祖国、热爱澳门、发奋学习的精神。在川期间，旅行团一行游览了诗仙李白故里、成都大熊猫繁育研究基地、武侯祠、杜甫草堂、三星堆、乐山大佛等风景名胜，参观了“长虹”等企业，欣赏了著名川剧变脸等表演，与温江二中的学生进行了联欢，观看了时装秀、武术表演，澳门学生们还表演了魔术。

第二节　华侨中学与中华职业业余学校

一、华侨中学

抗日战争爆发以后，东南亚各国和美国、加拿大、秘鲁、日本及中国港澳地区侨胞处境日艰，民不聊生，将其子女送回国内求学。来自各地的华侨青年，怀着赤子之心，为寻求救国之真理，先后分别就读于1939年在昆明创建的华侨联立育侨中学，1940年在云南保山创建的国立第一华侨中学，1941 年在重庆建立的国立第二华侨中学（校址在江津县，高中部设立在“小渔樑”，初中部设在五福坊）。1942 年，第一华侨中学被日机轰炸，后来迁校至贵阳五里桥；由于校舍，教学设备条件差，该校于 1944 年停办，其高中部并入第二华侨中学，初中部学生由当地学校就地安排。抗战胜利后，国立第二华侨中学于 1946 年 6 月迁住海南岛海口市。1947 年，国立第二华侨中学更名为“国立华侨第一中学”；1950 年，国立华侨第一中学又更名为“海南华侨中学”，此名一直延续至 2005 年。

建校 60 余年的华侨中学，已有数千名学子，其中有的留在国内，献身于人民的解放事业和祖国的建设事业；大量的回到侨居国或第三国，在海外创业。

1981 年，福建黄光潮等校友多人自发地联系已知住址的校友，编印了第一期校友通信录。经逐年积累发行，校友通信录已联系到国内外校友 800 余人。1986 年 4 月，在海南岛侨务部门支持下，成立了“川、滇、黔华侨中学校友联谊会”（总会）。随后，广州地区，京、津、冀地区，上海市以及美国三藩市等地相继成立校友联谊会；国内一些省、市建立了校友联络组。散居四川省的校友，原只联系到 10 余人，后经 1988 年 6 月在重庆成立校友会筹备组，重庆市侨办、重庆市侨联的大力支持和指导，现已联系到 60 余人。1989 年 4 月 9 日，“华侨中学重庆校友联谊会”在重庆市正式成立，同时选出理事会成员。

二、中华职业业余学校

1981 年，重庆市侨联响应中共中央鼓励社会力量办学的号召，接办了中华会计夜校，并将其更名为“中华职业业余学校”。由市侨联主席吴诸辉任名誉校长，老教育工作者冉琴舫任校长，侨眷邹本瑜任副校长。接办时，仅有会统、外语两个专业，17 个班，学员 544 人，老师 20 人。接办后，市侨办、侨联高度重视学校发展，向学校提出办学方向：“安定团结，勤俭办学，提高教学质量，稳步前进。”经过艰苦奋斗，发展到 6 个专业，50 个班，每期入学人数达到 2000 多人，在原基础上翻了两番。

学校根据社会需要，开设了各种专业，有外语（英、日语）、建筑工程技术培训、医科（中医内科、推拿科、伤骨科、西医内科）、会计（初级会计、工业会计、建安会计、建筑工程预算）、高考复习班，高初中文化班（语数、史地、理化等）以及家用电器、服装裁剪班等。除建筑工程为半脱产学习外，其余各科均为夜间业余学习。此外，还先后为重庆市设计院、电子手表厂、群林市场等单位办了全脱产或业余的文化代训班。

1981—1984 年，先后开办了 265 个班，培训学员 11580 余人，已经毕业或结业的学员 3800 余人，为重庆培养了不少有用人才，输送了大批新鲜血液。学员中，除待业人员外，有工人、职员、医务人员、公安人员、部队干部、战士、中小学教师、助理会计师、工程师、公司科长、经理等。

第八篇　归国华侨联合会

四川省归国华侨联合会，于1979年11月成立。以后，各级归国华侨联合会组织陆续成立。各级侨联组织是由归侨、侨眷组成的人民团体，是党和政府联系广大归侨、侨眷和海外侨胞的桥梁和纽带。侨联的根本宗旨是为侨服务，侨联的基本职能是群众工作、参政议政、维护侨益、海外联谊。全省侨联组织，在党和政府的领导下，在为归侨、侨眷和海外侨胞服务、为经济建设服务、参政议政、拓展海内外联谊等方面积极开展工作，取得显著成绩。

第一章　侨联组织

第一节　省侨联组织

四川省归国华侨联合会（以下简称省侨联），成立于1979年11月，至2005年12月，已经历了五届委员会。省侨联成立初期由省人民政府外事办公室党组代管。1992年10月，经中共四川省委批准，建立省侨办侨联党组，省侨联专职副主席进入党组。1993年7月，省委、省政府批准四川省人民政府侨务办公室机构单独设置，明确省侨联的办事机构即省侨联办公室设在省侨办。到2005年12月底，省侨联内设办公室，配备侨联专职干部10名。

四川省归国华侨联合会主席、专职副主席表

表8－1

职　务	姓　名	任职时间	备　注
主　席	赖松彬	1979年11月至1983年12月	
	余　洁(女)	1983年12月至1994年4月	连任两届
	卢道猜	1994年4月至1999年4月	
	王宋达	1999年4月至	
专职副主席	孙长庆	1989年4月至1994年4月	
	林纯怀	1994年4月至	

第二节　市（州）侨联组织

据统计，到2005年底，全省共21个市（州），已有18个市（州）建立了侨联组织，配备侨联专职干部53人，侨联兼职干部283人。

市（州）侨联组织建立、干部配置情况统计表（截至2005年12月31日）

表8－2

地　区	侨联组织名称	成立时间	2005年12月31日	
			侨联干部人数	侨联委员人数
成都市	成都市归国华侨联合会	1980年6月	4	63
自贡市	自贡市归国华侨华侨眷属联合会	1983年5月	2	
攀枝花市	攀枝花市归国华侨联合会	1980年10月	4	17
泸州市	泸州市归国华侨联合会	1984年9月	2	19
德阳市	德阳市归国华侨联合会	1985年1月	2	21
绵阳市	绵阳市归国华侨侨眷联合会	1986年1月	2	34
广元市	广元归国华侨联合会	1985年9月	2	
遂宁市	遂宁市归侨侨眷联合会	1985年12月	3	
内江市	内江市归国华侨联合会	1984年7月	3	
乐山市	乐山市归侨侨眷联合会	1984年8月	4	17
南充市	南充市归国华侨联合会	1982年11月	5	
宜宾市	宜宾市归国华侨侨眷联合会	1982年11月	2	13
广安市	广安市侨联筹备组			
达州市	达州市归侨侨眷联合会	1984年1月	7	25
巴中市	巴中市归国华侨联合会	2001年8月	2	
雅安市	雅安市归侨侨眷联合会	1985年6月	1	30
眉山市	眉山市归侨侨眷联合会	1999年11月	4	15
资阳市	资阳市侨联筹备组			
阿坝州	阿坝藏族羌族自治州归国华侨联合会	1984年10月	1	
甘孜州	甘孜州侨联筹备组			
凉山州	凉山州归国华侨联合会	1984年12月	3	29
合　计	已建侨联组织的市（州）18个	－	53	283

第三节　县（市、区）侨联组织

据统计，到2005年底，全省共181个县（市、区），已有78个县（市、区）建立了侨联组织，共建立侨联组织113个，配备专职侨联干部82人，兼职侨联干部441人。

县(市、区)的侨联机构设置、干部配置情况统计表(截至2005年12月31日)

表8－3

地 区	建立侨联组织的县(市、区)	建立侨联组织个数	专职侨联干部人数	兼职侨联干部人数
成都市	锦江区、金牛区、成华区、龙泉驿区、温江区、新都区、都江堰市、邛崃市、崇州市、彭州市、郫县、大邑县、金堂县、蒲江县	36	11	54
自贡市	荣县、富顺县	2	3	
攀枝花市	仁和区、东区、米易县	6	3	15
泸州市	纳溪区、龙马潭区、合江县、古蔺县、叙永县、泸县	6	4	43
德阳市	广汉市、绵竹市、什邡市	6	2	35
绵阳市	游仙区、三台县、盐亭县、江油市、梓潼县	7	7	32
广元市	苍溪	1		1
遂宁市	蓬溪县、射洪县	2	1	1
内江市	东兴区、市中区、威远县、资中县、隆昌县	5	10	
乐山市	市中区、沙湾区、夹江县、犍为县、峨眉山市	5		69
南充市	顺庆区、高坪区、阆中市、南部县、西充县	9	18	6
宜宾市	翠屏区、高县、珙县	3		17
广安市	广安区、岳池县、武胜县、邻水县、华蓥市	5	5	22
达州市	通川区、达县、宣汉县、渠县、大竹县	5	8	89
巴中市	巴州区、南江县、平昌县、通江县	4	2	5
雅安市	(未建立)			
眉山市	东坡区、仁寿县、彭山县、洪雅县、丹棱县、青神县	6		19
资阳市	雁江区、简阳市、乐至县	4	6	32
阿坝州	(未建立)			
甘孜州	(未建立)			
凉山州	西昌市	1	2	1
合 计	已建立侨联组织的县(市、区)78个	113	82	441

第二章　归侨侨眷代表大会

第一节　四川省第一次归国华侨代表大会

四川省第一次归国华侨代表大会于1979年11月19—23日在成都召开。出席大会的有来自全省工业、农业、科技、文教、卫生、体育等各条战线和解放军驻川部队的归侨、侨眷代表96人。省委书记鲁大东代表省委、省革委讲话，省革委副主任刘海泉作四川省经济形势的报告。中国侨联副主席洪丝丝代表国务院侨办、中国侨联致辞。省侨办主任李康作题为《大力发展侨务工作，为四个现代化贡献力量》的报告。

大会主要任务是：贯彻第二次全国归侨代表大会精神，继续深入批判林彪、江青反革命集团推行的“极左”路线，肃清其在侨务工作上的流毒和影响，总结交流全省侨务工作经验，讨论如何落实党的侨务政策，充分调动广大归侨、侨眷的积极性，为实现四个现代化建设，为台湾回归祖国、完成祖国统一大业贡献力量。

大会通过《四川省归国华侨联合会章程》，选举产生了由39人组成的四川省侨联第一届委员会。省侨联一届一次全委会选举产生了由13人组成的常委会，选举赖松彬为主席，潘廷生、郭戈奇、孙湘（女）、余洁（女）、邱林为副主席。潘廷生兼任秘书长，洪涛为副秘书长。

此前，1978年12月17日全国第二次侨代会召开，四川省的代表周显南、管友炼（女）、林表智、许义忠、林贞（女）、蒋印森、韩嫣芳（女）、江若兰（女）、张汝游（女）、李胜传、张要必、赖松彬、温鑫京出席。

第二节　四川省第二次归侨侨眷代表大会

四川省第二次归侨侨眷代表大会于1983年12月13—16日在成都召开。出席会议代表200人（其中特邀代表39人），分别来自全省各条战线、各个地区。省委副书记聂荣贵代表省委、省政府在大会上讲话。省侨联副主席余洁作《进一步团结动员广大归侨侨眷为四化建设多做贡献》的工作报告。省总工会、团省委、省妇联、省科协、省文联、省台联等人民群众团体的代表向大会致词。

大会主要任务是：进一步加强侨联的组织建设和思想建设，动员和团结全省归侨、侨眷为四川省的社会主义物质文明和精神文明建设，为发展爱国统一战线和实现祖国统一大业做出积极贡献。大会选举产生了四川省侨联第二届委员会，选举余洁（女）为主席，潘廷生、郭戈奇、孙湘（女）、邱林为副主席，潘廷生兼任秘书长，孙长庆、张学群、彭鸣镇为副秘书长。聘请赖松彬、凌萝达（女）、张紫薇为顾问，并推荐赖松彬为中国侨联顾问。大会还通过《四川省第二次归侨侨眷代表大会给全省归侨侨眷的倡议书》；通过了四川省出席第三次全国侨代会的代表，他们是：余洁（女）、赖松彬、潘廷生、孙长庆、许万春、陈忠慧、李健曾、温鑫京、王玉珍（女）、李金瑄（女）、袁辉光、黎涵云。

从本次大会起，全省各级侨联统一执行中国侨联章程。

1986 年 1 月 11—13 日，省侨联二届三次全委会，增选黄双华、陈优莲、徐振家、刘培生为常委，改选孙长庆为省侨联专职秘书长。

第三节　四川省第三次归侨侨眷代表大会

四川省第三次归侨侨眷代表大会于 1989 年 4 月 26—28 日在成都召开。出席大会的代表 250 人，特邀代表 48 人。省委副书记冯元蔚代表省委、省政府讲话。省侨联副主席潘廷生致开幕词。致公党四川省委主任委员王庭钧代表省级各民主党派，省台联会长陈文生代表省级各人民团体分别致辞。省侨联秘书长孙长庆宣读了中国侨联发来的贺电。省侨联主席余洁作题为《自强不息，团结奋斗，为振兴中华做贡献》的工作报告。大会选举产生了由 88 人组成的省侨联第三届委员会，推举刘云波（女）、金洪生为名誉主席，聘请郭戈奇、林浩（女）、林福孙、周光镛、余恩梅（女）、梅福强、黄学尧为顾问。通过了出席第四次全国侨代会的代表，他们是：余洁（女）、王宋达、孙长庆、吴丽君（女）、李健增、李瑞璋（女）、陈优莲（女）、陈慕诚、钟和进、施福树、黄双华、温鑫京、傅佑勋、潘廷生、颜呈共。在省侨联三届一次全委会上，选举产生了由 21 人组成的常委会，选举余洁（女）为主席，潘廷生、邱林、卢道猜、孙长庆、温鑫京为副主席。孙长庆兼任秘书长，郭占开、张学群、蒋起阡为副秘书长。

1991 年 4 月 6 日四川省侨联第三届三次全委会，增选吴晓光、吴明瑛（女）、吕文叔、周兆琪（女）、蔡瑞真（女）为委员，增选吴晓光、钟和进、周惠先为常委，增选吴晓光为副主席。聘请香港同胞蒋励、严中和为顾问。

1992 年 3 月 17 日四川省侨联第三届五次全委会，增选王宋达为副主席。

第四节　四川省第四次归侨侨眷代表大会

四川省第四次归侨侨眷代表大会于 1994 年 4 月 22—25 日在成都召开，出席大会的代表、特邀代表 339 人。省委副书记秦玉琴代表省委、省政府讲话。中国侨联副主席黄军军代表中国侨联致辞。致公党四川省委主任委员朱藻文代表省级各民主党派和省工商联、省总工会主席张莲花代表省级各人民团体分别致辞。省侨联主席余洁致开幕词，省侨联副主席卢道猜代表省侨联第三届委员会作题为《抓住机遇，发挥优势，为加快四川改革开放和现代化建设作出新贡献》的工作报告。大会选举产生了由 92 人组成的省侨联第四届委员会，省侨联第四届第一次全委会选举产生了由 24 人组成的常委会，选举卢道猜为主席，王宋达、孙长庆、吴晓光、林添麟、林纯怀为副主席，蒋起阡为秘书长。大会推举马麟、李培根、陈祖湘、余洁（女）、邱林、潘廷生为名誉主席，聘请了12名国内顾问和10名境外顾问。大会还通过了四川省出席第五次全国侨代会的15名代表人选。大会对全省侨联系统“为实现八五计划和十年规划做贡献”活动30个先进集体和120名先进个人进行了表彰。

第五节　四川省第五次归侨侨眷代表大会

四川省第五次归侨侨眷代表大会于1999年4月27—29日在成都召开。出席大会的代表、特邀代表350人。省委副书记杨崇汇代表省委、省政府作了讲话，中国侨联副主席陈兰通代表中国侨联致辞。省侨联主席卢道猜代表省侨联第四届委员会作题为《高举邓小平理论伟大旗帜，团结全省归侨、侨眷为实现世纪宏伟目标而奋斗》的工作报告。致公党四川省委员会主任委员朱藻文代表省级各民主党派和工商联、省总工会副主席李静代表省级各人民团体分别致辞。省侨联副主席林纯怀致开幕词。大会选举产生了省侨联第五届侨联委员会委员88人，常委25人，王宋达为主席，林纯怀、顾平西、郑木泉、黄双华、冯大同、成甦为副主席，许汉光为秘书长。大会推举陈祖湘、余洁（女）、邱林、卢道猜为名誉主席，聘请了12名国内顾问和13名海外顾问。大会对全省侨联系统79名侨联工作先进个人和9个侨联工作先进集体进行了表彰。

第三章　侨联工作

第一节　为经济建设服务

1992 年以后，全省各级侨联在邓小平视察南方谈话和党的十四大、十五大精神的鼓舞下，思想更加解放，工作重心更加明确，紧紧围绕党的中心任务，按照省委、省政府的重大战略部署，发挥侨联对外联系广泛的独特优势，积极为促进四川对外开放和经济建设服务。

省侨联组织动员全省归侨、侨眷和侨联组织开展“贡献一个计策，传递一条信息，介绍一个人才，引进一个项目，推销一种产品”的“五个一”活动。在 1989 年 4 月省第三次侨代会以后的五年里，全省各级侨联参与促成合作项目 630 个，合同引进外资 6.2 亿美元。海外华侨华人、港澳同胞在全省共建立各类文化、教育、福利基金组织 43 个，总金额 316 万元。全省接受海外华侨华人、港澳同胞对文化、教育、科研和公益事业的捐赠金额计 1.4 亿元。

从 1994 年 4 月省第四次侨代会到 1999 年 4 月省第五次侨代会的五年中，省侨联紧紧围绕经济建设中心，组织动员归侨、侨眷为实现四川省“九五”计划和发展战略目标做贡献。在开展“三引进”和“五个一”活动中，牵线搭桥、协调服务、助侨护侨，围绕全省跨世纪发展战略的四大基础、六大支柱产业中的急需项目，加强与海外华侨华人、港澳同胞中的重点企业、重点人物、重点华侨、华人社团的联系，请进来，走出去，促进开展中外交流与合作，参与配合促成引进合作项目计 187 个，协议引进外资 18 亿元。协助有关部门和单位开展侨务引智引技，联络引荐、邀请接待 260 多名海外华侨、华人专家、学者到川讲学，开展经济、科技、文化等方面的交流。

各级侨联鼓励支持侨资（属）企业发展，采取在政策上扶持，业务上指导，资金筹措上帮助等形式，为侨资（属）企业服务。全省侨资（属）企业有 1000 余家，职工 12300 多人，总资产约 8.5 亿元，出现了一批科技型、外向型、综合型的企业。侨资（属）企业靠自身优势和诚信经营，提供社会产品，繁荣地方经济，同时也解决了部分归侨、侨眷及其子女的就业问题。省侨联配合有关部门参与《四川省归侨侨眷企业事业权益保护条例》的立法调研和文件起草工作。该条例颁布后，印发手册，举办培训班，提高干部能力，组织侨资侨属企事业人员学习，并在具体执行中配合做好工作，及时向有关部门反映侨资企事业的问题和困难，帮助他们排忧解难。各级侨联配合开展侨务扶贫，帮助扶持贫困侨户 950 户。

省侨联根据形势发展，结合工作实际，深入调查研究，采取措施，调整侨联经济工作力量，先后召开川东、川西片区侨联经济工作专题会议，举办“十五大精神与企业发展机遇”研讨会，交流办好侨联企业，搞好“两个转变”做法和经验，探讨侨联企业参与竞争、加快发展、壮大实力的思路和办法，提出了对侨联企业加强管理的意见。针对一些挂靠侨联的企业关系不顺，经营不善，效益不好等问题，省侨联与所挂靠企业脱钩。同时对直属企业进行考核，调整领导班子成员，建立健全规章制度，切实加强管理，监督，指导，帮助侨联企业拓展业务健康发展。各级侨联结合自身条件，积极稳妥兴办侨联企业，推动侨联企业改革，加强对侨联企业的管理、协调、监督和服务。

1999 年 4 月至 2008 年 2 月，在省第五次侨代会至省第六次侨代会的九年里，全省各级侨联充分发挥在扩大对外开放，引进资金、技术、人才等方面的优势和作用，把四川省的优势和急需发展的项目与海外侨胞的资金、技术、人才优势结合起来，积极为四川省对外开放和经济建设服务。省侨联参与配合有关部门开展了一系列侨务招商引资引智活动，连续参与每年在四川举办的中国西部国际博览会，参与举办四川省两年一届的海外华侨、华人高科技洽谈会等大型对外活动。海外华侨、华人高新科技洽谈会由于规模、影响和成效不断扩大，于 2005 年起升格为由国务院侨办和四川省政府主办，成为四川省引资引智的重要平台。各级侨联积极牵线搭桥，做好合作项目的对接的跟踪服务，促成了一批合作项目落户四川。例如：菲律宾 SM 集团投资 7800 万美元在成都建设 SM 国际广场；香港远东集团投资 1 亿港元在眉山建设铝制品加工厂；香港凯胤集团投资 2.5 亿元在成都合作兴建玻陶市场；香港东海集团投资 1.74 亿元在内江修建沱江三桥等。自贡市侨联成立侨属企业协会，其会员企业从 2004 年成立以来创收 11 亿多元，解决了 1.2 万多名下岗人员再就业。眉山市侨联外引内联促成协议引进外资 13 亿元。绵阳市侨联借助中国科技城为引智载体，协助引进海外华侨、华人专业人士 100 余人到绵阳高新区创业发展，协议引资 8 亿元。据不完全统计，各级侨联参与配合促成的合作项目 200 多个，合同金额超过 70 多亿元，吸引了 2000 多名海外华侨、华人专业人士到川开展学术和科技交流，其中有一部分已落户四川创业发展。

第二节　海内外联谊

1994 年 4 月，省第四次侨代会结合四川侨情，提出树立“大侨务”观念，坚持立足国内，面向海外，大力开展多渠道、多层次的海内外联谊工作。各级侨联加大“请进来，走出去”工作力度，重点做好政治上有地位、经济上有实力、专业上有造诣、社会上有影响的海外侨胞、港澳同胞和新侨专业人才的工作。通过广泛联谊，组织参观考察，洽谈项目、宣传推介四川，促进了四川省对外交流与合作。广交新朋友，深交老朋友，着力做好重点人物工作，联系了一大批海外华侨、华人社团领袖、侨商实业家、社会名流，使他们发挥自身的经济实力和影响力，或在川发展经贸协作，或引荐促成合作项目，或开展四川的文化艺术交流，为四川的对外开放和经济发展做贡献。省侨联每年有计划、有重点安排邀请一批华侨、华人社团领袖、社会名流、侨商实业家和科技专家到川考察参观，参加大型活动，开展科技交流合作，把接待同侨务宣传、沟通信息、发展实质性交往相结合，取得实效。加强与海外华侨华人、港澳同胞的交往，加强“走出去”工作，省侨联和成都、重庆、自贡、攀枝花、万县、内江、乐山、南充等地侨联组团赴美国、加拿大、澳大利亚、新西兰、德国、法国、荷兰、东南亚等国家及中国港澳地区考察访问、洽谈项目、文化交流、参加海外华侨、华人社团庆典活动，积极开展国外侨务工作。不少归侨、侨眷利用出国考察学习、探亲访友等机会，积极开展联谊交友和牵线搭桥工作。

各级侨联在传统佳节和重大纪念日开展形式多样的侨界活动，寓联络联谊工作于生动活泼的活动之中，起到鼓舞和凝聚侨心的作用。各级侨联组织侨界知识分子外出参观考察和学习交流，组织侨资（属）企业厂长经理外出参观学习，举办归侨、侨眷青少年夏令营活动，接待到川考察的上级和兄弟省市区及基层侨联团组。加强与侨界人大代表、政协委员的联系，会同省人大外侨委、省政协联谊会、省侨办和致公党四川省委，邀请侨界人大代表、政协委员在省“两会”期间座谈，发挥侨界参政议政和民主监督作用。建立省级“五侨”联席会议制度，共同举办重大活动，整合资源形成合力发挥侨的整体效能。加强新侨工作，做好联络服务工作，利用海科会等活动请海外新侨专业人士回川开展学术交流，进行科技交流，与高新园区科研机构和企业洽谈合作项目。拓展外联工作领域，发挥四川省潮人海外联谊会、客家海外联谊会的作用，通过他们联系海外华侨、华人社团，组团参加国际潮团年会和世界客属大会，建立起友好合作关系。

第三节　为侨服务

坚持“以人为本，为侨服务”宗旨，把参政议政，依法护侨贯穿于侨联工作之中，不断深化为侨服务，增强了侨联的凝聚力。

各级侨联在当地党委政府的领导下，配合有关部门做好侨界人大代表、政协委员的推荐工作，全省各级人大和政协组织中的归侨、侨眷代表和委员有1000余人，他们代表侨的界别，积极参政议政，切实维护侨益，反映侨情民意，提出一系列有质量和价值的提案议案，在华侨投资权益保护、拆迁侨房、开发旅游资源、加强新侨工作、加强侨务外宣、解决办公会址等问题方面通过提议案和建议，引起省领导及有关部门关注和重视，有的得到解决，有的得到加强。各地侨联参与配合四川省侨务法律法规调研和起草工作，促成四川省四部涉侨法规出台。参加侨务法律法规执法检查，督促有关部门协调处理侵害侨益案例，促成一批侵害侨益案例的妥善解决。如：1995年在全国引起震动的重庆华侨实业总公司与重庆某公司经济纠纷案，省侨联派员旁听审理，及时向中国侨联、省人大反映情况，上报专题材料，通过多方努力做工作，此案最高人民法院终身判决重庆华侨实业总公司胜诉，保护了侨资企业的合法权益。

各级侨联把信访工作作为了解侨情和侨界群众诉求的窗口，全省上下配合，形成侨联信访的工作网络。据统计，1994—2005年，各级侨联受理来信9600件，来访1.6万多人（次），在落实侨房政策、协调子女升学就业、改善生产生活条件、出国留学深造、探亲访友等方面做了大量工作。

第四节　精神文明建设

加强精神文明建设，引导归侨、侨眷立足本职，建功立业，为四川省经济建设和社会发展多做贡献。开展爱国主义教育，结合纪念红军长征60周年、抗日战争胜利50周年，纪念孙中山诞辰130周年，迎接香港、澳门回归等，组织主题活动，召开座谈会、报告会，开展侨史研究，撰写纪念文章，开设侨务专栏。参与评选全国百名归侨、侨眷优秀教师活动，推荐出四川省3名优秀归侨、侨眷教师入选。配合开展《我爱你，中国》报告会，推选侨界先进典型人物，在全省侨界掀起学先进赶先进，为“九五”计划做贡献的热潮。组织有关市（州）侨联调查在四川省的南侨机工的情况，给他们颁发荣誉证书，对为抗战做出不可磨灭贡献的南侨机工的爱国主义精神予以宣传和褒扬。宣传伟大的抗洪救灾精神，鼓舞全省归侨、侨眷在各自岗位上忘我工作，无私奉献。组织开展形式多样的喜迎香港、澳门回归的系列侨界活动，表达广大归侨、侨眷渴望祖国富强统一的共同心声。

加强文化宣传，各级侨联编印的侨刊简讯各具特色，起到宣传政策，交流经验，传递乡音，指导工作的作用。省侨联参与制作宣传四川的音像光盘资料，向社会及海外发送，并借助社会力量以摄影、书画等形式开展对外文化交流活动。省侨联与香港永芳艺术基金会联合举办《孙中山与华侨》大型国际美术展览。召开座谈会、庆祝大会，纪念中国侨联成立 40 周年，邀请侨界代表参观游览，组织撰写纪念文章，在《四川侨报》办纪念特刊，回顾侨联发展历程，向社会宣传侨联的性质、特点和作用，向世人介绍华侨历史和现状，宣传党和国家侨务方针政策，支持四川华侨华人学会开展侨史学术交流和论文评选，编辑出版四川《华侨华人研究文集》，参加国际侨史学术研讨会，开展华侨、华人学术交流。

各级侨联大力实施“侨心工程”，开展“送温暖献爱心”活动，组织归侨、侨眷参加赈灾活动，慷慨解囊，奉献爱心，支援灾区。顺应海外侨胞爱国爱乡的传统美德，结合四川省贫困乡村教育滞后的现状，引导动员归侨、侨眷联系海外侨胞，接受海外慈善基金会及侨界人士的爱心善款，兴建侨心中小学、卫生院。

四川省志·侨务志

附　　录

一、四川侨界名人简介[①]

马继高（1908—1990） 经名阿卜杜拉，四川省成都市人，阿拉伯语专家。1937 年留学埃及艾资哈尔大学。毕业后到印度尼西亚讲学，后又入读埃及法学院。1945 年回国，在重庆清真寺经学部工作，又到苏州文通书局做翻译，直到中华人民共和国成立。1949 年在华北人民革命大学学习，毕业后到中国电影发行公司东北分公司工作。1953 年任北京回民学院阿拉伯语班、中国伊斯兰教学院阿拉伯语教授和翻译。所教学生，不少人在外交部、新华社、驻外使领馆和画报社等单位工作，成为单位骨干。1954 年被调往中国驻叙利亚大使馆工作。当时中国与阿拉伯国家的外交关系属于开创阶段，作为唯一的翻译，为中国与伊拉克、阿尔及利亚等国家建交做出了贡献。后又被派往中国驻也门大使馆工作。其间，任中国政府援建也门公路项目和国王患病医治翻译，由于工作出色，受到也门国王和首相的赞赏，并获赠金笔一支。为做好外事工作，他努力学习当地土语，主动与各界人士广泛接触，在交往中宣传中国共产党的民族、宗教政策，增强他们对中国的了解。1960 年回国在外交学院和中国国际广播电台工作。1939 年、1956 年、1964 年，曾 3 次参加麦加朝觐团的翻译工作，并针对外国反动势力对中国朝觐团设置的重重障碍给予坚决的斗争，揭露其阴谋，表明祖国人民的立场和观点，赢得了世界各国穆斯林的同情和支持。他一生翻译的书籍和资料，因战争和迁徙频繁，大都散失，仅存著名作家叶圣陶的著作《稻草人》22 篇中的 11 篇译作故事。

王云凡（1909—1978） 别名汝楫。四川省天全县人。1929 年在南京与他人创办“民治通讯社”。时与何香凝、乔大壮、张善孖、张大千等结识。1931 年“民治通讯社”因刊有冯玉祥消息被当局查封。到上海后与谢无量研究古典诗文。1932 年留学日本东京早稻田大学，其间结识郭沫若、成仿吾等，受其影响。1936 年回国，次年与郭沫若等发起“全国文化界抗敌救亡协会”，与影剧界人士交往。1938 年任四川省政府秘书兼驻渝办事处副处长，次年辞职从事学术文化活动。1943 年任重庆卫戍区总司令主任秘书，并常与何鲁、乔大壮、张大千等赋诗填词作画。抗战胜利后，投身于民主运动，与他人建立中国农民自由党，任秘书长，并积极同中共联系。1950 年为成都解放做了不少有益的工作。1952 年移居武汉，任市文史研究馆馆员。1957 年致函毛泽东主席，陈述知识分子、统战、经济和文化等政策。晚年，他不遗余力报效国家，病中托友人和组织向滞居海外的故人张大千转发诗函，促其回归。他对诗词书法、书画鉴赏、文史研究均精到。早在日本时，数度为张大千等人题画，日人求书者甚众。他认为，国家昌盛必然带来文化昌盛，中华文字与文辞之美，体现于

---

① 四川侨界名人辈出，有民主主义革命家，更有无产阶级革命家、军事家及省部级以上重要领导人；有四川现代工业的开创者和实业家，更有国内外有名的科学家、医学家、天文学家；有世界知名的平民教育家，也有将《资本论》首次引入国内的经济学家；有现代文学泰斗、作家、诗人，也有名扬国内外的画家、音乐家；有国民党元老……。四川侨界名人中的朱德、邓小平、刘伯承、陈毅、聂荣臻、郭沫若等党和国家领导人，他们的经历、事迹，在党和国家的文献中都有记载，此处从略。《四川省侨务志》（四川省人民政府侨务办公室编，四川教育出版社 1999 年出版发行）已介绍四川侨界名人中的 75 人，本志再从四川侨界名人中选择具有代表性的 53 人予以简介。

书法和诗词艺术。其主要著作有：《历代名书新谱》《笔论》《景德殿赋》《宋姜尧章续书谱》《王右军十七帖》《万年欢·长诗绝句九百首继沧白先生》《闹红馆诗词集》《唐代诗人疑年录》《选录唐诗千首》《论革草》，还有60万字记述半个多世纪四川风云人物的文史资料等著作。另外，其诗作有200余首。其中于右任专为其题写书名的《汉樊敏碑考释》，为民国以来对该传世名碑现场考证第一人与第一个作品，作品集史书文史于一身，颇有特色。研究鲁迅成果的《偶然集》，数年后，文章被苏联莫斯科东方大学视为权威性著作，由该大学图书馆收藏。其草书《魏嵇唐与山涛绝交书》，通篇一气呵成，显示出高超的笔法。此书流传于海外，曾誉其书法艺术超越前人，影响甚广。1957年他回成都时，与时任四川省图书馆馆长、川大教授穆济波发起成立"百花诗社"，并创刊《百花诗刊》，分别在四川、湖北两地组稿。后"百花诗社"被强加罪名而夭折。但他作为先行者之一，功将不灭。

王巧璋（1915—1988） 女，四川省自贡市人。著名牙科专家。1940年成都华西协和大学毕业，获博士学位，后留校任教。1946年赴美国波士顿佛尔塞斯小儿科研究所进修，取得在纽约行医的证书。1948年回国，在华西协和大学执教和进行科研工作。历任《中华口腔科学杂志》编委、中华医学会口腔科学会常务委员、首都医院口腔科教授学术委员会委员、国家卫生部口腔学学科委员。主要科研成果有《对坏疽性口炎的裂缝的观察》《牙髓保存的新方法》《关于龋齿病因的学说》《拔牙技术》等。她对口腔学科理论和口腔的主要病症有深入的研究，并有实际操作经验。她发表的论文著述，有的被认为是口腔基础理论的一大新进展，有的被中国医学科学院列为重要科研项目，有的被医学院校选为教材。

王良（1891—1985） 字眉白。四川省成都市人。预防医学和生物制品专家。中国卡介苗接种创始人。1912年毕业于越南河内医学院。1913年回国后在云南、四川等地行医。1932年赴法国巴黎巴斯德研究院任研究员。1935年回国，携回卡介苗菌种及其他菌种30余株。在重庆筹建中国第一个卡介苗实验室，在国内首次推行卡介苗接种工作。1946年任重庆市卫生试验所所长，从事卡介苗的研究和推广工作。中华人民共和国成立后，历任西南卡介苗制作研究所所长、成都生物制品研究所副所长、顾问，中国防痨协会四川分会名誉理事长。第二、三届四川省人大代表，第三届全国人大代表，第四、五届全国政协委员。重要科研成果有《死卡介苗代替结核菌的研究》《卡介苗免疫效果调查研究》等。先后在国内刊物上发表有影响的论文20余篇。

毛文书（1910—1988） 女，四川省乐山市人。眼科学家、医学家。早年入读成都华西协和大学，获博士学位。1937年毕业后留校任教师、教授。曾任附属医院眼科医师、主治医师。1947年留学加拿大多伦多大学、美国芝加哥大学。1949年回国，任岭南大学教授，中山医学院眼科医院副院长、院长，广东眼科学会副主任委员，首都医院教授。曾选为中华医学会眼科学会副会长，第三、四、五届全国人大代表，北京市第七届人大代表，广东省第二届人大代表，《中华眼科杂志》副总编辑，医学百科全书编委，卫生部医学科学委员会委员，高等医学院校医专业教材编审委员会委员，全国眼科教科书主编等职。她先后在《中华医学杂志》上发表论著60多篇，主要侧重白内障、青光眼及有关基础理论的研究，还在广州建立了国内最早的眼生化实验室（研究晶体老化的原因和药物治疗的方向）；与陈耀真一道建立了中国第一家眼科医院，主持成立了中国第一个眼科中心。她长期致力于眼科学并有较深造诣，在国内外眼科学界有较高声望。

毛燮均（1901—1979） 四川省仁寿县人。口腔医学教育家、口腔正畸科专家，研究生导师。

1930年毕业于成都华西协和大学，获博士学位。执教于北平协和医院。1935年留学美国明尼苏达州塔夫兹大学。回国后任北平协和医院讲师、副教授及医院附属第一卫生事业所牙科主任。1947年再度赴美国哈佛大学考察和进修。1949年回国后，历任北京大学医学院牙科教授、牙医系主任，口腔正畸科主任、《中华口腔科杂志》总编辑，中华医学会理事，古生物研究所研究员。他是中国口腔正畸学科的创始人之一。中华人民共和国成立后，在北京医学院创建了中国第一个口腔正畸科，填补了口腔医学的一项空白。从20世纪60年代起招收口腔正畸科研究生，领导口腔正畸科学研究取得大量成果。他先后发表论文20余篇，主编了中国第一部《口腔矫形学》教科书。所研究的《错牙畸形新分类法》获1978年全国科学大会一等奖；研制的“环托式活动矫正器”，获国家科学技术委员会发明四等奖。

叶麟（1893—1977）　原名祥麟，字石荪。四川省古宋县（今该县已撤销，其行政区域先划归叙永县，后又划归兴文县）人。心理学家。1911年参加同盟会并任督队官。1913年入上海南洋公学。1915年进苏州垦植学校，学校解散后，入国家水利局主办的南京河海工程学校。1918年毕业后任济南分校英语课教员。1918年入北京大学哲学系，获学士学位。其间，参加“新潮社”，并发表白话文《无强权主义及无强权主义学说》一篇。1921年留学法国里昂大学，获博士学位。其间，翻译发表法国小说《阿尔朵夫》。毕业后在巴黎心理研究所从事研究工作。1930年回国，任清华大学、北京大学教授。后到欧美六国考察文化教育，从事心理学研究。回国后，任山东大学教授，1937年任四川大学教授兼中央大学川西学院教授。其间，参加进步学术团体“文艺研究会”。后到武汉大学任教授。1945年回四川大学任教授、教务长，代理校长。此间，他积极支持中共南方局地下党领导的外围组织“中国教师社”与他人创办桂溪中学，开展勤工俭学，与反动派当局作斗争，保护进步师生。中华人民共和国成立后，任川西行署委员、四川大学校务委员会委员，参加和领导了第一批川西土改工作团。1953年加入中国民主同盟，后调到重庆西南师范学院任职。历任四川省人大代表，成都市、重庆市政协委员，中国心理学会常务理事。主要论著有：《诗人与心理学家》《从心理学观点试论小说中景物的写法》《抗战期中如何教授历史与地理》《怎样办大学中的师范学院的一个意见》《战时教育》《读朗诵诗》《施行导师制中学生应有的态度》《导师与学生间的距离》《导师制怎样影响导师》《学生为什么效仿导师》《文艺心理学》《兴趣心理学》《变态心理学》等。

冯汉骥（1899—1977）　字伯良。湖北省宜昌县人。著名考古学家、人类学家。中国考古创始人之一。1919年入武昌文华大学，毕业后任厦门大学图书馆襄理、主任，此间结识鲁迅，并受其影响。1931年留学美国纽约哈佛大学、费城宾夕法尼亚大学，获博士学位。1937年回国，任四川大学教授。其后只身往岷江上游考察羌族社会，发表了《岷江上游的石棺葬文化》一文，首次科学地报道了羌族墓葬，开创了川西高原考古发掘的先声。1941年任四川省博物馆成立筹备主任。1943年起，在成都华西协和大学社会系兼课，并代理主任。其间，围绕前蜀王建墓的考古发掘研究，发表了《王建陵墓的发现和发掘》《相如琴台与王建永陵》《驾头考》《前蜀王建陵墓内石刻伎乐考》等文，考证了永陵的沿革，唐、宋驾头制度及坐卧风俗的改变，以及唐、五代时期的乐器及乐队组织。此外，他还在成都平原进行了一些考古调查，撰写《成都平原的大石遗迹》一文，正确指出在四川古史上广为流传的有关大石的神话。中华人民共和国成立后，任西南博物院副院长。在修建成渝铁路期间发现“资阳人”头骨化石，他撰写了《关于资阳人的几个问题》一文。该文至今仍是研究“资阳人”重要的第一手材料。其后，在宝成铁路修建中，发现船棺葬，他所主编的《四川古代的船棺葬》，系统地向学术界介绍了巴蜀文化的概貌，为研究古代巴蜀历史，提供了新的依据。1955 年西南博物院撤销，回到成都任四川省博物馆馆长兼四川大学历史系考古教研室主任，其间发表了《关于“楚公”戈的真伪并略论四川“巴蜀”时期的兵器》《四川的画像砖墓与画像砖》等多篇论文，对巴蜀兵器的分类、断代，四川汉墓的特点和分期，唐至五代典章制度的考证等考古研究很有价值。1959 年应约到云南，对晋宁石寨山滇王族墓葬进行发掘研究，写出《云南晋宁石寨山出土铜器研究——若干主要人物活动图像试释》《云南晋宁出土铜鼓研究》等文。主要论著除上述已发表的，还有《前蜀王建墓发掘报告》《王建墓内出土大带考》《前蜀王建墓出土的平脱漆器及银铅胎漆器》等。他曾任第三届四川省政协委员、常委。

吕子方（1895—1964） 四川省巴县（1997 年后为重庆市巴南区）人。1913 年入上海大同学院。1914 年留学日本东京高等工业学校攻读数学、物理、天文等科。其间曾回国参加讨伐袁世凯出卖国家主权的宣传。此后留国内再次入读上海大同学院。1918 年留学英国伦敦里茨大学仍学习原学科。其间，曾赴德国哥廷根大学拜会朱德、孙炳文。1923 年毕业回国后，任厦门大学、广东大学、河南中州大学、成都大学教授，暨南大学教授兼上海自然科学研究室主任，苏州工业学校三角天体测星训练班教授。1928 年与沈懋德、彭用仪等共商创办重庆大学。次年参与重庆大学建校工作，任该校董事会委员、教务长、训导长及理科主任。抗战期间，任重庆三十二兵工厂实验室主任，对改进枪械及监制工艺做出了贡献。后长期任四川大学教授。1951 年应聘任北京工业学院教授，翌年回到川大。在数十年的教学工作中，培养了大批人才。在教学之余，他还研究中国古代科技史，一批具有很高学术价值的论文相继刊出。如在《〈三统历〉历意及其数源》一文中，以代数连分数法对《三统历》的主要数据列式运算后，证明中国早在汉代即已知求连分数法，比欧洲早 1683 年，并确认《三统历》为中国古代优良历法之一。他用逻辑分析和化学分析的方法，研究了有关文献资料，考证出中国在战国时期即能制造玻璃，有力驳斥了“玻璃外来说”。对《山海经》，则以科技史的角度进行系统研究，所著《读山海经杂记》中考证出黄河流域和巴楚长江流域均为中国古代文化的发祥地。这已为近年考古发现所证实。在《天数在蜀》一文中，收录了大批古代占星术家的材料，肯定他们在早期天文发展史上的贡献。《落下闳并非黄门老工考》是他对四川古代天文学家落下闳之考证，纠正了过去某些学者将其混同于黄门老工匠的讹误。数学家何鲁、史学家蒙文通等知名学者，对此给予了高度评价。1981 年 8 月，在成都召开的“吕子方教授中国古代科学技术史遗著学术讨论会”上，与会专家、学者一致希望尽快出版其著作，以繁荣祖国的科学文化事业。此后，《自然辩证法通讯》《大自然探索》《社会科学研究》等刊物均刊载了介绍“吕著”的专文及整理研究动态。香港《大公报》发表了《李约瑟之外》的署名文章，把吕子方与英国著名学者李约瑟在中国科技史研究上的成就加以比较，为看到中国学者研究和写出具有极高科学价值的同类论著而感到自豪，此举在国外引起很大反响。1983 年，吕子方关于中国科学技术史的约 60 万字的遗著，经中国科学院成都分院自然辩证法研究室组织力量进行整理和编选，由四川人民出版社以《中国科学技术史论文集》的书名，分上、下两册正式出版。该书内容丰富，包括中国古代天文、历法、气象、数学、物理、化学、航运等科学史、科学思想史和科学家传记，以及《山海经》研究等，填补了大量中国科技史研究的空白，提出了不少精辟、独创的见解，为国内外学术界所瞩目，给中华民族留下了一笔宝贵的文化遗产。

任白戈（1906—1986） 四川省南充县（今南充市高坪区）人。1925 年参加共青团，1926 年转为中共党员。1927 年任团地委宣传委员，中共重庆临时地委成员（负责）。同年 3 月，“三三一”惨案后任党团四川临时特委书记、共青团川西北特委兼成都市委组织部部长、中共江北县委书记。1933 年在上海担任“左联”秘书长、宣传部长。1935 年留学日本，其间，负责“左翼”文化运动的领导工作。任“文总”书记，剧联会主席团主席，并经常在“左联”东京支部的机关刊物上发表文章，宣传马克思主义革命道理。1937 年抗战爆发后回国，在上海组织留日学生救国会，任常务理事。同年赴延安任陕北公学马列主义理论教员、抗大总校政治教员、主任教员、政教科科长、抗大总校陆军中学校长。1947 年任抗大七分校三大队队长。他长期从事党政教育事业，为党培养了大批革命干部，为夺取抗战胜利做出重要贡献。解放战争时期，先后担任中国人民解放军晋冀鲁豫军区政治部宣传部部长、华北军区政治部宣传部部长兼任十八兵团政治部宣传部部长。参加了扫清同浦线的临汾、晋中、太原诸战役，协助部队领导做好政治思想工作，为夺取解放战争的胜利做出了积极的贡献。1949 年作为军队代表赴北京参加了全国政治协商会议，任第一届全国政协委员。同年南下入川，历任重庆市军管会文管会主任，西南军政委员会文教部副部长，中共重庆市委常委兼宣传部部长，西南文联和重庆市文联主席，中共重庆市委副书记、第一书记兼重庆市市长，重庆军分区、警备区第一政委，四川省人民政府副省长，第一届中共四川省委常委，中共西南局书记处书记，中共四川省委顾问，第五届全国政协常委、顾问委员会委员，第一、二届全国人大代表。其间，在四川省的社会主义革命建设中，做了大量工作，成绩显著。

任鸿隽（1886—1961）　字叔永。四川省垫江县（1997 年后属重庆市）人。教育家。中国现代科学的拓荒者。1904 年入重庆中学堂师范班，毕业后执教于重庆开智小学和私立中学堂。1907 年入上海公学高专预科甲班，师从章太炎，与胡适、杨杏佛等为同窗。1908 年留学日本同文中学，后入东京高等工业学校攻读化学，其间加入同盟会，并任四川分会长、书记。四川保路运动爆发后，撰写了《川人告哀文》《为铁路国有告国人书》等文，为保路运动鼓与呼。1911 年回国，投身反清革命活动。1912 年任临时政府大总统孙中山秘书，为孙中山代拟《告前方将士文》《咨参议院文》《祭明孝陵》等文稿。后因袁世凯上台弃职办报，任天津《民意报》编辑，因该报揭露袁窃国大盗内幕，被迫停刊。同年留学美国康奈尔大学、哥伦比亚大学，获学士、硕士学位。其间，曾主编《留美学生季报》，募集资金编辑《科学》杂志。1915 年发起创办中国科学社（中国最早的综合性科学团体，为以后中国科学院的建立奠定了基础），任董事会董事、会长兼科学社社长。1918 年回国，中国科学社办事机构也随迁回国。除在美国设分社外，先后在国内设有 9 个社友会，并创办了一系列科学文化机构，出版发行了《科学》杂志、论文专刊、科学丛书、《科学画报》等刊物。其中《科学》杂志是中国最早、存在时间最长的综合性科学刊物，对中国现代科学的发展起到过重要作用。他在《科学》杂志上发表的《化学元素命名论》论文，是中国近代化学最早的科研成果之一。1919 年应四川督军熊克武之邀，筹建四川钢铁工业，并亲赴美调查炼钢方法和采购机器设备。后因四川军阀混战，建厂计划搁置。1920 年应校长蔡元培之邀到北京大学任化学教授兼教育部教育司司长。1922 年任上海商务印书馆编辑。1924 年任南京东南大学副校长，同年任中华教育文化基金会董事会秘书、秘书长、副干事长、干事长。此间，先后拨款建北京图书馆，成立社会调查所，组织编译委员会，与尚光学会合办生物调查研究所，并对中国科学社、地质调查所、黄海化工研究社、中国营造学社等许多公立、私立大学提供补助经费，设置科学研究补助金，开展土壤调查等。他还担任图书馆委员会委员，担任高等院校科学教育委员会委员，协助筹建中央研究院，任四川省政府委员兼教育厅厅长。1935年任四川大学校长，为把川大办成一所有国内一流水平的综合性大学，他提出“国立化”和“现代化”两项目标，使高校在各个方面都发生了可喜的变化。在推行教育改革后，教学内容和方法得到改进，教育质量显著提高，并形成教育与科研相结合的特色。被誉为川大建校以来的“黄金时期”。鉴于原校址狭窄，校舍简陋，为适应现代化大学的需要，他选定新校址并多方筹集资金，征地2000亩建新校舍，为川大后来的发展创造了条件。后辞职回中华教育文化基金会任董事会编译委员会委员。1938年被聘为国民参政会参议员。同年，应蔡元培之邀赴昆明任中央研究院秘书长、总干事兼化学所所长。1942年再度出任中基会干事长。1944年任中国科学社社长、监委会书记及理事会会长。抗战胜利后随中国科学社返回上海。1949年他作为特邀代表参加了第一届全国政协会议和开国大典，曾选为中华全国自然科学会联合会常务委员，先后任第一、二、三届全国政协委员，上海市人大代表，上海科技图书馆及上海图书馆馆长，上海市副主席。他一生著述和译著颇丰，见于各种刊物的文章约200余篇，内容涉及化学、物理、生物、教育、科学发展史、科学家传记等。主要著作有《科学概论》等，译著有《教育论》《汉译科学大纲》《最近百年化学的进展》《大宇宙与小宇宙》《爱因斯坦与相对论》《科学与科学思想发展史》（与人合译）等。他对古诗文造诣颇深，在文学上也有相当修养。

刘云波（1905—2000）　女，四川省遂宁县（今遂宁市船山区、安居区）人。妇产科专家。1927年就读于北京女子大学，后留学日本和德国就读于东京女子医专和德国也那大学医学院。1933年获博士学位。回国后，曾在成都私立宏济医院任院长兼中央军校眷属医院妇产科主任，成都市立医院妇产科主任，四川省高级医士职业学校校长和附属医院院长。中华人民共和国成立后，20世纪70年代至80年代，心系“计划生育”国策，深入巴蜀山乡调查研究，写出制定省地方性法规的议案，促成《四川省计划生育条例》的颁布施行。她长期从事医疗卫生、妇幼工作，为四川省的卫生事业做出了巨大贡献。历任川西卫校、成都医专副校长、省卫生干部学院副院长，川西行署委员，四川省人民政府委员，第一、二、三届四川省人大代表，第五、六届四川省人大常委会副主任，第三、五、六、七届全国人大代表，第四届四川省政协委员、副主席，中国农工民主党中央常委、咨监委员会常委，农工民主党四川省委常委、主任委员、名誉主任委员，中华医学会四川分会副理事长，中国红十字会四川分会副会长，四川省妇联副主任，中国抗癌协会四川分会名誉理事长，四川省计划生育协会名誉理事长，四川省优生协会名誉会长。1979年被评为全国“三八”红旗手。1988年加入中国共产党。主要著作有：《实用妇产科学》《围产期保健》《老年妇女保健》等。

刘绍禹（1900—1981）　四川省新津县人。教育家、心理学家。早年入“留美预备学校”清华学校学习。1922年留学美国俄亥俄州格瑞乃尔学院，次年转入芝加哥大学，获博士学位。回国后任成都大学教授。1931年成都大学与四川大学、成都师范大学合并为四川大学，任教授、系主任。1935年再度赴美国哥伦比亚大学、哈佛大学、耶鲁大学考察心理学教学、设备和科研情况。1936年回国创建了西南第一所心理学实验室，并将原创办的《现代教育》期刊改为半月刊，使之成为教育学、心理学的学术交流园地，他还为刊物撰写了多篇有独到见解的论著。1947年以川大师范学院部分进步师生为主，成立了“中国教师社”。与他人创办了私立桂溪中学（后并入川大附中）并出任董事。中华人民共和国成立后，任四川大学教务委员会副主任委员兼教务长。1952年体制变更后，续任副校长兼教务主任。1956年加入中国共产党。1957年调四川师范学院任院长。1963年四川心理学会成立，被选为理事长。是年任中国心理学会理事、副理事长。他还担任中日教育学会常务理事、四川教育学会名誉会长。被选为第一、二、三、四届四川省人大代表。1976年后，被重新任命为四川师范学院副院长、顾问。他在国内外刊物发表有：《年龄与学习的关系》《现代心理学之派别》《心相与相属原则》《记忆与理解》《儿童的精神卫生》等。

刘洪康（1911—1989） 原名凤岗，湖北省沔阳县人，著名人口学家。早年入武汉高等师范学校（武汉大学前身）附中。1927年加入中国共产党。1928年留学日本东京明治大学经济系。其间，蒋介石出卖中国东北铁路给日本军国主义，中国留日学生因此气愤举行示威游行而被捕，其中32人经日本赤色救援会保释出狱。刘洪康则由东京帝国大学物理研究生张定昭夫妇保释出狱，并暂住张家。与他人在日本左翼团体世界语者处学习世界语。1931年回国后，在成都成城中学等学校教授世界语。1939年在陕西宜川民族革命大学教政治经济学。1940—1949年在成城中学和刘文辉所办的建国中学执教。1949年冬，曾做刘文辉的统战工作，还与张友渔、马识途等人一起促成成都和平解放。中华人民共和国成立后，在会计专科、艺术专科、体育专科等高校工作，任会计专科学校校长。1952年院校调整后，任四川财经学院副院长，后又到中共四川省委党校工作。他较早注意到中国的人口问题。从1972年开始，即从事人口理论的研究工作，创办了人口研究室（为中国最早的几个人口研究单位之一），以后扩建为人口研究所，并招收硕士和博士研究生，成为中国培养高层次人口学专门人才的主要基地之一。在人口理论的研究中，取得多项成果，特别是他的《试论马克思主义人口理论的一个基本点——两种生产》和《两论两种生产》论著，开中国人口学“两种生产理论”研究之先河，在中国人口学界、经济学界和哲学界引起强烈反响，为党和国家提出“两种生产一起抓”的方针提供了有力的理论依据，受到中央有关部门的重视；1982—1987年，他组织来自成渝10多个单位的30多位专家，联合攻关，主编出版了《中国人口四川分册》。他还出任成都大学副校长、四川省科技顾问团名誉顾问、四川省哲学社会科学联合会顾问、中国人口学会理事、四川省人口学会名誉理事长、中华世界语协会名誉理事、四川省世界语协会理事长、国务院人口普查办公室顾问、民盟成都市委副主任委员等职。

刘鼎（1902—1986） 原名思俊，又名俊民，字尊名。四川省南溪县人。兵工专家。1918年入浙江省立高等工业学校。1923年加入中国社会主义青年团。1924年赴德国勤工俭学，就读于哥廷根大学、柏林大学。其间经孙炳文、朱德介绍加入中国共产党，任旅德青年团书记。1926年到苏联莫斯科东方大学和空军机械学校学习，任东方大学中共支部书记。1929年回国，在上海中共中央军委特科工作。在陈赓领导下，出色地完成各项特殊任务。1931年因叛徒出卖被捕，蒋介石企图威逼利诱未果，后经康泽、邵力子保释出狱，继续为党工作。1933年到江西中央革命根据地工作，途中被方志敏留下担任闽、浙、赣军区政治部组织部长兼红军第五分校政委。其间，他用“土”设备代替“洋”设备，为刚组建的兵工厂建造了第一门迫击炮及迫击炮弹，大长了红军官兵的士气。1934年第五次反“围剿”失败，兵工厂被迫分散转移，他在途中遭敌伏击被俘，后侥幸逃回上海。1936年为配合和奠定周恩来与张学良会谈的基础，被派往东北军做张学良的工作。毛泽东曾赞扬他：“西安事变，刘鼎是有功的。”1937年到延安，受党中央委托创办了军事技术学校，并任校长。为军队培养了大批技术骨干。1938年任中央党校政治教员、抗大五大队政治主任教员。1940年任晋、鲁、豫解放区八路军总部军工部部长。其间，他从战争实际出发，克服种种困难，亲自设计出适宜山地作战标准化的“八一”式步枪和掷弹筒及炮弹，投入生产装备部队后，有力地打击了日军。他还担任地雷训练班教员，讲授地雷制造与爆破知识；编写《地雷制造使用法》《各种地雷触发装置法》等小册子，供学习、宣传。组织群众自制地雷，掀起“村村有地雷、户户有地雷”的群众性爆破运动，使地雷成为阻击和杀伤敌人的主要武器。1944 年后任中共中央军委联防司令部军工局副局长，晋察冀工业局副局长，华北企业部副部长，组织领导建立新的兵工基地，生产制造武器，支援华北解放战争。中华人民共和国成立后，曾任重工业部副部长，机械工业部副部长，航空工业部顾问，中国机械工程学会理事长、名誉理事长和中国兵工学顾问，第五、六届全国政协常委。他经常深入科研、生产第一线调研，帮助解决实际问题，组织设计试制了万吨水压机，在发展民用、军工生产等方面做出了贡献。

许介昱（1922—1982）　字芥子。美籍华人。四川省成都市人。华裔作家。1940 年入西南联合大学机械系，后转入外文系，师从闻一多、沈从文、冯至、吴晗等著名教授。1943 年毅然投笔从戎，任中、缅、印战区美国军队翻译，后又随军赴美仍任翻译。抗战胜利后，到中国驻美大使馆武官处工作。曾随卫立煌等人出访欧洲。1947 年就读于美国俄勒冈大学，获新闻硕士学位。并任旧金山《世界日报》记者、副总编。曾在加州蒙特瑞美军语言学校任教。1956 年到斯坦福大学攻读博士，并任该校中文讲师。获博士学位。毕业后任旧金山州立大学文学系主任，为该大学创办了中文系，培养了一批教授和研究中国现代文学的专家。在欧美，中国近现代文学向来是被忽视的，多数汉学家都不愿问津，甚至认为只有不懂中国古典文学的才去干这类毫无研究价值的事。他凭自己学养深厚，不缺少研究汉学的能力，致力于传播中国文化，让西方人对中国文化有更多更深的了解，从而促进中西方文化的交流。他组织团结同仁，以旧金山大学中文系为基地，大力发动各县中、小学增加中文课程，帮助聘请和训练中文教师；编撰中学教材；举办了九届大、中学生中文演讲比赛及开展中文夏令营等活动，让青少年接受中华文化的熏陶，鼓励他们进大学后选修或主修中文。为使中文在美国扎下根子，他还创办了教材编译委员会，并任执行委员、主席等，编撰了很多大学中文教材，如《20 世纪的中国诗》《亚商美籍作家选集》《由龙到人》等至今还是最受欢迎的畅销教科书。他还采用刘少奇《论共产党员的修养》一书作为研究生教材。在他的影响下美国许多大学先后采用中央领导人有关文章作为散文教材。他讲究教学艺术，以教中文为主，训练学生的中文口语能力，还运用精练的语言技巧，将中国固有精湛的文化艺术，深入浅出地介绍给西方青年。1978 年他出席哈佛大学“现代中国文学讨论会”发表了热情中肯的讲话，使与会者深受教益。1979—1980 年，积极响应和支持了第一、二届爱荷华大学“国际写作计划”的“中国周末”文学活动。两次活动均有来自北京、中国台湾、中国香港及欧美作家 20 余人参加。此间，他还编撰了《中华人民共和国文学》一书，此书集中了延安文艺座谈会以来至 1979 年之间，122 位作家的代表作品 208 篇。集选稿、翻译、修改、审校甚至封面设计于一身。该书出版以来，嘉评如潮，被誉为研究现代中国文学不可或缺的参考书；被美国有关方面评为 1980—1981 年度杰出学者著作，至今畅销不衰。他不停的编书、写作、参加文学会和艺术活动，为中西方文化的交流奔忙，以毕生精力主要从事研究和向西方介绍中国近、现代文学。被誉为先行的倡导者和不倦的实践者。美国出版的《作家名人传》《当代作家传记及著作》都对他有颇为详尽的介绍与推崇。其主要著作有：《二十世纪的中国诗》《周恩来传》《新诗的开路人——闻一多》《中国文艺世界》《中华人民共和国的文艺》《由龙到人》《亚商美籍作家选集》《故国行》《现代中国文学丛书》等，与人合著有：《看齐白石的画》《中国书画》等。

许可经（1904—1972）　原名许存孝，四川省三台县人。音乐教育家、作曲家。1925 年就读于北京大学音乐传习所，师从肖支梅、杨仲子学习和声、作曲及钢琴，跟刘天华学习民族乐器。此间结识陈毅，并参加了进步学生组织“梓光社”，开展革命活动，宣传新思想、新文化。1928 年留学法国里昂音乐学院及巴黎师范音乐学院，专攻理论作曲和音乐教育。1932 年回国，先后任四川大学艺术科、成都天府中学、东方美专、协进中学、重庆第二女师、重庆大学体育科音乐教师。1941 年任四川省艺术专科学校（四川音乐学院前身）音乐科教授兼主任。20 世纪 30 年代中后期，他创作出版了《叱咤风云集》《中华男儿血》《湖边女》《招魂合唱曲集》《怒潮曲集》《救亡歌曲集》一、二集。他创作的《抗战到底》《打走日本人》《妇女抗战歌》在成渝各地演出并广为传唱。他亲自到重庆大学、重庆女师和一些中学校去教唱抗战歌曲。抗战胜利后，任重庆女师学院音乐系教授兼主任。1950 年任西南师范学院音乐系教授、主任。在 40 年的教学实践中，摸索出了一套高师音乐系（科）的教学方法，针对“师范性”的特点，拟定了抓好“三条主线”的教学计划，注重钢琴、声乐、理论三大基础课程，让学生达到能弹、能唱、能讲的要求，重视二胡、三弦、琵琶、扬琴等民族乐器普修选修课，还开艺术实践课和自修乐器课等，以指导和提高学生课外活动的能力。由他执教的西师音乐系毕业生许多都成为了音乐教育的中坚力量。对普及中小学音乐教育起了重要作用。曾任中国音乐家协会会员，第二、三、四、五届重庆市人大代表。1960 年出席了全国第三次文代会。他一生创作丰富，声乐作曲作品达百余首，仅抗战歌曲就有 60 多首。影响较大的歌曲有《湖边女》《黄河难童船夫曲》《綦江神女》《阳光三叠》，还有钢琴曲《鹊桥》《天安门进行曲》《田间》等 17 首，小提琴独奏曲《和平之夜》《祖国的春天》《青春舞曲》等 10 余首，《小品管弦曲集》4 首。他将西洋和声作曲技法同中国民间音乐素材相结合进行创作形成了自己的独特风格。

孙瑜（1900—1990） 四川省自贡市人，电影导演艺术家。1919 年入清华学校高等科。后留学美国威斯康星大学，毕业后进入纽约摄影学院、哥伦比亚大学学习摄影、剪辑、编剧、导演。回国后，在人民新影片公司工作，编导了影片《风流侠客》。1936 年转入联华影业公司，导演了《故都春梦》。编写了电影剧本《自由魂》，编导了影片《野草闲花》。1932 年加入左翼进步电影的创作，先后编导了《共赴国难》（合作）、《野玫瑰》、《火山情血》、《天明》、《体育皇后》、《小玩意》、《大路》、《到自然去》、《春到人间》等影片。这些影片公映后引起热烈反响。由孙瑜作词、聂耳谱曲的《大路歌》受到欢迎，成为当时流行的群众歌曲。抗战爆发后，任中华全国电影界抗敌协会理事、中国电影制片厂委员会委员。其间，编写了《流民四千万》《少年先锋》《燕赵悲歌》等剧本，编导了《火的洗礼》《长空万里》等影片。1945 年去美国编译宣传中国抗战的纪录片《水莲花》。1947 年回国，编导了《武训传》。中华人民共和国成立后任上海电影制片厂导演，编导了《乘风破浪》，导演了《鲁班的传说》和戏曲片《秦娘美》等电影。编著出版了《孙瑜电影剧本选集》《银海泛舟》和英译《李白诗新译》等。

杜顺德（1900—1985） 号滇光，四川省遂宁县（今遂宁市船山区、安居区）人。儿科专家。1926 年毕业于成都华西协和大学，获博士学位。后留校任教，曾到北京协和医院进修。1928 年返回成都后任华西协和大学医科讲师及住院部总医师。1931 年升助教授。1933 年去上海李斯特研究院进修。次年返校后任副教授。1937 年留学美国彭省大学医学研究院攻读儿科专业，获硕士学位。后进入费城儿童医院实习。1939 年去加拿大多伦多病儿医院深造。1940 年回国，任华西协和大学医学院教授兼儿科主任。对新生儿破伤风的研究取得突出成就，撰写《新生儿破伤风》论文。1950 年获美国彭省大学医学研究院博士学位。中华人民共和国成立后，任华西协和大学医学院教授，儿科主任，中华儿科学会成都分会会长，《中华儿科杂志》编委，中华医学会儿科学会会员，成都市人大代表。

论著有《鸡蛋内之三成虫吸虫》《成都及其附近虾体之吸虫初步报告》《成都伤寒及副伤寒》《华西人体常见的寄生虫初步报告》《梅毒螺旋体简易色法》《血液螺旋简易染色法》《华西黑热病》《牛痘大脑炎》《四川黑热病》《杀臭虫的简易方法》《一小时二剂葡萄糖耐量试法》《新生儿破伤风》《婴儿破伤风疗法》《蚕豆病》等，参加编写《实用儿科学》《血液病学》《系统儿科学》《儿童营养学》等。他在医学上的突出贡献有：最早发现四川黑热病流行区，并证实当地人称的“痹子病”就是黑热病；“蚕豆病”（俗名胡豆黄）在中国存在多年，但未被发现，1947 年曾误诊为李氏贫血，1952 年发现此病并命名为蚕豆病，由于及时采取措施，使病死率由 8% 降到 1% 左右；新生儿破伤风者很多，死亡率达 98%，出生七天内患破伤风者无一例能存活。经他观察，新生儿破伤风的死因主要是频繁抽搐，造成窒息及肺炎。据此他制定了新的医疗护理方案，而且身体力行。他整天守护在病儿床旁，观察病情发展，细心掌握镇静剂的用量，管理好呼吸。1947—1949 年，经他处理的 11 例新生儿破伤风中，8 例痊愈，病死率下降到 27. 2%，这在当时世界医学文献中也是绝无仅有的。

李先闻（1902—1976） 四川省江津县（1997 年后为重庆市江津区）人，著名生物学家。早年在清华学校高等专科学农，1923 年留学美国，先入普渡大学学园艺，获硕士学位。后入康奈尔大学专攻遗传学，获博士学位。1928 年回国后，历任中央大学、东北大学、河南大学、武汉大学教授。他特别重视科学实验，在科研工作中取得重大成果，是中国粟类作物研究的先驱。他在河南大学任教时，用番南瓜与南瓜杂交实验，其成果在美国农学界获好评。在武汉大学做水稻和小米（粟）育种工作，在珍珠小米中找到了“四元体”。抗战期间，他回到四川。1941 年任四川农业改进所稻麦改良场场长兼农业部华西区推广繁殖站主任，从事稻麦改进研究工作，担任水稻农业方面实施检定计划的负责人。他还兼任四川大学、金陵大学、华西协和大学教授。为提高研究工作，他于 1944 年赴美国考察一年余回国。他用一种“美国谷”种子，做水稻育种研究，检定一种水稻优良品种在绵阳研究成功，并推广种植，很见成效。在川北一带推广“金大 2908 号小麦”种子，提高增产率。抗战胜利后，1946 年他调上海中央研究院植物研究所，从事小麦的栽培和小米交配的研究。由于成绩卓著，同年当选为中央研究院第一届农学院士。年底，受聘到台湾糖业公司任顾问并致力于甘蔗品种的改良试验。当时台湾公司属下 35 个糖厂，自营农场近 200 个，遍布全省，生产经营差，他用 14 年时间研究、实验，取得了惊人成就，推出了“N：CO · 310”甘蔗新品种，短期内栽培面积由 1% 推广到 42%，促成了台湾糖业界的一项大“革命”，奠定了台糖生产的良好基础。他的这项重大贡献，引起了世界生物学界的关注。1954 年应台湾中央研究院院长胡适聘请，任中央研究院植物研究所筹备处主任。1962 年改任所长。为寻找水稻抗寒、抗病能力，将澳洲产的野生稻种和台中“六五号稻种”杂交，使只有 12 个染色体的野生稻和有 24 个染色体的“六五号稻”交配，产生了有 36 个染色体的第二代。后又将澳洲稻一个一个交配，找出最能表现澳洲野生稻优良特性的台中“六五号稻”。这项研究试验工作历时 8 年终获成功。新稻种抗寒能力强，防虫、抗病力增强，生长周期短，产量提高两三倍，促进了台湾农业大丰收。同时，他白手起家，使植物研究所从一个空架子，建设起一幢幢高楼，研究室内安装了最新式的第一流仪器设备。1968 年他在第十一届国际遗传学会上被选为亚洲区副主席。

李伯钊（1911—1985） 女，笔名戈丽，四川省重庆市（1997 年后为直辖市）人。著名艺术教育家、作家。中共文艺宣传的开拓者之一。1924 年入四川省立第二女子师范学校，受萧楚女、杨闇公的启发和引导，接受共产主义思想。1925 年因发动同学抗议新校长被开除，同年，经同学介绍加入中国共产主义青年团，入读上海大学并任浦东区共青团地委宣传委员。1926年因准备参加工人起义被捕，后被组织营救出狱。同年赴莫斯科中山大学学习，这期间任中共代表团翻译，受到周恩来、蔡畅的表扬。1930年回国，次年到闽西革命根据地，任闽西军区政治部宣传科长兼澎湃、杨殷军事学校教员，后到瑞金，由共青团转为中共党员，任中央红军军校政治教员和《红色中华》编辑。1932年参加红军宣传队向起义部队演讲和演出。其间，与他人创作话剧《为谁牺牲》，同年在苏区第一次工农兵代表大会时，她将《黑奴吁天录》改编为话剧《农奴》，演出后影响很大。1933年与他人创办了中共第一所高尔基戏剧学校并任校长。后又任中央苏维埃政府教育总艺术局局长。创作了《打骑兵歌》。工农红军一、四方面军会合后，任红军总政治部宣传干事，和陆定一合写了《一、四方面军会合歌》。1935年，她三过草地，并为中央清算张国焘的分裂罪行提供重要材料，此后，仍在中国工农红军总政治部做宣传工作。1936年中国文艺协会成立，被选为理事。1938年与周杨、艾思奇等组建鲁迅艺术学院，任党组成员兼编审委员会主任。她创作的歌剧《农村曲》，在敌占区和国民党统治区演出后，获得好评。1939年，任中共北方局宣传科科长，筹建晋东南鲁迅艺术学校兼任校长和总支书记。创作了《老三》和《母亲》等剧。1940年任延安中央文委地方文化科科长。1942年进中央党校学习，毕业后留校任文艺工作研究室主任。完成长篇小说《桦树沟》。1948年到石家庄任中共华北局文委委员、华北文联副主任。后参加了北平军管委员会工作，任文艺部副部长及人民文工团团长。中华人民共和国成立后，任中共北京市委文委书记，在彭真支持下，筹建了歌剧、话剧、舞蹈等艺术团体，担任北京人民艺术学院院长。1951年后任中央戏剧学院党委副书记、书记、副院长、院长。1957年，校改了长篇报告文学《女共产党员》，此书曾被译成多国文字出版，到1979年已进入第25次印刷，发行达一百多万多册。20世纪50年代初，她还创作了歌剧《长征》，在剧中，毛泽东第一次出现在艺术舞台上，对在戏剧中描写革命领袖作了有益的探索。1979年写出反映长征的大型话剧《北上》，作为党的60周年纪念献礼，在首都舞台演出。曾任全国文联委员，中国戏剧家协会副主席，全国妇联一、二、三届委员会委员，第四届常务委员，第一、二、三、届全国人大代表，全国政协第四、五届委员，第六届常委。

李昌林（1916—1984）　美籍华人。四川省江津县（1997年后为重庆市江津区）人，药理学和血液免疫学家。1943年毕业于成都华西协和大学，获博士学位，留附属医院工作。1950年留学英国利物浦大学攻读热带病学，毕业后赴美任美国芝加哥大学副教授。1957年任田纳西州医学院内科病理学教授兼临床病理学和血液学研究。1962年加入美国籍。1968年后任美国芝加哥桑耐医学中心常任病理学教授和查理·海门血液中心主任，美国国家卫生血液学研究顾问、血液免疫学理事会主席，并为美国许多医学会的主要成员。1965年和1968年，两次获MORISS、PARKER医学研究奖。1971年获美国血液协会科学展出一等奖。先后发表学术论文70余篇，参与和主编过不少著作、教材，其中《Todd临床病理学教科书》是其代表作。“父权试验法”和“血液免疫学”，是他从事医学研究的重大成就，填补了世界医学的两大空白。1980—1983年，他5次回祖国（祖籍国）举办血液免疫学、血库技术学习班，传授先进医学科技知识。1983年5月，在成都中国医学科学院输血研究所举办技术学习班，亲自讲授、操作、辅导，使来自全国各省市的学员，较快地学习和掌握了先进血库技术。

杨开渠（1902—1962）　浙江省诸暨县人。著名水稻专家、农业教育家。1920年入浙江省立甲种工业学校机电科，毕业后在杭州大有利电气公司任职员。1927年留学日本东京帝国大学农业系，后留校在育种研究室工作。1931年回国，任杭州自治专科学校教员。从1935年起，先后任重庆四川乡村建设学院、四川大学农学院、川康农学院教授、系主任。中华人民共和国成立后，历任四川大学农学院教授、系主任、副院长、院长，川西区各界人大代表，第二届全国人大代表，第二届全国政协委员，第一届四川省人大代表，第二届四川省政协委员、常委，中国农科院第一届学术委员会委员，中国作物学会第一副理事长，四川省科普协会、四川省科协副主席。曾被评为四川大学教学模范。他是中国再生稻研究的开拓者和奠基人，是世界上研究再生稻最早的学者之一，是四川省栽培双季稻最早的研究者和倡导者。先后选育出适合四川栽培的早、晚稻和一季中熟品种20余个，其中“川大粳稻”被列为全国优良品种之一。“跃进3号”“跃进4号”曾是四川省双季晚稻的主栽品种之一。他先后发表关于再生稻的研究论文10篇，后又汇编成《再生水稻研究》论文集，所发表的论文为当时世界上研究再生稻的最完整而系统的论著，对相关问题研究具有指导意义。在农业科学研究上涉猎广泛，包括小麦、薯类、野生油料花卉等，尤其是花卉，曾培育出300个菊花品种，影响很大。其译述和著作近百种，反映他的研究成果和学术思想的代表作有《中国水稻栽培学》《稻的一生》《杨开渠稻作论文选集》等。

肖伦（1911—2000） 四川省郫县人。著名核化学家和放射化学家，放射性同位素事业的开拓者之一。中国科学院学部委员，“资深院士”。1939年入清华大学化学系学习，获学士学位。1947年留学美国伊利诺州立大学，获硕士、博士学位。1949年后任美国伊利诺州立大学、美国矿务局副研究员，从事物理化学的研究，先后发现3个A类新放射性同位素，享誉美国化学界。1955年回国。1956年任北京大学物理系教授、中国科学院物理研究所研究员、第五研究室组长。1957年率小组成员赴苏联访问实习。1958年在他的带领下，成功试制出33种放射性同位素。开辟了中国和平利用原子能的新时代。1960—1966年，任中国原子能研究所第十六研究室主任，领导和参与了“两弹一星”、核电站科技攻关时所需的核材料、放射源的研制和第一颗东方红卫星热源部分的研制。改革开放以来，在他的指导和关心下，中国原子能科学研究院同位素研究所发展成为中国规模最大、专业门类较全的国家同位素工程技术研究中心。曾任中国核工业部原子能研究所同位素研究部主任、中国核学会常务理事、中国同位素学会理事长，中国核工业总公司科学技术委员会主任、高级顾问、中国原子能科学研究院研究员、顾问、国家同位素工程技术研究中心名誉主任、中国科学院学部委员。他擅长于放射化学、放射性同位素研究，著有放射性学、放射性同位素论文数十篇，表面化学论文数篇，并发现新的同位素多个，曾获集体科学一、二等奖。他是第五届全国人大代表。

吴鹿萍（1892—1982） 四川省乐山市五通桥区人。制盐工程专家。1906年留学日本，先在东京小学、中学，后入帝国大学专攻应用化学，精通日、德、英、法语，获博士学位。回国后，1923年先后在重庆开设乐山肥皂厂、合济胶厂、诚信火柴厂。所生产的火柴成为西南地区的独家产品。1938年回乐山，在马鞍山新建兴蜀造纸厂，分设诚信火柴厂、合济胶厂；在牛华溪新建太和灶经营盐业。其中除兴蜀造纸厂因原料受掣，开业无进展，出售给中正纸厂外，火柴厂、胶厂和盐业则一直经营至建国后进入公私合营。他在经营盐业中，对生产设备有多起创新改进，使盐业跃升为乐山首位丰产大井。他还注重生产工艺的革新和改进。中华人民共和国成立后，中国所用的硼砂、氯化钾都依赖进口，花费不少外汇，还不易购得。1953年政府决定在自贡市张家坝建新厂，制造硼、钾、溴、碘，他与一工程师共同设计用两年时间建成一个联产企业，填补了中国化工空白。其间，他被派往青海调查盐业，设计改造了年产三万吨自20世纪40年代以来未建成的真空制盐设备。1956年他又帮助辽宁省貔子窝重新设计、改造和解决了日本投降时因技术问题不能生产而遗弃的一家化工厂用苦卤制造氯化钾、氯化镁的生产问题。以上成果分别受到了部队和地方的表彰和赞扬。1957 年，他与 7 名专家到苏联考察真空制盐设备和卤水“水举”技术。回国后，他研究并成功设计出自贡的“水举”设备。其成果获国家科技成果奖。1960 年由他负责设计安装的自贡真空制盐设备，试验成功并投产达到预期效果，获省科技三等奖。尔后，他还针对初期真空制盐设备易结锅巴，盐色焦黄、设备常受腐蚀、产量不稳定的情况，研究出“石膏晶种”工艺，解决了这个关键问题。他所撰写的学术论文和译作，部分在《井盐技术》和《井矿盐技术通讯》刊物上发表。对中国深入研究井矿盐技术起到了推动作用。历任自贡市化工局副局长兼总工程师、高级工程师，四川盐务局设计研究所所长、自贡市历届人大代表、政协委员，四川省第二、三、五届人大代表、省政协委员。

张圣奘（1903—1992）　名新，号义端、天健。湖北省江陵县人，著名历史考古学家。1918 年入北京大学史学系，1922 年留学英国牛津大学，获文学博士学位。出国前，因替孙中山誊抄《建国方略》受到孙中山的勉励。留学期间，曾组织神州易经学会，并将《周易》译成英文。他的研究著作有《易经新笺》《易经辩证论》《周易汉宋比较评议》《古今易学考》《卦气流转要议》《易经里气象数与现代科学的关系及其对中国文化之深远影响和贡献》等。并撰文指出《易经》是中国最早的典籍之一，涉及天文、地理、医学、军事、社会、婚姻、民俗、生产方式、商业、农业等多方面的哲学、文化和历史活动。已经具备中国古代“百科全书”的雏形；现代天体物理学、高分子化学、心理学、生物工程学、发生学、未来学以及许多新的“边缘科学”及数论、数理、哲学，都与《易经》有关系。《易经》为群经之首，是传统优秀文化的主要指导思想与中国文化结构的中心。他在留学期间，应周恩来之邀曾两度赴法国聚晤和作欧洲四国游。时与赵世炎、邓小平、王若飞、李大章等结识。1924 年到美国哈佛大学学习，获经济学博士学位。1927 年回国，任东北大学文科系教授。执教之余，写下《回鹘史大纲》。此书引起国内外学术界的重视，对回鹘历史研究具有较高的价值。1934 年任重庆大学历史系及商学院教授。此间，撰写发表了《战时企业管理》《战时运输管理》，他结合抗战实际，开展对当时重大经济问题的研究，提出看法和主张，文章具有一定的水平。抗战时期，任教育部教授。1946 年在四川内江圣水寺创办蜀中大学，并聘名流数学家何鲁等来校执教。该大学为国家培养了众多人才。中华人民共和国成立后，1951 年任西南军政委员会文教部文物调查征集工作小组长。负责成渝铁路沿线古代文物的考察工作。同年 3 月在资阳三贤镇、黄鳝溪发现龟化石和头骨化石。经专家验证，确认是古代“真人”化石，为蜀人始祖。“资阳人”头骨被珍藏在中国历史博物馆。它与北京“山顶洞人”及云南“元谋人”头骨不同，在黄河、长江、珠江等流域各省尚无发现。《大英百科全书》记载，指明其在考古学、人类学史上的科研价值。与“资阳人”同时发现的还有多种古生物化石，其中黑色剑齿象骨化石，证明当时四川气候炎热，有象群存在，为研究古代气象提供了科学依据。他发现举世闻名的“资阳人”为人类考古学做出了突出贡献。当时报纸曾作详细报道。1954—1958 年任四川省文化管理委员会主任委员。其间，拟定了《编纂中国大百科全书的建议》《大足、安岳石刻研究》《川东各县金石造像调查报告》，还亲往各县调查重要文物，编写了《四川文物简目提要》，为四川的考古事业做了大量有益的工作。其研究著述很多，主要有《无人史探源》《康熙起居会要》《清史新稿·华侨志》等。他除专攻史学外，还爱好文学、哲学及绘画，诗词专集有《万里万卷楼诗词典集》《巴蜀集》《峨眉集》《社会主义精神文明建设的宏观、微观和中观》《巴蜀长江、黄河画派的美学观点与创作动机》《红海泽》《康熙玄烨评传》《三苏评传及东坡文诗词书画美学对后世的影响》《杨升庵评传》《伍篙生平传》《川军志稿》《四川野史》《藏书读书记事诗》《文房四宝记事诗》《人海记事诗》《爱国词人乔大壮》等，还著有《五褒集专译序》《孔子十论》等。1986 年被聘为四川省文史馆特约馆员。1990 年在德阳召开的四川省孔学研讨会上他发表的《孔子哲学、伦理教育、政治历史著作对中国文化的深远影响及孔庙建筑艺术价值》演讲，受到与会者的赞许。

张铨（1899—1977） 浙江省仙居县人。皮革专家，中国现代皮革工业的开拓者和奠基人。1917 年入浙江三江大学文科半工半读。1919 年受五四运动及“工业救国”思想影响，立志开拓中国的皮革工业。1921 年入国内唯一培养皮革专业人才的燕京大学制革系，毕业后留校任助教、讲师、代理系主任。1937 年留学美国辛辛那提大学制革研究系，获硕士、博士学位。其论文《鞣酸和鞣质与皮粉结合的结合革》成为辛辛那提学派创立的植物鞣质吸着理论的开篇之作，成为第一个获皮革博士学位的中国人。1940 年回国，先后任成都华西协和大学化学系教授，中央技专制革科教授，四川省立成都高级制革职业学校校长，开设了制革化学、工业化学、制革工程等课程，培养了一批制革人才。后因国民政府对皮革工业不重视，且经费、设备奇缺，学科长期得不到发展，致使中央技专制革科和成都制革职业学校先后停办。中华人民共和国成立后，制革工业获得了新生。1952 年，人民政府决定在高校设置皮革专业，他负责筹建工作。1953 年到“文化大革命”前的 18 年时间里，他相继任四川化工学院和成都工学院教授，皮革教研室主任，开设了丹宁鞣料、皮革准备工程、皮革整理、毛皮工艺学等课程，主编了中国第一部《皮革工业学》教科书。他在成都开办猪皮制革训练班，开展科学研究，推广制革新工艺、新技术、新材料，指导各地制革生产。1955 年在兼任林业部成都植物鞣料研究室主任期间，调查了四川的植物鞣料资源，在指导学生研究山羊皮保存法时，提出用硫酸钠、食盐保存山羊皮的有效建议。还对快速鞣革理论、络植结合揉法等进行探索，提出了新的见解，取得了一系列重要研究成果。先后发表论文 20 余篇，主要有《丹宁鞣革》《皮革整理工程》《皮毛工艺学》等。1958 年，他代表中国皮革界在莫斯科“第三届国际皮革专业会”上，做了“中国皮革涂饰剂生产、应用和研究的概论”的报告。受到与会者的好评。1964 年任轻工业部高等工业院校皮革工业专业课教材编审委员会主任。早期，他就调查了北平、蚌埠等地制革工业的状况，并利用假期到张家口考察，又深入到绥远、宁夏、陕西等地考察皮革资源、植物鞣料资源，写出了《北平制革业之研究》《安徽蚌埠皮革业之商讨》《陕西各种物产之考察》等调查报告，提出了开办皮革厂、开发、利用植物鞣料等建议，还为天津春合制革厂的工人传授制革新工艺，使该厂的皮革质量名列前茅。曾任第一届四川省人大代表、第二、三届四川省政协常委，第三、四届全国政协委员，中国化学化工学会理事，四川省化学化工学会副理事长，省科普协会、省科协副主席。“文化大革命”期间，撰写了《快速络鞣法简介》等论著。

张颐（1887—1969） 字真如，又名唯识，谱名润金。四川省叙永县人，著名哲学家。早年受进步思想影响，倾向革命。1907 年加入同盟会。1908 年入成都四川高等学堂理科学习，其间参加乙辛学社并组织革命团体。1911 年在辛亥革命中，奉命到仁寿、青神、自贡、井研等地宣传策动起义，后到重庆参加独立运动。重庆起义后在蜀军政府任提督府机要秘书兼代炸弹队队长。1912 年成渝两军政府合并，任民政公署机要秘书。1913 年留学美国密执安大学，先选学哲学，后又选学逻辑、哲学史、政治哲学，获学士、硕士、博士学位。1919 年到英国牛津大学研究院继续学习深造。1921 年到德国埃尔朗大学、柏林大学进行多方面的研究。并以英语论文《黑格尔伦理学说的发展意义及其局限》，送交牛津大学研究院审查。经公开答辩，以优异成绩获哲学博士学位。成为第一位取得牛津大学博士学位的中国人，而两次获国外博士学位，在哲学界实属罕见。在1925年《黑格尔氏伦理探究》上发表的论文受到欧美哲学界的重视。英国史密斯教授为其作序指出："特别重要的是张教授讨论了黑格尔关于家庭和国家的观点。他的批评超过了黑格尔，消除了一般西方思想和制度所根据的偏见"。他被誉为"东方黑格尔"。1924年回国，被聘为北京大学哲学系教授。后到厦门大学任教兼文学院院长、副校长。1929年复回北大任教授兼哲学系主任。所教课程，除西方哲学史外，还讲授从莱希尼兹到赫尔巴特的各派哲学。后来又担任中华教育文化基金董事会讲座教授兼哲学系主任。贺麟曾说："张真如是中国哲学界专门研究西洋古典哲学的先驱，是北大哲学系多年来注重客观研究哲学史及哲学名著朴实学风的范成者，也是中国大学里最早专门地、正规地讲授康德及黑格尔哲学的第一人。"在北大期间，他还在报刊上发表了不少论著。如《读克洛那、张君劢、瞿菊农、贺麟诸论黑格尔逝世百年纪念文》《关于黑格尔哲学回答张君劢先生》《余与张君劢先生讨论黑格尔哲学之经过》《黑格尔与宗教》等，在国内外均有很大影响。1936年任四川大学教授兼文学院院长。次年，代理校长。1938年执教于武汉大学。抗战胜利后，一度返回北大。1948年回四川。中华人民共和国成立后任四川省文史研究馆员、四川省政协委员，全国政协委员。1957年又重回北大指导青年教师和研究生学习。

张曙时（1884—1971） 江苏省睢宁县人。1906年留学日本。回国就读于两江师范，继又转读法政学馆和两江法政学堂。1909年参加中国同盟会。1911年武昌起义成功，去江北策动蒋雁行率部宣告独立，继赴徐州力促张连光起义；后又到浦口组织学生数百名同其他起义军围攻南京，推翻旧政府。南京临时政府建立后任司法筹备处秘书。1913年遭袁世凯通缉，赴山东潍县、沂州和江苏徐州等地组织倒袁暴动，参加了孙中山发动的"二次革命"。后任江西都督李烈钧司令部秘书。革命失败后，加入中华革命党（中国国民党的前身），并重返南京，任中华革命党南京支部长，1919年参加中国国民党。次年任南京建业大学校长。1924年参加国民党一大后，任国民党江苏省党部常委，是有名的国民党左派人物。1927年积极参加南昌起义。任革命委员会委员兼党务委员会主席，随起义军南下，队伍被冲散后转移到香港，再赴上海寻找共产党。1932年加入中国共产党。在上海做情报工作，活动于各抗日将士派别与团体之间。后到河北促成建立民众抗日同盟军，促进全国抗日形势的发展。1935年到川东云阳、万县一带组织武装暴动，开展游击战，配合红军长征在四川的活动。后在重庆利用蒋介石与四川地方实力派之间的矛盾，大力开展统战工作。省政府迁蓉后，他也赴成都任体专教师，以此为掩护开展对刘湘的争取工作。抗战爆发后，根据中央指示，积极活动于各抗日组织之间，扩大抗日团体，并在进步青年中培养、发展党员。1938年后任中共四川省工委统战部部长，中共川康特委委员兼统战部部长。1940年到延安，任西北中央局统战部副部长，陕甘宁边区政府法制室主任，中央法律委员会委员，华北人民政府监督院副院长。1950年12月调四川，任最高人民法院西南分院院长、西南政法委员会副主任。1955年起，任全国政协委员、四川省政协副主席。

陈文贵（1902—1974） 四川省永川县（1997年后为重庆市永川区）人，生物学家，中国科学院学部委员。早年入湖南医学院学习。1926年任叶挺师卫生队队长，1927年随叶挺参加"八一"南昌起义，不幸被捕，后逃出。1928年到成都华西协和大学学习，获博士学位。1934年奉命同国际同盟驻华顾问史丹巴博士赴西宁筹建青海卫生实验室。1939年被派往广西创立桂林鼠疫防治所，同年留学美国哈佛大学医学研究所。回国后被派往中国香港地区、新加坡、印度孟买、斯里兰卡、印度尼西亚万隆、爪哇考察鼠疫防治工作。考察结束回国任西安第一防疫大队队长并负责西北战区的防疫工作，其间到延安会见廖承志和边区医院院长傅连璋，并在延安成立第四分队。因擅自行动被撤去第一防疫大队长职务，愤而回公共卫生人员训练班，兼贵阳医学院细菌学教授。1940 年，任中国红十字会救护总队部检验学指导员兼军医署战时卫生人员训练所教官。同年，日军在宁波投掷细菌炸弹，死亡多人，他义愤填膺地在重庆全国防疫工作会上谴责日本法西斯的这一滔天罪行。1941 年受中国红十字会之托筹建美国华侨捐赠 2000 美元价值的药品和药械、疫苗血清制造室。1942 年日本侵略在常德实施细菌战，他不畏艰险前往实地调查，并写出揭露其罪行的详细报告《湖南常德鼠疫报告书》，这一著名报告书后来成了 1949 年在苏联伯力审判日本关东军总司令以及 12 名细菌战犯时不可辩驳的证据。中华人民共和国成立后，1952 年，美军在朝鲜发动细菌战，他任中国人民志愿军卫生部顾问兼检疫队队长，写出了揭露美军步日本法西斯后尘在朝鲜进行细菌战的《备忘录》。同年，他以反细菌战的伟大战士和细菌专家的双重身份，出席“北京世界和平大会”，在会上揭露了美国侵略军在朝鲜使用细菌武器的罪恶行径。鉴于他在反细菌战中的卓越贡献，被朝鲜政府授予二级国旗自由勋章，中国国务院授予全国爱国卫生运动模范称号。1961 年担任四川医学院教授、副院长。

陈荣悌（1919—2001）　四川省垫江县（今属重庆市）人。著名化学家，中国科学院学部委员。1937 年入四川大学学习。1942 年参加中国化学学会，1944 年留学美国印第安纳大学，获博士学位。毕业后参加美国化学学会，先在美国西格拉姆工厂学习酒精酿造，后任美国中央大学助教，资源委员会助理工程师，美国西北大学、芝加哥大学研究员。1954 年回国，任南开大学教授，从事热力学、络合物化学及络合物催化方面的教学和科研工作。1956 年加入中国民主促进会，历任民进南开大学支部委员、民进天津市市委委员和副主委等职，国际络合物化学会理事，国际《络合物化学评论》编辑，中国科学院学部委员，中国化学学会理事。曾代表中国出席 1979 年第二十届印度加尔各答和 1980 年第二十一届法国普鲁士国际络合物化学会议。1980 年应邀去美国西北大学作访问教授，1985 年为意大利佛罗伦萨大学客座教授。早在 20 世纪 50 年代末，他提出了配位化学中的直线自由能和直线焓关系的定量关系式，受到国际化学界的重视。提出的配合物稳定性与配位体酸碱强度之间的直线自由能关系，对工业上选择催化剂有指导意义。20 世纪 90 年代，还承担了国家自然科学基金课题 2 项，化工部攻关课题 1 项，国家科委课题 1 项，编有《化学热力学》《化学动力学》《络合物物理化学》《络合催化》等教材，在国内外发表学术论文 160 余篇。其科研成果，1982 年获天津市优秀学术论文一等奖 2 项，1985 年获国家发明三等奖一项，1986 年、1987 年获国家教委科技进步二等奖 2 项，1987 年获苏联科学院丘加耶夫奖章及奖状。主要著述有《取代氨基酸及乙二胺络合物的研究》、《N－取代氨基乙酸的离解常数及其铜、镍络合物的稳定性》、《络合物的稳定性与配位体的酸碱强度之间的直线自由能关系》、《N－芳基取代氨基乙酸的离解常数》、《折光法研究溶液中络合物的组成和稳定性》、《均相络合催化剂的多相化》、《络合物化学中的直线自由能关系》（获天津市 1979 年度优秀科技成果二等奖）、《N－环已烷氨基乙酸的离解常数及其铜、镍络合物的稳定性》、《18－电子金属络合物上的缔合取代反应》、《三羰基－1，4－二甲基四氮杂铁配合物取代反应动力学及机理》等，有些论文为国外书刊所应用或摘转。1989 年曾获“全国侨界优秀知识分子”称号。

林铁（1904—1989）　原名刘树德，四川省万县（1997 年后为重庆市万州区）人。1922 年入重庆联合中学读书，受肖楚女、恽代英影响，接受革命思想，参加反帝爱国学生运动。1925 年毕业后，入北平中国大学、中俄大学和法政大学读书，此间参加李大钊领导的反对帝国主义侵略、反对段祺瑞政府卖国罪行的斗争。1926 年在法政大学加入中国共产党，并任法政大学党支部组织委员，代理党支部书记，从此走上职业革命家的道路，积极从事革命活动。1928 年留学法国巴黎统计学院，从事社会科学研究会工作，任中共留法委员会委员、训练部部长、书记。此间，在留学生和中国工人中秘密从事革命工作，成功组织了巴黎机器厂的中国工人大罢工斗争。1931 年“九一八”后，领导中国留学生到日驻法大使馆门前示威游行，声援国内人民的反帝斗争，因身份暴露，被法国当局驱逐出境，辗转比利时，在中国海员中开展工作，又遭驱逐。1932 年赴苏联莫斯科列宁学院和东方大学学习，任中共东方大学支部书记。1934 年在苏联军事和政治特训班学习。1935 年回国，任中共东北军第五十三军工作委员会书记。抗战爆发后，参加组建中共河北省委，任省委委员、军事部部长。1938 年任中共北岳区党委委员、民运部部长、组织部长兼区党校校长，北方分局组织部副部长、代理部长。此间，培养大批干部，积极组织人民群众，开展游击战争，粉碎了敌军的多次合围，巩固了北岳根据地。1944 年任中共冀中区党委书记兼冀中军区政委，纵队政委，率部用多种人民战争的方法和战术，开创战争新局面，为大反攻作战建立战略基地。精心组织了 1945 年春季、夏季攻势，连续进行了 5 个战役，收复 12 座县城，沉重地打击了日伪军，最终取得了冀中平原抗战的最后胜利。中华人民共和国成立后，任中共河北省委书记，省人民政府主席、省长、省政协主席、省军区政委。1958—1966 年任河北省委第一书记兼省军区第一政委、华北协作区委员会主任委员，华北局委员。1960 年兼华北局第三书记。1978 年任中共中央组织部顾问。曾当选为中共第八届中央委员，第一、二届中央顾问委员会委员；第一、二、三届全国人大代表，第五届全国人大常委会委员。

罗忠恕（1903—1985） 四川省武胜县人。著名中西文化交流学者。1918 年到成都学习并组建“永远爱国会”，后改为“益群协进会”，任会长。1922 年入成都华西协和大学医学院，与他人组织“真真学会”，在《真真刊物》《率真周刊》上发表哲学译文《心理学、人类行为的研究》等，引起学术界的极大兴趣。曾被选为校学生会主席。1929 年入燕京大学哲学系研究院学哲学、实验心理学课，获硕士学位，并获全校文科研究所斐陶斐荣誉学会证书和奖章及金钥匙一枚。毕业后，回成都华西协和大学教授哲学、心理学，任讲师、教务主任、副教授、文学院院长。此间，他提出改革大学方案，为提高教学质量和知名度，聘请国内知名学者冯友兰、梁漱溟、邵力子、林语堂等到校讲学或任教。与名教授们共同组建“东西文化学社”，任社长，还吸收外国大学名教授和国际上关心中国的著名学者印度作家泰戈尔、英国哲学家罗素、美国哲学家杜威、法国哲学家柏格森、德国量子物理学家蒲朗克、法国汉学家白希礼、荷兰汉学家仪文达等参加东西文化学社。发信函与国内外学者如爱因斯坦等讨论东西文化交流问题，邀请澳大利亚、法国、印度、波兰等国驻华使节来讲学。后来，他又在该校成立了国防关系研究会，并任主席。1937 年留学英国伦敦牛津大学彼得学院。抗战爆发后，他参加世界基督教大会，在国际会议上发表和声张中国抗日的严正立场，相信中国人民的正义战争，必将得到世界的广泛支持。学习期间，他还访问了英国的伯明翰、利物浦、里兹、爱丁堡、格拉斯哥、亚丁波尔、剑桥等大学，积极宣讲中国文化，讨论大学问题、国际问题。进一步研究西方哲学，并对哲学思想进行对比，用西方的研究手段、逻辑分析方法、研究荀子的哲学思想，用英文写成论文《荀子论知与德》，在将中国哲学系统地介绍到西方的进程中起到重要作用。毕业后，与他人成立“中英文化合作委员会”，他提出中国与英国大学应长期进行文化交流、交换图书资料、交换师生的建议。在双方的共同努力下，英国剑桥大学专门研究中国科技史的专家李约瑟到成都华西大学和四川大学作学术讲演。促成成都石室中学《图书集》与英国《大英百科全书》及其他英文书籍的交换。1941 年回国途经香港时，应邀到香港大学演讲中英文化及东西文化交流的重要性。

回川后任华西大学文学院院长，教授哲学、心理学、西方哲学史，并翻译出版《希腊哲学》一书。1945 年参与了联合国宪章有关文化交流内容的起草。1946 年，赴英考察战后大学教育。1947 年应法国教育部之邀访问该国。同年 6 月担任联合国教科文组织哲学顾问。曾代表该组织参加瑞典斯德哥尔摩世界哲学会，并演讲了《哲学在现代大学中的地位》。是年，出席墨西哥召开的年会，之后又到美国各地访问、考察，会见了世界科学巨人爱因斯坦。还到康奈尔等大学做学术演讲。1948 年回国任《时论周报》主编，并发表专访《与罗素论国际现状》。次年撰写出版了极有价值的论文《中国传统中的人权思想》，文章被收入《人权论集》，载入了联合国的史册。1951 年入中国人民大学学习马列主义。次年回成都华西大学。1953 年任南充师范学院教授。1956 年回成都任四川师范学院教授、教研室主任。1978 年在成都科技大学教授英语。1980 年参加中国民主促进会，补选为民进四川省委顾问。从 20 世纪 80 年代起，每年为 20 余名美国、加拿大来四川师范学院学习汉语及中国文化的留学生开设专题讲座，讲授中国古代哲学、心理学、教育学，有英文《荀子的心理学思想》《孟子的心理学思想》《孔子的教育思想》《道学哲学》《墨家哲学与法家哲学》等讲稿。1984 年又主讲了《王充的思想与其〈论衡〉》。这些讲稿是向世界介绍中国优秀文化的宝贵资料。他还为中国大百科全书撰写了“孟轲”“荀卿”两个辞条。主要著作有《中国古典心理学》《墨子与墨家哲学》《中国人口思想概述》《回忆爱因斯坦》等。重要译著有《希腊哲学译述》等。

罗荣渠（1927—1996） 四川省成都市人。著名历史学家，中国现代化理论研究的先驱。1943 年入成都树德中学高中部。1945 年入昆明西南联大历史社会系学习，1946 年随校迁回原址，就读于北京大学。此间，撰写了《中国古代文化西来说略述》和《从克罗齐的历史学看几个问题》。1949 年毕业后就职于中苏友好协会总会。1956 年回北大任教员，主讲拉丁美洲史、美国史、世界近现代史等。1979 年晋升副教授。1980 年留学美国密歇根大学进行美国史和美洲史的学术研究。其间，考察了美国包括政治、经济、文化、教育以及社团、工厂、学校等社会各个方面。并在费正清中国研究中心发表了以“中国的现代化”为题的演讲。1982 年回国在北大任博士生导师。1962 年他的成名作《论所谓中国人发现美洲的问题》和 1983 年发表的《扶桑国猜想与美洲的研究》，不只是考证文章，而是比较中西文化的大手笔。从地理到历史，从政治到经济，从考核名物到研究心理……揭示了中国长期落后的深层原因，预示非走现代化道路不可。被学术界评价为“脍炙人口，传世之作”。在长期研究世界史，尤其是美洲史中，以广度深度的世界眼光，不仅考证了近代洋务派眼里的世界，闭关守旧派眼里的世界，还从郭嵩寿到梁启超、陈独秀、胡适，由正与反等方面来加以总结：不仅从历史与文献去研究，还与学者身份亲临美国、英国、法国、比利时、荷兰等地进行考察与探索。1986 年后开拓了现代化理论与现代化世界进程新领域的研究。特别以第三世界尤其是东南亚为研究重点，著有《现代化新论》、主编《五四以来有关中国文化趋向和发展道路的论争文选》等，在国内外引起广泛影响。改革开放初期，他主持从世界角度去透视中国与认识世界，提出“美国要重新认识中国，中国也需要加深了解美国”，这一具有思想解放意义的观点，具有重大的现实意义。他曾任北京大学校务委员会委员、学术委员会委员、北大世界现代化进程研究中心主任。主要著作有《伟大的反法西斯战争》《扶桑国猜想与美洲的研究》《论所谓中国人发现美洲的问题》《中国人发现美洲之谜——中国与美洲历史联系论集》《美国历史与文明》《现代化新论》《现代化新论续篇——东亚与中国的现代化进程》等。

赵宗燠（1904—1989） 四川省荣昌县人。著名化工专家、中国科学院学部委员。1927 年就读于南京国立中央大学理学院，获学士学位，毕业后留校作研究生和助教。1932 年任四川工业试验所主任工程师，同时在重庆中学和重庆大学兼课。1935 年留学德国柏林化工学院，获博士学位。1939 年回国，在重庆任交通司北碚合成汽油厂厂长兼同济大学教授。1947 年任资源委员会沈阳化工厂厂长兼总工程师、天津化学公司总经理兼总工程师。1949—1954 年，任东北工业部化工局总工程师兼锦州石油六厂总工程师。1955—1964 年任石油工业部生产技术司总工程师。1965 年任石油工业部石油化工科学研究院总工程师。20 世纪 40 年代初，曾研究试验成功了具有世界水平的几种汽油、柴油合成方法：B－T 法粉煤薄层低温干馏炼油和生产块焦；加压催化脱水法制造无水动力酒精；F－T 合成石油法的催化剂。1949 年后，与他人合作，完成锦州合成石油厂 F－T 法的 D－D 法气化，合成气深度净化，催化剂研究及制造，催化合成，产品吸附分离，以及催化剂原料钍、钴的提炼和回收等一系列项目，包括研究、设计、基建、投运等全部工程任务。同时，还与中国科学院大连化物所协作，在石油六厂组织研究试验熔铁催化剂中压合成石油法，取得可喜成果。为了解决国家大量低热值可燃矿物资源的高效利用，其间，他出国考察，回来后提出开发沸腾床燃烧新工艺的建议，并在石油部和茂名页岩油公司、抚顺设计院的大力支持下，组织有关单位在茂名试验成功处理油页岩油能力达 300 吨/日的大型试验炉，制造出一二千台各型各式沸腾床燃烧锅炉。为解决工业“三废”、环境污染问题，并提出具体建议。1971 年对全国二十多个省、市的环保情况，进行调查研究，整理大量中外资料，提出合理建议，发表文章，组织交流，提出节约能源的倡议，对有效利用能源有较大的推动作用。他还积极从事能源和环境保护学术活动。曾任石油、煤炭、化工等学会理事，被聘为国家科委自然科学奖励委员会委员，中国能源研究会和中国环境学会顾问，北京能源学会理事长。国家能源委员会顾问团成员。1980 年当选为中国科学院学部委员，主要论著 30 多篇，解放前除在《工业及工程化学杂志》《柏林工大博士论文专刊》上发表的几篇论著外，其余都在国内报刊、科技杂志和学术报告会上发表。还针对有关方面的需要，搜集了大量科技资料，并结合多年科技实践经验，整理和发表了 60 多篇科技报告和建议。

胡兰畦（1901—1994）　女，四川省成都市人。四川妇女解放运动的先驱者、著名女作家。1921 年在重庆、泸州等地执教，受吴玉章、恽代英等人的影响，加入马克思主义研究会，并参与成立了四川省女界联合会、川南女界联合会。1923 年回成都建立妇女联合会，任副会长。1924 年到广州，在国民党中央党部妇女部工作，任广东省妇女工作团副团长，其间，结识周恩来、李富春和国民党左派人士何香凝、李济深、李宗仁等。1926 年回川领导妇女运动。1927 年毕业于中央军校武汉分校女生大队，任国民党中央妇女部干事、汉口市党部改组委员会妇女部部长。“四一二”政变后，她与赵一曼等被编入叶挺独立师，参加西征。之后任江西国民党党务学校秘书、南昌新闻社副社长、《新江西日报》副总经理、江西省救济院孤儿所主任兼妇女教养所主任、江西盐务农场场长，参与组建江西革命运动委员会（中国农工民主党前身），并领导南昌的妇女解放运动。1929 年赴德国留学，其间，由廖承志介绍加入中国共产党，在德共中国语言组，参与领导留德反帝反法西斯斗争，她在德共反法西斯大会上的发言，受到德共领导人的赞赏。1934 年，她作为反法西斯女战士，出席苏联第一次作家代表大会。1936 年她再次到苏联参加高尔基的葬礼，苏联政府给予她一个外国革命家的最高荣誉。“九一八”后，她再次前往德国，因编辑反帝月刊，宣传抗日救国，揭露法西斯罪恶，被纳粹逮捕入狱，经宋庆龄等向德政府抗议，在关押三个月后被驱逐出境。到法国巴黎后，她参加留法学生反帝同盟，并将狱中经历写成《在德国女牢中》，发表在《世界报》上，随即被译成英、德、俄、西班牙四种文字，在国际上产生了广泛的影响。此文曾在上海《妇女生活》连载，成书多次再版发行，畅销南洋各地。抗战爆发后，她在上海办刊物、写文章，反响很大。其作品京剧《大战东林寺》受到欢迎，屡演不衰。上海沦陷后，任上海劳动妇女战地服务团团长，组织妇女战地服务团随军转战六个省、行军数千里，救护伤员、组织民众、收容难童、慰问演出、收割庄稼、办妇女学校等，时间达三年。中共中央对此给予高度评价，她也受到国民党政府的表彰，蒋经国曾专程拜访她，李济深、宋美龄设宴感谢她对国家、民族做出的贡献，蒋介石还授予她少将指导员。她以女将军的身份到战区视察、检阅部队、指导工作。解放战争中，她还参与对国民党部队的策反工作。中华人民共和国成立后，曾任北京工业学院总务处副主任、四川省文史研究馆馆员、第四、五届四川省政协常委、第六届全国政协委员。1957 年被划为右派，1978 年平反后重新入党。20 世纪 80 年代末，她用有生之年，完成一部近四十万字的《胡兰畦》回忆录。为表彰她对德国革命所做的贡献，德驻中国大使馆特派员看望并赠予她一枚银质奖牌。

柯召（1910—2002） 浙江省温岭县人。字惠棠。著名数学家、教育家、社会活动家、中国近代数论与组合的创始人之一。中国科学院学部委员，“资深院士”。1926 年入厦门大学预科，1928 年升入该校数学系，1931 年就读于清华大学，师从著名数学家熊庆来。同窗有陈省身、华罗庚等。他因成绩优异，当时曾被誉为“清华三杰”之一。1933 年任天津南开大学数学系助教。1935 年留学英国曼彻斯特大学，获博士学位。此间，在表二次型为线性型平方和的问题上，取得突出成绩，被邀在伦敦数学会作报告，成为登上伦敦数学会学术讲台的首位中国人。后在曼彻斯特大学数学系工作一年。其间，他在《数论学报》等著名刊物上发表了 10 多篇出色论文。1938 年回国，任四川大学数学系教授、主任，1946 年后任重庆大学教授、副教务长，中华人民共和国成立后，任四川大学教授、教务长，数学研究所所长、副校长、校长、博士生导师、名誉校长等职务。在此期间，他对数论的研究颇有建树，先后在国际和国内著名数学、科学杂志发表有创见的学术论文近百篇，其中不少论文从结果到方法，在国际上产生了很大的影响，被称为中国“近代数论的创始人”“二次型研究的开拓者”“一代数学宗师”，为祖国赢得了荣誉。他关于不定方程卡特兰问题的研究，是该领域的开创性成果。所撰论文《安道什－柯－拉多的关于交集》，已为百余篇论文所引用，成为组合论的经典定理，开辟了极值集论迅速发展的道路，解决了 1842 年卡特兰提出的二次幂情形，国际上称为“柯氏定理”，被广泛运用。他在科研上硕果累累，1955 年被评为首批中国科学院数理学部委员。1960 年出席了全国教育文化科学技术先进集体和先进工作者大会。1985 年获中国数学会和四川省人民政府分别颁发的从事数学研究与教育工作 50 年荣誉证书，1986 年获四川省科学进步二等奖，1998 年荣获“中国科学院资深院士”称号。1999 年荣获“何梁何利基金”科学与技术进步奖。曾任成都市政协副主席，第四、五、六届四川省政协副主席，第一至第七届全国人大代表，九三学社中央副主席、参议委员会副主任、九三学社四川省委员会委员、九三学社成都市委主任委员，四川省科协名誉主席，中国数学会名誉理事长，四川省数学会名誉理事长。1963 年和 1978 年，他两度参加了制订国家科学发展规划的工作，还担任首届中国多学科评议组成员、《数学学报》编委、《数学年刊》副主编和《四川大学学报》自然科学版主编、编委会主任等多种学术职称。

侯光炯（1905—1996） 上海市人。著名土壤学家，中国科学院学部委员。1928 年毕业于北平农业大学，留校任农学系助教。1935 年出席英国牛津第三届国际土壤学会并留居英国。1937 年回国，历任中央地质调查所土壤研究室主任，四川大学农学院土壤学、西南农学院土壤学一级教授、主任，并兼任宜宾自然免耕研究所名誉所长及技术顾问，中国农业科学委员会委员，西南农业大学博士生导师，中国科学院生物学部委员，国际土壤学会会员。他对土壤地理学、土壤分类学具有独到见解，特别致力于土壤肥力学及紫土的研究，创立了土壤肥力生物热力学理论，获全国科学大会重大科技成果奖。1955 年以来先后四次出席国际土壤学术研究会。1985 年被农业部授予“优秀教师”，中华全国总工会授予“优秀教育工作者”称号，获“五一”劳动奖章。1980 年获四川省科技成果一等奖，1987 年获国家科技成果三等奖。1990 年，被省委、省政府授予四川省自然科学界精神文化标兵称号。著有《土壤学附土质学基础》、《水稻土的生理分类体系》、《土壤学》（南方本）、《中国农业土壤概论》、《自然免耕理论在农业上的应用》等，先后发表论文 130 多篇。

俞恩梅（1904—1994） 女。浙江省杭州市人，妇产科专家。1926 年毕业于南京金陵大学，1930 年毕业于上海协和女子医学院，获博士学位。1931—1934 年先后在上海广仁医院、江苏芜湖医院、常州武进医院任内科、妇产科医生。1933 年留学美国，先后在费城医学院、霍普金医院、纽约肿瘤医院及 Cornell 医疗中心学习妇产科手术、病理学、肿瘤学，1937 年回国后任上海医学总会、广仁医院、重庆宽仁医院妇产科医师，1945 年再次赴美国进修，回国后先后在重庆宽仁医院、重庆医士学校、第七军医大学（现三军大）任妇产科主任、教授，四川省金堂公安医院妇产科主任。1978 年后任四川省医学情报研究所顾问，中国致公党中央委员、四川省政协第五届委员、第六、七届常委。她在国内最早应用巴氏染色法诊断妇科肿瘤，晚年在对残疾儿童、弱智儿童的康复、治疗中作出了不少成绩。

贺昌群（1903—1973） 字藏云，四川省马边县人。历史学家。1921 年考入上海沪江大学，一年后因家贫辍学，入商务印书馆编译所译著，与沈雁冰、叶圣陶、郑振铎、周建人同事，并加入文学研究会。1926 年起，在《文学周刊》《语丝》《中国青年》《东方杂志》上发表文章。1930 年留学日本。其间，阅读了大量明清之际在中国活动的西洋教士的著作和札记。回国后，任教于天津河北女子师范学院。1933 年任北平图书馆编纂委员会委员。对敦煌佛教艺术进行研究考查，发表了大量的论文，如《敦煌佛教艺术的系统》《汉唐间外国音乐的输入》《唐代女子服饰考》《近年西北考古的成绩》。回四川后，与马一浮创办复性书院。1940 年回马边创办中学。次年到三台东北大学代课一年，此后在重庆中央大学历史系任教。1946 年，随中央大学迁南京。后参加反饥饿、反内战的游行示威，遭受国民党的迫害，离校赴上海开明书店工作三个月。中华人民共和国成立后回南京，任南京图书馆馆长。1964 年选为第三届人大代表。主要著作有：《元明杂剧传奇与京戏本事的比较》《敦煌佛教艺术系统》《论历代建都与外患及国防之关系》《大唐西域记之译与撰》《汉初之南北军》《汉代以后中国人对于世界地理知识之演进》《论两汉政治制度之得失》《古代西域交通与法显印度巡礼》《论两汉土地占有形态的发展》《论黄巾起义的口号》《秦汉间个体小农的形成和发展》《关于封建土地国有制问题的一些意见》《秦汉间封建土地所有制的形式与农民的关系》《秦末农民起义的原因及其历史作用》《汉唐间封建土地所有制形式研究》等。

贺诚（1901—1992） 原名贺宗霖，化名贺雨生、李平、周肖华。四川省三台县人。早年参加学生爱国运动，后入北京大学医学院学习，任学生会负责人，编校刊，参加“五四”“三一八”等革命运动，并加入中国共产党。1926 年毕业后，被党组织派到广东国民革命军做医务工作。参加北伐战争。1927 年任第二方面军军医科长。大革命失败后，任国民党第四军军医处主任。1928 年任广东工农革命军第四师军医处处长，东江革命委员会卫生处处长和后方医院院长；任中共广东南路特委军委委员。不久后任广东省互济会中共党团宣传委员。同年调上海中央机关工作，开办达生医院作掩护，供中央政治局开会之用。后兼华南大学、群治大学校医并任课。1930年被派到武汉以开办中大药房作掩护，组成长江五省交通站，为中央同五省红军联络。1931年任中共闽南汀连县宣传部长，到兴国任中华苏维埃中央革命军事委员会军医处处长，不久任苏区中央局（军委）后方委员会组织部部长；任红军总医院政委兼院长、军委后方政治保卫局局长，同年任中央革命军区委员会总卫生处处长兼政委。创办红军卫生学校兼校长、政委并兼中央临时政府内务部委员、卫生管理局（后为卫生部）局长。1932年兼军委抚恤委员会主任，同年任卫生部部长兼政委。曾参加第三、四、五次反“围剿”作战，培养红军医务人才。1934年10月率卫生部参加长征，任军委二纵三梯队司令员兼政委。1935年奉命南下川康，任红军卫生部部长，次年任军委总卫生部部长兼红军前敌总指挥部卫生部部长。1937年赴苏留学，先后入莫斯科民族殖民地问题研究学院中央医师进修学院。1945年回国，任东北民主联军后勤部副部长兼卫生部部长、政委，东北军区后勤部副部长兼卫生部长等职。中华人民共和国成立后，任中央军委总后勤部副部长兼卫生部部长，中央人民政府卫生部副部长、中国人民解放军医学科学院院长、总后勤部副部长等职。1958年被授予中将军衔。是第四届全国人大代表，第四、五届全国政协常委，中共第十一届中央委员。

夏良才（1911—1975） 四川省仁寿县人。著名口腔医学教育家、口腔颌面外科专家。1930年就读于成都华西协和大学牙医学院，获博士学位，毕业后留校任助教、讲师、副教授、牙医学院副院长。1946年留学美国密西根大学，获颌面外科硕士学位。其后在美国印第安纳州立医院继续钻研颌面外科，为美国外科学会会员。1950年回国，任华西大学口腔外科学主任，四川医学院口腔系主任兼颌面外科主任。中华人民共和国建国初期，中国口腔外科水平与发达国家差距较大，处于领先地位的华西牙医学院仅能开展普通的齿槽外科手术，据此，他从国外引进了口腔颌面外科新技术，填补了这一空白。还从眼耳喉鼻科医院挤出5张病床，开展唇腭手术，白手起家，创建了中国第一个颌面外科专科病室。后发展到50余张床位，治愈数以千计的颌面外科病人。1958年，受卫生部委托，他主编了中国第一部口腔颌面外科学教科书。此书结束了靠外国教科书译本或各校自编教材进行颌面外科教学的历史，为提高颌面外科教学质量，对口腔医学教育起了积极的推动作用。1960年调湖北医学院，创建口腔系，首任系主任兼口腔颌面外科主任。初到湖北医学院，地无半分，医生不足10人，条件环境极差，他不惧困难，筹资金、选院址、买地、购设备，日夜操劳，四处奔走，经过一年时间的努力，因陋就简建成了有10余张床椅位的口腔医院。次年该院便接待了第一批病人。此外，他还选派12名医疗系优秀学生分别到四川、上海口腔医院学习，并让青年医生分批到兄弟医院进修，为口腔医学的发展奠定基础。口腔医院后来发展成有100余名医生、400名职工、建筑面积万余平方米的现代化专科医院。口腔系发展为每年约有60名毕业生、接收60多名进修医生的口腔教学中心。他创办的中华人民共和国成立后中国第一个口腔颌面外科学，为探索办学途径和狠抓师资骨干培养以及专科医院建设提供了宝贵经验，已为其他医学院校效法和借鉴。他把一生心血奉献给祖国口腔医学教育事业，他的高足弟子遍及全国，有的还先后担任各大医学院校口腔学院的领导，成为中国口腔医学事业的骨干栋梁。主编有中国第一部《口腔颌面外科学》，发表有《口腔癌的诊断和治疗》《下颌骨骨折之处理》等论文。

黄汲清（1904—1995） 曾用名黄德淦，四川省仁寿县人。著名地质学家，中华人民共和国地质事业的开拓者奠基人。中国科学院学部委员。1921年考入北洋大学，1928年毕业于北京大学地质系，1932 年留学瑞士伯尼尔大学、浓霞台大学，获博士学位。1936 年回国后在四川找到中国第一个工业天然气田。曾任中央地质调查所调查员、技正、所长，中央研究院院士、北京大学教授，西南军政委员会委员，西南地质调查所所长，西南地质局局长，重庆地质学校校长，地质部普查委员会常务委员，石油地质局总工程师，中国科学院地学部学部委员、副主任，地质部地质研究所副所长，地质研究院副院长，中国地质学会理事长，中国科协常务委员，石油学会名誉理事长，中国科协常务委员，石油学会名誉理事长，全国人大代表，中国地质科学院副院长、名誉院长、一级研究员，全国政协常委，九三学社中央委员会常务委员，美洲地质学会名誉委员等职。1980 年获瑞士联邦理工学院自然科学荣誉博士，1988 年当选为苏联科学院外籍院士，1994 年当选为俄罗斯科学院外籍院士。他在地质科学理论研究和实际工作中取得了突出成就。第一次阐明了中国的大地构造分区及其性质并创立了地槽褶皱带多旋回发展理论和手风琴式多旋回板块运动的模式；组织领导了中国地质图及构造图的编制和全国地质普查，并与谢家荣等在理论上阐明了中国含油盆地的特征，打破了“中国是贫油国”的论断，为中国石油工业做出重大贡献，从而在松辽平原、华北平原、鄂尔多斯、四川盆地、江汉平原、塔里木盆地等多处找到石油，发现了大庆油田、大港油田、胜利油田、任丘油田、长庆油田及四川盆地的天然气田等。曾获国家自然科学一等奖 2 次、二等奖 1 次。1994 年获陈嘉庚地球科学奖，1995 年获首届何梁何利基金优秀奖。他一生爱国敬业，严谨治学，爱护青年，为国家培养了一大批优秀的地质人才。国家还为他设立了“黄汲清地质科学技术奖”。其主要论著有《瑞士华莱县素女峰破金峰地区之地质研究》《中国古地理图》《中国南部之二叠纪地层》《中国主要地质构造单位》《新疆油田地质调查报告》《中国大地构造及其演化》《中国及邻区特提斯海的演化》等。

曹建猷（1917—1997）　湖南省长沙市人。著名电机工程专家，中国科学院学部委员。1936 年入上海交通大学学习，获工学学士学位。毕业后任西南联合大学助教、教员。1945 年留学美国麻省理工学院电机系，获博士学位，留校任讲师。1949 年任纽约市立学院讲师。1951 年回国，任唐山铁道学院教授、系副主任。1978 年任西南交通大学副校长、校学术委员会主任，博士生导师。曾任中国电机工程学会理事，唐山市电机工程学会理事长，铁道部科学研究院学术委员会委员，铁道部电气化领导小组成员，中国科学院学部委员，第六、七届全国人大代表、河北省、四川省人大代表，中国电工技术学会和中国高等教育学会常务理事等职。主要科研成果有：电子同步加速器电子束的稳定问题的研究。MLT 同步加速器初期利用其 Betatron 特性将电子加速到 2MeV 用振荡器提高到 360MeV。提供了一个立体空间复杂电磁系统暂态过程的分析方法，创制了一种装置（NCoiLs）用于动态测量，简化了矫正电路的设计与调节。他帮助铁道部确定了电气化铁路现行的电流和电压制，为铁道部所采用。1959 年受铁道部委托，主持了一个由有关单位人员组成的研究组，对四条干线采用两种电压制进行了比较，并根据比较结果，写成研究报告《中国电气化铁路接触网的额定电压问题》。意见被铁道部采纳。他在长期科研工作中，解决了电力铁道供电理论与设计中的一系列问题，其中主要是：关于山区铁路供电计算问题。他曾发表《交流牵引网电计算的普遍公式》、《牵引网电计算的严格公式》、《电力铁道供电》（教科书）。关于负序计算。他对由于电牵引而在电力系统中产生的负序进行了广泛的分析，提出了一个简易的检验负序允许值的方法，在设计部门被广泛应用。还编写了《电力铁道供电系统》的教材。他为接触参数、容许电流、地中返回电流的计算整理和建立的一整套算法，在设计部门中被广泛应用。在《电力铁道供电》和《电力铁道供电系统》的教科书中均有论述。他分析了V接线牵引变电所的问题，提出了不继续采用V接线的建议。还简化了牵引网短路计算，并协助设计部门解决了单相变压器碰壳电流的理论和计算问题。在教材《电机学》一书中，分析了牵引变电所劈相机的起动特征，提出了两步起动方法和有关数据。在《牵引变电所电气设备》等著述中分析了牵引变电所10千伏配电装置中互感器的三次谐波电容电流，提出了消除异常现象的相应措施等。1975年以来他从事计算机算法和理论的教学和研究，著有《电子计算技术》（上、下册）、《离散数学》等教科书。

章泯（1907—1975）　原名谢韵心，又名谢兴，笔名杜山、陆擎。四川峨眉县（今峨眉山市）人。著名戏剧、电影导演，电影艺术教育家、戏剧理论家。1918年入成都第一中学，深受“五四”文化运动的影响，1923年入北京大学艺术学院戏剧系，其间，结识萧三并经其介绍加入中国共产党。毕业后因时局动乱，与党组织失去联系。1930年到上海，次年参加“左翼戏剧家联盟”，任执委。1932年重新加入中国共产党。“一·二八”淞沪抗战后，他创作了《东北之家》《黄浦江边》《我们的故乡》《妇女进行曲》《家破人亡》《生路》等独幕、多幕剧，控诉日本帝国主义的侵略罪行，激发广大群众的爱国义愤，先后导演了抗日名剧《放下你的鞭子》，世界名剧《娜拉》《钦差大臣》《罗密欧与朱丽叶》《大雷雨》。在上海剧坛产生了很大影响。还撰写了《戏剧的现在和将来》《悲剧论》《喜剧论》等专论。系统的翻译介绍了国外特别是苏联的戏剧理论著作，如《近代戏剧家》《哈姆雷特对演员的忠告——莎士比亚的表演论》《戏剧的本质》等，对中国戏剧艺术的发展起了重要的作用。他是中国最早介绍并实践斯坦尼斯拉夫斯基表演体系的人。1937年，他与人一起创办了《新演剧》月刊，宣传革命现实主义的戏剧理论和斯氏表演体系，为建立中国自己的表演艺术体系培养了不少人才。抗战爆发后，他积极投入抗日救亡戏剧活动。在武汉参加话剧《保卫卢沟桥》的导演工作；在桂林导演了他创作的《我们的故乡》和丁玲的话剧《夜光杯》。同时，他又创作了《血》《战斗》《钢表》等抗战剧本。发表论文《论战时工农演剧》《新悲剧论》。1938年到成都四川省立戏剧学校任教，1939年在重庆陶行知创办的育才学校任戏剧组主任，同时被聘为中国电影制片厂特约编导委员，撰写出版了《表演艺术论》。1940年底他被安排在郭沫若主持的重庆文化工作委员会工作，从事剧本创作和戏剧理论研究。后辗转到香港、东江游击区、四川等地从事戏剧教学和创作工作。他导演过《希特勒的杰作》《北京人》《家》《孔雀胆》《天国春秋》等戏剧。与郑君里合作翻译了《演员自我修养》，单独翻译了《演员的筋肉松弛》《交流》《论闹剧与趣剧》，创作了多幕剧《苦恋》。1946年抗战胜利后到香港。其间，导演了由中原剧社演出的话剧《阿Q正传》，创作了话剧《虎》《村中之夜》。后又总结自己多年舞台实践经验和理论探索成果的重要著作《演员与导演》，创作了电影剧本《红尘白璧》（即《怨偶情深》），导演了电影《结亲》，编导了故事片《静静的嘉陵江》《冬去春来》。中华人民共和国成立后，任中华全国文学艺术界联合会和电影工作者协会理事，中央电影局艺委会主任。20世纪50年代初他在中央戏剧学校实验剧团导演大型苏联话剧《俄罗斯问题》，与他人合作导演了《在新事物面前》，他还翻译了《戏剧导演手册》《苏联电影的实验》。1955年，参加了中国第一个电影学院——北京电影学院的创建工作，并先后任副院长、院长、党委书记等职务。

彭劭农（1874—1968）　又名赞尧。四川省夹江县人，实业家。1905年留学日本宏文师范。其间，结识秋瑾，加入反清革命团体“光复会”和“大同社”。翌年接受“大同社”联络哥老会任务，回国准备武装起义。先在上海、江浙一带活动，不久任四川夹江县立小学堂监学。1907年任威远县立高等小学教习。同年任重庆府中学堂教习。后赴乐山与同盟会开办“乐屏垦务公社”，借“防夷”为名，向清政府当局请领枪支，招募垦丁，组织屯垦队，建立起300多人的武装。1908年回夹江任视学。1911年保路运动兴起，各地相继举行武装起义，他致书促使垦场队伍参与起义，并率部加入“中华民国军”，多方奔走于成都、乐山、自流井、重庆各地进行反清革命活动。民国成立后，他先后任犍为、富荣盐场清理委员、西盐税官、洪雅县征收局局长等职。后弃政从商。1919年举家迁居成都，与人合伙创办“生之纸店”，经营土纸，不久因公益银券影响，拆本散伙。1921年又独资创办“三泰长”纸铺，经营纸业和手工印刷业，在成都工商界颇具声望。国共第一次合作时期，拥护孙中山的“联俄、联共、扶助农工”三大政策。1927年“四一二”反革命政变后，对蒋介石的倒行逆施深为愤慨，毅然投身爱国民主运动。1931年被选为成都土纸业商会执行委员并兼任成都《工商日报》社社长，聘请中共党员为报社编辑。受其影响，主动参与党的外围组织“集思社”活动，并用“老农”笔名在《工商日报》发表呼吁民主、反帝爱国的文章。后以经商为名，将“三泰长”店铺作为中共四川地下党的联络站，结识了许多中共地下党领导人和进步人士程子健、张曙时、张秀熟、廖志高、车耀先等。还帮助中共四川省委保管经费。受其影响，6个子女从小参加革命活动，先后有5个子女加入中国共产党，4个子女奔赴延安。1936年车耀先等人发起成立成都市各界救国联合会，他代表工商界参加了该组织，被增补为常委，并组建了成都市工商界救国会。在纸业同业公会及商会中，团结了不少工商界人士。协助共产党做统战工作。抗日战争和解放战争期间，他在经济上无私援助党的事业。由中共地下党主编的《国难三日刊》《时事新刊》影响面广，发行量大，纸张十分缺乏，他用私人赊销名义独自承担供应任务。还照顾和掩护了许多共产党员和革命同志。成都刚解放，他就为整顿成都工商业和筹建工商联做了许多工作。先后任川西行署商业厅厅长、监察委员会委员、财经委员会委员，四川省及成都市工商联主任委员，四川省人民委员会委员，四川省政协副主席，全国人大代表，民建四川省委常委等。

彭迪先（1908—1991） 原名彭伟烈。四川省眉山县（今眉山市东坡区）人。著名经济学家。1921年入成都高等师范附中，其间，受到吴玉章思想熏陶，1925年到北平宏达学校学习。1926年留学日本东京成城学校和东亚补习高校学习日文、英文。1929年入日本庆应大学经济系预科，1932年入日本九州帝国大学经济系。毕业后留校任助教兼研究院研究生。此间翻译了《现代经济学记》，发表了《地租论之史的发展》《农业恐慌论》和《农业问题与瓦尔加理论的谬误》等论文。1937年回国后，积极投入抗日救亡运动。翌年，写出了《战争时的日本经济》一书，分析了日本战时经济的弱点，论证了日本由强到弱的必然性。1938年，任西北联大法商学院政治经济系教授、重庆生活书店总管理处馆外编审。此间，写出《实用经济学大纲》一书，对现代资本主义社会的各种经济现象和剥削实质作出清晰的解剖；发表了《经济学的根本问题》《评奥国学派经济学》；翻译了马克思的《资本生产物的商品》（《资本论》第一卷补遗）。1940年任武汉大学、四川大学经济系教授、副主任。1947—1948年，先后发表了《新货币学讲话》、《经济思想史》（第一卷）、《世界经济史纲》。中华人民共和国成立后，任川西行署监察委员会主任，西南军政委员会文教会委员，四川省人民政府委员兼文教委员会副主任、四川大学校长、经济学教授、系主任。此间，写出了《货币信用论大纲》，介绍了苏联货币流通与信用制度，探讨了人民币的本质和作用。此书后被译为日文出版。1961—1966年，写出《马克思的货币学说》一书。1979年任四川省副省长，发表了《重视高等财经教育》《马克思论抽象劳动》。1951年加入民盟，任四川省主任委员，四川省政协副主席。1979—

1983 年，任民主同盟第四、五届中央副主席，四川省委主任委员。是第一至七届全国人大代表，第六届全国人大常委，第五届全国政协常委。1984 年加入中国共产党。1988 年当选为民盟中央参议委员会副主任。主要论著有：《战时的日本经济》《新货币讲话》、《经济思想史》（上卷）、《世界经济史纲》、《货币信用论大纲》。译著有：《现代经济学论》《资本生产物的商品》 等。

程绍迥（1901—1993） 四川省黔江县（1997 年后为重庆市黔江区）人。1921 年在北京清华学校毕业后赴美国留学入衣阿华州立农工学院学习，获畜牧学学士学位，被选为全美优秀大学毕业生荣誉会会员，后到美国约翰斯霍普金斯大学公共卫生学院学习，获兽医学博士和免疫学科学博士学位，被选为美国公共卫生荣誉学会会员和美国科学工作者荣誉学会会员。回国后，历任东北大学农学院教授、上海兽医专科学校教授、上海商品检验局血清制造所主任、上海兽疫防治所主任、上海复旦大学和上海中法大学药学专科学校教授、中央畜牧实验所所长、中央大学农学院畜牧兽医系教授等。中华人民共和国成立后，任中央人民政府农业部畜牧兽医局局长，畜牧总局副局长，农业部一级农业总技师，中国农业科学院副院长和学术委员会副主任委员，中国农学会副理事长，中国畜牧兽医学会理事长、名誉理事长，中国微生物学会常务理事等职。曾任第二、三届全国人大代表，第五、六届全国政协委员，政协第六届全国委员会农业工作组副组长，农业部科学技术委员会常务委员，国家科委畜牧专业组成员和抗菌素组成员，九三学社七届中央委员，九三学社中央参议委员会常务委员，《中国农业百科全书》总编辑委员会副主任，《中国畜牧业兽医近代史料》主编，《中国科学》和《科学通报》编委会委员。1983 年，被选为美国约翰·斯霍普金斯大学荣誉学会、学者学会会员，并授予荣誉证书和奖章。1990 年，被美国衣阿华州立科技大学兽医学院授予斯坦奖。几十年来，主要从事畜牧兽医教育、技术行政工作和兽医生物药品的研究。在建立兽医生物药品制造机构、生物药品研究和生产方面做出了大量开拓性工作，是中国兽医生物药品制造创始人之一。1932 年同蔡无忌等在上海创建中国第一个兽医学血清制造所。此后，在其组织指导下在全国各地陆续建起一批兽医生物药品制造机构，成立了农业部兽医生物药品监察所。在从事兽医疫苗的经验总结和制药理论研究中，提出培育弱毒苗的标准和弱毒苗“四性”原则，提出了研究家畜五号病灭活疫苗的“三原则”。首次在中国兽医疫苗生产中使用油乳剂作佐剂，为兽医灭活疫苗使用油乳剂开辟了一条新路。在中国牛瘟和家畜五号病等兽疫防治工作中做出了重大贡献。在他组织领导下，1955 年在全国范围内消灭了逞凶千百年的耕牛大敌——牛瘟。这是中国消灭的第一种家畜传染病。在科学研究中，先后研制成功牛瘟血清、牛瘟脏器苗、免疫牛瘟弱毒苗、鸡胚化牛瘟弱毒苗。主持研究成功“猪五号病 AEI 灭活疫苗”“猪传染性水泡病高免疫乳清”等多种生物制品。一些研究成果达到国际水平，受到国际兽医界的赞誉，发表论文 30 多篇。

傅烈（1899—1928） 原名见贤，化名贺德、贺泽、喻伯凯。江西省临川县人。1917 年入九江南伟烈大学。后辍学兴家创业，并往上海吴长泰机米厂当学徒。1920 年赴法勤工俭学。其间，参加留法勤工俭学学生发动的“二二八请愿”“反对中法借款”“占领里昂中法大学”等重大斗争。1922 年加入“旅欧中国少年共产党”，后转为中国共产党。1923 年任社会主义青年团巴黎支部书记，1924 年到苏联莫斯科东方劳动大学学习。回国后，任国民革命军第三军政治部秘书。1926 年国民党右派企图破坏国共合作，中共两广区委派傅烈组织一个情报机构，负责搜集国民党各方面的情报。1926 年，国民革命军誓师北伐。进军中，他带领政治部的宣传员打前站，宣传北伐的宗旨和军队纪律；发动和组织群众为北伐军送水送饭、送弹药、救伤员、做向导等。北伐军攻下南昌后，第三军留守江西，傅烈任江西省政府秘书兼第三军政治部秘书。同年中共江西省委成立，傅烈任组织部部长。1927 年调中央军委工作。大革命失败后，中共四川省委主要领导人相继被杀害，机关瘫痪，工作陷于停顿。1927 年中央派傅烈、周贡植、刘披云等前往四川建立临时省委。抵重庆后，在神仙口街建立临时省委机关，同时派人到各地清理和恢复党的组织，宣传贯彻党的“八七”会议精神，迅速打开了四川的工作局面。中共四川临时省委建立后，傅烈任书记。临时省委对过去党内的错误思想倾向和组织上的散漫现象提出了批评。同时整顿和发展党组织，积极慎重地发展党员，恢复和开展党的活动，并规定了严格的审查和教育制度。在不到半年时间，重建了重庆、成都 2 个市委和万县、宣汉、达县、涪陵、蒲江、南溪、绵竹 7 个县委及 13 个特委、4 个通讯点，清理登记党员 442 人。经过组织整顿和思想教育，消除了党内悲观动摇情绪，巩固和发展了全川党的组织。1928 年中共四川临时省委在巴县铜罐驿召开省委扩大会议，傅烈作了题为《四川暴动行动大纲》的报告。会议正式选举产生了中共四川省委第一届委员会（以前称四川地方委员会），傅烈当选为中共四川省委书记兼军委书记。傅烈日夜操劳，准备召集重庆、巴县、江北部分党员干部会，建立中共巴县县委。1928 年，傅烈、周贡植前往巴县兴隆巷 8 号主持巴县县委成立大会，因遇意外情况，被敌人逮捕。同年，傅烈等被杀害于重庆朝天门。傅烈大义凛然，坚贞不屈，沿途高呼“打倒帝国主义”等口号。

童恩正（1935—1997） 湖南省宁乡县人。考古学家、科幻作家。幼年在长沙成智小学学习，1947 年入雅礼中学，后随父入川。1956 年考入四川大学历史系。毕业后在四川峨眉电影制片厂任编剧，1963 年入四川大学历史系任教。1980 年留美学习。回国后，任四川大学历史系教授、博物馆馆长，第五、六届四川省政协常委，四川省科普协会副理事长兼成都科普创作会理事长，中国铜鼓学会理事长，中国科普创作协会科学文艺委员会主任委员。曾著有《西藏地区昌都卡若新石器时代遗址报告》《文化人类学》《古代的巴蜀》《我们当代的原始民族》《西南民族考古论文集》等，《古代的巴蜀》成为美国国会图书馆收藏的四部四川大学教职工的著作之一。撰有学术论文 30 多篇，其中《我国西南地区战国秦汉考古发现及研究》4 篇论文获得四川省社会科学一等奖、省民族研究成果奖、省历史学会社会研究成果奖。同时，他在科学文艺的创作中获得了突出的成就，是中国科学文艺的代表作家之一，被誉为中国科幻小说的“四大金刚”之一。先后发表的文学著作、科普著作和科幻小说有：《我的第一个老师》《五万年以前的客人》《古峡迷雾》《雪山魔笛》《追踪恐龙的人》《宇航员的归来》《晖晖的小伙伴》等。1963 年写的科幻小说《珊瑚岛上的死光》，轰动全国，获得第一届优秀短篇小说奖，并拍摄成中国第一部科幻电影，后来还改编成连环画、广播剧，在社会上产生了广泛的影响。《珊瑚岛上的死光》《雪山魔笛》，电影剧本《古泪今痕》等分别两次获国家文学奖，三次获四川省、成都市文学奖。1991 年赴美讲学，后居留美国。侨居期间，曾担任过美国多所大学的教授，在学术上卓有建树，著述颇丰。

裴鉴（1902—1969） 又名裴季衡。四川省华阳县（今该县已撤销，其行政区域划归双流县）人。著名植物分类学家。1916 年入清华学校。1925 年留学美国加州斯丹福大学，先后获硕士、博士学位。1931 年回国，1945 年后任中国科学社生物研究所研究员、国立中央研究院动植物研究所研究员，中央大学农学院森林系、复旦大学药学专科学校教授，并兼任交通大学、光华大学、金陵大学生物系教授。1949 年任中国科学院植物分类研究所华东工作站研究员兼主任。1954 年任中国科学院南京中山植物园主任，1960 年任中国科学院南京植物研究所研究员，后兼所长。1938 年参加美国加州斯丹福大学科学工作者荣誉学会，1952 年加入中国民主同盟。1957 年加入中国共产党。曾任中共南京植物所党组成员，江苏省民主同盟副主任委员，江苏省植物学会理事长，中国药学会南京分会理事，中国植物学会理事兼秘书长，《中国植物志》编委，《中华人民共和国药典》编委会编委，中国科学院植物园工作委员会委员，中国科普协会南京分会常务委员，《植物学报》编委。1958 年当选为江苏省第二届人大代表，江苏省第一届政协委员，1964 年为第四届全国政协委员。他对从事植物分类学的研究有较深的造诣，发表了约 50 余篇学术论文与著作。早在 20 世纪 50 年代，他就开始进行了马鞭草植物的分类研究，曾发表《中国之马鞭草科植物》等有关论文多篇。1959 年开始进行《中国植物志》（马鞭草科）的编写工作，同时，还进行了毛茛科铁线莲属及金粟兰科植物的分类研究，此外，他对经济植物也进行了一定的研究，曾发表《中国东部之三白草科及金粟兰科植物》《中国金粟兰属之研究》《川康经济植物录》《中国产油植物之概述》《中国东部之胡桃科植物》等论文多篇。自 1936 年开始着手进行中国药用植物的分类和考证研究工作，并编写了第一本《中国药用植物志》，后又与人合作编写了七本，共计出版八册。有关药用植物的论文有《五种曼陀罗的植物分类及生药鉴定研究》《历代本草及其作者简述》《中药苍术白术的生药学鉴定研究》《中药白头翁的生药学鉴定研究》《药用植物研究的方法和方向》等。20 世纪 50 年代后期与人合作主持编写了《江苏南部种子植物手册》，同时开始了甾体皂素资源植物薯蓣科的调查利用研究。在他的主持下，1957—1966 年的近十年里，调查了全国薯蓣植物的种类、甾甙元含量及其在中国的分布，为中国寻找甾体药物资源做出了有益的贡献。在为医药工业开辟原料的同时，还进行了薯蓣科的系统分类研究，特别对富含薯蓣皂素的根状茎组进行了系统分类。指导科研人员作了有关根状茎组各种薯蓣的地理分布，细胞染色体、花粉、形态及根茎组织解剖等的研究。1979 年 9 月发表了《薯蓣属根状茎组系统分类的初步研究》论文。

潘大逵（1901—1991） 四川省开县（今属重庆市）人。教育家、法学家。1917 年进清华学校学习。毕业后在青岛私立大学任教，后到南京东南大学借读半年。1925 年留学美国斯坦福大学攻读政治，获学士学位。1929 年在美国威士康辛大学获硕士学位。曾在哥伦比亚大学作研究生。1930 年回国后，应上海法学院院长褚辅成、教务长沈钧儒之聘任教。受两位先生的影响，在光华、暨南、厦门等大学任教。参加过王造时主编的《主张与批评》和《自由言论》等刊物的编辑工作，并在此刊物上发表不少文章。抗战时期，他教书、著述和参加社会活动。在成都主编过《民主与宪法》，并发表文章。在昆明主办《云南民盟刊物》《民主周刊》。1935 年与周新民、孙怀仁等发起“上海大学教授救国会”。1936 年参加“全国各界救国联合会”宋庆龄、胡愈之等营救“七君子”运动。1943 年参加中国民主同盟，次年任民盟中央委员。1945 年与费孝通、钱瑞升等在昆明西南联大广场举行“反内战大会”，发表演讲。1947 年回四川后，先后任南林学院政治系主任，万县辅成法学院院长，重庆大学政治系主任，法学院院长。曾任四川大学、朝阳大学、中国大学、云南大学教授，系主任、院长。1949 年任民盟西南总支部筹备委员会主任委员。中华人民共和国成立后，任西南军政委员会文教部副部长，第一、五届全国人大代表，第一、五届四川省政协副主席，西南总支副主委，民盟重庆支部第三届主委，重庆市人民政府委员，民盟四川省委副主委、主委，民盟中央委员、常委，中央参议委员会副主任。1980 年任四川省文史馆研究馆长、名誉馆长，民盟四川省名誉主委、四川省社科院名誉院长。主要著作有：《风雨九十年》《欧美各国宪法史》《中国宪法史纲要》《近代政治思潮》等。1981 年在民盟《中央盟讯》第一期发表《我参加云南省支部活动的回忆》。

薛子正（1905—1980） 化名薛孜帆。四川省梁山县（1952 年 12 月 3 日，因县名与山东省梁山县同名，遂以境内有平坝而更名为梁平县，1997年后属重庆市）人。1925年加入中国共产主义青年团，1926年加入中国共产党。上海大学肄业，参加学生爱国运动。1926年到全国学生联合会总工会工作。1927年参加上海工人第三次武装起义，曾在浦东工人纠察队参加战斗，不久留学苏联莫斯科东方大学军事训练班，后转入列宁格勒军事政治大学学习。1930年毕业回国，被派到赣东北红十军，任团长、团政委。1932年因负伤改任闽北军分区司令员，中共闽赣军区参谋长。率部参加赣东北历次反“围剿”及中央革命根据地第五次反“围剿”作战。中央红军主力转移后，留下坚持斗争。1935年率一部游击队在七琴、小布、峡江一带坚持游击战争。7月中旬失败，回到四川，在綦江中学当教员。1938年恢复党组织关系，从事兵运工作。后到南岳游击干部训练班任教官。1940年到重庆八路军办事处军事组工作。解放战争时期，任北平军调处执行部中共方面驻汉口第九组代表，军调部中共方面处长、参谋长，中共中央土改工作团参谋，华北军政大学办公厅主任，北平市人民政府秘书长等职。中华人民共和国成立后，历任北京市副市长、国家经济委员会副主任、中共中央统战部副部长兼秘书长等职。中共第八届中央监察委员会候补委员，第四届全国政协委员，第五届政协常务委员。

二、名　　表

四川省侨务系统受国家部省级表彰的先进集体名表

表附－1

年份	受表彰集体	表彰名称	表彰单位
1999	乐山市侨办	全国侨务工作先进集体	国务院侨办、中国侨联
1999	南充市侨办	全国侨务工作先进集体	国务院侨办、中国侨联
1999	南充市侨联	全国侨务工作先进集体	国务院侨办、中国侨联
1999	四川省侨办	1999 年度招商引资先进单位	四川省人民政府
2000	四川省侨办	1999 年度全国侨办系统开展为侨资企业服务行动年活动先进单位	国务院侨办
2002	成都市侨办	全国侨务信访工作先进集体	国务院侨办
2002	德阳市侨办	全国侨务信访工作先进集体	国务院侨办
2002	电子科技大学统战部	全国社区侨务工作先进单位	国务院侨办
2002	犍为县外事侨务办公室	全国社区侨务工作先进单位	国务院侨办
2003	四川省侨办侨联	2003 年第四届中国西部国际博览会组织工作优秀单位	四川省人民政府
2004	绵阳市侨联	中国侨联工作先进集体	中国侨联
2004	乐至县侨联	中国侨联工作先进集体	中国侨联
2005	四川省侨办侨联	参与承办第二十届世客会及世界华商峰会作出显著成绩单位	四川省人民政府
2005	四川省侨办	全国侨务系统先进集体	国家人事部、国务院侨办
2005	成都市侨办	全国侨办系统先进单位	国务院侨办
2005	绵阳市侨办	全国侨办系统先进单位	国务院侨办
2005	射洪县侨办	全国侨办系统先进单位	国务院侨办
2005	犍为县侨办	全国侨办系统先进单位	国务院侨办

四川省侨务系统受国家部省级表彰的先进个人名表

表附－2

年份	受表彰个人		表彰名称	表彰单位
	姓　名	工作单位		
1999	叶尚言	四川锦丰纸业有限公司	全国归侨侨眷先进个人	国务院侨办、中国侨联
1999	石应康	华西医科大学附属第一医院	全国归侨侨眷先进个人	国务院侨办、中国侨联
1999	李星炜	三勒浆药业集团	全国归侨侨眷先进个人	国务院侨办、中国侨联
1999	郑宝迪	中铁三局集团有限公司	全国归侨侨眷先进个人	国务院侨办、中国侨联
1999	赵尔宓	中科院成都生物研究所	全国归侨侨眷先进个人	国务院侨办、中国侨联
1999	范让能	高县中学校	全国归侨侨眷先进个人	国务院侨办、中国侨联
1999	黄双华	攀枝花市侨办	全国归侨侨眷先进个人	国务院侨办、中国侨联
1999	赵　敏(女)	西南石油学院	全国归侨侨眷先进个人	国务院侨办、中国侨联
1999	何次峨(女)	广元市新华书店	全国归侨侨眷先进个人	国务院侨办、中国侨联
1999	陈成义	东方电工机械厂设计处	全国归侨侨眷先进个人	国务院侨办、中国侨联
1999	唐　梅(女)	泸州市侨办	全国归侨侨眷先进个人	国务院侨办、中国侨联
1999	商姝璟(女)	内江市侨联	全国归侨侨眷先进个人	国务院侨办、中国侨联
1999	谈耀昂	绵阳市中心医院	全国归侨侨眷先进个人	国务院侨办、中国侨联
1999	刘礼富	乐山市市中区富侨建材厂	全国归侨侨眷先进个人	国务院侨办、中国侨联
1999	成　甦	四川华侨凤凰集团股份有限公司	全国归侨侨眷先进个人	国务院侨办、中国侨联
1999	艾定维	新津县公安局	全国归侨侨眷先进个人	国务院侨办、中国侨联
1999	王雅珊(女)	雅安市科委科协	全国归侨侨眷先进个人	国务院侨办、中国侨联
1999	江绍堂	乐至县侨联	全国归侨侨眷先进个人	国务院侨办、中国侨联
1999	刘青松	郫县政协	全国归侨侨眷先进个人	国务院侨办、中国侨联
1999	金宏清	东方锅炉(集团)股份有限公司	全国归侨侨眷先进个人	
1999	杨白华(女)	四川省工商联巴中办事处	全国归侨侨眷先进个人	国务院侨办、中国侨联
1999	叶秀挺(女)	达县地区纪委监察局	全国归侨侨眷先进个人	国务院侨办、中国侨联
1999	靳淑华(女)	仁寿县人民医院	全国归侨侨眷先进个人	国务院侨办、中国侨联
1999	王宋达	四川省侨办	全国侨务工作先进个人	国务院侨办、中国侨联
1999	罗长安	犍为县侨办	全国侨务工作先进个人	国务院侨办、中国侨联
1999	尹建勋	达县侨联	全国侨务工作先进个人	国务院侨办、中国侨联

续表附－2

年份	受表彰个人		表彰名称	表彰单位
	姓　名	工作单位		
1999	卢道猜	四川省侨联	全国侨务工作先进个人	国务院侨办、中国侨联
2002	王宋达	四川省侨办	全国侨务信访工作先进个人	国务院侨办
2002	唐　梅(女)	泸州市侨办	全国侨务信访工作先进个人	国务院侨办
2002	赵　玲(女)	成都市成华区侨办	全国侨务信访工作先进个人	国务院侨办
2002	刘志前	东方汽轮机厂党委统战部、侨联	中国侨联先进个人	中国侨联
2002	刘晋清	郫县政协	中国侨联先进个人	中国侨联
2004	王昌金	凉山州侨办	全国归侨侨眷先进个人	国务院侨办、中国侨联
2004	刘德刚	国网雅安电力(集团)公司	全国归侨侨眷先进个人	国务院侨办、中国侨联
2004	刘盛纲	电子科技大学	全国归侨侨眷先进个人	国务院侨办、中国侨联
2004	江绍堂	乐至县侨联	全国归侨侨眷先进个人	国务院侨办、中国侨联
2004	孙中刚	南充市歌舞剧院	全国归侨侨眷先进个人	国务院侨办、中国侨联
2004	米银军	中国网通遂宁分公司	全国归侨侨眷先进个人	国务院侨办、中国侨联
2004	米瑞蓉(女)	成都万博置业有限公司	全国归侨侨眷先进个人	国务院侨办、中国侨联
2004	许美玉(女)	自贡市第一中学校	全国归侨侨眷先进个人	国务院侨办、中国侨联
2004	陶喜群	(德阳)东方电机有限公司侨联	全国归侨侨眷先进个人	国务院侨办、中国侨联
2004	张景贤	攀枝花市十九冶特种公司	全国归侨侨眷先进个人	国务院侨办、中国侨联
2004	陈天淇(女)	眉山映天学校	全国归侨侨眷先进个人	国务院侨办、中国侨联
2004	胡继平		全国归侨侨眷先进个人	国务院侨办、中国侨联
2004	胡新章	巴中市侨办	全国归侨侨眷先进个人	国务院侨办、中国侨联
2004	唐兴海	苍溪县外贸公司	全国归侨侨眷先进个人	国务院侨办、中国侨联
2004	修瑞龄	四川省医院	全国归侨侨眷先进个人	国务院侨办、中国侨联
2004	洪玉娘(女)	宜宾市侨办	全国归侨侨眷先进个人	国务院侨办、中国侨联
2004	钱纪民	中铁二局二公司	全国归侨侨眷先进个人	国务院侨办、中国侨联
2004	康　宁	绵阳市侨办	全国归侨侨眷先进个人	国务院侨办、中国侨联
2004	郭湘润(女)	泸州市侨联	全国归侨侨眷先进个人	国务院侨办、中国侨联

续表附－2

年份	受表彰个人		表彰名称	表彰单位
	姓　名	工作单位		
2004	殷大新	达州市侨联	全国归侨侨眷先进个人	国务院侨办、中国侨联
2004	魏光旭	犍为县水电局	全国归侨侨眷先进个人	国务院侨办、中国侨联
2004	商姝璟(女)	内江市侨联	全国归侨侨眷先进个人	国务院侨办、中国侨联
2004	登德旺志	阿坝州侨联	全国归侨侨眷先进个人	国务院侨办、中国侨联
2004	陈　宪	四川省侨联	中国侨联工作先进个人	中国侨联
2004	尹建勋	达县侨联	中国侨联工作先进个人	中国侨联
2004	邱　林	四川客家海外联谊会	全国离休干部先进个人	国家老干部局
2005	龚顺斌	内江市侨办	全国侨办系统先进个人	国务院侨办
2005	丹巴泽郎(藏族)	阿坝州侨办	全国侨办系统先进个人	国务院侨办
2005	李国学	达州市侨办	全国侨办系统先进个人	国务院侨办
2005	张　哲	自贡市侨办	全国侨办系统先进个人	国务院侨办

三、大 事 记

1986 年

3 月 17—18 日 四川省首届侨务系统先进集体、先进个人表彰大会在成都市召开。会议表彰侨务系统先进集体 30 个，先进个人 183 名。中共四川省委常委徐世群代表中国共产党四川省委员会、四川省人民政府（以下简称省委、省政府）到会祝贺，并作《团结奋斗，再立新功》的讲话。

3 月 20—21 日 四川省人民政府侨务办公室（以下简称省侨办）、四川省归国华侨联合会（以下简称省侨联）在成都市召开各市（地、州）侨办、侨联负责人参加的全省落实侨务政策会。中共四川省委常委徐世群就四川落实各项侨务政策工作讲话。

3 月 四川省中国旅行社（以下简称省中旅社）开始办理赴港澳旅游业务，大大缓解了四川赴港澳探亲排队候批，经常误时、误工等问题。

5 月 2 日 四川省人民政府侨务办公室、四川省建设委员会、四川省财政厅印发《关于加快落实华侨私房政策的补充意见》，成立落实私房政策领导小组，中共四川省委常委徐世群任组长，四川省人民政府侨务办公室、四川省建设委员会、四川省财政厅各 1 名负责人为成员。

6 月 28—30 日 省侨办在重庆市江津县召开落实侨房政策经验交流会。会议重点介绍江津县落实侨房政策的经验。会后印发《落实土改没收、征收华侨私房政策问题解答》。有任务的市（地、州）和部分县侨办负责该项工作的人员参会。

6 月 美籍华人、美国西部四川同乡会副会长余受之回乡探亲，目睹家乡巨大变化，决定每年向成都石室中学捐资 1200 元设立奖学金（后设立奖励基金），后捐资 18.6 万元在该校兴建一座图书馆。

12 月 经四川省人民政府侨务办公室联系，应泰国副总理披差·拉达军邀请，四川省人民政府省长蒋民宽率四川省人民政府代表团访问泰国。四川省人民政府侨务办公室协助安排访泰期间的活动。

1987 年

1 月 1 日 经省政府批准，四川省中国旅行社与 1978 年 6 月以来共同经营的中国国际旅行社成都分社分开，独立经营，归省侨办领导。

2 月 经四川省人民政府侨务办公室联系，应四川省人民政府省长蒋明宽邀请，香港金桥联合发展有限公司总经理刘作怡到四川，与有关方面洽谈贸易，签订进出口合同，成交额达 494.56 万美元。

同月 四川省人民政府侨务办公室、四川省劳动人事厅、四川省财政厅转发国务院侨务办公室、劳动人事部、财政部《关于给予已退休的原南洋华侨机工回国服务团成员生活补贴费的通知》。

3月4—7日 省侨办在南充地区召开首次全省侨属企（事）业经验交流座谈会。会议介绍了南充地区侨属企业的发展，以及攀枝花市侨联生化厂、古蔺华光酒厂等单位的经验。各市（地、州）侨办或侨联有关负责人和部分侨属企（事）业代表参会。

3月26—28日 省侨办在乐山市召开全省落实华侨私房政策经验交流会。15个有任务的市（地、州）及部分县侨办有关负责人40人参会。会后就落实土改没收、征收华侨私房具体政策掌握问题，下发文件，以利贯彻。

5月 省政府批准成立四川省华侨旅游侨汇服务公司。省侨办委托省中旅社代管。1992年1月实行独立核算、自负盈亏，由省侨办直接管理。

12月20日 四川省人民政府侨务办公室、四川省劳动人事厅印发《关于对归侨、侨眷子女在招工中给予适当照顾的通知》，要求在招工文化考试中按待业时间长短加20—30分。

1988年

1月18—25日 国务院侨务办公室主任廖晖率工作组到四川检查指导工作。除听取汇报外，还分别召开了侨务干部座谈会和部分归侨、侨属企业负责人座谈会，就侨务工作如何为经济建设服务作了讲话。

4月20日至5月4日 省侨办邀请《人民日报》（海外版）、新华社对外部等8家中央新闻单位记者8人，先后到成都、重庆、自贡、万县等地的侨属企业、旅游景点、历史文物馆采访，发稿19篇宣传四川。

11月19—30日 四川省华侨历史学会成立暨第一次侨史学术讨论会在成都市召开，郭戈奇当选会长，张学群、林圃、赵清、王济国当选副会长。讨论会收到论文20余篇。

11月 美籍华人、美国际运通银行副总裁邱正爵捐款6万元，在祖籍乐山市井研县修建“邱金图书楼”。

12月 古蔺县侨属企业——华光酒厂生产的“蜀侨牌”窑酒，在北京市举办的全国首届食品博览会上被评为金奖，授予“国家级优秀产品”称号。

1989年

4月26—28日 四川省第三次归侨侨眷代表大会在成都市召开。

11月8—11日 省政府在成都市召开全省侨务工作会议。会议总结全省5年来的侨务工作，提出了今后的五方面任务，形成《四川省侨务工作会议纪要》。12月9日，省政府批转了纪要。

12月18日 国务院侨务办公室、中华全国归国华侨联合会对在各条战线做出突出成绩的980名归侨、侨眷知识分子和企业家授予光荣称号。四川有33人被授予“全国优秀归侨、侨眷知识分子”称号，有4人被授予“全国优秀归侨、侨眷企业家”称号。

12月 在南侨机工回国抗战50年之际，省侨办、省侨联在南侨机工住地向全省59名南侨机工成员颁发了荣誉证书。

1990年

1月 中共四川省委宣传部、中共四川省委统战部、四川省人民政府侨务办公室、四川省贸易促进会、四川海外联谊会等在广东省深圳市举办川籍海外侨胞、港澳同胞联谊活动。中共四川省委常委、宣传部部长许川，四川省政协副主席、中共四川省委统战部部长王于出席活动。

7月10—14日 云南、广西、贵州、四川4省（区）侨办在成都市举行国外侨务工作研讨会。中共四川省委副书记冯元蔚到会讲话。会议就如何进一步开展4省（区）的国外侨务工作进行了交流和探讨。4省（区）侨办、侨联和中旅社负责人25人参会。

9月19—20日 四川省第二次华侨历史学术讨论会在四川大学学术交流中心举行。学术讨论会的中心议题是“华侨与爱国主义”，收到国内外论文60余篇。侨史学会会员和有关人士70余人参会。

1991年

4月15日 四川省人民政府侨务办公室、四川省公安厅等转发国务院侨务办公室、公安部、外交部等《关于旅居国外的中国公民申请回国定居的意见》，要求简化手续，缩短审批时间。

6月10日 四川省人民政府侨务办公室、四川省教育委员会、四川省高等教育招生考试委员会、四川省建设委员会、四川省劳动厅、四川省人事厅转发国务院港澳办公室《关于港澳同胞及其亲属身份解释的通知》，并就四川省的具体认定方式、归口管理单位和待遇等事宜作出统一规定。

6月29日至7月4日 应四川省人民政府侨务办公室、中国新闻社邀请，以社长陈满堂为团长的香港四海通讯社记者团一行12人到四川参观采访，先后向海外发稿28篇，较系统地宣传了四川。

8月 省政府任命王宋达为省外办副主任，分管侨务工作。

9月 省侨办摄制的《当代中国侨乡》电视系列片四川集——《梦萦巴蜀》，经国务院侨办审查通过并向海外华侨、华人发行。

11月19—27日 中国海外交流协会、国务院侨务办公室、四川省人民政府侨务办公室举办的《当代中国侨乡》摄影展在四川省展览馆展出。参展270幅作品中四川有11幅（其中有3幅获二、三等奖）。有6500多人参观摄影展。

12月30日 应四川省人民政府侨务办公室邀请，金利来（远东）有限公司董事长、香港中华总商会司库曾宪梓一行3人到成都市参观访问，中共四川省委副书记聂荣贵、四川省人民政府副省长蒲海清会见和宴请曾宪梓一行。

1992 年

1 月 18 日 应四川省人民政府侨务办公室邀请，全美华人协会总顾问、金鹰集团董事长陈宜炎到四川进行经济技术洽谈和访问，并愿积极为四川建设引进资金。中共中央政治局委员、四川省委书记杨汝岱在成都市会见了陈宜炎夫妇。

4 月 18 日至 5 月 16 日 根据省委、省政府指示，经省侨办具体运作，以省委副秘书长刘光炳为团长、省外办副主任王宋达为副团长，由省科委、省体改委、省委政研室、省侨办、省长江公司负责人组成的“四川省经贸、科技代表团”访问泰国、马来西亚、新加坡和中国香港地区。代表团考察了三国和中国香港地区经济发展状况，共促成 22 个合同和协议。

7 月 14 日 四川省人民政府侨务办公室、四川省公安厅根据国务院《关于华侨投资的优惠规定》，结合四川实际和侨情起草的《关于办理在我省投资、购房、捐赠的华侨、港澳同胞、外籍华人亲属“农转非”的问题的实施意见》，经省政府批准执行。

8 月 5—7 日 中国海外交流协会和四川省人民政府侨务办公室邀请菲律宾、澳大利亚、新加坡、泰国等国华文报负责人组成的亚太地区华文报记者团一行 7 人到成都市采访、参观和考察，以拓宽对外宣传和交往渠道。中共中央政治局委员、四川省委书记杨汝岱，四川省人民政府副省长韩邦彦，中共四川省委常委、成都市委书记吴希海，成都市人民政府市长黄寅逵分别会见和宴请记者团。

10 月 28 日 省委决定，建立省侨办侨联党组，王宋达任党组书记，孙长庆、杨绍明为党组成员。

12 月 23 日 应省侨联邀请，澳大利亚著名画家姚迪雄到成都市举办“百袋鼠图”画展，原中共中央顾问委员会委员天宝、四川省人民政府原副省长张力行出席开幕式并为其剪彩。

1993 年

4 月 18 日 四川省人大侨务外事工作委员会成立，饶用虞任主任，朱藻文、戴明君任副主任，王润霖、陈忠慧、吴明瑛、林添麟为委员。

7 月 27 日 省政府决定，为加强四川省侨务工作，以适应改革开放的需要，将省侨务办公室从省外事办公室分出单独设置。

8 月 20 日 四川省编委批复同意成立四川省华侨服务中心。该中心为省侨办直属事业单位，实行独立核算，自负盈亏。其主要任务是做好到川考察、投资的华侨、华人接待工作，加强相互往来与合作。

8 月 21 日 四川省第八届人大常委会第四次会议审议通过《四川省〈中华人民共和国归侨侨眷权益保护法〉实施办法》。

8 月 30 日 四川省人大政法委、四川省人大常委会侨务外事工作委员会、四川省人民政府侨务办公室、四川省归国华侨联合会编印《学习贯彻〈中华人民共和国归侨侨眷权益保护法〉法规文件汇编》。

10 月 5—7 日 省侨办在成都市举办有各市（地、州）侨办和省直机关部分单位侨务干部 33 人参加的侨法培训班。

10 月 8—9 日 四川省华侨华人学会第二次代表会暨学会第三次侨史学术讨论会在成都市举行。会议明确四川省华侨历史学会更名为四川省华侨华人学会，通过《四川省华侨华人学会章程》，并举行了换届选举，郭戈奇当选会长。会议进行了学术讨论，收到论文 30 多篇。

10 月 10—14 日 根据四川省人民政府指示，四川省人民政府侨务办公室具体组织，以四川省人民政府省长助理许忠民为团长的四川省代表团，率全省 14 个行业 70 余家大中型企业 200 余人，参加在广东省深圳市举行的“中国大中型企业对外经济技术合作洽谈会”，签订合同、意向书 63 份，项目总投资 8.5 亿美元。

10 月 15—25 日 应国务院侨务办公室、四川省人民政府侨务办公室邀请，美国《侨报》、法国《欧洲时报》和中国《华声报》《瞭望》、中国国际广播电台记者一行 7 人到成都市、重庆市、万县市采访参观，加强对三峡工程移民工作的对外宣传。

11 月 3 日 经省委宣传部、省新闻出版局批准，《四川侨报》创刊，半月一期，内部发行。

11 月 23 日 省政府任命王宋达为省侨办主任，李基槐、杨绍明为副主任。

1994 年

1 月 22 日 省侨办邀请出席省政协七届二次会议的港澳委员座谈。

2 月 7 日 省侨办侨联党组决定编纂《四川省侨务志》。

2 月 26 日 省侨办向各市（地、州）侨办和省直各有关单位发出《关于进行侨情补查的通知》。侨情补查工作于 6 月正式开始，经逐级调查、登记、统计、上报和汇总，于 12 月底结束。

3 月 1 日 四川省人民政府侨务办公室、四川省归国华侨联合会、四川省人大常委会侨务外事工作委员会举行会议。会议决定定期（每季度）举行一次联席会议。

3 月 6 日 香港同胞严中和向四川省对外经济贸易学校捐赠 New. Grandcui 轿车 1 辆，价值 43625 美元。

3 月 6—10 日 南充市侨办会同市侨联、西南石油学院接待美籍华人陈金浩，并陪同陈金浩赴南充市南部县升钟水库淹没区考察从 1992 年以来捐助“希望工程”投放资金使用情况及修建燃灯小学的情况。

3 月 14—22 日 省人大常委会副主任、侨务外事工作委员会主任饶用虞带领侨法执法检查组，到乐山市、成都市检查侨务法律法规执行落实情况。

3 月 17－20 日 香港北海集团有限公司主席、新中港集团有限公司主席徐展堂率 70 余人到四川省考察，并参加合作修建成绵高速公路合同签字等活动。3 月 18 日，徐展堂向四川省警察学会捐款 100 万元。

3 月 25 日 四川省人民政府侨务办公室印发《关于编纂〈四川省侨务志〉的通知》，并确定从 1994 年起，逐年编纂《四川省侨务工作大事记》。

3月27日 四川电视台在第一套节目《星期天看四川》栏目以《改革开放话侨务》为题，介绍四川省侨务工作近两年来在促进对外开放，加快招商引资方面取得的显著成绩。

4月7—10日 省人大常委会侨务外事工作委员会副主任朱藻文带领侨法执法检查组，到绵阳市检查侨务法律法规执行落实情况。

4月19—23日 国务院侨务办公室组织海外华裔学生实习团到成都、重庆、乐山、涪陵、万县等地进行语言实践和参观活动。实习团一行78人，成员来自16个国家。

4月26—29日 省人大常委会侨务外事工作委员会副主任戴明君带领侨法执法检查组，到内江市检查侨务法律法规执行落实情况。

5月19—20日 应全国人大华侨委员会邀请，英国伦敦华埠街坊会会长丘添一行7人，到四川省进行实地考察，确定在朱德家乡南充市仪陇县、邓小平家乡广安地区广安县、赵世炎家乡黔江地区酉阳县分别兴建丘添第一、第二、第三小学。

5月26日 琼华（香港）有限公司执行董事叶应龙，向四川省社会主义学院、四川省直属机关第一医院、成都市多子巷幼儿园、四川省水利电力研究所、四川省水利水电勘测设计院等单位捐赠汽车9辆，总价值213万元。

同日 省侨办确定统一制发“华侨港澳同胞眷属证”。该证分为“A”“B”两种类型。“A”证发给法律规定的侨眷以及在四川省定居的港、澳同胞和外籍华人的相当眷属（其范围与侨眷范围相等同）；“B”证发给除侨眷外的华侨、归侨在四川省定居的其他一切眷属以及在四川省定居的港、澳同胞和外籍华人的其他一切眷属。

5月30日 马来西亚华人陈国平，向重庆市社会福利有奖募捐委员会捐赠办公自动化设备，价值59.78万美元。

5月31日 香港力城置业有限公司、捷时洋行、迈汇发展有限公司董事长、成都市武侯区政协委员、青年实业家郑锡涛，向四川贫困地区发展基金会捐赠价值45万港元的童装1.75万件（套）。

6月6日 香港同胞张天民向重庆市市中区残疾人联合会捐赠日本产制冷泵头5500打，价值港币60万元。

6月8日 香港丰杰雅展四川房地产开发有限公司董事长郭建丰，向武警成都指挥学校捐赠100万元。

6月20日 巴拿马华侨钟宏达，向南充市南部县残疾人基金会捐赠运动鞋2万打（24万双），价值14万美元。

6月22日 香港爱国同胞何苏向宜宾地区高县捐赠50万元修建一所希望小学。1995年3月，高县何苏希望小学竣工。

6月28—30日 省委、省政府主办的94中国四川经济发展与国际合作研讨会暨四川国际招商投资洽谈会在成都市举行。此次洽谈会共签约项目277个，总投资56.2亿美元，利用外资24.55亿美元。

7月8日 美国协和集团总裁汪世华，向华西医科大学捐赠50万美元，用于该校附属第一医院新修建临床教学大楼购买配套设施韩国产金星电梯。

8月11日 香港同胞杨伟文向四川省运动技术学校的“四川足球队”捐赠一批比赛、训练服装及体育用品，价值7.5万美元。

8月11—14日 省人大常委会副主任、侨务外事工作委员会主任饶用虞带领侨法执法检查组，到重庆市检查侨务法律法规执行落实情况。

8月15日 中共四川省委、四川省人民政府发出《转发省侨办〈关于进一步加强侨务工作的意见〉的通知》。

8月24日 经四川省人民政府侨务办公室多方协调，促成四川省华侨服务中心、四川省中国旅行社、四川华兴公司、四川省华侨旅游侨汇服务公司、四川华都实业有限公司与四川省核工业局合作建设“华侨大厦”综合大楼。大楼总建筑面积1.2万平方米，建成后各合作单位按出资比例分得房屋产权。

10月2日 四川省人民政府省长肖秧、副省长甘宇平在重庆市会见来自泰国、菲律宾、印度尼西亚等国和中国香港、台湾等地区参加三峡经济洽谈活动的48对华侨、华人以及港、台大企业家夫妇及其助手。

10月2—8日 国务院三峡工程建设委员会、国务院侨务办公室、水利部和四川省人民政府、湖北省人民政府举办“锦绣中华轮首航暨三峡经济洽谈会”。四川省人民政府侨务办公室推荐112个项目供洽谈。首航期间，共签订合同、协议26项，协议利用外资10.115亿美元。

10月13—16日 应四川省人民政府侨务办公室邀请，以香港荃湾国际扶轮社理事郭建丰为团长的投资考察团一行19人到四川进行投资考察。郭建丰自1993年到川投资兴办3家企业以来，先后4次出资近300万元，捐助四川省扶贫、公益、教育事业。

10月25—29日 四川省人民政府侨务办公室承办的1994年度“南方八省（区）侨务工作协作会议”在成都金牛宾馆举行。

10月27日 美籍华人苟寿生向广元市人民政府捐资20万元，用于修缮皇泽寺大佛楼。

10月 “美籍华人连鼎祥与蒋庆云奖学基金会”载入《璧山文史》资料第八辑。连鼎祥原系重庆市璧山县璧城镇人，1988年捐赠美金15万元，以其夫人名字设立“璧山县蒋庆云奖学基金会”；向华西医科大学捐赠美金11.2万元作为奖学基金。

11月18日 香港新中港集团董事长徐展堂，向省公安厅四七九所捐赠音像器材一批，价值57万余元。

12月18日 澳大利亚《新报》总编黄成威应国务院侨务办公室邀请，到重庆市访问。

12月 香港同胞邓晓兰捐资100万元，修建遂宁市市中区晓兰希望小学。

同月 成都市侨办贯彻落实侨务法律法规，解决了工龄满30年的25名归侨职工的退休金按原工资百分之百支付问题。

1995年

1月1日 新加坡立胜投资有限公司总裁卓炳成投资兴建的成都市新都县“新加坡一条街”举行落成典礼。

1月4日 凉山州第一人民医院接受香港芙联贸易公司董事长兼总经理张向东无偿捐赠的日产10人位自动电梯两部，价值20万美元。

2 月 8 日　香港同胞黄一中向成都市邛崃市机关幼儿园捐赠奶粉 50 吨，菲律宾华侨陈声向万县市巫峡镇幼儿园捐赠奶粉 50 吨，两处捐赠价值约 60 万元。

2 月 12 日　四川省万县市华侨果林场在万县市五桥区普子乡召开第一次股东大会。

2 月 23 日　香港同胞陈本雄向达川地区达川市第十中学捐赠国产桑塔纳轿车 1 辆，价值 18 万元，作为该校教学用车。

2 月 25—27 日　全国政协委员、香港南源永芳集团有限公司董事长姚美良一行 8 人到成都市访问。

3 月 17 日　四川省人民政府侨务办公室参与促成的台湾台北瓦楞纸器有限公司和成都锦江区印刷厂合资兴建的成都锦台包装厂登记开业，该项目投资总额 1900 万元，利用外资 475 万元。

4 月 12 日　香港新中港集团董事长徐展堂向聂荣臻元帅纪念馆捐款 100 万元。四川省政协主席聂荣贵、中共四川省委副书记宋宝瑞、四川省人大常委会副主任饶用虞、四川省人民政府副省长蒲海清等会见徐展堂并接受捐赠。

4 月 16 日　四川省人民政府侨务办公室和北京中国华侨补习学校组织来自 7 个国家的 44 名华裔青少年学生，到四川省成都市、乐山市、重庆市、万县市等进行语言文化实习和观光活动。

5 月　香港同胞庄翰擎、卫镇球向重庆市江津市捐赠菜籽油 1 万吨、奶粉 20 吨。

6 月 12 日　香港英联远东科技教育中心周瑾向简阳市人民医院捐赠 GEB 超诊断仪 1 台，价值 2.5 万美元。

6 月　香港同胞黄志伟向广元市苍溪县侨联捐赠价值 27.1 万元的桑塔纳轿车 1 辆。

7 月 25 日　四川省政协委员、香港力成置业有限公司董事长郑锡涛向广元市苍溪县捐赠 25 万元港币，用于兴建苍溪县歧坪镇“力城小学”。在捐赠仪式上，四川省政协副主席孔萨益多向郑锡涛授予“荣誉证书”。

8 月 19 日　香港同胞戴天示到甘孜州牧区考察畜牧生产时，认为甘孜州的畜牧业还处于落后状况，回港后立即向甘孜州畜科所捐赠了兽用抗菌素 200 吨，氨基酸 150 吨，饲料添加剂 500 吨，价值 100 多万元。

8 月 26 日　香港爪哇控股有限公司向成都海德网球学校捐资 60.8 万元，用以改善办学条件。

8 月 28 日　英籍华人、英国默克公司董事长谢中山为感谢四川省有关部门对其在川投资期间的大力支持，向四川酒类研究所捐赠英国默克豪斯酒业公司生产的苏格兰威士忌酒 1005 箱，价值 10500 英镑，用于科研分析，改进产品质量。

8 月　电子科技大学一级教授、中国科学院学部委员林为干，应香港城市大学邀请，到该校电子工程系进行为期 2 个月的学术交流。

同月　四川省人民政府侨务办公室牵线，香港金剑集团与温江金马台商开发区合作成立“四川锦丰纸业有限公司”，香港金剑集团投资 1.25 亿元。

9 月 4—15 日　四川省人大外事侨务委员会（以下简称省人大外侨委）组织的执法检查小组赴万县市和南充市调研，对两市执行《中华人民共和国归侨侨眷权益保护法》的情况进行检查，并就正在起草中的《四川省侨资企业保护条例》向基层征求修改意见。

9 月 5—7 日　应四川省人民政府侨务办公室邀请，法国华侨教育基金会会长汪潄芬一行 3 人，到宜宾地区兴文县久庆镇参加其捐资 45 万元兴建的“法国华侨教育基金会第一小学”落成暨开学典礼。

9月9日 中国侨联文化工作部向四川省归国华侨联合会发送《关于表彰慰问南侨机工的通知》，并寄来慰问金、荣誉证书及书刊《陈嘉庚与南桥机工》，要求及时做好表彰慰问工作，并协助当地政府切实解决南侨机工的困难和问题。根据《南侨机工名册》，当时全国在世的南侨机工有88人，四川省有21人。四川省归国华侨联合会及时把荣誉证书及慰问金分送到南侨机工手中。

9月12—14日 香港屏山企业有限公司董事长陈伟南一行12人到四川参加其投资合作成立的四川穗屏饲料有限公司落成典礼。公司总投资4360万元，陈伟南投入2800万元。

9月19日 省人大外事侨务委员会召开部分在蓉归侨、侨眷企业负责人座谈会，纪念《中华人民共和国归侨侨眷权益保护法》颁行5周年和《〈中华人民共和国归侨侨眷权益保护法〉实施办法》《四川省〈中华人民共和国归侨侨眷权益保护法〉实施办法》颁行2周年。

9月20—26日 应国务院侨务办公室和四川省人民政府侨务办公室邀请，美国《侨报》《神州时报》，法国《欧洲时报》和中国新闻社组织的中外记者三峡工程采访团一行5人到成都市、重庆市、万县市采访。

10月6日 日籍华人郭淑贤（植野淑子）和丈夫日籍公民植野光彦夫妇，经四川省公安厅公境发（95）52号文批准，到成都市彭州市定居。这是彭州市首次接受外籍华人和外国公民定居。

10月9日 香港同胞郑康文为支持家乡教育事业，向乐山市青神县各学校捐赠进口彩色相纸4000打，胶卷400箱，价值40万美元，以改善该县办学条件。

10月10—17日 香港新鸿基董事主席郭炳湘一行12人到四川观光考察。四川省人民政府省长肖秧会见郭炳湘一行。

10月21日 中共四川省委常委、成都市委书记黄寅逵会见印度尼西亚金鹰集团主席陈江和一行。陈江和出资5000美元领养了一只大熊猫，并向新都宝光寺捐赠2万元。

10月22—26日 南方八省（区）侨务工作协作会议在贵州省贵阳市召开。四川省人民政府侨务办公室主任王宋达参会。

10月24日 香港同胞俞柏初向四川省残疾人联合会捐赠日产进口相纸和胶卷各5000打，价值35万美元，用于四川革命伤残军人医疗设施的建设和发展。

10月30日 巴中地区举行晏阳初诞生105周年座谈会暨纪念邮品信封首发式，100余人参会。

11月10日 香港同胞邵逸夫向巴中地区平昌县中学捐赠80万元港币，用于修建2000平方米教学楼。

11月20—26日 应四川省人民政府侨务办公室邀请，泰国芳县津津柑园董事长、水果专家刘炳发一行9人到内江市简阳市、资阳市，重庆市江津市等地考察改良和引进柑橘、水果、番茄栽培技术。

11月 印度尼西亚华侨张振捐资扩建的重庆市北碚基督教礼拜堂工程竣工。张振祖籍广东省梅县，经加拿大华侨陈终道介绍，1994年12月曾到北碚察看教堂情况，表示愿意无条件捐资30万元扩建重庆市北碚基督教堂。1995年8月资金全部到位。扩建后的基督教堂由原来的249平方米增加为654平方米。

12月28日 四川省人民政府办公厅制发《关于印发四川省人民政府侨务办公室职能配置、内设机构和人员编制方案的通知》。

1996 年

1 月 10 日 巴中地区侨办、地区归国华侨联合会接受澳大利亚华侨张恩道捐赠桑塔纳豪华型、普通型小汽车各 1 辆。

1 月 22 日 香港同胞赵丽娜向南充市高新化工技术研究所捐赠一辆广州标致 505GL 改型车（价值港币 12 万元），向南充市高新化工技术研究所成都纺化分所捐赠一辆桑塔纳轿车 2000 型、一辆金杯面包车 RZHl14L（两辆车价值港币 40 万元）。

2 月 6 日 省人大外事侨务委员会、省侨办、省侨联邀请参加省八届人大四次会议的侨界代表座谈。

2 月 12—16 日 省侨办副主任杨绍明带领省侨办、省侨联慰问组一行 3 人，对居住在成都地区的原南洋华侨机工回国服务团成员及其遗孀进行慰问。同时，省侨办、侨联还委托各市（地、州）侨办、侨联代表省侨办、省侨联，对居住在当地的原南洋华侨机工回国服务团成员及其遗孀进行慰问。

2 月 澳门企业家何厚铧到乐山市峨边县考察铜和铅锌矿产资源后，决定投资 200 万元，在峨边县五渡张山矿区合资兴办年采矿 4 万吨的有色金属矿厂；投资 100 万元，在峨边斯合镇合资兴办“峨边大华矿业开发有限公司”。

4 月初 香港知名实业家、法国华侨教育基金会名誉会长黄国栋，向四川省贫困地区宜宾地区屏山县捐资 40 万元兴建一所九年制学校。为纪念其母黄曹凤贞诞辰 100 周年，将学校命名为“黄曹凤贞纪念学校”。

4 月 18—29 日 国务院侨务办公室、北京中国语言文化学校组织的华裔学生团一行 96 人，到成都市、重庆市、乐山市、黔江地区、万县市、阿坝州等地进行中国传统文化教育和语言实习活动。

4 月 22 日 美籍华人陈香梅为晏阳初展览馆题词：“光扬中华文史。”陈香梅是原美国援华空军飞虎队队长陈纳德的夫人，移居美国多年，曾为改善中美关系、海峡两岸关系作出了许多努力，1981 年受到中央军委主席邓小平的会见和宴请。陈香梅在抗日战争时期与晏阳初相识，故为之题词。

4 月 23 日 香港慈云阁有限公司及其永远主席林世铿向四川省贫困地区捐资 100 万元仪式举行。其好友香港金源（国际）有限公司董事长林兴识全权代表林世铿到四川捐资。该资金用于在自贡市大安区，内江市东兴区、简阳市，乐山市夹江县、青神县新建 5 所小学。12 月 18 日，四川省自贡林世铿第一小学举行落成典礼。四川省人民政府侨务办公室向学校授予“林世铿第一小学校”校牌。自贡市大安区人民政府向林世铿和林兴识颁发了“荣誉市民”证书，自贡市大安区教委向林世铿和林兴识颁发了“名誉校长”证书。

4 月 27 日 经德阳市侨办、侨联及德阳市文化局侨眷陈世秋夫妇牵线，第二重型机械集团公司和泰国进兴发两合公司在德阳市签定设备供货合同，二重集团公司向泰国出口总价值 250 万美元的冷轧机组和纵剪机组成套设备。

5 月 8 日 四川师范大学田家炳教育行政学院综合大楼奠基典礼在四川师范大学举行。中共四川省委副书记秦玉琴，中共四川省委常委、宣传部部长席义方，四川省人民政府副省长徐世群，中共成都市委副书记王少雄，成都市人民政府副市长吴平国等出席奠基仪式。香港著名企业家、田氏化工厂有限公司董事长、香港田家炳基金会董事会主席田家炳和夫人，香港中文大学教育学院院长卢乃桂和夫人，香港田家炳基金有限公司董事房德昭和夫人专程到成都参加庆典。综合大楼建筑面积1.2万平方米，工程和设备投资总额为1800万元。除四川省教委拨专款外，田家炳为该楼捐赠800万元。为感谢田家炳慷慨捐赠巨资支持教育事业的义举，特将该学院命名为“田家炳教育行政学院”，并聘请田家炳为名誉院长。

5月16—17日 新加坡宝捷商务公司总经理刘姗专程回乡参加“南充市教育基金会成立大会”，向基金会捐赠10万元。

5月下旬 西班牙ANESVED基金会向四川省贫困地区捐资9万元，在万县市梁平县建一所聋哑学校。

6月3日 巴西华侨尧萍芳（安岳人）前往内江市，向张大千纪念馆捐赠张大千题跋、黄庭坚书卷文物一幅。

6月20—23日 澳门知名实业家冯志强、汤福荣、冯志康、黄志成等一行10余人到四川扶贫兴学。此次共捐资203万元，此外，还计划设立一个50万元的奖学金。23日，中共四川省委副书记秦玉琴会见了冯志强一行。

6月24—27日 国务院侨务办公室副主任李海峰率国务院侨务办公室国内司、经济科技司一行5人，到四川省检查指导侨政、侨务经济等工作，并看望四川省人民政府侨务办公室机关工作人员和直属企业职工。

7月2日 四川省人民政府副省长徐世群，中共四川成都市委常委、成都市人民政府常务副市长朱永明在成都市会见参加西南交通大学百年校庆的西南交大美洲校友总会董事长赵锡成等部分海外校友。这些海外校友来自美国、加拿大和中国香港、台湾地区的大学科研机构和企业。

7月11—12日 四川省人民政府侨务办公室副主任杨绍明、国务院侨务办公室政研司原司长程祖旋、四川省人民政府侨务办公室侨政处处长杨兴贤一行3人到乐山市侨办检查指导侨务扶贫工作，实地考察部分侨眷承包种植的果园，为建设乐山市华侨果林场进行前期准备工作。

8月12—19日 香港慈云阁主席林世铿及香港金源（国际）有限公司董事长林兴识一行6人，到四川考察其捐资兴建的学校，并决定再捐建10所学校。四川省人民政府省长宋宝瑞会见林世铿、林兴识一行。

8月14日 香港北海集团有限公司、新中港集团有限公司董事局主席徐展堂，为乐山市遭受水灾捐款60万元，其中50万元用于救助受灾群众，10万元用于慰问参加救灾工作的武警及公安人员。

9月8日 巴中地区平昌县人民政府主持召开“逸夫楼”竣工典礼。该楼为香港同胞邵逸夫向平昌县中学捐资80万元港币修建。四川省人民政府副省长徐世群为“逸夫楼”书名。

9月19—21日 经四川省人民政府批准，四川省人民政府侨务办公室与国务院侨务办公室和对外贸易经济合作部国际经济合作研究所合作，举办著名跨国公司驻华代表赴四川考察洽谈活动。应邀参加这一活动的有21家跨国公司驻华机构正副总代表、高级经理、专家等。与会期间，考察团商家洽谈了十几个项目，其中成都外环高速公路项目与香港长江基建有限公司签订了意向协议，项目总投资2.5亿美元。

9月20—26日 省侨联、省侨办举办四川省侨界庆国庆度中秋暨庆祝中国侨联成立40周年系列活动。

9月24—30日 旅日侨领吴桂显和郑华贵并夫人、女儿一行6人到四川，参加由其捐建的万县市梁平县“金桂侨心小学”和云阳县“均昌阁学校”落成剪彩活动。吴桂显表示再捐4万元设立奖学金。两校分别授予吴桂显、郑华贵“荣誉公民”和“名誉校长”称号。

10月18日 四川省人民政府侨务办公室、广元市苍溪县侨务办公室与万县市侨务办公室、万县市五桥区普子乡人民政府签署《关于四川省人民政府侨务办公室对万县市华侨果林场股份无偿转让协议书》。

10月25—28日 四川省人民政府侨务办公室组织四川30家入选项目单位，参加国家计委、国家经贸委、国家外经贸委、国务院侨办在河南省郑州市举办的“中国中西部地区对外经济技术合作洽谈会”。会议期间，四川省代表团与外商洽谈项目18个，项目投资总额达16.98亿美元。

10月28日 四川省人民政府外商台商投诉中心成立。

10月 由侨务有关部门牵线，乐山市金口河区金鹏镁业公司与新加坡客商达成在金口河区共同开发年产1000吨金属镁协议，协议金额1300万元。

11月12—16日 法国上海联谊会会长沈芸、副会长章璇为该会捐资20万元兴建的万县市梁平县“法国上海联谊会小学”落成剪彩。

11月20日 自贡市荣县侨眷张善勤通过在美亲属黄大清，为荣县荣达化工总厂引进100万元。

11月26—29日 香港新界东北区工商联合会赴蓉考察团一行31人，对成都市进行访问、考察。27日，该会向成都市都江堰市“希望工程”捐资10万元港币，并专程前往成都市蒲江县考察“希望工程”，捐资30万元在该县敦厚乡兴建一所“希望小学”。28日，香港新界东北区工商联合会与成都市工商联合会签约结为友好商会。

11月 广元市侨办与广旺矿务局派人前往北京市，就引进外资问题与美国环球动力公司谈判，促成广旺矿务局与环球动力公司达成在广元市建立2×50MW坑口电站意向书。该项目总投资1亿美元，外方占70%的股份。

12月30日 香港同胞邵逸夫捐建的成都石室中学“逸夫艺术楼”举行落成剪彩仪式。逸夫艺术楼由邵逸夫捐资80万元港币，成都市教委和学校出资200万元兴建。工程于4月底正式动工，11月全部竣工。

12月 印度尼西亚籍华人周爱玉从1991年起，每年向成都市儿童福利院捐款5000元，已累计捐款达3万元。

同月 世界援助协会主席、英籍藏胞阿贡活佛，自1993年以来，先后无条件地在甘孜州德格、白玉、石渠、道孚、甘孜、康定等县对当地文化教育、医疗卫生、林业及保护野生动物等方面进行无偿援助。到1996年底，已扩展到丹巴、新龙、得荣、理塘、雅江、炉霍共12个县。援助项目达60个，其中教育类32项，医疗卫生类13项，佛学院及讲经班9项，林业、保护野生动物及生态环境类3项，保护文物类3项。总金额900万元，其中已到位228万元。

同月 香港同胞李鹏亚（四川资中籍人）投资1800万元，在内江市资中县独资建立“四川金龙（摩耶堂）制药有限公司”。该企业主要生产正露丸、金蛇精片、金蛇精胶囊、摩耶止咳喘丸（片）、摩耶胃肠药等，产品50%外销，产值约达3000万元，利润可达300万元。

1997 年

1 月 18—19 日　澳门天华集团公司董事长何厚铧等一行到乐山市考察投资环境，与峨边县签订投资 200 万元合作开发峨边茶叶饮品生产协议。

1 月 28 日　成都市新津县“蓝氏奖学金”交接暨管委会成立仪式在新津县教育局举行。侨居美国 69 岁的蓝德毅少年时曾就读于新津，1996 年回国观光后切身感受到国家欣欣向荣的景象，决定出资 100 万元在家乡设立“蓝氏奖学金”，每年度奖励品学兼优的中小学学生。

3 月 25 日　香港镇泰集团捐资 150 万元兴建的南充镇泰中学开工典礼，在南充市嘉陵区曲水镇举行。

3 月 27 日　香港同胞高志文为资助四川省贫困地区的农业生产，向四川省扶贫基金会捐赠尿素 40000 吨，价值 5100 万元。

4 月 8—12 日　四川省人民政府在福建省厦门市举办“’97 四川投资与贸易洽谈会”。省侨办根据省政府要求，共落实邀请与会客商 80 余人。

4 月 9 日　四川省乐山市华侨果林场挂牌仪式在乐山市市中区水口镇举行。果林场注册资金 20 万元，土地面积 174 亩，种植水蜜桃、柚子、枇杷等果树和速生美国松，培植良种果苗，通过果林场扶持乐山市市中区水口镇新乐村和沫西农业观光带等地农村贫困户种植果树 3400 亩。为扩大扶贫辐射面，省侨办以低息方式向果林场投入 10 万元，以用于扩大果林场优良种苗规模。

4 月 15 日　香港金龙群英集团有限公司董事长胡国赞到乐山市考察投资环境，与乐山市签订投资 6000 万元开发乐山市旅游资源协议。

5 月 16 日　美籍华人邱正爵和夫人邹令昭捐资 20 万元兴建“邹殿帮学校”的奠基仪式在乐山市井研县研经镇农新乡举行。邱正爵夫妇还在该校设立奖学金，每年奖励 16 名品学兼优学生。

5 月 19 日　省侨办牵线并促成法国华侨教育基金会会长汪漱芬捐资 40 万元，与内江市东兴区共建的东兴区大治乡“法国华侨教育基金会第三学校”在大治乡举行奠基仪式。

5 月 20 日　四川客家海外联谊会成立庆典在成都市举行。

5 月　美籍华人范伯超捐资 3 万美元在宜宾市筠连县巡司镇修建一所学校。

6 月 5—16 日　以全国人大常委会委员、华侨委员会副主任委员万绍芬为组长的侨法执法检查组一行 10 人，到四川检查《中华人民共和国归侨侨眷权益保护法》及“实施办法”的贯彻执行情况。检查组一行还专程看望了在成都市的南侨机工代表、老归侨代表。

6 月中旬　由香港同胞邵逸夫捐资 50 万元港币兴建的自贡沿滩逸夫小学竣工，投入使用。

6 月 28 日至 7 月 11 日　澳大利亚籍华人专家阮武清、林建基应国务院侨务办公室和四川省人民政府侨务办公室邀请到四川，在泸州市开展荔枝、龙眼种植、加工、保鲜的技术指导。

6 月 30 日　巴中市举行“晏阳初博士骨灰安放仪式”。美籍华人晏阳初骨灰由女儿晏琼英从美国送回老家巴中市白塔山“晏阳初陵园”安放入墓。

6 月　美籍华人苟寿生向广元市文物管理所捐资 6 万元，用于该所购买交通工具。7 月，苟寿生再次捐资公路修建养护款 2 万元。

9 月 7—8 日 香港出入境事务管理处处长叶刘淑仪一行 8 人到乐山市考察观光，向峨眉山管委会捐赠 2 万元。

9 月 10—19 日 省人大常委会副主任、外事侨务委员会主任委员王叔云带领侨法执法检查组，先后检查了自贡市、宜宾市、泸州市贯彻执行《中华人民共和国归侨侨眷权益保护法》《四川省〈中华人民共和国归侨侨眷权益保护法〉实施办法》的情况。

9 月 14—17 日 日本友人、日中女性友好协会会长坂田喜代、日本名古屋地区中国留学生协会会长刘庆等一行 6 人，到绵阳市考察，并决定在盐亭县麻秧乡捐助新建小学一所。在捐赠仪式上，坂田喜代个人捐款 12. 5 万元，日本名古屋地区中国留学生协会捐款 6 万日元，其随行人员捐献约 3 万元，共计捐赠 18 万余元。

9 月 19 日 省侨办主任王宋达到达川地区达县第一所“侨心工程”学校调研，向福善乡中心校转赠 24 把吊扇和美国草籽，向达川市 33 名贫困学生转赠 13200 元海外侨胞捐款。

9 月下旬 中国四川成都97 国际熊猫节期间，成都市侨办邀请美国、马来西亚及中国港澳台地区的重点人士 44 人到成都市参观考察。

10 月 8—10 日 全国政协委员、四川省侨联顾问、香港南源永芳集团公司董事长姚美良一行 4 人到四川进行商务考察。

10 月 12—13 日 国务院侨务办公室副主任张伟超一行 4 人，在四川省人民政府侨务办公室主任王宋达陪同下到乐山市考察侨务工作。

10 月 23 日 四川省人民政府在北京市举办“’97 北京－四川投资说明会”。四川省人民政府侨务办公室配合四川省招商办落实邀请与会客商 52 人。

10 月 日本信光物产株式会社社长后腾正孝、后腾洋子夫妇，经侨务部门牵线搭桥，向马边县建设乡小学捐校服 90 套、电子琴 1 台、书籍 100 本及体育用具，向该县中医院捐医疗设备 93 件、药品 2 箱，总价值 3 万余元。

1998 年

1 月 1 日 省侨办和省中旅社在成都市举办 1998 华厦城乡游首批客人入境式暨新年联欢会活动，欢迎从泰国到四川的首批旅游团。

1 月 12 日 四川省政协委员、香港合创集团董事长黄英豪在成都金牛宾馆向四川省希望工程办公室和中国卧龙大熊猫研究中心各捐赠 50 万元；向成都大熊猫繁育研究基地捐资 10 万元，认养大熊猫“冰冰”“娅娅”的幼仔，分别取名为“英英”“宝宝”，共捐资 110 万元。中共四川省委书记谢世杰出席捐赠仪式，中共四川省委副书记杨崇汇讲话。

1 月 14 日 旅居南非爱国华侨、南非中华工商联合会主席陈裔桥出资 300 万元组织拍摄的系列专题片《神秘的彩虹国度——南非》，在成都市举行首映式。陈裔桥和总导演刘国权两位川籍人士分别介绍了拍摄情况。陈裔桥说他拍片的目的：“是将一个有价值的国家和一个民族的文化介绍给中国人民，促进两国人民世世代代友好。”

1 月 22 日 省侨办副主任杨绍明、省侨联副主席林纯怀等，前往居住在成都市的南侨机工李亚林、周树根、蔡成贵、谢锦、余炳就等人家中，以及南侨机工遗孀家中，慰问新春佳节。

同日 四川省九届人大一次会议通过省九届人大外事侨务委员会组成人员名单。省人大常委会副主任张国辉兼任该委员会主任委员，朱藻文、梁世鹏、黄惟泽任副主任委员，刘同心、汪定熵、林家湘、胡渝（女）任委员。

1月23日至2月11日 省侨办组织的四川艺术家小组一行6人，应美国大芝加哥地区华人各界春节联欢晚会筹委会邀请，对美国进行为期19天的访问。

3月3日 内江市东兴区大治乡“法国华侨教育教育金会第三学校”竣工典礼举行。76岁的法国老侨领汪漱芬出席典礼。

4月1日 四川省人民政府副省长李进在成都市会见美籍华人吴仲良。李进代表内江市人民政府授予吴仲良“内江市荣誉市民”称号，并颁发纪念品和荣誉证书。

4月 四川省人民政府侨务办公室、四川省劳动厅、四川省人事厅发出通知，要求妥善解决归侨、侨眷职工在企业、事业单位改革和转制中工作安排问题，并作了明确规定。

5月3日至6月8日 美籍华人陈金浩偕友陈则东到四川，在南充市和南部县考察村、镇中小学，继续实施由其发起的“燃灯助学计划”。此前，实施该计划第一个5年，陈金浩及其团队已捐赠116.5万元，其中49.85万元修建村小36所，66.65万元发放奖、助学金，救助贫困学童16503人次。

5月12日 省政府举办“四川攀西农业项目洽谈会”，签订了30多个项目合同和协议。海外100余位客商参会。

5月27日 达川地区行署侨办开办的，省内首家专门为归侨、侨眷下岗职工免费培训及职业介绍的“侨兴职业介绍所”成立。

7月28日 中共四川省委书记、省人大常委会主任谢世杰在成都市会见应省侨办邀请到四川考察的香港华侨华人总会会长古宣辉。四川省人民政府侨务办公室主任王宋达、副主任杨绍明参加会见。

8月19日 美国基金会会长王明丕、副会长郭选昌应广安市旅游开发公司邀请，到广安市参加邓小平诞辰纪念活动。王明丕还受美国大西南同乡会长王亚平之托，向广安市捐资5万元办学；王明丕本人捐资2万元，向邓小平诞辰94周年献礼。

9月3—6日 香港南源永芳集团董事长姚美良出资主办的“孙中山与华侨”画展在成都锦江大礼堂举办。四川省人大常委会副主任张国辉、四川省政协副主席章玉均等省市领导和侨界负责人出席并祝贺剪彩。在4天的展出中，有上万人次参观展览。

9月10—11日 成都市人大常委会副主任、民宗侨外委员会主任张志武带领视察组，在市侨办主任张宛生等陪同下，视察成都正大有限公司、四川水电集团等侨资侨属企业。

9月15日 成都侨界企业家协会成立大会暨第一届一次理事会在成都市举行。会议推举四川华侨凤凰集团董事长成甦为会长，四川省人民政府侨务办公室主任王宋达、中共成都市委副书记王少雄、成都市人民政府副市长何绍华为名誉会长。

9月18—20日 应国务院侨务办公室和四川省人民政府侨务办公室邀请，欧洲华人传媒协会记者团到四川采访，四川省人民政府省长宋宝瑞等省领导会见了记者团，并接受了采访。

9月23日 应美国檀香山中华总商会和中华会馆邀请，四川省人民政府侨务办公室组织自贡灯贸委彩灯制作专家熊文栋，赴美国檀香山开展为期1个月的文化交流。

9月28日 川籍华人吴仲良赴北京市参加国务院9月29日举办的海外华侨华人、港澳台同胞国庆招待会。

同日 300余名省直机关归侨、侨眷在成都国防乐园举行庆国庆、迎中秋联欢活动，省委常委、组织部部长陈文光，省人大常委会副主任兼省人大外事侨务委员会主任委员张国辉，省政协原副主席陈祖湘等参加活动。

10月9日 受中共四川省委书记、四川省人大常委会主任谢世杰委托，中共四川省委副书记秦玉琴会见了法国著名侨领、法国华侨教育基金会会长汪漱芬和其丈夫让·艾昂一行。汪漱芬捐款20万元，在雅安地区名山县茅河乡建设法国华侨教育基金会第四小学。至此，该基金会已向四川省“侨心工程”捐款120万元。

10月17—20日 经国务院批准，国务院侨务办公室和湖南省人民政府主办的“'98中国中西部地区对外经济技术合作洽谈会”在湖南省长沙市举行。四川省代表团200余人参会。

11月3—8日 “'98南方九省（区、市）暨京、津、沪、渝侨务工作协作会”在重庆市召开。

11月17—19日 国务院侨务办公室常务副主任刘泽彭一行到四川考察侨务工作。中共四川省委副书记秦玉琴等会见刘泽彭一行。

12月28—30日 省侨办、省侨联主办的“'98川籍海外专家、学者回川恳亲暨科技经贸交流合作洽谈会”在成都市举行。来自10多个国家的80多位海外专家、学者参会。

1999年

1月18—20日 全国侨务工作会议在北京市召开。四川省在会上介绍了侨务工作为四川改革开放，经济建设和社会发展办实事、办大事的情况。

2月25—26日 全国侨务系统“兴国利侨”活动年度总结交流会在成都市举行。

4月27—29日 四川省第五次归侨侨眷代表大会在成都金牛宾馆召开。

5月11—12日 全省侨务工作会议在成都金牛宾馆举行。省长宋宝瑞向会议发来贺信，省人大常委会副主任张国辉、省政协副主席孙同川等出席会议并讲话。省政府秘书长柳斌杰传达了中共中央总书记江泽民、国务院总理朱镕基的重要指示，省政府副秘书长司沛文主持会议，省侨办主任王宋达作工作报告。全省各市（地、州）政府（行署）分管侨务工作的副市长（州长、专员），市（地、州）侨办主任、副主任，以及省直各部门、在蓉有关大专院校、科研单位负责人190余人参会。

5月29日 以南非中华工商联合会主席陈裔桥为团长的南非华人华侨首次回国访问团访问四川，并向“侨心工程”捐资50万，以用于宜宾市兴文县贫困地区兴建两所学校。

6月2—13日 90岁高龄祖籍宜宾市筠连县的美籍华人范伯超捐资25万元，在家乡巡司镇修建的侨心小学落成剪彩。

6月30日至7月9日 祖籍泸州市江阳区中兴乡的美籍华人周永福回四川考察，决定捐资100万元，在江阳区中兴乡建中学1所，在古蔺县城建特殊教育学校1所，在叙永县枧槽苗族乡建小学

1 所。

7 月 9 日 省委书记、省人大常委会主任谢世杰在成都金牛宾馆接见四川省出席第六次全国侨代会的 18 位代表，省委副书记秦玉琴、杨崇汇，省委常委、组织部部长陈文光，省委常委甘道明等参加接见，并与代表合影留念。

7 月 16—22 日 应文莱华人社团邀请，四川省人民政府侨务办公室组织民间艺术小组一行 3 人，赴文莱参加庆祝文莱苏丹 53 岁华诞活动。艺术小组表演的“变脸”“糖画”等艺术节目，深受皇室和社会各界欢迎和赞赏。

7 月 20—25 日 省侨办、省中旅社首次联合组织“’99 四川香港澳门夏令营”活动。

8 月 10 日 分管侨务工作的省政府领导在成都市会见澳门同胞汤福荣、林介屏夫妇和林秀兰一行。

8 月 12 日 四川客家研究中心成立，由四川省社会科学院主管，理事长为李绍明、万本根，中心主任为陈世松。

8 月 13 日 省委副书记杨崇汇、省委常委甘道明听取第六次全国侨代会精神汇报。

9 月 8—12 日 第三届中国投资贸易洽谈会在福建省厦门市举行。以分管侨务工作的省政府领导为团长的四川省代表团 300 余人参会。会议共签约投资项目 43 个，总投资 13.35 亿元；境外协议合同 24 个，引进外资 7.14 亿元；国内合作项目 19 个，合同金额 3.88 亿元。四川省人民政府侨务办公室在此次洽谈会发挥了“侨”的作用，通过国务院侨务办公室邀请了美国、泰国、马来西亚、新加坡等国和中国香港地区 32 个团 180 多名客商到会。

9 月 17—25 日 为贯彻“科教兴国”战略，发挥侨务部门在引进国外智力方面的优势，国务院侨务办公室组织以农业专家为主的“海外华侨华人百名博士回国考察交流团”赴各省区考察交流。来自美国、加拿大和日本等国的 7 名专家组成的小组到四川考察交流。考察组在成都市、德阳市、宜宾市、雅安地区、攀枝花市，与有关科研机构、大学、企业、行业主管部门进行了交流合作与洽谈。

10 月 25 日 旅美华侨郑宇、严梅夫妇捐资 2500 美元，在郑宇母校——宜宾市二中设立“郑宇侨心奖学金”。郑宇委托父母邓华、罗忠明与宜宾市二中签定协议：给予应届初中毕业生中升学考试前八名奖励，一等奖 1 名 1000 元，二等奖 2 名各 500 元，三等奖 5 名各 200 元。

10 月 26 日 享有“川籍海外侨胞捐资助教的一面旗帜”之誉、在川捐资超千万元的美籍华人吴仲良在成都市捐资 160 万元，用于兴建“四川省华侨历史展览馆”和“爱心堂”。为感谢、表彰吴仲良对四川省贫困地区教育、公益事业所做的突出贡献，省侨办、侨联决定将“爱心堂”建在资阳地区乐至县吴仲良中学校园内，建成后作为当地爱国主义教育基地。省侨办、省侨联决定将“四川省华侨历史展览馆”建在成都市郫县华侨城。

11 月 13 日 香港著名企业家、宝兰实业有限公司总裁、全国政协委员郭炎夫妇携子女在成都市人民政府市长王荣轩，中共成都市委常委、纪委书记晏永和，中共金堂县委书记李昆学等陪同下，出席沱江小三峡万亩生态林开工暨鱼苗放养仪式。在此之前，郭炎对成都市金堂县进行几次实地考察后，决定对沱江小三峡万亩生态林建设工程个人捐款 500 万元。

11 月 22 日 香港地产商李嘉诚在成都市投资修建五星级的酒店“天府丽都喜来登饭店”，该项目由李嘉诚的香港长江实业（集团）有限公司与成都天府国际交流中心合作投资兴建。饭店位于成都市市中心后子门。

2000 年

1 月 10—11 日 全国侨办主任座谈会在北京市召开，国务院侨务办公室主任郭东坡对四川省侨务工作所取得的成绩给予充分肯定，对四川省乐山市犍为县的侨务工作给予高度评价，认为：“四川犍为县的侨务工作，为中西部地区侨务工作树立了一个榜样。”

1 月 23 日 乐山市犍为县邀请回乡探亲的澳籍华人、县政府海外科技顾问、青年物理学家、博士后袁述，在中共犍为县委中心组学习会上举办“海外科技顾问报告会”。

2 月 15 日 香港同胞常住台湾桃园市的陈泽生从台湾带着价值 7000 多元的衣物（后在高县又购买 3000 多元的衣物）及 5000 多元资助金，第二次到宜宾市高县看望其资助的 25 名学生。

3 月 31 日至 4 月 6 日 国务院侨务办公室国内司司长周中栋一行到四川，检查指导四川省侨务工作为西部大开发服务情况。

4 月 11 日 省政府机构改革大会在成都市举行。在此次机构改革中，省侨办作为省政府直属机构（正厅级）予以保留。

4 月 12 日 美籍华人知名人士、香港丰荣集团有限公司总裁石丰荣到四川考察洽谈，与四川省人民政府侨务办公室签订了在美建立“中华锦绣图片网络”中“四川篇”的合作合同。

同日 分管侨务工作的省政府领导在成都市会见到四川为学校落成剪彩，并接受泸州市政府授予的“荣誉市民”证书的美籍华人周永福及夫人周玉佩。周永福 1999 年曾两次回到泸州实地考察，捐资 100 万元，在泸州市江阳区、叙永县、古蔺县建 3 所“侨心工程”学校。

4 月 19—21 日 省人大第六次外事侨务法制工作座谈会在凉山州西昌市举行。

4 月 23 日 中共四川省委副书记、四川省人民政府常务副省长杨崇汇在成都市会见美国七星国际集团董事局主席李金松率领的高级商务代表团一行。美国七星国际集团决定向中国西部投资 20 亿美元，其中近 7 亿美元投向四川。四川省人民政府侨务办公室及四川省计委、四川省外经委、四川省环保局、四川省邮电局负责人参加了会见。

4 月 29 日 省委副书记、省政府常务副省长杨崇汇赴资阳地区乐至县为吴仲良中学落成揭幕。杨崇汇代表省委、省政府对学校的落成表示祝贺，并衷心感谢吴仲良对家乡教育事业所作的贡献；省政府原副省长韩邦彦被聘为该校荣誉校长。省侨办主任王宋达等参加了揭幕仪式。

5 月 1 日 分管侨务工作的省政府领导在成都市会见到四川捐资兴学的美籍华人、“钢铁大王”、美国“唐氏工业”董事长唐仲英一行。从 1998 年开始，唐仲英创立的“唐氏基金会”在四川大学、清华大学、北京师范大学、上海交通大学等 10 所大学设立奖学金，资助学生 600 多人，每人每年 600 美元，自入校至毕业止。其中，在四川大学资助 70 余人。1998 年，基金会向四川省“侨心工程”捐资 3 万美元，分别在遂宁市市中区、大英县建 3 所小学。唐仲英此次到四川，参加了所捐学校落成剪彩仪式，并考察了“侨心工程”建校项目。

5 月 25—28 日 中国贸促会、四川省人民政府等创办的第一届中国西部国际博览会在四川省成都市举行。大会名称为“西部论坛、沿海地区三资企业产品展销会暨四川投资洽谈会”。参加会议的有来自17个国家和地区的境外客商138人，国内16个省（市）和省内21个市（地、州）的政府和企业代表5000余人。据不完全统计，四川21个市（地、州）与国（境）内外客商签订投资合作项目协议98个，总金额达137.6亿元。

5月28日　以全美中国大西南同乡联合会会长王明丕为团长的全美中国大西南同乡联合会暨美国中国西部开发促进会访问团一行9人，到四川参加2000年中国沿海企业产品博览会暨投资洽谈会，并与省、市侨办及四川省贸促会座谈。洽谈会期间，四川省人民政府省长张中伟会见了访问团一行，四川省侨办主任、省侨联主席王宋达，四川省侨办副主任杨绍明参加会见。

6月9日　全国政协副主席、致公党中央主席罗豪才，全国人大常委会委员、副秘书长、致公党中央副主席王宋大等，在中共四川省委统战部副部长董玉梅、致公党四川省委员会主委陈杰陪同下，专程到四川省人民政府侨务办公室、四川省归国华侨联合会看望侨界老领导，并视察四川省人民政府侨务办公室、四川省归国华侨联合会机关。

6月15—22日　国务院侨务办公室组织的2000年全国优秀归侨侨眷知识分子休养活动在四川省进行。全国28名归侨、侨眷院士、教授、研究员、工程师、医师等游览参观景点。国务院侨务办公室国内司副司长宁活义全程陪同组织此次休养活动。四川省人民政府侨务办公室主任王宋达、副主任杨绍明看望来川休养的归侨、侨眷。

7月18日　由四川省人民政府侨务办公室牵线，香港和宝黄氏有限公司、凯胤集团有限公司投资2亿元兴建的圣灯陶瓷玻璃厨具专业批发市场举行奠基仪式。

7月28日　美籍华人刘江一行到四川，对四川大熊猫繁育研究基地进行实地考察。

8月5日　参加四川省人民政府侨务办公室、日本四川同乡会组织的“2000中国寻根之旅四川行”夏令营活动的日本华裔青少年一行23人，到四川参观访问，并学习中国书法、中华武术。四川省人民政府侨务办公室主任、四川省归国华侨联合会主席王宋达参加开营式并致辞。

8月10日　平民教育家、美籍华人晏阳初事迹展览馆成都分馆建成。

8月29日　内江市市中区龚家乡张大千小学举行奠基仪式。归侨、法国华侨教育基金会会长汪漱芬为纪念好友——著名画家张大千，把张大千亲手赠予的两幅字画在上海市拍卖，将拍卖的20万元捐赠给内江市，在张大千故居修建张大千纪念小学。

9月24—29日　全国人大华侨委员会副主任委员徐惠滋到四川调研。

9月25—29日　以南非粤港澳总商会会长王建旭为团长的考察团一行8人，参观了成都华侨凤凰集团、四川峨眉柴油机厂、双流金桥制衣公司等11家企业并进行项目洽谈。考察团还到绵阳市对花卉种植、成衣制造、农业机械生产、环保技术等项目进行了“一对一”洽谈，初步建立了合作。

10月20—22日　“2000·中国西部论坛”在成都市举行。中共中央总书记江泽民为“中国西部论坛”题名，全国政协副主席杨汝岱、陈锦华等出席会议。中央和有关部门领导、海外政要、知名学者，国内外企业界人士1700余人参加论坛，共商推进西部大开发。在20日的开幕式上，全国政协副主席陈锦华、澳大利亚前总理霍克发表演讲，国家计委副主任、国务院西部开发办副主任王春正主持并宣布“西部论坛”开幕。在论坛期间，举行了国内外项目集中签约，签约项目23个，投资总额125亿元，其中引进国际资金5.24亿美元，国内资金71.99亿元。国务院侨务办公室副主任李海峰作了题为《华人华侨在西部大开发中发挥独特作用》的演讲。全国政协副主席杨汝岱致闭幕词。

10 月 24 日 四川省人民政府副省长欧泽高在成都市会见世界 500 强企业之一的法国斯奈克玛集团总裁贝沙一行。

11 月 13—14 日 国务院侨务办公室在成都市召开全国侨政工作会议。国务院侨务办公室主任郭东坡讲话，副主任李海峰作侨政工作报告，中共四川省委副书记、四川省人民政府常务副省长杨崇汇出席会议并讲话。全国 29 个省（区、市）侨办领导及全国 21 个侨乡地区省会市、市侨办领导参会。上海市、四川省、辽宁省、云南省、北京市、天津市、广东省、吉林省、湖北省、浙江省、山东省、福建省厦门市、广东省广州市、四川省犍为县等侨办领导在大会发言。

11 月 21—22 日 美国圣地亚哥中国人协会会长、全美中国大西南同乡联合会副会长、美国星球系分子材料公司首席科学家杨晓明到四川访问，就有关专利技术合作与相关企业进行了洽谈。

12 月 27—28 日 2000 四川海外专家、学者恳亲暨科技经贸合作洽谈会在成都市举行。23 个海外川籍社团及部分专业社团负责人、专家、学者、实业家 170 余人参会。省内 232 家企业、高等院校、科研单位及省直有关部门负责人员参会。会议期间，省内企业、科研机构和高等院校与海外专家洽谈项目 267 个，签订协议或达成意向性协议 148 个；83 名海外专家举办了 16 场科技交流讲座，参加人数 1600 余人。

12 月 29—30 日 匈牙利四川同乡会一行 5 人，在旅匈侨领张曼新、匈牙利四川同乡会会长康健率领下到泸州市进行科技、文化、教育、贸易等方面的合作交流。

2001 年

3 月 4 日 四川省人民政府副省长柯尊平会见台湾慈心慈善基金会董事长谢政达一行。会见后举行捐款仪式。该基金会向“侨心工程”捐资 105 万元，用于修建 7 所学校。四川省人民政府侨务办公室副主任杨绍明、四川省教育厅分管副厅长等参加会见和捐款仪式。

3 月 18—19 日 “'2001 中国·成都国际桃花节暨国际客家学术研讨会”在成都市龙泉驿区举行。3000 多位国内外来宾参会。此次会议推出对外招商项目 100 余个，签订项目协议 30 个，协议总金额约 20.06 亿元。

3 月 31 日 四川海内外炎黄子孙新世纪首届清明祭祖大典在成都市宝光塔陵举行。香港、澳门、台湾同胞和省市各界代表 4000 余人参加了大典。

4 月 12—15 日 中国侨联主席林兆枢率领包括香港、澳门 23 家大公司董事长、总裁、总经理在内的中国侨联港澳委员赴川考察团一行 31 人，对四川省的投资环境、政策及项目进行考察，对四川省侨联工作进行指导。

4 月 25 日 中共四川省委副书记、四川省人民政府常务副省长杨崇汇在成都市会见香港华宝集团董事局主席林国文一行。

4 月 27—29 日 应国务院侨务办公室和四川省人民政府侨务办公室邀请，巴西、巴拉圭、智利等国组成的一行 22 人的友好访问及经贸考察团在成都等地进行考察及经贸洽谈。

5 月 15 日 分管侨务工作的省政府领导率四川省赴欧经贸考察团一行 5 人，到法国巴黎考察，受到当地华侨、华人社团及留学生的热烈欢迎。法国川渝同乡会、旅法中国同学会举行欢迎座谈会，两会会长王晓宇、何跃参加座谈交流。

5月25—28日 中国国际贸易促进委员会、四川省人民政府、香港贸易发展局主办的第二届中国西部国际博览会在成都市举行。大会名称为“2001中国西部经贸洽谈会暨香港优势博览会”。参加大会的有20多个国家和地区的企业家及政府官员1300余人，国内12个省、市、自治区和深圳、珠海、中山、青岛、杭州、大庆、徐州等7个市的代表团以及四川各市（州）的代表6000余人。会议期间，四川各市（州）与国（境）内外投资者签订投资合作项目合同165项，总投资约140亿元，合同（协议）引进资金128亿元。其中，利用外资项目33个，总投资53.43亿元，引进国外资金45.65亿元；国内合作项目132个，总投资86.58亿元，引进国内资金82.35亿元。

6月26日 省政协主席聂荣贵在成都市会见来自14个国家的19名海外华侨、华人社团领袖组成的新世纪华侨、华人社团联谊大会考察团。

7月8日 省人大常委会委员兼省人大外事侨务委员会副主任委员朱藻文为顾问，省侨办主任、侨联主席王宋达为团长，泸州市委副书记刘俊泽，绵阳市政协副主席兼侨联主席吕丽江为副团长的四川省侨务代表团一行13人，赴法国、德国等国访问。

7月18—22日 四川省人民政府侨务办公室、加拿大四川同乡会、暨南大学、华侨大学组织，加拿大、丹麦、越南、巴西等10多个国家和地区的63名华裔青少年到成都市，开展“2001年中国寻根之旅”夏令营四川行活动。

7月22日 分管侨务工作的四川省人民政府领导在成都市会见以旅美中国科学工程师专业协会会长、芝加哥大学医学信息中心理学博士张守宇为团长的2001中国西部科技和商务访问团一行16人。

同日 香港同胞吴启明率30余名香港义工抵达成都市金堂县。在3天时间里，为三星、九龙、官仓3个镇的430名老人免费进行体检，并赠送了菜油、衣物、白糖等生活用品；同时，还组织450名农村儿童开展夏令营活动，提供食品和礼品。该项活动已开展了3年。

7月24日 四川省人民政府副省长柯尊平在成都市会见法国空中客车公司副总裁瓦斯龙及法国安吉银行亚太区总裁刘柯宁等一行5人。

8月16日 四川省人大常委会副主任张国辉在成都市会见以德国法兰克福市SER系统股份公司周盛宗为团长的“百名海外华侨华人博士西部行”四川分团一行。

8月22日 北美加州四川同乡会、硅谷留美博士企业家协会、中国电子科技大硅谷校友会在美国加利福尼亚州大都会区旧金山湾区硅谷，欢迎中共四川省委主要领导率16名政府官员和IT企业家组成的科技考察代表团。中国驻旧金山总领馆副总领事顾思聪、经济参赞金旭等参会。四川同乡会和高科技人员200多人参会。

8月27日 香港凯胤集团下属四川凯乐林木有限公司与沐川县林业局签署种植优良麻竹项目协议书仪式在乐山市举行。双方计划在3年内栽种麻竹2万亩。

9月22日 分管侨务工作的四川省人民政府领导在内江市会见爱国侨领、法国华侨教育基金会会长汪漱芬及其丈夫让·艾昂和英国华侨教育基金会会长单声一行。汪漱芬一行此次专程到四川，出席其捐资20万元修建的张大千纪念学校落成典礼。

10月10—11日 美国世华基金会捐资兴建的阿坝州汶川县漩口镇世华红福山小学、大邑县丹凤乡世华小学分别举行落成典礼。

10 月 10—12 日 四川省人大第七次外侨法制工作座谈会在南充市阆中市召开。

10 月 23 日 第 31 期全国侨务干部培训班在成都市开班，全国 23 个省、市、区的 53 名侨务干部参加了为期 2 天的培训学习。

10 月 29 日至 11 月 9 日 省人大常委会副主任兼省人大外事侨务委员会主任委员张国辉率执法检查组，分别对遂宁市、成都市进行侨法执行检查。

12 月 24 日 加拿大四川同乡会理事、加拿大发明与技术转让协会副会长何敏一行 2 人到四川，与四川省人民政府侨务办公室座谈，汇报加拿大四川同乡会的情况，并对带来的 20 多个高科技项目进行考察洽谈。

12 月 29 日 应国务院侨务办公室邀请，以名誉会长杨保罗为团长的“美国圣地亚哥中国人协会访华团”一行 14 人，到四川观光考察。

12 月 30 日 美国波士顿四川同乡会会长朱正亚一行 5 人到四川，与四川省人民政府侨务办公室座谈，汇报波士顿四川同乡会的情况，并讨论捐建学校，洽谈合作项目。四川省人民政府侨务办公室主任、四川省归国华侨联合会主席王宋达会见朱正亚一行。

2002 年

2 月 2 日 省人大常委会副主任张国辉在成都市会见旅法川籍侨领、法国新纪元集团董事长、欧洲中国西部大开发促进会会长何跃率领的法国商务代表团一行，并参加了何跃及友人捐建“侨心小学”“侨心书库”仪式。

2 月 25 日 应国务院侨务办公室邀请，旅法湄江联谊会会长江基民率旅法华裔专家、学者考察访问团一行 5 人，到四川考察访问。

4 月 29 日 中共四川省委副书记、四川省人民政府省长张中伟在成都市会见专程到四川参加“成都 SM 国际广场”项目合同签字仪式的中国侨联主席林兆枢和菲律宾 SM 集团董事长施至成一行。

5 月 25—28 日 中国贸促会、国务院侨务办公室、中国人民对外友好协会、全国工商联和四川省人民政府主办的第三届中国西部国际博览会在成都市国际会展中心举行。此次会议名称正式确定为“第三届中国西部国际博览会”，主题为“西部与世界接轨”。美国、英国、德国、法国、日本等 30 个国家和地区的 1400 余名外商、国内省外 1000 余名客商和四川省内各市（州）代表团和企业的代表 4000 余人参展参会。会议签订项目投资合作协议（合同）267 项，总投资 197.97 亿元。其中，经国务院侨务办公室、四川省人民政府侨务办公室邀请的 11 个海外华侨华人、港澳同胞代表团及企业代表 203 人出席会议，签订项目投资协议（合同）59 项，项目投资总金额 37.3 亿元。

5 月 31 日 中共四川省委副书记刘鹏在成都市会见新加坡人民行动党中央执委、资深国会议员王家园一行。

8 月 20 日 省委副书记、省长张中伟在乐山市沐川县考察调研农业产业化工作时，专程到华侨生态示范园和大头麻竹示范基地考察，对沐川以侨扶贫、以侨引资工作给予充分肯定。

10 月 11—18 日 香港福慧慈善基金会主席严宽祜一行 13 人到四川，为该基金会捐建的 5 所“侨心学校”落成剪彩。

10 月 21 日 侨眷、中国科学院院士、电子科技大学教授刘盛纲获得 2002 年度英国皇家科学院颁发的 K·J·Button 大奖，成为获此殊荣的第一位中国科学家。

12 月 25—26 日 四川海外专家、学者高新科技洽谈会在中国科技城绵阳市举行。300 余名海外专家、学者为四川发展新跨越建言献策，开展科技经贸交流合作洽谈。省内近 300 家企业、高等院校、科研机构及省直有关部门负责人员参会。此次会议签订项目合作协议 28 个，签约金额 3 亿余元。

2003 年

1 月 11—14 日 香港福慧慈善基金会与四川省人民政府侨务办公室、四川省归国华侨联合会在阿坝州马尔康县、壤塘县，开展冬赈扶贫活动，向 450 户农牧民捐赠大米 11250 公斤、菜油 1125 公斤。四川省人民政府侨务办公室副主任张继勇、阿坝州人民政府副州长扎柯参加扶贫冬赈活动。

3 月 18 日 2003 中国·成都国际桃花节在龙泉驿区阳光体育城开幕。省侨办邀请了泰国、美国、法国、巴西、澳大利亚、加拿大等国和中国香港、澳门地区的 145 名海外侨领及客商参会。

4 月 1 日 2003 年四川省海峡两岸同胞清明祭祖大典在成都市新都区斑竹园镇西川祭祖堂广场举行。海内外的华侨华人、港澳台同胞以及全省各界代表 5000 余人参加大典。

5 月 18 日 归侨、中国科学院院士、电子科技大学教授林为干赴美国芝加哥，接受美国伊利诺理工学院荣誉博士学位。这是该学位首次颁赠给中国籍学者。

5 月 18—24 日 全国政协港澳台侨委副主任、国务院侨务办公室原副主任张伟超一行 9 人到四川考察。四川省政协副主席孙同川、四川省政协秘书长彭柏林在成都市会见张伟超一行。

7 月 3—5 日 全省侨务干部培训班在成都市举行。全省各市（州）、县（市、区）及省直有关单位侨办侨联干部 133 人参加培训。

7 月 4—6 日 应四川省人民政府侨务办公室邀请，北美洲中国学人国际交流中心主任尤伟顺一行 2 人到四川考察访问。

7 月 21—22 日 美国中南有限公司总裁、东莞玖龙纸业有限公司董事长张茵一行 3 人在四川省人民政府侨务办公室主任王宋达陪同下，前往四川东方电机股份有限公司东方汽轮机厂、东方锅炉厂订购四川热电工程设备，合同金额达 1.8 亿元，张茵感谢四川对其事业的支持，捐赠 20 万元支持自贡的乡镇卫生事业和教育事业。

8 月 2 日 澳大利亚中国统一促进会会长邱维廉率“西藏光明万里情”援藏代表团一行 54 人，经成都转赴西藏。

8 月 7 日 “东盟华商投资西南项目推介会”六省区市侨办协调筹备会在云南省昆明市召开，国务院侨务办公室国外司、经科司以及云南、四川、贵州、广西、重庆、成都等六省（区、市）侨办相关负责人参会。

9 月 10—20 日 以全国人大常委会委员、华侨委员会副主任委员王宋大为组长的执法检查组，到四川进行侨法执法检查。其间，检查组听取了四川省人民政府分管副省长所作的四川省贯彻实施《中华人民共和国归侨侨眷权益保护法》的情况汇报，并在四川省人大常委会副主任徐世群，四川省人大外事侨务委员会主任委员罗松柏，四川省人民政府侨务办公室主任王宋达、巡视员杨绍明等陪同下，赴绵阳市、乐山市、成都市进行实地检查。

9月25—27日 中国贸促会、国务院侨务办公室、中国人民对外友好协会、全国工商联、全国供销合作总社和四川省人民政府主办的第四届中国西部国际博览会，在成都市国际会展中心举行。会议以“加强合作、加快发展”为主题。参会参展的有37个国家和地区的客商1300余人，国内20个省（区、市）的代表3000余人、客商6000余人，专业技术观众6000余人，参会代表超过1.5万人，累计观众超过15万人次。大会签约招商引资项目合同220个，合同总金额251.65亿元。其中，国务院侨务办公室、四川省人民政府侨务办公室、四川省归国华侨联合会邀请的18个海外华侨华人、港澳同胞代表团及企业代表286人，签订项目合作协议（合同）12个，项目投资总金额34.5亿元。

9月25日至10月8日 四川省人民政府侨务办公室组织的侨务慰问演出团，赴美国亚特兰大、华盛顿、纽约、旧金山等地进行文化交流和慰问演出。

10月7日 美籍华人、美国博克公司总裁潘炳虎和自贡市残联在自贡市举行捐赠仪式，向下肢残疾患者、伤者赠送轮椅50辆。

10月11—15日 来自亚洲、非洲、北美洲、南美洲、大洋洲的26个国家及中国香港、澳门地区的知名华侨、华人社团领袖组成的2003年世界华侨、华人社团联谊大会莅川代表团一行41人，到四川考察访问。

10月16日 四川省人事厅对在全省范围内来（在）川海外留学人员实行“海外留学人员身份”认证制度。凡是持有“海外留学人员身份证书”的“海归派”到四川工作、创业和服务都享有优惠政策。

10月17—20日 国务院侨务办公室副主任刘泽彭到四川检查指导工作。中共四川省委书记、省人大常委会主任张学忠在成都市会见了刘泽彭。四川省人民政府侨务办公室主任王宋达参加会见。

10月18日 美国国家白宫总统科技顾问、犹他州大学教授、美国INNOSYS公司总裁胡瑞珍率领的科技代表团一行7人，到四川访问考察。

10月21日 香港方树福堂基金向成都市残疾人捐赠轮椅50辆，价值3.5万元。四川省政协副主席冯崇泰、成都市人民政府副市长蒋显伦，四川省人民政府侨务办公室巡视员杨绍明等及受赠残疾人代表出席捐赠仪式。

11月5—10日 省人大外事侨务委员会主任委员罗松柏、副主任委员彭言智为组长的两个侨法执法检查组，分别对南充市、达州市贯彻实施《四川省〈中华人民共和国归侨侨眷权益保护法〉实施办法》《四川省归侨侨眷企业事业权益保护条例》《四川省华侨捐赠条例》等涉侨法规情况进行检查。

11月7日 邓小平故居“华侨林”首期捐款转交仪式在邓小平故居保护区举行。省侨办主任王宋达等出席捐赠仪式，并为“华侨林”植树。广安市副市长康永恒主持捐赠仪式。

11月11日 菲律宾SM集团投资7800万美元在成都市成华区建设“成都SM国际广场”奠基仪式举行。四川省人民政府分管侨务工作副省长及成都市有关领导出席仪式。

11月12日 省侨办、省侨联争取海外侨胞捐款1.68万元，购买21台长虹21英寸彩色电视机，送到泸州市叙永县赤水镇黄坪村七社21户移民搬迁少数民族手中。

11 月 16 日　原阿坝县籍、现日籍华人白玛央金向阿坝县藏文中学捐款 60 万元。

11 月 17—19 日　“四川 - 香港合作发展周”在中国香港会展中心举行开幕仪式。香港各界人士和有关方面的负责人 800 余人出席开幕式。“发展周”期间，签订贸易合同 104 个，总投资额达 18.94 亿美元。其中，引进资金 17.33 亿美元，签订贸易合同 7.3 亿美元。四川省人民政府侨务办公室副主任曾廷忠参加此次招商活动。

12 月 18—20 日　受香港中国星火基金会的委托，四川省人民政府侨务办公室巡视员杨绍明等到遂宁市开展冬赈活动。冬赈的物资为大米和菜油，总价值为 10 万元，受助群众达 1200 户。

2004 年

1 月 4 日　澳大利亚中国移民福利会主席黄兆邦与川北医学院、四川省人民政府侨务办公室、四川省归国华侨联合会签署“光明之行”眼科义诊及学术交流合作协议。

1 月 5—10 日　台湾慈心慈善教育基金会董事长谢政达一行 3 人，到四川开展冬赈扶贫活动，四川省人民政府侨务办公室主任、四川省归国华侨联合会主席王宋达会见谢政达一行，并陪同前往凉山州、阿坝州、甘孜州等地开展冬赈扶贫活动。

2 月 13 日　省委、省政府任命周敏谦为中共四川省侨办侨联党组书记、党组成员，四川省人民政府侨务办公室主任。

3 月 18 日　2004 中国·成都国际桃花节暨成都经济技术开发区招商引资洽谈会在成都市龙泉驿区举行。50 余名海外客商参加桃花节并与有关部门、企业进行了经贸、文化、科技等领域的洽谈、交流。

4 月 2 日　四川省人民政府副省长张作哈在成都市会见马来西亚浮罗怡集团主席丁才荣、马来西亚财政部前副部长黄思华、新加坡吉保集团总裁高克成等客人。丁才荣向四川省“侨心工程”捐资 24 万元。国务院侨务办公室国内司司长周中栋参加会见。

4 月 8 日　澳门同胞张志豪捐赠电脑仪式在凉山州民族中学举行。受张志豪委托，四川省政协副主席、致公党四川省委员会主委陈杰，四川省归国华侨联合会主席王宋达一行，将张志豪捐赠的 20 台电脑、20 张电脑桌送到凉山州民族中学师生手中。

4 月 18—25 日　北京华文学院华裔学生团一行到四川开展游览教育活动。泰国、印度尼西亚、韩国、巴西等 10 个国家的 110 名华裔学生在北京华文学院副院长卢海云等的带领下，开展为期 7 天的游教观光活动。

4 月 19—21 日　省人大外事侨务委员会在眉山市召开外事侨务法制工作座谈会。全省 21 个市（州）人大有关部门和省外事、侨务、台事、检疫、口岸、边防等部门参会。

4 月 19 日　以澳大利亚新南威尔士州上议员、“光明之行”名誉主席、医生黄肇强为首的 10 名华人医疗专家到四川，开展“侨心光明万里行”义诊活动。在川北医学院附属医院，“侨心光明万里行”医学专家在 4 天时间里，将带来的 100 例人工晶体、粘弹剂注入患者眼里，使 100 多名白内障患者重见光明。

4 月 27 日　巴黎扬子国际投资总公司投资兴建的“旅欧学子西部科技创业园”，在绵阳市游仙经济试验区举行开工典礼。绵阳市人民政府市长蒋仁富、四川省人民政府侨务办公室副主任曾廷忠、扬子集团董事长何跃等为园区开工剪彩。

5月19日至6月6日 国务院侨务办公室组派的中医健康咨询团赴毛里求斯、南非，为两国1530名华人、华侨进行健康咨询义诊，与南非中医从业人员进行了学术交流。受国务院侨务办公室委托，四川省人民政府侨务办公室从四川中医界选派5名主任医师参加此次义诊活动。**5月25—27日** 中国国际贸易促进委员会、国务院侨务办公室、中国人民对外友好协会、中华全国工商联合会、中华全国供销合作总社和四川省人民政府主办的第五届中国西部国际博览会，在成都市举行。参展参会的有48个国家和地区的2000余名客商，国内29个省（区、市）的6000余人，省内代表1.2万人。观众超过15万人次。会议期间，签订投资项目合同270个，合同总金额254.58亿元，引进资金总额189.82亿元。其中，国务院侨务办公室、四川省人民政府侨务办公室、四川省归国华侨联合会邀请的33个海外华侨华人、港澳台同胞代表团及企业代表359人出席会议，签订项目合作协议（合同）12项，项目投资总金额8.5亿元。

5月26日 印度尼西亚知名华商、泛印集团总裁李文光偕夫人、姐姐到四川省归国华侨联合会，与四川省归国华侨联合会及部分市侨联的负责人就全额资助四川优秀学子留学印度尼西亚事宜进行座谈。李文光自2003年起，通过其赞助的印度尼西亚总统大学每年面向包括四川、福建等省在内的中国内地，招收高考成绩优秀的应届毕业生50名，并全额资助其在印度尼西亚总统大学留学期间的学费、食宿费、课本费，每人每年7500美元。四川省归国华侨联合会从2003年起着手开展学生推荐工作，已推荐达州、成都两地共5名符合条件的学生到印度尼西亚总统大学就读。

6月15—17日 “四川-澳门合作发展周”会议在中国澳门召开。四川省人民政府侨务办公室邀请了125位嘉宾参会。其间，共签订合同项目115个，其中投资项目100个，总投资10.26亿美元，贸易类项目15个，贸易总金额1.17亿美元。

6月20—25日 澳大利亚和平统一促进会会长邱维廉率澳洲“侨心光明万里情——四川行”医疗队24名成员，在广安市开展义诊活动，为当地近300名白内障患者免费治病。澳洲医疗队向广安市人民政府捐赠价值70万元的医疗器械。

6月23日 澳门西南饭店副董事长李秀琼捐资18万元修建的李秀琼桥在乐山市犍为县舞云乡奠基。

7月1日 经修订的《中华人民共和国归侨侨眷权益保护法实施办法》正式实施。四川省人大常委会副主任徐世群发表题为《加强侨务法制建设、做好监督工作、依法维护侨益》的文章。

7月16日 中共四川省委副书记刘鹏在成都市接见四川出席第七次全国归侨侨眷代表大会代表。

7月20日 全国第七次归侨侨眷代表大会在北京市举行。在选出的新一届委员会中，四川省王宋达、林纯怀、聂剑、成甦、杨金廷当选为中国侨联委员，王宋达当选为中国侨联常委、副主席。

7月22—26日 “2004年中国寻根之旅”在四川进行了为期5天的夏令营活动。

7月28日 省侨办、省侨联召开学习贯彻《中华人民共和国归侨侨眷权益保护法实施办法》座谈会。

8月2日 中国驻英国大使馆为宋永华举行庆祝会。祖籍四川省巴中市的宋永华当选英国皇家工程院院士，这是该院历史上首位来自中国大陆的院士。

8月16日 印度尼西亚泛印集团总裁、印度尼西亚总统大学董事长李文光一行2人，到四川开展招收赴印度尼西亚总统大学就读学生的咨询服务，并洽谈有关事宜。四川省归国华侨联合会主席王宋达会见李文光一行。

8月18—20日 国务院侨务办公室、四川省人民政府在成都市、广安市举办了以捐建“华侨林”为主要内容的“海外华侨华人纪念邓小平百年诞辰”活动。31个国家的105名知名华侨、华人参加活动。在广安市，华侨、华人代表参观了邓小平纪念馆，并参加了广安中学陈金荣科技图书馆落成剪彩。中共四川省委书记、省人大常委会主任张学忠，中共四川省委副书记、四川省人民政府省长张中伟，四川省政协主席秦玉琴会见了华侨、华人代表。中共四川省委副书记刘鹏，中共四川省委副书记、四川省人民政府常务副省长蒋巨峰，四川省人大常委会副主任徐世群、马开明，四川省政协副主席吴正德，成都市人民政府市长葛红林等省、市领导分别参加有关活动。四川省人民政府分管侨务工作的副省长及四川省人民政府侨务办公室主任周敏谦等全程参加活动。

9月上旬 四川省多个市县遭遇特大洪灾后，香港吴星可基金会会长吴碧捐款15万元用于赈灾。其中，5万元捐给巴中市，5万元捐给达州市侨联，5万元捐给达州市达县侨联，用于帮助在洪灾中房屋倒塌的受灾群众重建房屋。

9月11日 经四川省人民政府侨务办公室、致公党四川省委员会、泸州市侨办侨联牵线搭桥，香港同胞陈尚信捐资16万元，在泸州市纳溪区棉花坡镇棋盘村修建的“（香港）轩辕教育基金会陈尚强伉俪侨心小学”举行奠基仪式。

10月9日 省人大外事侨务委员会、省侨办、省政协港澳台侨外事委员会、致公党四川省委员会、省侨联在成都市举行2004四川省省级“五侨”联席会议。此次会议标志着四川省省级“五侨”联席会议正式启动。省人大常委会副主任徐世群，省政府分管侨务工作的副省长，省政协副主席孙同川，省政协副主席、致公党四川省委员会主委陈杰出席会议并讲话。会议通过了四川省省级“五侨”联系会议制度。

10月13日 省委书记、省人大常委会主任张学忠，省委副书记、省长张中伟在成都市会见物理学家、1957年诺贝尔物理学奖获得者杨振宁。

10月22日 加拿大籍华人李蓉筹创并任院长的三星太极文化研究院在四川省广汉三星堆博物馆挂牌成立。

10月30日至11月12日 香港福慧慈善基金会主席严宽祜率该基金会一行14人，到四川开展慈善活动。四川省人民政府侨务办公室主任周敏谦、巡视员杨绍明分别陪同。自2003年起，香港福慧慈善基金会首次在四川省开展孤儿助养计划，目前该基金会已助养孤儿360人，发放助养金24万余元、衣物1240套、棉被300床，共计36万余元。该基金会还向达州市、巴中市捐资5万元用于救灾。

11月6日 省侨办和成都、绵阳两市侨办主办的四川省回国创业企业与沿海三大侨乡商会民营企业项目对接会在成都市举行。

11月8日 美国米德兰市华人友好访问团一行19人，在米德兰华人协会前会长窦杰带领下，到自贡市访问。1990年自贡市与米德兰市结为友好城市。14年来，自贡市有政府、民间、企业代表团7次访问米德兰市，米德兰市也先后8次组团到自贡市访问。

11月13日 受四川省人民政府侨务办公室和香港福慧慈善基金会的委托，自贡市侨办向67名与香港人士结对的孤儿们发放了共计2.97万元的助养费。

11 月 21 日至 12 月 6 日 四川省人民政府侨务办公室主任周敏谦率四川省侨务代表团一行 5 人，赴澳大利亚、新西兰进行友好访问。

11 月 24 日 应四川省归国华侨联合会邀请，香港爱国慈善家、东井圆佛会会长林东一行 18 人，到绵阳市盐亭县开展冬赈扶贫活动。

12 月 1 日 澳门慈善家汤福荣偕同天主教福利会闻心翔，到四川开展冬赈济困爱心活动。

12 月 9—10 日 省政协副主席孙同川率省政协港澳台侨和外事委员会部分委员一行 22 人，到内江市调研侨务法律法规贯彻情况，视察侨资侨属企业。

12 月 11 日 省侨办、省侨联主办，绵阳市残联、绵阳市侨办侨联协办的“澳大利亚侨胞、香港同胞与肖旺、李满福、肖宝然慈善基金轮椅、白内障患者复明手术捐赠仪式”在绵阳市举行。

12 月 13 日 香港同胞钟碧梅在四川省归国华侨联合会副主席黄双华等陪同下，参观攀枝花市仁和区大龙潭彝族乡干坝子侨心小学，并再次捐款 3.5 万元用于学校教师楼建设。钟碧梅曾在 2002 年牵头发起捐资善举，带动香港同胞捐款 10 万元，建成了干坝子侨心小学。

12 月 13—17 日 香港吴星可慈善基金会会长吴碧捐资 40 余万元，在中国侨联副主席、四川省侨联主席王宋达陪同下，到南充市仪陇县、巴中市巴州区及达州市达县、宣汉县等地进行冬赈扶贫活动。

12 月 25—26 日 国务院侨务办公室、四川省人民政府主办，四川省人民政府侨务办公室、四川省归国华侨联合会、成都市人民政府承办，四川省计委、四川省经委、四川省科技厅、四川省商务厅、四川省财政厅、四川省人事厅、四川省中医药局、四川省项目办、四川省招商局、四川省外宣办协办的“2004 四川海外专家、学者高新科技洽谈会”，在成都国际会展中心举行。与会中外嘉宾 1000 余人，其中来自美国、俄罗斯、马来西亚、新西兰等国和中国香港、澳门、台湾地区的华侨、华人专家、学者和华商达 300 余人，省内政府部门、企事业单位、高等院校、科研机构代表 700 余人。此次会议签署合作项目 67 项，签约金额 60 多亿元，接受捐赠 250 万元。

12 月 25 日 四川海外社团负责人联席会议在成都市举行。省、市侨办侨联领导及海外社团负责人共 100 余人参会。四川省人民政府侨务办公室主任周敏谦主持会议并讲话。美国亚特兰大四川同乡会会长相建南代表与会侨领宣读倡议书。会议宣布“四川之友联谊会”成立。

2005 年

1 月 6 日 加拿大中国海外旅游公司总经理、四川华新集团总裁、董事长赖德勇扶贫济困捐赠仪式在内江市市中区举行。400 户贫困城乡居民每户接受了赖德勇捐赠的 25 公斤优质大米、2.5 公斤菜油。

1 月 25 日 美国纽约华人总商会会长刘建邦率团在成都市考察。

同日 人事部、国务院侨务办公室印发《关于表彰全国侨办系统先进集体和先进工作者的决定》，授予四川省人民政府侨务办公室等 28 个单位“全国侨办系统先进集体”荣誉称号。

4 月 1 日 四川省人民政府副省长柯尊平在成都金牛宾馆会见英国布鲁内尔大学副校长、布鲁内尔大学网络系统研究所所长、英国皇家工程院首位华人院士宋永华。柯尊平代表省政府授予宋永华

“四川省科技顾问团”顾问称号。

4月12日 著名爱国侨领陈嘉庚的长孙陈立人到四川访问，四川省人民政府侨务办公室主任周敏谦在成都市会见陈立人。

4月20—29日 16个国家和地区100多名海外华裔青少年组成的北京华文学院学生团，到四川开展游览教育活动。

5月12日 香港吴星可慈善基金会捐赠侨心光明行活动仪式在凉山州中西医结合医院举行。此次活动由香港吴星可慈善基金会捐赠11万元，四川省归国华侨联合会和凉山州人民政府协办，对凉山州西昌市、冕宁县、喜德县80名贫困白内障患者，进行了复明义诊手术，并向泸沽湖镇中心医院捐赠了一台价值10万元的300毫安X光机。

5月25—28日 中国贸促会、中国人民对外友好协会、全国工商联、全国供销合作总社和四川省人民政府共同主办的第六届中国西部国际博览会在成都市国际会展中心举行。会议以“外资西进、内资西移、东西合作、实现双赢”为主题。45个国家和地区的外商2000余人，国内24个省（区、市）、省内21个市（州）的1.5万余名代表参展参会。观众15万余人。展会现场贸易成交和签订贸易合同金额111.3亿元；签订投资项目合同198个，合同总金额230.67亿元。

5月29日至6月11日 四川省人民政府分管侨务工作副省长率四川省发展改革委、四川省商务厅、四川省贸促会、四川省招商引资局和四川省人民政府侨务办公室等部门负责人及部分企业组成的政府经贸代表团，访问缅甸、新加坡、印度尼西亚、越南四国和中国香港地区，开展经贸洽谈，并为当年10月在成都市举办的“世界客属第二十届恳亲大会”开展宣传和邀请工作。

6月1日 四川省派往国外进行华文教学的李方儒、赵雪梅两位老师，赴泰国北榄府培华学校任教。

6月7—12日 省侨办、省侨联邀请积极参与四川省“侨心工程”并做出贡献的海外侨胞、港澳台同胞及基金会代表，参加“侨心工程”巡礼活动。

6月17—30日 应美国弗吉尼亚州纽波纽市政府和中国旅美加友好华侨、华人社团的邀请，四川省人民政府侨务办公室主任周敏谦率四川省侨务代表团一行5人，对美国的洛杉矶、华盛顿、纽波纽市、纽约和加拿大的多伦多、温哥华等城市进行友好访问，宣传推介“世界客属第二十届恳亲大会”。

7月5—11日 美国等5个国家的30多位华裔青少年在四川开展“中国寻根之旅”夏令营活动。

7月14日 中国华文教育基金会、四川省人民政府侨务办公室主办的“中国巴蜀文化行”活动，在北京市、四川省两地举行。

8月10—11日 四川省侨务工作会议在成都金牛宾馆召开。会议主要学习贯彻胡锦涛总书记的重要讲话和全国侨务工作会议精神，表彰在四川省侨务工作中做出突出贡献的先进集体和先进个人，研究部署全省侨务工作。中共四川省委书记、四川省人大常委会主任张学忠在会上讲话。中共省委书记、四川省人大常委会主任张学忠，中共省委副书记、四川省人民政府省长张中伟，国务院侨务办公室副主任许又声，中共四川省委常委、四川省总工会主席李登菊，四川省人大常委会副主任徐世群，四川省政协副主席孙同川，四川省政协副主席、致公党四川省委主委陈杰等省领导和国务院侨务办公室领导，接见与会代表并合影留念。全省各市（州）分管侨务工作的负责人，省直有关部门和部分大专院校、高新技术开发区负责人及各市（州）侨办主任参会。

9 月 30 日 91 岁高龄的陈钦模偕夫人专程从新加坡返回四川省内江市，向 60 年前挚友张仲孝创办的蓉关中学（现内江四中）捐资 2 万元，以改造学校条件和张仲孝纪念碑。

10 月 12—13 日 世界华商峰会暨四川（成都）投资项目洽谈会在成都市举行。世界五大洲的 200 余位知名华商参会，共商合作发展大计。会议期间共签订正式合同项目近 20 个，投资总额 45 亿元。**10 月 12—14 日** 世界客属第二十届恳亲大会在成都市举行。世界各地的客家乡亲等 4000 余人出席会议。

10 月 25 日 澳大利亚侨胞欧阳惠冰向绵阳市聋儿语训部捐赠 5 万元设备。

11 月 29 日至 12 月 8 日 应台湾世界客属总会邀请，四川省人民政府侨务办公室、四川省人民政府台湾事务办公室和四川客家海外联谊会组成的四川客家文化交流团一行 6 人，赴台湾开展相关交流活动。

12 月 1—7 日 国务院侨务办公室组织的第五期海外华侨、华人文化社团负责人“中国文化之旅”观摩团一行 16 人，到四川进行考察访问。

12 月 7—16 日 应印度尼西亚梅州会馆创会会长黄德新邀请，四川省人民政府侨务办公室组织的四川省侨务艺术交流访问团一行 6 人，在印度尼西亚的主要城市进行华侨、华人社团联谊、文艺演出、文化交流活动。

12 月 20 日 四川省“侨务援助四川藏区活动”启动仪式在成都市举行。四川省人民政府分管侨务工作的副省长、四川省政协副主席陈杰出席启动仪式并讲话。四川省人民政府侨务办公室主任周敏谦主持启动仪式。美国、加拿大、新加坡、巴西等国及中国香港、台湾地区在蓉投资的 30 多名华商，及甘孜州、阿坝州各有关部门负责人和四川省人民政府侨务办公室、四川省归国华侨联合会领导 90 余人参加仪式。

四、文献辑存

四川省《中华人民共和国归侨侨眷权益保护法》实施办法

（1993年8月21日四川省第八届人民代表大会常务委员会第四次会议通过）

第一条 为了保护归侨、侨眷的合法权益，根据《中华人民共和国归侨侨眷权益保护法》《中华人民共和国归侨侨眷权益保护法实施办法》，结合四川实际，制定本办法。

第二条 本办法适用于在四川定居的归侨和华侨、归侨在四川的配偶，父母，子女及其配偶；兄弟姐妹，祖父母、外祖父母，孙子女、外孙子女，以及与华侨、归侨有五年以上扶养关系的其他亲属。

第三条 归侨、侨眷依法享有宪法和法律规定的公民的权利，并履行宪法、法律规定的公民的义务。

第四条 各级人民政府侨务部门对实施《中华人民共和国归侨侨眷权益保护法》《中华人民共和国归侨侨眷权益保护法实施办法》和本办法负有督促检查的职责。

第五条 各级归国华侨联合会是维护归侨、侨眷合法权益的组织，各级人民政府对其工作应给予支持和帮助。

第六条 归侨、侨眷的身份由县级以上人民政府侨务部门依法确认；与华侨、归侨有扶养关系的其他亲属的侨眷身份的认定，必须事先取得公证机关公证。

华侨、归侨去世后，其国内眷属依法确认的侨眷身份不变。

依法与华侨、归侨及其子女解除婚姻关系或与华侨、归侨解除扶养关系的，其侨眷身份自行消失。

第七条 对准予回四川定居的归侨，有关部门应根据本人的情况和要求，给予妥善安置：

（一）凡具有大学以上学历或者相当于中级以上专业技术职称的人员，各级人民政府人事、劳动部门，根据其业务专长和本人志愿负责联系推荐安排工作，有关单位应优先聘用。

（二）有劳动能力的非专业人员，由当地侨务部门负责推荐，并鼓励其自谋职业。对自谋职业的，有关单位应在工商登记、税收缴纳、土地使用等方面提供方便，并给予适当照顾。

（三）归侨、侨眷职工出境定居不满两年，获准回四川定居的，可以回原单位工作，或者由当地人事、劳动部门帮助安排。出境定居前已办理离职手续的人员，在退回离职金后，其离职前的工龄与复职后的工龄合并计算。

（四）鳏寡孤独、丧失劳动能力、无经济来源的归侨，当地民政部门应采取切实措施，保障他们的基本生活。

归侨回四川定居，按照城镇居民办理户口登记。

第八条 省人民代表大会以及归侨、侨眷人数较多地方的人民代表大会，应有适当名额的归侨、侨眷代表。

各级归国华侨联合会可参与推荐同级和上级人民代表大会归侨、侨眷代表候选人。

第九条 各级归国华侨联合会依法拥有的财产及其依法兴办的公益事业和企业、事业单位所有的财产及合法经营活动，受法律保护，任何单位或者个人不得侵犯、损害。

第十条 归侨、侨眷可依法以各种形式投资兴办工商企业。

各级人民政府应当鼓励和支持归侨、侨眷利用自身优势，引进资金、技术和人才，促进当地经济发展；依法保护归侨、侨眷利用侨资、侨汇集资兴办企业的所有权及其他合法权益。

归侨、侨眷兴办的企业，投资总额中侨汇、境内外币存款、境外高新技术投入、境外捐赠生产设备折款占百分之二十五以上的，经县级以上人民政府侨务部门确认，报经有关部门批准，可享受外商投资企业待遇。

第十一条 归侨、侨眷引用外资在四川兴办公益事业，当地人民政府应当支持并给予奖励，其合法权益受法律保护。

归侨、侨眷接受境外亲友捐赠的物资用于公益事业的，按照国家有关规定享受减征免征关税的优惠待遇。举办该项公益事业的组织应当尊重捐赠人的意愿，不得改变捐赠用途，变卖、挪用捐赠财产，任何人不得故意损坏捐赠标志，侵占捐赠财产。

第十二条 归侨、侨眷在四川投资开发荒山、荒地、滩涂以及贫困、边远地区和民族地区，或者从事农、林、牧、副、渔业生产，其合法权益受法律保护。各级人民政府应在信贷、资金、土地使用等方面给予支持，在税收方面按国家规定给予减免。

第十三条 归侨、侨眷依法建立的企业接受境外亲友或团体赠与的直接用于工农业生产、加工、维修的小型生产工具，以及优良种苗、种畜、种禽、种蛋等，按照国家规定，享受海关税收的优惠待遇。

第十四条 归侨、侨眷兴办的企业，在开办初期纳税有困难的，按照国家税法的有关规定，经县以上税务局（分局）批准，从生产经营之日起，可免征一年产品税、增值税、营业税。

归侨、侨眷职工人数占职工总数的百分之二十以上或者资金投入占投资总额百分之五十以上的企业，按照国家税法的有关规定，经县以上税务局（分局）批准，从生产经营之日起，可免征所得税一至三年。

第十五条 归侨、侨眷对其私有房屋依法享有占有、使用、收益和处分权，任何组织和个人不得侵犯。

任何组织和个人租用归侨、侨眷的私有房屋，必须依法办理房屋租赁手续。房屋租赁期间，出租人在国外的父母、配偶、子女经批准回国定居又无住房的，出租人可提前半年通知承租人，中止租赁合同，承租人应及时腾退房屋。由此给承租人所造成的经济损失，出租人应给予一定的赔偿。

非法占用归侨、侨眷私有房屋的，占用人应退还房屋并赔偿由此给产权人所造成的经济损失。

第十六条 依法拆迁归侨、侨眷私有房屋，拆迁人应当按照有关法律、法规的规定给予相应的补偿和妥善安置：

（一）拆迁归侨、侨眷在中华人民共和国成立后用侨汇购建的私有房屋，进行产权交换的，可就近安置，并在同等条件下，给予被拆迁人选择楼房层次和朝向的照顾。被拆迁人不要求产权交换的，拆迁人应当根据不同地段原房建筑面积重置价，加百分之十给予补偿。

（二）被拆迁人定居境外的，可适当延长搬迁期限二个月。

（三）被拆迁人要求自建房屋的，在服从城市建设规划的前提下，经当地国土部门批准，应予准许。

（四）凡未与产权人依法建立房屋租赁关系，非法占用归侨、侨眷私有房屋的，拆迁人不得安置占用人的住房，产权人不承担安置非法占有人住房的责任。

第十七条 对归侨、侨眷职工的住房分配，有关国家机关、企业、事业单位应当给予适当照顾。

第十八条 归侨学生、归侨子女、华侨在国内的子女在四川升学、就业方面享受照顾：

（一）报考各类大中专院校、职业学校、技工学校，在考试总分上加十分参与录取；报考高中的，按有关规定给予适当照顾。

（二）报考侨务部门主管的学校及华侨捐资兴办的学校，优先录取。

（三）参加社会招工、招干、招聘以及其他劳动就业的，在同等条件下优先录（聘）用。

（四）侨务部门主管的企业、事业单位及华侨捐资兴办的企业、事业单位招聘人员，应优先录（聘）用。

本条第二、三、四项适用于侨眷及其子女。

第十九条 归侨、侨眷申请自费出国留学的，在职职工或高等学校在校学生在取得前往国入境签证前，所在单位或学校不得要求其退职或退学。在获准离境后应当允许其保留公职或学籍一年。

归侨、侨眷学成回国要求来四川工作的，有关部门应当妥善安排。

第二十条 归侨、侨眷的侨汇收入，受法律保护，免征个人收入调节税。任何单位和个人不得侵占、克扣、延迟支付、强行借贷、非法冻结和没收。

归侨、侨眷在境外的私有财产，转换成外汇调入国内的，免征个人收入调节税。

第二十一条 归侨、侨眷与境外亲友的正常联系和通讯受法律保护，任何组织和个人不得限制和干涉。

第二十二条 中华人民共和国成立后，在国家机关、国有企业、事业单位工作，工龄满三十年以上的归侨职工，退休时的退休金按原工资的百分之百发给。

第二十三条 归侨、侨眷申请出境定居、探亲、访友、继承财产、自费留学等，须向户口所在地市、县公安机关提出申请，并提供有关证明文件，公安机关接到申请后一般应在三十日内作出是否批准的决定，及时通知申请人。

申请人在规定期限内未收到审批结果通知的，有权查询，有关公安机关应作出答复。

第二十四条 归侨、侨眷职工出境探亲，所在工作单位应按照有关规定给予探亲假或事假，不得因此作出损害其权益的规定。

归侨、侨眷申请出境定居，所在单位和有关部门应及时办理有关手续，不得无故阻挠；在其取得定居国入境签证前，不得辞退。

离休、退休的归侨、侨眷职工出境定居后，可委托其亲友每年向原单位提交本人生存的证明，继续领取离休金、退休金，并允许兑换外币汇出境外。

离休金、退休金可书面委托其国内亲友代领。

第二十五条 获准出境定居的归侨、侨眷在出境前已购买住房的，任何单位和个人不得强行收回或占用；房屋需出售的，按有关规定办理。

离休、退休、退职的归侨、侨眷职工出境定居后，其原租住的公房允许其配偶或共同居住的直系亲属继续使用，租金按当地统一房屋租金标准缴纳。

第二十六条 对违反《中华人民共和国归侨侨眷权益保护法》《中华人民共和国归侨侨眷权益保护法实施办法》和本办法，侵犯归侨、侨眷合法权益的，归侨、侨眷有权要求有关机关依法处理，有关机关应当在法定期限内作出答复，未规定期限的，应在三十日内作出答复；或者依法向人民法院提起诉讼。

第二十七条 对违反《中华人民共和国归侨侨眷权益保护法》《中华人民共和国归侨侨眷权益保护法实施办法》和本办法的主管人员、直接责任人员，有关主管机关应根据其情节轻重，给予批评教育，责令停止侵害，限期改正，或给予行政处分，造成经济损害的，应给予赔偿。构成犯罪的，由司法机关依法追究刑事责任。

有关主管机关的处理决定，应告知同级人民政府侨务部门。

第二十八条 在四川定居的香港、澳门同胞和香港、澳门同胞、外籍华人居住在四川的眷属，可参照本办法执行。

第二十九条 本办法适用中的具体问题由省人民政府侨务部门负责解释。

第三十条 本办法自公布之日起施行。

四川省《中华人民共和国归侨侨眷权益保护法》实施办法

（1993 年 8 月 21 日四川省第八届人民代表大会常务委员会第四次会议通过，
1998 年 10 月 17 日四川省第九届人民代表大会常务委员会第五次会议修正）

第一条 为了保护归侨、侨眷的合法权益，根据《中华人民共和国归侨侨眷权益保护法》《中华人民共和国归侨侨眷权益保护法实施办法》，结合四川实际，制定本办法。

第二条 本办法适用于在四川定居的归侨和华侨、归侨在四川的配偶，父母，子女及其配偶；兄弟姐妹，祖父母、外祖父母，孙子女、外孙子女，以及与华侨、归侨有五年以上扶养关系的其他亲属。

第三条 归侨、侨眷的身份由县级以上人民政府侨务部门依法确认；与华侨、归侨有扶养关系的其他亲属，其侨眷身份的认定，须由公证机关出具扶养公证。

华侨、归侨去世后，其国内眷属依法确认的侨眷身份不变。

依法与华侨、归侨及其子女解除婚姻关系或与华侨、归侨解除扶养关系的，其侨眷身份自行消失。

第四条 归侨、侨眷依法享有宪法和法律规定的公民的权利，并履行宪法、法律规定的公民的义务。

第五条 各级人民政府侨务部门是同级人民政府管理本行政区域内侨务工作的职能部门，对实施《中华人民共和国归侨侨眷权益保护法》《中华人民共和国归侨侨眷权益保护法实施办法》和本办法负有督促检查的职责。

第六条 各级归国华侨联合会是依法成立的人民团体，按照其章程开展活动，发挥民主监督作用，维护归侨、侨眷的合法权益。各级人民政府对其工作应给予支持和帮助。

第七条 对准予回四川定居的归侨，有关部门应根据本人的情况和要求，给予妥善安置：

（一）凡具有大学以上学历或者相当于中级以上专业技术职称的人员，各级人民政府人事部门，根据其业务专长和本人志愿帮助联系推荐工作，有关单位应优先聘用。

（二）有劳动能力的非专业人员，由当地劳动、侨务部门帮助推荐，并鼓励其自谋职业。对自谋职业的，有关单位应在工商登记、税收缴纳、土地使用等方面提供方便，并给予适当照顾。

（三）归侨、侨眷职工出境定居不满两年，获准回四川定居的，可以回原单位工作，也可以由当地人事、劳动部门帮助联系到其他单位工作。出境定居前已办理离职手续的人员，在退回离职金后，其离职前的连续工龄与重新工作后的连续工龄合并计算。

（四）鳏寡孤独、丧失劳动能力、无经济来源或家庭人均收入低于当地最低生活标准的归侨，当地民政部门应保障他们的基本生活。

归侨回四川定居，按照城镇居民户口管理，在定居地公安机关办理户口登记。

第八条 省人民代表大会以及归侨、侨眷人数较多地方的人民代表大会，应有适当名额的归侨、侨眷代表。

各级归国华侨联合会可参与推荐同级和上级人民代表大会归侨、侨眷代表候选人。

第九条 各级归国华侨联合会依法拥有的财产及其依法兴办的公益事业和企业、事业单位所有的财产及合法经营活动，受法律保护，任何单位或者个人不得侵犯、损害。

第十条 归侨、侨眷可依法兴办企业、事业。归侨、侨眷兴办的企业、事业，经县级以上人民政府侨务部门确认，可享受《四川省归侨侨眷企业事业权益保护条例》有关优惠待遇。

各级人民政府应当鼓励和支持归侨、侨眷利用自身优势，引进资金、技术和人才，促进当地经济发展；依法保护归侨、侨眷集资兴办企业、事业的所有权及其他合法权益。

第十一条 归侨、侨眷在四川投资开发荒山、荒地、滩涂以及贫困、边远地区和民族地区，或者从事农、林、牧、副、渔业生产，其合法权益受法律保护。各级人民政府应在信贷、资金、土地使用等方面给予支持，在税收方面按国家规定给予减免。

第十二条 归侨、侨眷兴办的企业、事业，在开办初期纳税有困难的，按照国家和省的有关规定，经县级以上税务部门批准，从生产经营之日起，在一至三年内，可减征或免征所得税。

第十三条 归侨、侨眷引用外资在四川举办公益事业，当地人民政府应当支持并给予奖励，其合法权益受法律保护。

归侨、侨眷接受境外亲友捐赠的物资用于公益事业的，按照国家有关规定享受关税的优惠待遇。举办该项公益事业的组织应当尊重捐赠人的意愿，不得改变捐赠用途，变卖、挪用捐赠财产。任何人不得故意损坏捐赠标志，侵占捐赠财产。

第十四条 归侨、侨眷依法建立的企业接受境外亲友或团体赠予的直接用于工农业生产、加工、维修的生产工具，以及优良种苗、种畜、种禽、种蛋等，按照家规定，享受海关税收的优惠待遇。

第十五条 归侨、侨眷对其私有房屋依法享有占有、使用、收益和处分权，任何组织和个人不得侵犯。

任何组织和个人租用归侨、侨眷的私有房屋，必须依法办理房屋租赁手续。房屋租赁期间，出租人在国外的父母、配偶、子女经批准回国定居又无住房的，出租人可提前半年通知承租人，中止租赁合同，承租人应及时腾退房屋。由此给承租人所造成的损失，出租人应给予一定的赔偿。

非法占用归侨、侨眷私有房屋的，占用人应退还房屋并赔偿由此给产权人所造成的损失。

第十六条 依法拆迁归侨、侨眷私有房屋，拆迁人应当按照有关法律、法规的规定给予相应的补偿和妥善安置：

（一）拆迁归侨、侨眷在中华人民共和国成立后用侨汇购建的私有房屋，进行产权交换的，可就近安置，并在同等条件下，给予被拆迁人选择楼房层次和朝向的照顾。被拆迁人不要求产权交换的，拆迁人应当根据不同地段原房建筑面积重置价，加百分之十给予补偿。拆迁归侨、侨眷的其他私有房屋，拆迁单位应当按照国家有关规定给予相应补偿和妥善安置。

（二）被拆迁人定居境外的，可适当延长搬迁期限二个月。

（三）被拆迁人要求自建房屋的，在服从城市建设规划的前提下，经当地国土部门批准，应予准许。

（四）凡未与产权人依法建立房屋租赁关系，非法占用归侨、侨眷私有房屋的，拆迁人不得安置占用人的住房，产权人不承担安置非法占有人住房的责任。

第十七条 出境定居的归侨、侨眷职工，在出境前已经按国家及地方的房改政策规定参加房改购房的，出境定居后，仍享有房产所有权。任何单位和个人不得强行收回或占用，房屋需出售的，按有关规定办理。

因私获准短期出境仍保留公职的归侨、侨眷职工，可继续租住原公有住房，并按当地标准缴纳房租。

出境定居的离休、退休、退职职工租住的公房，原同住直系亲属以及与其有长期抚养关系的其他亲属，凡同住一年以上者，可继续租住原公房，并按当地标准缴纳房租；原居住地施行房改售房时，经产权单位同意，可以按当地房改政策购买原公有住房。

第十八条 对归侨、侨眷职工的住房分配，有关国家机关、企业、事业单位应当给予适当照顾。

第十九条 归侨学生、归侨子女、华侨在国内的子女在四川升学、就业方面享受照顾：

（一）报考各类大中专院校、职业学校、技工学校，在考试总分上加十分参与录取；报考高中的，按有关规定给予适当照顾。

（二）报考侨务部门主管的学校及华侨捐资兴办的学校，优先录取。

（三）参加国家机关公务员招考、社会招工、招聘以及其他劳动就业的，在同等条件下优先录（聘）用。

（四）侨务部门主管的企业、事业单位及华侨捐资兴办的企业、事业单位招聘人员，应优先录（聘）用。

本条第二、三、四项适用于侨眷及其子女。

第二十条 归侨、侨眷申请自费出国留学的，在职职工或高等学校在校学生在取得前往国入境签证前，所在单位或学校不得要求其退职或退学。在获准离境后应当允许其保留公职或学籍一年。

归侨、侨眷学成回国要求来四川工作的，有关部门应当帮助推荐联系工作。

第二十一条 归侨、侨眷的侨汇收入和归侨、侨眷在境外的私有财产，换成外汇调入国内的，受法律保护，任何单位和个人不得侵占、克扣、延迟支付、强行借贷、非法冻结和没收。

第二十二条 归侨、侨眷与境外亲友的正常联系和通讯受法律保护，任何组织和个人不得限制和干涉。

第二十三条 中华人民共和国成立后，在国家机关、国有企业、事业单位工作，工龄满三十年以上的归侨职工，退休时应当给予生活补贴，退休金和退休生活补贴之和达到原工资的百分之百。

第二十四条 国有企业、事业单位在改革转制中，除归侨职工自愿提前下岗者外，不得安排其下岗。对侨眷职工夫妻在同一单位的，不得安排双方同时下岗；不在同一单位的，如果一方已下岗，另一方所在单位不得安排其下岗。

对已下岗的侨眷职工，当地人民政府及有关部门、企业、事业单位应当在同等条件下，优先培训、优先推荐、优先招用，帮助其实现再就业。

第二十五条 各级人民政府及其有关部门应优先将归侨、侨眷脱贫致富纳入当地扶贫规划；对因病和灾害造成生活困难的农村和城镇归侨、侨眷，应给予重点救济和照顾。

第二十六条 归侨、侨眷申请出境探亲、访友，在向公安机关申请出境时，提交户口所在地县级以上人民政府侨务部门出具和核发归侨身份证明或华侨眷属证，可免交境外有关证明材料（如邀请书、担保书、入境许可证、亲属证复印件等）。归侨、侨眷申请出境定居、继承财产、自费留学、旅行等，须向户口所在地市、县公安机关提出申请，并提供有关证明文件。

公安机关在受理申请后，应在三十日内办结。申请人在规定期限内未收到审批结果通知的，有权查询，有关公安机关应作出答复。若遇到特殊情况（如境外直系亲属病危、死亡等），急需出境的，可凭境外有关材料或县级以上人民政府侨务部门出具的证明，及时为其办理出境手续。

第二十七条 归侨、侨眷职工因探亲申请出境或因其他私事申请出境，所在工作单位应按国家有关规定给予探亲假或事假，不得因此损害其权益。

归侨、侨眷申请出境定居，所在单位和有关部门应及时办理有关手续，不得无故阻挠；在其取得定居国入境签证前，不得辞退。离休、退休的归侨、侨眷职工出境定居后，可委托其亲友每年向原单位或原单位所在地社会保险机构提交本人生存的证明，继续领取离休金、退休金，银行应允许兑换外币汇出境外。

离休金、退休金可书面委托其国内亲友代领。

第二十八条 对违反《中华人民共和国归侨侨眷权益保护法》《中华人民共和国归侨侨眷权益保护法实施办法》和本办法，侵犯归侨、侨眷合法权益的，归侨、侨眷有权要求有关机关依法处理，有关机关应当在法定期限内作出答复，未规定期限的，应在三十日内作出答复；或者依法向人民法院提起诉讼。

第二十九条 对违反《中华人民共和国归侨侨眷权益保护法》《中华人民共和国归侨侨眷权益保护法实施办法》和本办法的主管人员、直接责任人员，有关主管机关应根据其情节轻重，给予批评教育，责令停止侵害，限期改正，或给予行政处分，造成经济损害的，应给予赔偿；构成犯罪的，由司法机关依法追究刑事责任。

有关主管机关的处理决定，应告知同级人民政府侨务部门。

第三十条 在四川定居的香港、澳门同胞和香港、澳门同胞、外籍华人居住在四川的眷属，可参照本办法执行。

第三十一条 本办法适用中的具体问题由省人民政府侨务办公室负责解释。

第三十二条 本办法自公布之日起施行。

四川省《中华人民共和国归侨侨眷权益保护法》实施办法

（1993 年 8 月 21 日四川省第八届人民代表大会常务委员会第四次会议通过，
1998 年 10 月 17 日四川省第九届人民代表大会常务委员会第五次会议修正，
2005 年 11 月 25 日四川省第十届人民代表大会常务委员会第十八次会议修订）

第一条 为了保护归侨、侨眷的合法权益，根据《中华人民共和国归侨侨眷权益保护法》《中华人民共和国归侨侨眷权益保护法实施办法》，结合四川省实际，制定本实施办法。

第二条 本实施办法适用于在四川省定居、工作和投资的归侨、侨眷。

归侨、侨眷的身份由县级以上人民政府负责侨务工作的机构依照法律、行政法规的有关规定确认；与华侨、归侨有五年以上扶养关系的其他亲属，经公证机关出具扶养公证，应当认定其侨眷身份。

第三条 县级以上人民政府负责侨务工作的机构依法指导、协调、监督、检查本行政区域内归侨、侨眷权益保护工作。

各级人民政府及其有关部门应当密切配合，依照各自职能，依法保障归侨、侨眷合法权益。

第四条 各级归国华侨联合会代表归侨、侨眷利益，维护归侨、侨眷的合法权益。

各级归国华侨联合会和归侨、侨眷依法成立的其他社会团体的合法权益受法律保护，其依法拥有的财产任何组织或者个人不得侵犯。地方各级国家机关支持其进行适合归侨、侨眷需要的合法的社会活动。

第五条 对准予到四川定居的归侨，有关部门应当根据本人的情况和要求，按照国家有关规定给予妥善安置：

（一）对具有大学以上学历或者相当于中级以上专业技术职称的人员，各级人民政府人事部门应当根据其业务专长和本人志愿，在同等条件下，优先推荐。

（二）对有劳动能力的非专业人员，当地劳动、侨务部门应当帮助推荐，并鼓励其自谋职业，有关单位应当在工商登记、税收缴纳、土地使用等方面提供方便，并给予适当照顾。

（三）对鳏寡孤独、丧失劳动能力、无经济来源或者生活确有困难的归侨，当地民政部门应当依法给予救济；符合最低生活保障条件的，民政部门应当将其纳入最低生活保障范围。

归侨到四川定居，按照有关规定在定居地公安机关办理户口登记。

第六条 各级人民政府应当根据当地实际情况，制定优惠政策，鼓励和支持归侨、侨眷发挥自身优势，引进资金、技术和人才；鼓励和支持归侨、侨眷依法投资兴办产业，特别是高新技术企业。归侨、侨眷投资兴办的各类企业的财产权、知识产权、自主经营权及其他合法权益受法律保护。

归侨、侨眷依法兴办的各类企业、事业，经县级以上人民政府负责侨务工作的机构确认，享受《四川省归侨侨眷企业事业权益保护条例》有关待遇。

第七条 归侨、侨眷投资开发经营荒山、荒地、滩涂，以及在贫穷、边远地区和民族地区进行投资开发或者从事农、林、牧、渔业生产，各级人民政府应当在信贷、资金、土地使用等方面给予支持，在税收方面按国家规定减免。

第八条 归侨、侨眷引用外资兴办公益事业，当地人民政府应当支持并给予奖励，其合法权益受法律保护。

归侨、侨眷兴办公益事业，或者接受海外捐赠用于公益事业的，按照国家有关法律法规及《四川省华侨捐赠条例》办理，依法减征或者免征关税和进口环节增值税。

第九条 归侨、侨眷对其私有房屋依法享有占有、使用、收益和处分的权利，任何组织和个人不得侵犯。

依法拆迁归侨、侨眷私有房屋的，拆迁人应当按照有关法律、法规的规定给予合理的补偿和妥善安置。

第十条 出境定居的归侨、侨眷，在出境前已经按国家及地方的房改政策规定参加房改购房的，出境定居后，仍享有房产所有权。任何单位和个人不得强行收回或占用，房屋需出售的，按有关规定办理。

因私获准短期出境仍保留公职的归侨、侨眷，按照有关规定签订租赁合同后，可以保留原租住公房，并按当地标准缴纳房租。

出境定居的离休、退休、退职职工租住的公房，经产权单位同意并按照有关规定签订租赁合同后，可由其共同居住一年以上的直系亲属以及与其有长期抚养关系的其他亲属继续居住，并按当地标准缴纳房租；原居住地施行房改售房时，经产权单位同意，可以按当地房改政策购买原公有住房。

第十一条 归侨、侨眷享受所在单位实施的住房公积金、集资建房等政策；符合购买经济适用房条件的，有关部门应当优先安排。

第十二条 归侨学生、归侨子女、华侨在国内的子女在四川升学、就业方面享受照顾：

（一）报考负责侨务工作的机构主管的学校及华侨捐资兴办的学校的，应当优先录取；

（二）报考本省非义务教育的各类学校，可以适当加分照顾，具体办法由省人民政府制定；

（三）参加国家机关公务员招考、国有企事业单位招聘的，在同等条件下优先录（聘）用；

（四）参加负责侨务工作的机构主管的企业、事业单位及华侨兴办的企业、事业单位招聘的，在同等条件下优先录（聘）用。

第十三条 到四川工作和投资的归侨，其子女就读公办幼儿园、小学和中学的，应当视同当地居民子女办理就学和收费手续。

第十四条 归侨、侨眷申请自费出国留学的，在职职工或高等学校在校学生在取得前往国人境签证前，所在单位或学校不得因其申请自费出国留学而要求其退职或退学。在获准出国学习后，按国家规定的期限保留其公职或学籍。

归侨、侨眷学成回国要求来本省工作的，有关部门应当帮助联系工作，也可以由本人直接与省内用人单位联系。

第十五条 归侨、侨眷的侨汇收入和归侨、侨眷在境外的私有财产换成外汇调入国内的，受法律保护并依法享受有关税收优惠政策，任何单位和个人不得侵占、延迟支付、强行借贷、非法冻结和没收。

第十六条 对失业的归侨、侨眷职工，当地人民政府及其有关部门、企业、事业单位、各类职业培训和中介机构，应当在就业培训、推荐、招（聘）用等方面提供服务，积极帮助其实现再就业。

第十七条 归侨、侨眷职工依法享有国家规定的各项社会保障权益。用人单位和归侨、侨眷职工应当依法参加当地的社会保险，缴纳社会保险费用。

各级人民政府及其有关部门应当将处于贫困状态的归侨、侨眷脱贫致富纳入当地扶贫规划，给予重点扶持；对因病和灾害造成生活困难的农村和城镇归侨、侨眷，给予重点救济和照顾。

第十八条 有关主管机关应当为归侨、侨眷办理出境证件提供便利条件。归侨、侨眷因境外直系亲属病危、死亡或者处理境外财产等特殊情况急需出境的，应当根据申请人提供的有效证明优先办理。

第十九条 国家机关和国有企业事业单位的归侨、侨眷出境探亲应当履行相关手续，在批准探亲期间的待遇按照有关规定办理，所在单位不得因其出境探亲而损害其权益。

归侨、侨眷出境探望在境外定居的子女，比照国家有关已婚归侨、侨眷出境探望父母的规定执行。

第二十条 归侨、侨眷申请出境定居，所在单位和有关部门应及时办理有关手续，不得无故阻挠；在其取得定居国人境签证前，不得因其申请出境而对其免职、辞退、解除劳动人事关系、停发工资，不得收取保证金、抵押金。

离退休归侨、侨眷出境定居的有关养老金发放、回国就医待遇、离职费及相关待遇、基本养老保险、基本医疗保险和其他社会保险以及换汇等事宜，根据国家有关规定办理。

第二十一条 对违反《中华人民共和国归侨侨眷权益保护法》《中华人民共和国归侨侨眷权益保护法实施办法》和本实施办法的机关、企事业单位，有关主管机关应当给予批评教育，责令停止侵害，限期改正；对主管人员和直接责任人员，依法给予行政处分；构成犯罪的，依法追究刑事责任。

各级人民政府负责侨务工作的机构，对于侵害归侨、侨眷合法权益的行为，可以向责任人所在单位及其上级主管机关、监察和司法机关提出处理建议和要求。

第二十二条 本实施办法自2006年1月1日起施行。

四川省归侨侨眷企业事业权益保护条例

（1996 年 4 月 16 日四川省第八届人民代表大会常务委员会第二十次会议通过）

第一条 为鼓励归侨、侨眷兴办企业、事业，保护其合法权益，根据《中华人民共和国归侨侨眷权益保护法》和有关法律法规，结合四川省实际，制定本条例。

第二条 本条例所称归侨、侨眷企业、事业，是指归侨、侨眷利用境外资金或自筹资金，以独资、合资或联营等形式兴办的经济实体和实行自收自支的事业单位。符合下列条件之一者，均属归侨侨眷企业、事业：

（一）境外资金占企业、事业单位注册资金总额的百分之二十（含百分之二十）以上的；

（二）自筹资金占企业、事业单位注册资金总额的百分之五十（含百分之五十）以上的；

（三）企业、事业单位中归侨、侨眷人数占该单位从业人员总数的百分之二十（含百分之二十）以上的。

第三条 归侨、侨眷企业、事业单位由所在地县级以上人民政府侨务部门确认。

第四条 申请确认归侨、侨眷企业、事业单位应向确认机关提交下列文件和证明：

（一）归侨、侨眷企业、事业单位确认申请书；

（二）投资者和归侨、侨眷职工的《华侨、港澳同胞眷属证》；

（三）企业、事业单位营业执照或批准书副本；

（四）验资证明书。

归侨、侨眷企业、事业单位确认机关，应在收到上述文件和证明之日起，十五天内作出确认或不确认的决定。对确认的，发给确认证书。对不确认的，予以书面答复。

归侨、侨眷企业、事业单位应定期持确认证书到原发证机关验证。对不符合归侨、侨眷企业、事业单位条件的，由发证机关注销其证书；对不验证的，由发证机关取消其归侨、侨眷企业、事业单位资格。对注销证书或取消资格的，应通知有关部门。

第五条 归侨、侨眷按照规定引进境外资金在四川兴办公益事业，当地人民政府应当支持并给予物质或精神奖励，其合法权益受法律保护。

第六条 归侨、侨眷企业、事业单位的生产经营和办公用地，经市、地、州建设行政主管部门批准，可减征城市建设配套费。其中经有关主管部门确认的属于产品出口型和技术先进型的，经县级以上土地管理部门和税务部门核准，可比照《四川省鼓励外商投资条例》的有关规定减、免土地使用税和场地使用费。

第七条 归侨、侨眷企业、事业单位，报经县以上地方税务机关核实批准，可比照外资企业的有关规定给予减征、免征地方所得税。具体执行办法由省地方税务部门制定。

第八条 归侨、侨眷企业、事业用于公益、救济性的捐赠，在年度应纳税所得额百分之三以内部分，在计征所得税时，给予扣除。

第九条 归侨、侨眷境外亲友赠送的用于科教和残疾人的物资，按照国家有关规定，享受减征、免征关税的优惠待遇。任何人不得擅自改变赠送物资的用途，不得故意损坏赠送标志，侵占赠送财产。

第十条 对归侨、侨眷企业、事业不实行国有化和征收。在特殊情况下，因社会公共利益的需要，须进行征收的，应经省人民政府批准，被征收的资产，经评估机构作价后，给予相应补偿。

第十一条 因国家建设需要拆迁归侨、侨眷企业、事业单位拥有产权的生产经营场所和用房，拆迁单位应持县级以上拆迁行政主管部门核发的拆迁许可证，依照有关法律、法规，按有利于企业、事业经营发展的原则，签订补偿安置协议，给予相应的补偿和安置。

因搬迁造成停产的，拆迁单位应对被拆迁的归侨、侨眷企业、事业单位的经济损失给予补偿，并发给搬迁费用。

第十二条 归侨、侨眷企业、事业单位投资、购置的资产，投资所得的利润及其他合法权益，受国家法律保护，任何单位或个人不得侵占、损害，也不得干涉其经营管理自主权。除法律、法规和省人民政府规定的收费项目和罚款标准外，任何单位或个人，不得向归侨、侨眷企业、事业单位进行乱收费、乱罚款或强迫捐赠。

第十三条 私营归侨、侨眷企业、事业或归侨、侨眷个人在企业、事业中所占股份可以依法继承或转让。转让时，受让方符合本条例第二条、第二十二条规定的，可以重新办理确认手续。

第十四条 非归侨、侨眷企业、事业单位名称中不得冠以“华侨”字样。在工商行政管理机关已登记注册“华侨”字样的非归侨、侨眷企业单位，应予以变更；事业单位由主管的行政机关进行清理、更名；国家另有规定的除外。

第十五条 归侨、侨眷企业、事业根据《社会团体登记管理条例》等有关规定按地区或行业成立的归侨、侨眷企业、事业协会，依照法律法规和章程开展活动，其合法权益受法律保护。

第十六条 归侨、侨眷企业、事业单位必须维护员工的合法权益，依照《中华人民共和国工会法》和《四川省〈中华人民共和国工会法〉实施办法》建立工会，并为工会开展工作提供必要的条件。

第十七条 归侨、侨眷企业、事业单位必须依法生产经营，开展业务活动，不得损害国家利益和其它社会公共利益。

第十八条 归侨、侨眷企业、事业单位合法权益受侵害或发生民事纠纷时，可根据不同情况依照《中华人民共和国民法通则》《中华人民共和国行政诉讼法》和《中华人民共和国归侨侨眷权益保护法》等法律、法规向有关部门投诉。有关部门在收到投诉后应按照法律、法规规定的程序和时限处理完毕。

第十九条 对伪造或骗取归侨、侨眷企业、事业单位确认证书，享受优惠政策的单位，经查实，发证机关没收其证件，并由有关机关没收其非法所得，同时处以非法所得额 1 至 3 倍的罚款，构成犯罪的，由司法机关依法追究刑事责任。对失职、渎职的发证责任人员给予行政处分。造成重大经济损失构成犯罪的，由司法机关依法追究刑事责任。

第二十条 对违反本条例的单位或直接责任人员，有关主管机关应根据其情节轻重依照有关法律、法规，给予批评教育，责令停止侵害，或给予行政处分；造成经济损失的，应给予赔偿；构成犯罪的，由司法机关依法追究刑事责任。

第二十一条 各级人民政府及其职能部门应依法做好归侨、侨眷企业、事业单位的管理和服务工作。

第二十二条 本条例适用于香港、澳门同胞眷属和本省各级归国华侨联合会兴办的符合本条例第二条的企业、事业单位。其他省、自治区、直辖市归侨、侨眷在四川省投资兴办的符合本条例第二条规定的企业、事业单位，享受本条例规定的待遇。

第二十三条 本条例实施中的具体问题由省人民政府侨务办公室负责解释。

第二十四条 本条例自1996年8月1日起施行。

四川省归侨侨眷企业事业权益保护条例

（1996年4月16日四川省第八届人民代表大会常务委员会第二十次会议通过，1997年12月27日四川省第八届人民代表大会常务委员会第三十次会议修正）

第一条 为鼓励归侨、侨眷兴办企业、事业，保护其合法权益，根据《中华人民共和国归侨侨眷权益保护法》和有关法律法规，结合四川省实际，制定本条例。

第二条 本条例所称归侨、侨眷企业、事业，是指归侨、侨眷利用境外资金或自筹资金，以独资、合资或联营等形式兴办的经济实体和实行自收自支的事业单位。符合下列条件之一者，均属归侨侨眷企业、事业：

（一）境外资金占企业、事业单位注册资金总额的百分之二十（含百分之二十）以上的；

（二）自筹资金占企业、事业单位注册资金总额的百分之五十（含百分之五十）以上的；

（三）企业、事业单位中归侨、侨眷人数占该单位从业人员总数的百分之二十（含百分之二十）以上的。

第三条 归侨、侨眷企业、事业单位由所在地县级以上人民政府侨务部门确认。

第四条 申请确认归侨、侨眷企业、事业单位应向确认机关提交下列文件和证明：

（一）归侨、侨眷企业、事业单位确认申请书；

（二）投资者和归侨、侨眷职工的《华侨、港澳同胞眷属证》；

（三）企业、事业单位营业执照或批准书副本；

（四）验资证明书。

归侨、侨眷企业、事业单位确认机关，应在收到上述文件和证明之日起，十五天内作出确认或不确认的决定。对确认的，发给确认证书。对不确认的，予以书面答复。

归侨、侨眷企业、事业单位应定期持确认证书到原发证机关验证。对不符合归侨、侨眷企业、事业单位条件的，由发证机关注销其证书；对不验证的，由发证机关取消其归侨、侨眷企业、事业单位资格。对注销证书或取消资格的，应通知有关部门。

第五条 归侨、侨眷按照规定引进境外资金在四川兴办公益事业，当地人民政府应当支持并给予物质或精神奖励，其合法权益受法律保护。

第六条 归侨、侨眷企业、事业单位的生产经营和办公用地，经市、地、州建设行政主管部门批准，可减征城市建设配套费。其中经有关主管部门确认的属于产品出口型和技术先进型的，经县级以上土地管理部门和税务部门核准，可比照《四川省鼓励外商投资条例》的有关规定减、免土地使用税和场地使用费。

第七条 归侨、侨眷企业、事业单位，报经县以上地方税务机关核实批准，可比照外资企业的有关规定给予减征、免征地方所得税。具体执行办法由省地方税务部门制定。

第八条 归侨、侨眷企业、事业用于公益、救济性的捐赠，在年度应纳税所得额百分之三以内部分，在计征所得税时，给予扣除。

第九条 归侨、侨眷境外亲友赠送的用于科教和残疾人的物资，按照国家有关规定，享受减征、免征关税的优惠待遇。任何人不得擅自改变赠送物资的用途，不得故意损坏赠送标志，侵占赠送财产。

第十条 对归侨、侨眷企业、事业不实行国有化和征收。在特殊情况下，因社会公共利益的需要，须进行征收的，应经省人民政府批准，被征收的资产，经评估机构作价后，给予相应补偿。

第十一条 因国家建设需要拆迁归侨、侨眷企业、事业单位拥有产权的生产经营场所和用房，拆迁单位应持县级以上拆迁行政主管部门核发的拆迁许可证，依照有关法律、法规，按有利于企业、事业经营发展的原则，签订补偿安置协议，给予相应的补偿和安置。

因搬迁造成停产的，拆迁单位应对被拆迁的归侨、侨眷企业、事业单位的经济损失给予补偿，并发给搬迁费用。

第十二条 归侨、侨眷企业、事业单位投资、购置的资产，投资所得的利润及其他合法权益，受国家法律保护，任何单位或个人不得侵占、损害，也不得干涉其经营管理自主权。除法律、法规和省人民政府规定的收费项目和罚款标准外，任何单位或个人，不得向归侨、侨眷企业、事业单位进行乱收费、乱罚款或强迫捐赠。

第十三条 私营归侨、侨眷企业、事业或归侨、侨眷个人在企业、事业中所占股份可以依法继承或转让。转让时，受让方符合本条例第二条、第二十二条规定的，可以重新办理确认手续。

第十四条 非归侨、侨眷企业、事业单位名称中不得冠以“华侨”字样。在工商行政管理机关已登记注册“华侨”字样的非归侨、侨眷企业单位，应予以变更；事业单位由主管的行政机关进行清理、更名；国家另有规定的除外。

第十五条 归侨、侨眷企业、事业根据《社会团体登记管理条例》等有关规定按地区或行业成立的归侨、侨眷企业、事业协会，依照法律法规和章程开展活动，其合法权益受法律保护。

第十六条 归侨、侨眷企业、事业单位必须维护员工的合法权益，依照《中华人民共和国工会法》和《四川省〈中华人民共和国工会法〉实施办法》建立工会，并为工会开展工作提供必要的条件。

第十七条 归侨、侨眷企业、事业单位必须依法生产经营，开展业务活动，不得损害国家利益和其它社会公共利益。

第十八条 归侨、侨眷企业、事业单位合法权益受侵害或发生民事纠纷时，可根据不同情况依照《中华人民共和国民法通则》《中华人民共和国行政诉讼法》和《中华人民共和国归侨侨眷权益保护法》等法律、法规向有关部门投诉。有关部门在收到投诉后应按照法律、法规规定的程序和时限处理完毕。

第十九条 对伪造或骗取归侨、侨眷企业、事业单位确认证书，享受优惠政策的单位，经查实，发证机关没收其证件，并由有关机关没收其非法所得，罚款按照《中华人民共和国行政处罚法》规定执行。构成犯罪的，由司法机关依法追究刑事责任。对失职、渎职的发证责任人员给予行政处分。造成重大经济损失构成犯罪的，由司法机关依法追究刑事责任。

第二十条 对违反本条例的单位或直接责任人员，有关主管机关应根据其情节轻重依照有关法律、法规，给予批评教育，责令停止侵害，或给予行政处分；造成经济损失的，应给予赔偿；构成犯罪的，由司法机关依法追究刑事责任。

第二十一条 各级人民政府及其职能部门应依法做好归侨、侨眷企业、事业单位的管理和服务工作。

第二十二条 本条例适用于香港、澳门同胞眷属和本省各级归国华侨联合会兴办的符合本条例第二条的企业、事业单位。其他省、自治区、直辖市归侨、侨眷在四川省投资兴办的符合本条例第二条规定的企业、事业单位，享受本条例规定的待遇。

第二十三条 本条例实施中的具体问题由省人民政府侨务办公室负责解释。

第二十四条 本条例自1996年8月1日起施行。

四川省华侨投资权益保护条例

（2000年11月30日四川省第九届人民代表大会常务委员会第二十次会议通过）

第一条 为鼓励华侨在四川省投资，保护其合法权益，根据宪法和有关法律、法规，结合四川省实际，制定本条例。

第二条 本条例所称华侨投资是指华侨以其个人或公司、企业及其他经济组织的名义在四川省的投资。

第三条 华侨投资或用投资收益进行再投资的，其投资比例超过企业投资总额25%（含25%）的视为华侨投资企业。

华侨投资者在四川省定居后，原投资的企业仍享受华侨投资企业的优惠待遇。

第四条 华侨投资者可委托他人作为其投资代理人，代理人应持具有法律效力的委托书，并依法承担法律责任。

第五条 省人民政府侨务主管部门负责本条例的组织实施和行政监督。

华侨投资者的主体资格需要确认的，由投资项目所在地的市、州以上人民政府的侨务主管部门确认。

第六条 华侨投资者及其在四川省投资兴办的企业必须遵守国家的法律、法规。

第七条 华侨投资者的投资、投资收益、人身权、财产权、知识产权及其他合法权益依法受到保护，任何单位或个人不得侵害。

第八条 华侨投资者可以用可自由兑换货币、机器设备或其他实物、工业产权、专利技术等作为投资。

第九条 华侨投资者在四川省投资申办企业，受理部门应一次性告知应申领批准文件或许可证所需文件清单和要求，并在接到全部申请文件之日起15日内作出批准或不批准的决定；工商行政管理部门应在接到全部申请文件之日起15日内作出准予登记或不准予登记的决定，准予登记的应在3个工作日内颁发营业执照。

第十条 经批准注册登记的华侨投资企业享受国家、四川省鼓励外商投资所规定的优惠待遇。

华侨投资企业符合贷款原则的，按照国家有关规定给予信贷支持。

第十一条 华侨投资企业用于公益、救济性的捐赠，可按国家规定享受税前扣除。

第十二条 华侨投资者投资的财产、工业产权、投资收益和其他合法收益，可依法转让或继承。

第十三条 华侨投资者对其所有房屋依法享有占有、使用、收益和处置权。

因国家建设需要拆迁华侨投资企业和华侨投资者所有房屋，拆迁人应当按照有关法律、法规的规定给予补偿和安置。被拆迁人不要求产权交换的，对其被拆迁房屋的价格按市场指导价格上限计算。

第十四条 国家对华侨投资者的投资或其他资产不实行国有化和征收。在特殊情况下，根据社会公共利益的需要，对华侨投资企业、华侨投资开发农业用地实行征收、征用时，依照法律程序经四川省人民政府批准实行征收，并根据评估机构的评估作价给予相应的补偿，补偿应在30日内付清。补偿相当于该投资在征收决定当日的价值，包括从征收之日起至支付之日止按合理利率计算的利息。

第十五条 华侨投资者依法投资、经营获得的利润、股息、红利、租金、清算后的资金及其他合法收益，可依法兑换外汇，汇往境外。

华侨投资企业中的华侨员工的工资及其他合法收入，可依法汇出或携带出境。

第十六条 华侨投资者个人、其所携带的子女及所聘华侨员工享有四川省居民同等待遇，有关部门应为其申请办理暂住和出入境手续提供方便。

第十七条 任何行政职能部门和个人都不得干预和侵犯华侨投资企业合法的经营管理权。

未经法定程序，任何行政职能部门不得擅自决定华侨投资企业停产停业。

第十八条 华侨投资企业较集中的地区，可依法成立华侨投资者协会。华侨投资者协会的合法权益以及按照章程所进行的合法活动，受法律保护。

第十九条 对华侨投资企业进行行政执法检查，应由法律、法规明确规定有权检查的部门按法定程序进行。检查人员必须向被检查企业出示执法证件。对于未出示执法证件的，华侨投资企业有权拒绝检查。

第二十条 对华侨投资企业的收费项目和标准，必须符合有关法律、法规和规章的规定，任何部门和单位不得另立名目、标准和重复收费。

任何机关、单位不得在人、财、物方面向华侨投资企业摊派，不得强制或者变相强制华侨投资企业参加各类培训、评比、鉴定、考核、赞助、捐献财物等活动。

违反本条款规定的，华侨投资企业有权拒绝，并向政府有关部门投诉，接受投诉的有关部门应当依法作出处理，并为投诉人保密。任何单位和个人不得对投诉人刁难和打击报复。

第二十一条 华侨投资者及其企业、华侨投资者协会合法权益受到侵害或发生行政、民事纠纷时，可根据不同情况通过下列途径解决：

（一）协商或调解解决；

（二）向投诉机构、人民政府侨务主管部门或有关部门提出投诉；

（三）申请行政复议；

（四）提交仲裁机构裁决；

（五）向人民法院提起诉讼；

受理部门应依照法定的时限办理及作出答复。未规定时限的，应于30日内作出答复。

第二十二条 各级人民政府及其职能部门应依法办理华侨投资者的投资事宜，依法做好华侨投资企业的管理和服务工作。

第二十三条 各级人民政府侨务主管部门应当做好华侨投资的法律宣传、咨询、投诉受理和纠纷调解等工作，有义务对华侨投资权益的保护事宜要求有关部门作出答复。

第二十四条 公安部门对侵犯华侨投资者人身、财产安全的违法犯罪行为应及时查处。

第二十五条 对违反本条例的单位或直接责任人员，有关主管部门应责令停止侵害行为，视其情节轻重依照有关法律、法规，给予批评教育或行政处分；造成经济损失的，应给予赔偿；构成犯罪的，由司法机关依法追究刑事责任。

第二十六条 有关行政主管部门处理本条例规定内涉侨事项，应告知同级人民政府侨务主管部门；对重大涉侨事件的处理，应事先告知四川省人民政府侨务办公室。

第二十七条 在四川省投资的外籍华人的投资权益参照本条例给予保护。

第二十八条 本条例自公布之日起施行。

四川省华侨捐赠条例

（2002年9月26日四川省第九届人民代表大会常务委员会第三十一次会议通过）

第一章 总则

第一条 为了保护捐赠人、受赠人和受益人的合法权益，促进公益事业的发展，根据《中华人民共和国公益事业捐赠法》等法律、法规，结合四川实际，制定本条例。

第二条 华侨、华侨社会团体、华侨投资企业（以下称捐赠人）自愿无偿地向本省依法成立的公益性社会团体和公益性非营利的事业单位（以下称受赠人）捐赠财产，适用本条例。

第三条 公益事业是指以下非营利的事项：救助灾害、救济贫困、扶助残疾人等困难的社会群体和个人的活动；教育、科技、文化艺术、医疗卫生、体育事业；环境保护、社会公共设施建设；

促进社会发展和进步的其它社会公益事业。

公益性社会团体，是指依法成立的，以发展公益事业为宗旨的基金会、慈善组织等社会团体。

公益性非营利的事业单位，是指依法成立的，从事公益事业的，不以营利为目的的教育机构、科学研究机构、医疗卫生机构、社会文化机构、社会公共体育机构和社会福利机构等。

第四条 省人民政府侨务办公室（以下简称省侨办）是全省华侨捐赠工作的行政指导、监督管理部门；县级以上地方人民政府侨务行政主管部门负责实施本条例，参与对捐赠财产使用与管理的监督。

地方各级人民政府有关部门应当按照各自职责，协同实施本条例。

第五条 捐赠应坚持自愿和无偿的原则。禁止劝募、强行摊派或者变相摊派。不得以捐赠为名从事营利活动。

第六条 捐赠应遵守法律、法规。捐赠受国家法律保护。任何单位和个人不得挪用、侵占或者贪污捐赠款物。

第二章 捐赠和受赠

第七条 公益性社会团体和公益性非营利的事业单位可以依法接受捐赠。

在发生自然灾害或者捐赠人要求县级以上地方人民政府或有关部门作为受赠人时，县级以上地方人民政府或有关部门可以接受捐赠，但是不得以本机关为受益对象、应将所受赠财产转交公益性社会团体或公益性非营利的事业单位，或者按照捐赠人的意愿处置。

第八条 捐赠人和受赠人可以订立捐赠协议。捐赠协议可以包括捐赠财产的种类、质量、数量、用途、方式、验收等内容。捐赠人有权决定捐赠财产的数量、用途和方式。受赠人应当尊重捐赠人的捐赠意愿。

捐赠人捐赠财产兴建公益事业工程项目，捐赠人和受赠人应当在协议中对工程项目的资金、建设、管理和使用作出约定。

捐赠人和受赠人应当依法履行捐赠协议。

第九条 地方各级人民政府侨务行政主管部门应当协助捐赠人办理有关手续，为捐赠人实施捐赠项目提供帮助。

捐赠人捐赠的进口物资，由受赠人向所在地县级以上地方人民政府侨务行政主管部门申请登记，由县级以上地方人民政府侨务行政主管部门审核后送省侨办登记备案。

捐赠国家实行许可证管理的物品，由受赠人申请，县级以上地方人民政府侨务行政主管部门协助，在有关部门办理许可证申领手续。

海关凭批准手续或者许可证验放、监管。

第十条 捐赠人捐赠的汇款或者现款以及非进口物资，受赠人应当于接收之前报告所在地县级以上地方人民政府侨务行政主管部门，事后60日内须办理备案登记手续。金额在人民币1万元至5万元（不含5万元）的，在县级人民政府侨务行政主管部门登记；5万元至10万元（不含10万元）的，在市州人民政府侨务行政主管部门登记；10万元以上（含10万元）的，在省侨办登记。侨务行政主管部门应当在收到登记材料之日起5个工作日内办理完登记手续。

捐赠人捐赠的汇款或者现款以及非进口物资，金额在人民币1万元以下（不含1万元）的，受赠人可以直接受理，但是应当在每年度将其统计后报所在地县级以上地方人民政府侨务行政主管部门备案。

捐赠人临时捐赠的汇款或者现款以及非进口物资，受赠人可以先行接受，并应当在30日内补办登记手续。

受赠人应当及时将受赠情况报告其主管部门，主管部门应当提出意见。

第十一条 受赠人在地方人民政府侨务行政主管部门办理捐赠登记备案手续时，应当提供下列文件：

（一）捐赠人捐赠意愿资料；

（二）接受华侨捐赠申请表；

（三）受赠人上级主管部门的意见。

第十二条 受赠人接受捐赠后，应当向捐赠人出具合法、有效的收据，将受赠财产登记造册，按照国家捐赠法和国家政策规定进行使用和管理，建立健全财务会计制度和受赠财产的使用制度。

第十三条 公益性社会团体应当将受赠财产用于资助符合其宗旨的活动和事业。

公益性非营利的事业单位应当将受赠财产用于发展本单位的公益事业，不得挪用。

第十四条 捐赠的公益事业工程项目，应当按照国家有关规定办理立项手续。由受赠人按照与捐赠人签订的协议组织施工。

捐赠的公益事业工程项目竣工后，受赠人应当将工程建设、建设资金的使用和工程质量验收情况向捐赠人通报，并建立各项管理制度，做好项目的保养、维护和管理工作，发挥项目的效益。

捐赠的公益事业工程项目竣工后，由县级以上地方人民政府侨务行政主管部门颁发华侨捐赠兴办公益事业项目确认证书。因城市建设、社会事业的规划、布局等原因需要拆迁华侨捐赠的公益性建筑的，应当事先告知捐赠人，并按照国家有关规定予以处理。

第十五条 受赠人应当每年度对受赠财产的使用情况进行自查，并向自己所在地县级以上地方人民政府侨务行政主管部门和捐赠人报告受赠财产的使用、管理情况，接受监督。必要时，由有关部门对其财务进行审计。

第十六条 捐赠人有权向受赠人查询捐赠财产的使用管理情况，受赠人应当如实答复；对捐赠人的合理意见和建议，受赠人应当采纳。

第三章 鼓励及表彰

第十七条 捐赠人向本省公益性社会团体和公益性非营利的事业单位捐赠的用于公益事业的进口物资，依照国家法律、行政法规的规定减征或者免征进口关税和进口环节增值税。

第十八条 华侨在四川投资的企业，捐赠其合法利润或者其生产的产品用于公益事业，依照国家税法减免相关税收。

第十九条 捐赠人捐赠的公益事业工程项目，有关部门应当及时办理手续并优先安排供水、供电、通讯等配套设施。

第二十条 捐赠人对于捐赠的公益事业工程项目，可以留名纪念；捐赠人单独捐赠的公益事业工程项目或者主要由捐赠人出资兴建的公益事业工程项目，可以由捐赠人提出工程项目的名称，报县级以上人民政府批准。捐赠公益事业工程项目金额较大的，捐赠人要求在捐赠工程项目内部场所为其本人或者亲属塑像纪念的，按照国家有关规定办理。

第二十一条 有关部门应对捐赠人给予鼓励和表彰；对贡献突出者，当地政府可以授予荣誉称号。对捐赠人进行公开表彰，应事先征求捐赠人的意见。

第二十二条 对在华侨捐赠工作中作出突出成绩的单位和个人，地方人民政府及有关部门可以给予鼓励和表彰。

第四章 法律责任

第二十三条 有下列情形之一的，由县级以上地方人民政府侨务行政主管部门视情节轻重分别给予处罚；

（一）违反本条例第五条规定，受赠人强行劝募、摊派的，责令退还，并给予警告；以捐赠为名从事营利活动的，责令停止，没收非法所得，并处非法所得 1 至 3 倍的罚款；

（二）违反本条例第十条规定，受赠人接受捐赠后不在限期内办理登记手续的，处以警告或者 3000 元以下罚款；

（三）违反本条例第十五条规定，受赠人不按规定自查，不按规定期限向县级以上地方人民政府侨务行政主管部门报告对捐赠财产的使用、管理情况的，予以警告。

第二十四条 受赠人未征得捐赠人的许可，擅自改变捐赠财产的性质、用途的，由县级以上地方人民政府有关部门责令改正，给予警告。拒不改正的，经征求捐赠人的意见，由县级以上地方人民政府将捐赠财产交由与其捐赠宗旨相同或者相似的公益性社会团体或者公益性非营利的事业单位管理。

第二十五条 挪用、侵占、贪污捐赠款物的，由县级以上地方人民政府有关部门责令退还款物，并处以款物 5% 至 10% 的罚款；直接责任人员，依据有关规定处理；构成犯罪的，依法追究刑事责任。

依照前款追回、追缴的款物，应当按照原捐赠用途使用。

第二十六条 在捐赠活动中，有下列行为之一的，依照法律、法规的有关规定予以处罚；构成犯罪的，依法追究刑事责任：

（一）逃汇、骗购外汇的；

（二）偷税、逃税的；

（三）进行走私活动的；

（四）未经海关许可并且未补缴应缴税额，擅自将减税、免税进口的捐赠物资在境内销售、转让或者移作他用的。

第二十七条 国家工作人员在华侨捐赠工作的滥用职权，玩忽职守，徇私舞弊的，由其所在单位或者主管部门给予行政处分；构成犯罪的，依法追究刑事责任。

第五章 附则

第二十八条 港澳同胞、外籍华人及其社会团体、投资企业在四川省行政区域内为发展公益事业的捐赠，可以参照本条例执行。

第二十九条 本条例自2002年11月1日起施行。

国务院侨办关于确认归国华侨身份的复函

（92）侨内字第019号

北京市、天津市、四川省、重庆市侨务办公室：

京侨政字（1991）第006号、（92）津侨字第037号、川侨文字（91）第027号、重府侨函（1991）第49号函收悉。对解放前曾在国外居住，过去未被确认为归国华侨的人员，现要求确认其归侨身份的问题，答复如下：

一、具备下列条件之一的，可认定其为归国华侨：

1. 本人档案中有解放前在国外工作（国民党政府外派人员除外）一年以上的记录；

2. 解放前出国的留学生，本人档案中有在国外从事研究、教学、半工半读连续工作一年以上的记录；

3. 本人档案中有解放前在国外（不包括港澳）从事海员一年以上的记录。

二、确认归国华侨身份，必须由本人向工作单位提出书面申请，并经侨务部门审核确认。审查确认程序可由省、自治区、直辖市侨务办公室作出规定。

一九九二年八月二十八日

编后记

按中共四川省委办公厅、四川省人民政府办公厅《关于全面开展四川省第二轮修志工作的通知》（川委厅〔2005〕47号），以及中共四川省委办公厅、四川省人民政府办公厅印发的《四川省志（1986—2000）》编纂方案要求，《四川省志·侨务志（1986—2005）》（以下简称《侨务志》）被列入编修规划，由四川省人民政府侨务办公室（以下简称省侨办）牵头承编。省侨办侨联党组高度重视修志工作，在收到省委、省政府关于全面开展第二轮修志工作的通知后，立即召开党组会，研究《侨务志》编修工作。及时成立《侨务志》编纂委员会和初审小组，并决定由杨绍明担任主编，由王文选、杨兴贤担任副主编，同时明确省侨办秘书处负责协调各处（室）配合编纂工作的有关事宜。为保证编纂工作顺利开展，省侨办侨联党组把编纂工作纳入重要议事日程，保证领导、机构、经费、人员、办公等条件到位。

《侨务志》自2006年3月成立编纂委员会起，经规划筹备、篇目设计、资料搜集、初稿编写、总纂统稿和审核修改等阶段，到2014年9月终审稿通过省政府《四川省志》审核委员会验收，编纂历时八载。其间，反复修改，数易其稿，力求客观、全面、准确地反映四川省侨务工作的历史和现状。全书除概述、附录外，正文包括8篇25章76节。

本志均由省侨办杨绍明、王文选、杨兴贤三人具体负责编写。其中："华侨华人归侨侨眷""归侨侨眷权益保护""捐赠""编辑说明"由杨兴贤负责撰写；"侨务经济科技工作""联谊交往""四川侨界名人简介""概述""编后记"由杨绍明负责撰写；"侨务机构""宣传、交流与教育""归国华侨联合会""大事记""文献辑存""名表"，由王文选负责撰写；前置图片和随文图片由杨兴贤、杨绍明两人负责编辑。分头撰写的初稿由杨兴贤总纂统稿。

指导本志编纂工作的有《四川省志（1986—2005）》副总编陶利辉、编辑黄文记等。省侨办刘学勇、省侨联罗晓萍协助收集了相关资料。为本志提供资料的单位有：国务院侨办、中国侨联，重庆市侨办、侨联，省人大办公厅、省政协文史委、省委统战部、省委党史研究室、省教育厅、省科技厅、省公安厅、致公党四川省委员会、省档案局、省台办、团省委，四川日报社、四川省图书馆、成都市图书馆，全省各市（州）侨办、侨联，省级其他有关委、厅、局、办，大专院校、科研机构，成都高新技术产业开发区，绵阳高新技术产业开发区，成都经济技术开发区，省侨办、侨联机关各处（室）以及省侨办直属企业。在编纂过程中还得到了四川华侨、华人史学界专家、学者和侨界老前辈的热切帮助。

对上述支持本志编纂工作的单位和个人，我们表示衷心感谢！

本志由于时间跨度长，史料收集有限，难免有疏漏、错误之处，诚望读者批评指正。

《四川省志·侨务志（1986—2005）》
编纂办公室
2020年3月